中國學術思想 研究輯刊

三 編

林慶彰 主編

第2冊

先秦儒家「天人合德」哲學之探究

吳建明 著

花木蘭文化出版社

國家圖書館出版品預行編目資料

先秦儒家「天人合德」哲學之探究／吳建明 著—初版—台
北縣永和市：花木蘭文化出版社，2009〔民98〕

目 6+342 面；19×26 公分

（中國學術思想研究輯刊 三編；第 2 冊）

ISBN：978-986-6528-72-9（精裝）

1. 儒家　2. 先秦哲學　3. 天人關係

121.2　　　　　　　　　　　　　　　　98001653

ISBN - 978-986-6528-72-9

9 789866 528729

中國學術思想研究輯刊

三 編 第 二 冊　　　　　　ISBN：978-986-6528-72-9

先秦儒家「天人合德」哲學之探究

作　　者　吳建明
主　　編　林慶彰
總 編 輯　杜潔祥
出　　版　花木蘭文化出版社
發 行 所　花木蘭文化出版社
發 行 人　高小娟
聯絡地址　台北縣永和市中正路五九五號七樓之三
　　　　　電話：02-2923-1455／傳眞：02-2923-1452
網　　址　http://www.huamulan.tw 信箱 sut81518@ms59.hinet.net
印　　刷　普羅文化出版廣告事業
封面設計　劉開工作室
初　　版　2009 年 3 月
定　　價　三編 28 冊（精裝）新台幣 46,000 元

先秦儒家「天人合德」哲學之探究

吳建明　著

作者簡介

吳建明，台灣宜蘭人，東海大學哲學系博士。曾任弘光科技大學、台中空中大學、中華醫事學院兼任講師、靜宜大學通識中心兼任助理教授，現任樹德科技大學通識教育學院專任助理教授。

提　　要

　　「天人合德」為儒家「內聖」之學的極致，有別於宗教上所言的「神人合一」，在本質上與實踐上都有根本的差異。「天人合德」特別是由道德的實踐獲得證成，是由人而發、由內而外的實踐；因此，是以工夫實踐為關鍵，並由道德的實踐以證知天道本體之無邊義蘊。

　　「天人合德」一詞由字面上看，為境界義之用語；由「天人合德」之可能性論析，則透顯由人而發之工夫義；就「天」所指之內涵，則顯發本體宇宙論之意涵；就「人」而理解則不離心性論與工夫論之範疇。故「天人合德」哲學包含本體宇宙論、工夫境界論之多層面內涵，代表先秦儒家《論語》《孟子》《中庸》《易傳》心性論、天道論、工夫論與境界論完整的義理體系。

　　本書藉由先秦儒家「天人合德」哲學之探究，指出「天人合德」所顯發者即「生命的學問」之內涵，亦即中國文化之重要核心價值。因此，「天人合德」所揭示之儒家慧命，也是中國「生命的學問」之精神展現所在。筆者本著孺慕中國哲學之初衷，以先秦儒家「天人合德」哲學之探究為論述主題，期能揭示「天人合德」哲學之義理底蘊，進則一窺先秦儒家豐富的傳統智慧之一二。

謝　誌

　　本書之完成而得以呈現，特別要感謝蔡仁厚先生於退休後，仍願破格收留學生跟隨研究、給予指導。東海大學哲學系教授魏元珪先生、陳榮波先生、謝仲明先生與系上所有老師的敦促與勉勵，令後學能在學識上有所開啓。而恩師陳德和先生、曾春海先生、楊祖漢先生的指正，都使得學生在本書的撰寫上有所憑依與靈感，令筆者五內誌感、隻字片語無以銘謝。

2009 年 1 月 1 日宜蘭

目

次

第一章　緒　論

第一節　研究動機與目的

壹、「生命的學問」之意涵

當今世界物質文明自西方工業革命後，隨著科技的日新月異而一日千里；雖然人們的生活環境已大有改善，然而精神文明卻日漸流於空疏與膚淺，人之精神層面較之千百年前並無所長進。況且經由資本主義全球化的影響，與消費時代的來臨，也使得人的日常生活被大量的物品所包圍，個體生命因之日趨「物化」、「商品化」，並由商品所象徵的意義來重新定位與詮釋自己，此由物品、商品所形成的社會內在宰制系統，進一步徹底的剝奪了人存在的自然狀態，一如尚·布希亞（Jean Baudillard，1929～2007）在他的〈消費社會與消費欲望〉一文裡所言：「就像狼童因生活在狼群之間而變成狼，我們也變成功能性的（functional）。」〔註1〕因此，在當今西方物質文明強勢主宰人日常生活之下，人的生命情境竟有淪為無生命氣息的商品、物品之虞。再者，科技只知追求發展與進步，忘了省察此種發展對生命的真實意義，使得人的心靈反而日益空虛淺薄。亦即科技理性並未解決生命的根本問題。如今，科

〔註 1〕 尚·布希亞說：「我們生活在物的時期，亦即我們靠著物的韻律、依照物的不斷循環而生活。今天，是我們在觀看物的誕生、完成與死亡；反之在以前的文明，是物、器具及紀念碑在世代的人們之間苟延殘喘。雖然物既非植物也非動物，但物給人一種癌細胞增殖的印象……這些人類所生產的動植物，反過來包抄與圍攻人。」請見尚·布希亞（Jean Baudrillard），蔡崇隆譯：〈消費社會與消費欲望〉，《當代》第 65 期，1991 年 1 月，頁 49。

技理性已經全面的滲透到人日常生活的各個層面裡；表面上，人們日常生活機能更加便利與輕鬆；實際上，則由於這種便利也使得生活趨於機械與呆板，進而喪失生命本然的天性與眞性。如同《莊子・天地》篇所云：「有機械者必有機事，有機事者必有機心。機心存於胸中，則純白不備；純白不備，則神生不定；神生不定者，道之所不載也。」莊子認爲機械雖然帶來便利，但隨之而來的「機心」，則容易使人背離生命的自然之「道」，失去原本潔淨靈敏的心靈。海德格（Martin Heidgger，1889～1976）也認爲人在科技時代已然異化，技術帶來的環境污染尚可克服，但人純然本性的喪失卻不易挽回。所以，新的科技模態提供了增進生活便利之可能，卻也可能由此而蠱化心靈成爲毀滅生活的工具。對「與物相刃相靡」〔註2〕的當代人而言，生命處境是亡宅失所的，其所表徵的是精神心靈的無處安頓、生命意義的無處掛搭，僅徒具行屍走肉的空殼軀體而喪失了理性靈魂，因此，是生命意義上的無殼蝸牛與流浪漢，此是生命意義的喪失與迷失。唐君毅在檢討西方存在主義興起之原委時，指出當代文明「上不在天，下不在地，外不在人，內不在己」的存在危機。〔註3〕對於這個存在的危機，袁保新認爲是在科技理性獨大之後，所形成的一個「存在意義」的危機。〔註4〕此「存在意義」的危機，表現爲人茫然不知其生命意義之原鄉爲何，而無從由此安身立命，劉述先認爲：

> 當代基督教大神學家田立克宣稱，今日對人類最大的威脅即是人生意義失落的感受。他認爲這個世界以內的一切都是曖昧模糊的。只有人通過信仰的飛躍，才能在基督和上帝那裏找到安身立命之所。人在科技分析之中找不到意義，但神學家卻又不能不訴之於信仰和神話的象徵，二元分裂，莫知所從。在這樣的情形下，我們重新發現中國哲學的傳統……既不必爲客傾的科技、物質機械世界所吞噬，也不必仰仗他世福音與救贖。〔註5〕

依劉述先引田立克（Paul Tillich，1886～1965）之言，則知西方在當今科技昌明

〔註2〕 語出《莊子・齊物論》：「一受其成形，不亡以待盡。與物相刃相靡，其行盡如馳，而莫之能止，不亦悲乎！」。

〔註3〕 請參考唐君毅：《中華人文與當今世界》下冊，台北：臺灣學生，1975 年，頁 540～565。

〔註4〕 請參考袁保新：《孟子三辯之學的歷史省察與現代詮釋》，台北：文津，1992 年，頁 166。

〔註5〕 劉述先：《中國哲學與現代化》，台北：時報文化，1970 年，頁 55。

的時代中，面對生命中之不解與難題時，最後仍僅能訴求于上帝，以重新定位其生命的意義與價值。而以「生命」為中心特質的中國儒釋道哲學，則可以解消西方所面臨的困境。誠如牟宗三所說：「中國哲學以『生命』為中心。」〔註6〕意即：「中國這種哲學就是生命的學問。它主要的用心在於如何來調節我們的生命，來運轉我們的生命、安頓我們的生命。」〔註7〕因此，生命的學問並不是以知識為中心，也不是以理智遊戲為特質的哲學，更不是以神為中心的啟示宗教。而是以「生命」為中心，來展開其教訓、智慧、學問、與修行。〔註8〕因此，牟宗三又說：

> 由中國古代的經典，就可看出都是環繞生命這個中心問題而開展。
> 重點在生命，並不是說中國人對自然沒有觀念，不了解自然。而西
> 方的重點在自然，這也並不是說，西方人不知道生命。由歷史開端
> 時重點有些小差異，就造成後來整個傳統發展的不同。〔註9〕

可見，面對「存在意義」之危機與「生命意義」之再建構，中國哲學儒釋道三家顯然是以「生命」問題為關懷起始。此以「生命」問題作為關懷起始的學問特性，正可以對治當代西方哲學所面臨的困境與缺失。「生命的學問」是中國哲學最重要的特質，也是儒釋道三家學問的特質；就儒家而言，即是「內聖」的成德之學，蔡仁厚指出「內聖」之學的意義，本質上是「生命的學問」：

> 「內聖」是內而在於自己，自覺地完成如同聖人一樣的德性人格，所
> 以這是「生命的學問」。所謂生命的學問，是表示它不同於「知識性」
> 的學問。內聖之學當然含有知識，而且也不排斥知識，但是這套學問
> 的性質，卻不同於我們今天所熟悉的西方那種以知識為中心的學問。
> 內聖之學的問題不是要成就知識，而是要完成生命的價值。〔註10〕

又說：

> 儒家的學問不著重於知識性的論證和概念性的思辯，而是著重於滿
> 足人生實踐的要求。重實踐，就必然要正視這個實踐的主體——生
> 命。儒家以人的生命作為學問的對象，因而形成了以生命為中心的，

〔註6〕 牟宗三：《中國哲學的特質》，台北：臺灣學生，1994年再版，頁8。
〔註7〕 牟宗三：《中國哲學十九講》，台北：臺灣學生，1993年，頁15。
〔註8〕 請參見牟宗三：《中國哲學的特質》，頁7。
〔註9〕 牟宗三主講，林清臣記錄：《中西哲學之會通十四講》，台北：臺灣學生，1996年，頁18。
〔註10〕 蔡仁厚：《儒家思想的現代意義》，台北：文津，1999年，頁2。

所謂「生命的學問」。〔註11〕

是故，中國哲學在源頭的發端上，所關注的焦點，即是由「人」而發的；此種發展與希臘哲學由自然哲學之宇宙論發端有所不同，它不是源於對自然的驚奇（wonder），故不特別著重於知識論上的探討與思辯，而是由「人」真實生命的存在本身著眼。因此，所有儒、釋、道三教，都脫離不了由「人」之存在事實本身作關注起點。儒家是透過道德實踐以內證天人合德、外成濟世潤物為本懷；〔註12〕道家體察人現實生命中的病痛與扭曲，示以滌清淨除的返樸歸真之道。佛家則垂示四聖諦、三法印、十二因緣等勝義，開示三界火宅、輪迴過患等等有情生命之實相，指陳生命之由來與目的，乃在明心見性以證悟本性，還其本來面目以「證菩提」而得自在解脫。可見中國儒釋道三教自始即由「人」之根本問題處下手，來各自展開其義理與教導。

因此，以「人」為本的中國哲學，即是能正視人生命本身而給予教示與指點；以「人」為本的學問特性，可以「人本」加以標示其特質，「人本」有別於希臘以「物本」為中心，也不同于希伯來以「神本」為中心；人本即是以「生命」為中心的學問，中國儒釋道三家皆是以「人本」為中心，西方哲學則以知識為中心，來發展其體系，在宗教方面，則是以上帝為中心形成救贖的宗教。在這種情形下，西方哲學無法「學」「教」並行（是學統與教統相分），也即是解行不相應。儒釋道三家則重學教合一、解行相應，以生命為中心來立言。〔註13〕中國哲學之基本特質是為「人本」，此即中國哲學與西方哲學間的根本差異。

中國哲學既以「人」為中心作為關懷起點，由此所開展出的思想特質與文化性格自然有別於西方。此乃是以「人」存在本身為問題起點，以「人」存在於天地間之優先性為思考核心，注重「人」內在價值理想的實現，所以對於人的看法自然與西方有別，唐君毅說：

> 中國先哲之人性論之原始，其基本觀點，首非將人或人性，視為一
> 所對之客觀事物，來論述其普遍性、特殊性，或可能性，而主要是

〔註11〕蔡仁厚：《儒學的常與變》，台北：東大，1990年，頁106～107。

〔註12〕儒家從生命問題為關懷起點，揭示生命的理想乃道德生命的極成。此道德生命是相對於氣質生命而言；對儒家生命理想而言，人存在之真義是透過轉化有限之氣質生命，來完成道德生命的完滿與圓成。因此，對於正面的道德生命，要求涵養、充實、發揚、上升；對於負面的氣質生命與情欲生命，則須予以變化與節制，以提振生命求得最後的圓滿與完成。

〔註13〕請參考蔡仁厚：《中國哲學的反省與新生》，台北：正中，1994年，頁2～3。

就人之面對天地萬物，並面對其內部所體驗之人生理想，而反省此

人性之何所是，以及天地萬物之性之何所是。〔註14〕

唐先生認爲對「人」內在無限可能性之體認，乃中國哲學之可貴處，此可貴處在於不以客觀物的角度來看待人性，此即「人本」與「物本」的主要分別，以「人本」爲重心故能進一步體認「人」有限存在之無限「可能」，此無限的「可能」是藉由「人」之實踐努力而獲得開顯。因而，中國哲學關於「人」的思考，也就賦予人更多的可能性與主動性，此即中國哲學「本體即工夫」、「工夫即本體」的特質所在，西方哲學雖長於形上之辨析與論述，然並無實際工夫以成圓滿的生命學問，故千年以來僅是一套形上體系取代另一套形上體系，生命的學問最終僅能交給基督教，在哲學裡未曾眞正建立起生命的學問之傳統，若此即爲中國哲學大別於西方思想之勝處。然而，中國哲學有別于西方思想之勝處固有多端，其間尤以「天人關係」者爲最，「天人關係」之差異乃是中國哲學與西方哲學最涇渭分明之處，「天人關係」本爲中國哲學之重要範疇，在中國哲學不同的思想領域中呈現其不同的樣貌；而「天人合德」是其中重要之類型，亦是最能彰顯以「人」爲本位之「生命的學問」的本懷，本文的研究亦是藉由對先秦儒家「天人合德」哲學之考察，來呈現儒家「生命的學問」之精彩並呈顯中國生命智慧之神髓；由此，最終建構儒家哲學之「終極意義」；〔註15〕尤有進者，對治於現代人生命意義之失落，〔註16〕可以給予其精神生命之安頓，提供一個全面而究竟的意義治療。

貳、「天人合德」哲學之研究旨趣

「天人關係」是中國哲學中一個基本且重要的思想範疇，具有豐富的體

〔註14〕 唐君毅：《中國哲學原論──原性篇》，台北：台灣學生，1989 年全集校訂版，頁 21～22。

〔註15〕 做爲第三維也納精神治療學派開創者，傅朗克（Viktor E. Frankl）所提出的「意義治療學」，認爲：人生命存在有自下往上的三層價值取向：1. 身體層面，2. 心理層面，3. 意義層面等三層面，並認爲所謂的「終極意義」乃是具有宗教性或高度精神意味的一切生命意義的本源與根基。請參見傅偉勳：《學問的生命與生命的學問》，台北：正中，1994 年，頁 260～262。另請參見傅偉勳：《死的尊嚴與生命的尊嚴》，台北：正中，1996 年五版，頁 188～206。

〔註16〕 沈清松在其《傳統的再生》一書中說：「儒家思想的優點可以用來協助我們度過現代化苦果所造成的難受階段。……使我們能創造出新的後現代中國文化的方向。」請參見沈清松：《傳統的再生》，台北：業強，1992 年，頁 65。

系與意涵，也是理解中國文化心靈之關鍵進路，天人關係雖有諸般類型模式；大致上，除了荀子的「天人之分」與「天生人成」，表現出較爲殊異的天人關係模式外；總的而言，中國天人關係的主要類型；還是以「天人合一」爲其最主要的特色，此亦是中國哲學的主要特性之一。「天人合一」的哲學包含了本體論、宇宙論、工夫論與境界論的種種內涵，故天人思想在中國哲學裡頭，並不是孤立的以個別的範疇加以研究，只求獲得一個定義式的結論爲滿足，而是一個義理層面與實踐層面的完整結合，此即對根本且終極意義的探問。

　　近代學人最先以「天人合一」直接表述中國哲學之特點的，可能是張岱年〔註17〕與唐君毅在 1937 年所同時提出；唐君毅在其《中西哲學比較論文集》中對天人合一的問題作了更深入的論述，他從宗教、哲學、文學、藝術等方面分析，認爲「天人合一」的思想可以顯示中國哲學乃至整個文化的特點，也顯示出中國文化與西方文化間的根本差異，因爲西方文化的傳統基本上是「天人相分」的。他說：

> 天人合一是中國哲學上的中心觀念——這一觀念直接支配中國哲學
> 之發展，間接支配中國之一切社會政治文化的理想——所以在中國
> 哲學上一直流行著，天人合德，天人不二，天人無間，天人相與，天
> 人一貫，天人合策，天人之際，天人不相勝，天人一氣的話。〔註18〕

相對而言，西方在探討天人關係時，大多採「天人兩分」與「天人對立」的態度。十九世紀法國哲學家孔德（Auguste Comte，1789～1857）即提出人類知識發展經過三個階段說，一、是神學時期（Theological stage）此時人尙不明瞭宇宙間自然萬物之現象，以爲皆是由神之動力所致，並經歷過「拜物教」、「多神教」、「一神教」等階段；二、是形上學時期（Metaphysical stage），此時人類知識逐漸發達，開始追尋事物的本體與發生之原因，把最高的觀念作爲宇宙萬物的最高原理，並以此最高精神與本質（essence），代替前期的神靈。三、是實證階段（Positive stage），此時期人們不追問宇宙萬物的淵源，也不研究現象後的本體，而只注意現象外在關係，以實際的觀察求證自然的法則，做爲萬物的原因與規律，由此而有科學之產生。孔德的三階段論說明西方知

〔註17〕張岱年認爲天人合一爲人生之最高理想，此是中國哲人之共識。請參考馮禹：
　　　　〈中國的「天人合一」與印度的「梵我一如」〉，《宗教哲學》第 4 卷第 2 期，
　　　　1984 年，頁 62。
〔註18〕唐君毅：《中西哲學思想之比較論文集》，台北：臺灣學生，1988 年，頁 128。

識發展的過程，另一方面也說明了西方天人思想的變化與互動關係。〔註19〕

　　因此，「天人合一」乃是中國哲學乃至整個文化的重要性格；蔡仁厚在分析中國哲學之精神取向時，認爲中國哲學精神取向有如下三端：第一、天人合一，第二、仁智雙彰，第三、心知之用；〔註20〕就天人合一（本天道以立人道，立人德以合天德）一端說：

　　　　依據中國哲學的義理，天道與人道，天德與人德，是相互回應的。
　　　　所謂「天人合一」，就是從這裡說。而「天道性命相貫通」，也正是
　　　　中國哲學最基本的義理骨幹。生生之仁，不息之誠，無私之公，乃
　　　　是天道人道、天德人德共同的内涵。基於這一系義理而展開實踐，
　　　　自可使人生與宇宙相通、道德與宗教相通，以獲致生命心靈的大貞
　　　　定與大安頓。〔註21〕

其中，「天人合德」特別爲儒家「内聖」之學的核心價值，可見中國哲學「天人合一」思想，不僅有別於宗教上所言的「神人合一」，在本質上與實踐上都有根本的差異；而且，儒家的「天人合德」是從道德實踐上講的，其主動權完全在人手上，天之降命與否、乃至「天人合德」理想之成就與否，關鍵乃在於人純亦不已的修德盡性，此皆須出于人自覺的道德實踐方得證知，非依盼于天之獎賞與否的考量。況且，「天人合一」的思想亦是中國哲學之義理精髓骨幹，尤以儒家「天人合德」之生命理想爲首出。

　　「天人合德」一詞由字面上看，一般爲境界義之用語（故含有境界義），由「天人合德」之可能性論析，則透顯由人而發之工夫義（故含有工夫義），純就「天」所指之内涵，則顯發本體宇宙論之意涵，純就「人」而理解則不離心性論與工夫論之範疇，故「天人合德」哲學包含本體宇宙論、工夫境界義（其研究範疇與方法應用請見下節），代表先秦儒家《論語》《孟子》《中庸》《易傳》心性論、天道論、工夫論與境界論之完整義理内涵；再者，「天人合德」哲學之演進與發展，也順先秦儒家《論語》《孟子》《中庸》《易傳》之義

〔註19〕　請參考巨克毅：〈當代天人之學研究的新方向——反省與重建〉，《宗教哲學》
　　　　　第2卷第1期，1996年1月，頁8～9。
〔註20〕　蔡仁厚：《中國哲學的反省與新生》，頁9～11。
〔註21〕　蔡仁厚：《中國哲學的反省與新生》，頁9。再者，儒家在人文理想的建構，也
　　　　　分別表現在以下三個方面：一、個體的完成，也就是各正性命。二、是與群
　　　　　體萬物相通。三、是與天地合德，天人相互回應。請參考蔡仁厚：《儒家思
　　　　　想的現代意義》，頁333～339。

理傳承而來，由此考察「天人合德」思想的逐步發展與引申，此演進與發展是義理脈絡的同質發展，而非異質或歧出的轉變，由此演進與發展也可反證《論語》《孟子》《中庸》《易傳》義理傳承之關聯性。

　　本文藉由「天」「人」之哲學視角來理解先秦儒家「天人合德」哲學之發展脈絡，其所顯發者，為先秦儒家內聖之學的真義，亦即內聖之學的終極理想，也是儒家生命學問之主體價值，其代表文化命脈之核心價值。〔註 22〕因此，「天人合德」哲學之生命智慧，標誌著中國生命的學問之精彩。本文本著孺慕中國哲學之初衷，以先秦儒家「天人合德」哲學之探究，期能明白其哲學體系之發展與演進，進而能揭示先秦儒家「天人合德」哲學之義理底蘊，終得一窺先秦儒家豐富的傳統智慧之一二。

第二節　研究範圍與方法

壹、研究範圍

　　本文研究之文獻範圍設定，主要以先秦儒家的《論語》、《孟子》、《中庸》、《易傳》（《論語》、《孟子》、《中庸》、《易傳》，其排列並非照成書年代而安排，而是就其義理發展之論述進路的異同而安排）四部經典為考察重心，〔註 23〕旁及《詩》、《書》、《禮》〔註 24〕等先秦儒家經典之引用，其所取捨者以揭示「天人關係」模型為主軸，由此明白先秦儒家「天人合德」理路之所源，分瀝出系統脈絡之繼承、創新與演進；而在論證架上，則以本體宇宙論、工夫

〔註22〕儒家「天人合德」所揭示的，乃是中國人文理想價值之極致；理解儒家「天人合德」之內涵，則能由此理解中國「生命的學問」之精要。

〔註23〕義理論述方面以傳世通行本為主要考察對象，相關新近簡帛資料則作為文獻考察之參考。

〔註24〕六經是中國文化之「源」，六經以下的諸子百家則是其「流」。在探討先秦儒家「天人合德」哲學之內涵，也應檢視這個源流所提示的天人思想；這主要是孔子前的西周典籍，以《詩經》與《尚書》等為主；這是儒家思想所傳承與創新之源。如同《史記·太史公自序》載司馬談《論六家要旨》云：「夫儒者以六藝為法。」司馬遷《史記·孔子世家》：「孔子以詩書禮樂教人，弟子蓋三千焉，身通六藝者七十有二人。」《史記·儒林列傳》：「故愍王路廢而邪道興，於是論次詩書，修起禮樂。」詩、書、禮、樂都經過孔子的加工，而春秋據《史記》所述也出自孔子應無疑義，《易傳》則由於七十年代馬王堆帛書的出土，更可佐證其思想內涵與孔學傳承有所關聯之事實。

境界論兩條軸線發展，以此釐清先秦儒家「天人合德」內聖之學的全貌。再者，在論證「天人合德」哲學的演進與發展的內部理路上，本文所援用之論述進路乃順牟宗三《心體與性體》所創發之架構來鋪陳；其間並對比中國他家思想或西方天人思想作概略說明，分析其間的根本差異所在，以透顯先秦儒家天人合德哲學之殊勝，並理解「天人合德」哲學之發展脈絡。

其次，筆者要特別說明的是，以客觀文獻來理解經典之義理內涵，雖能客觀呈現經典義理原貌，但絕非是全面的；譬如《易傳》作為孔門義理之嫡傳血脈，其思想內涵本為儒家義理之發揮，雖亦有為他家學說所援用者，然基本性格仍舊是儒家之典型。因此，對於上述四部經典的考察，除了單獨予以義理的分析外，也要以「有機組合」的方式予以通盤考量，方能抽繹出其間的義理架構，進一步獲得完整的理解，因此，本文的研究，不是孤立抽離的加以個別分析，而是藉由「天人」問題的考察，來貫通《論語》《孟子》《中庸》《易傳》之道德哲學系統；至於《中庸》與《易傳》之文獻定位、思想屬性、與作者時代諸多問題，學界一般已有定論者，此中梗概容本文於第三章第一節再予說明。

貳、研究方法

中國哲學的基本特性本有別於西方哲學，故在研究方法與論述態度上自然須有所取捨，不能完全以西方哲學之研究方式予以切割解剖，或純以西方哲學之思想體系來審視中國哲學之得失優劣，進而有所評斷、論定，如此皆是邯鄲學步、妄自菲薄。然而，西方哲學方法亦有助益於中國哲學研究者，譬如對於哲學範疇的釐清與詮釋方法的靈活運用，可資助吾人清晰檢別出中國哲學之體系與義理架構，本文則藉由基本哲學範疇的釐清與對詮釋學方法的理解，來說明本文研究方法之基本態度與取捨。

一、基本哲學範疇之釐清

傳統上對於西方哲學的研究，在題材分類上有四個傳統的領域：邏輯（logic）、形上學（metaphysics）、知識論（theory of knowledge）、和倫理學（ethics）等，當代哲學接納許多新的哲學題材，諸如自然科學哲學、心靈哲學、宗教哲學、社會和政治哲學、藝術哲學（美學）、哲學史、語言哲學、社會科學的哲學等等，其中有些是個別的傳統領域所衍生的支系，有些則橫跨了幾個傳統的領

域。其中，邏輯是研究健全思考和有效論證的共通架構，形上學（或本體論）是研究存在或實在的基本範疇與結構，知識論（或認識論）是研究知識的性質及獲得的方法，倫理學（道德哲學）是研究如何生活、善與惡、對與錯，以及道德原則。〔註25〕以上是西方哲學範疇的分類大概，對於中國哲學是否也可依上述之分類來加以理解；在此，杜保瑞在其〈易學方法論〉一文中提到「基本哲學研究法」，〔註26〕「基本哲學研究法」是指對哲學史與哲學體系的研究方法，並藉著基本哲學問題的範疇定位與釐清，使其所探析的哲學問題之內涵意識更加明確。此基本哲學範疇是否與西方傳統可互為資助溝通者，若參酌西方哲學的分類，中國哲學如杜保瑞所言，可以另外分別出本體論、宇宙論、工夫論、境界論四個基本哲學主題，來作為研究與詮釋中國哲學的基本問題意識。而使得研究者的研究主題得以呈現其清晰的面貌。對於杜保瑞這四個基本問題範疇分別與說明，筆者加以簡述如下：〔註27〕

（一）本體論〔註28〕（存有論）：是對整個存在界的根本存有意義、目的、本質、體用、有無、等抽象觀念問題之探討。是一個終極性的基本哲學問題意識。對中國哲學的特殊性格言，本體論也是工夫論的前提之一，也是境界論的意涵之一；因此，從本體論上言，中國哲學的特質，也正是包含著工夫論與境界論的一個完整生命學問的體系。在儒家而言所謂本體，是指超越的形上實體，因此，無論是天道、天命、天德、天理、乾元、太極，都是這一個天道本體；《詩經》言：「維天之命，於穆不已」表示了天道之不已地作用以創生萬物，《中庸》說「天地之道，可一言而盡也。其為物不貳，則其生物不測」都是講天道本體的妙運創生；由天命實體下貫內在化為個體之本性時，此即儒家所言本體亦通性體、心體、仁體之義。

〔註25〕 請參考 Peter K. McInerney，林逢祺譯：《哲學概論》，台北：桂冠，1996 年，頁 3～5。

〔註26〕 請參見杜保瑞：〈易學方法論〉，《大易集述》，成都：巴蜀書社，1998 年，頁 163～165。

〔註27〕 請參見杜保瑞：〈易學方法論〉，頁 163～165。

〔註28〕 本體論語詞是形上學（metaphysics）或存有學（ontology）的中文使用，（ontology）是討論宇宙現象之所以形成的原理的論證，但形上學亦往往包含著本體論與宇宙論兩種範疇，故本體論（存有學）是專就（ontology）之哲學內涵而言；宇宙論（cosmology）則是討論宇宙的起源、生化與過程等。請參考鄔昆如：《哲學概論》，台北：五南，1990 年四版；沈清松：《物理學之後》，台北：牛頓，1987 年；陳俊輝：《哲學的基本架構》，台北：水牛，1996 年，頁 43。

　　（二）宇宙論：指涉整體存在界的時間、空間、始源、生滅、變化、材質、結構等客觀認識的哲學問題。

　　本體論與宇宙論在西方哲學中類屬形上學之範疇，其間有明顯清晰之區分，然在中國哲學裡，特別是儒家哲學中本體論包含了宇宙論成為本體宇宙論，此如《易傳》之易道思想所揭示者，另外，儒家哲學並無如西方區分倫理學與本體論之別，亦即並無將道德問題外於本體論另作論述，是以孔孟心性之學、庸易天道性命論皆可由本體論範疇之討論，獲得通盤掌握與整體的理解；如此，方不致有質疑《中庸》、《易傳》之天道論不屬先秦儒家正宗之謬。故無論是心性問題、天道論皆可在本體論的範疇裡作安排與理解。

　　（三）工夫論：是包含著本體論心性修養活動的實踐之道，是含攝著身心兩路的實踐活動。在儒家言則所謂工夫是專指能體現「本體」的實踐方法，只有透過工夫修煉、心靈體驗、方能把握本體；因為儒家之學本成德之教，並非只是認識上的探析，故工夫實踐為儒家成德之教的主觀條件，孔子說「為仁由己」、「踐仁知天」，孟子說「盡心知性知天」、「存心養性事天」，《中庸》言「慎獨」、「致中和」、「至誠盡性」，《易傳》言「君子以反身修德」都在說明工夫實踐之重要性，工夫論一義，也是中國哲學異於西方學問之勝場所在。

　　（四）境界論：對完美人格之終極理境的觀念建構，將透過工夫實踐後的完美理境加以呈現。諸如儒家的聖賢，莊子的真人，道教的神仙，佛教的佛菩薩，都是指涉生命實踐所可能達致的理境。

　　在此，本文則以為工夫、境界義可合而論之，此因無工夫之真切實踐則無境界可言，境界所顯發者必然以工夫實踐為前提與保證，如此境界義所陳方不致為玄虛之主觀臆想與空洞的浮光掠影。

　　對於上述四種哲學基本問題的分別與關聯，杜保瑞在〈功夫理論與境界哲學〉一文中，也再申論一些特點：〔註 29〕認為形上學問題是一切哲學問題中最基本的哲學問題，其中「本體論」與「宇宙論」是形上學研究中的兩種基本問題意識，而中國哲學體系中的形上學世界觀都是作為工夫境界的基地而設言的。並且以上述的分別，認為哲學理論的型態區別之要點在世界觀，而境界理論是分別哲學型態的絕對標準，境界哲學的語言也是宇宙論與本體論同時使用的。最後，他認為：

〔註29〕請參見杜保瑞：〈功夫理論與境界哲學〉，《中華易學》第 20 卷，1999 年 4 月，頁 29～49。

　　由功夫理論與境界哲學的使用而揭露了中國哲學研究的新的分析方
　　法，那就是對準人生哲學本位的儒家道家道教佛教幾大傳統的理論
　　研究，首先應該確立一個從形上學的宇宙論與本體論兩個架構的解
　　讀面向，其次要找出在功夫理論的兩個分析進路，再要指出在境界
　　哲學中的兩種描述義涵，從中撿查這是一組如何的運思進程的理論
　　型態。而這整個的分析方法則是一個基本哲學問題意識的分析方
　　法。這就是一個以本體論宇宙論為主的基本哲學問題意識分析法，
　　以及以功夫論境界論為軸心的人生哲學本位的中國哲學研究之分析
　　方法。〔註30〕

簡言之，此四個基本哲學問題，又可大分本體宇宙論與工夫境界論之別，當
然此哲學基本問題的劃分裁定，乃作為研究中國哲學義理架構之方便進路；
不必然能夠管窺中國哲學之全豹，因為中國哲學在這四個基本哲學範疇上常
常是相即相涵的。誠如蔡仁厚所說：

　　本體論與工夫論，儒家是通而為一的。所以，「承體起用」、「即用見
　　體」、「即體即用」、「體用不二」，以及「即本體即工夫」、「即工夫即
　　本體」這一類詞語，都有它諦當的意義。〔註31〕

因此，內聖之學是以成德為目標，成聖成賢有賴工夫的實踐；道德實踐所以
可能的根據，從超越客觀面言，是「本體」的問題；從內在主觀面言，便是
「工夫」的問題。本體意指形上實體的意涵，在這一方面，天道、天命、天
理、乾元、太極等都是意指天道本體。此天道本體由超越而內在，下貫而為
人之性體、仁體、心體，此是天之所命，為「天所與我，我固有之，人皆有
之」的。〔註32〕超越客觀的「天道本體」在儒家義理中，絕對不是孤立自存
的形上客體，它必須透過主觀內在的工夫實踐來加以證成與朗現；如此「天
道本體」之道德意涵才能獲得證成。

　　總而言之，人之內在心性仁體，乃是上承於天道本體，是天道本體所下
貫之本然「性體」，由此內在與超越通而為一，工夫與本體相即不離；所以不
是分割的講一個「天」，然後再講一個「人」；孤離的論析「天」之種種意涵；
如此必然只是純理智的遊戲與頭腦體操，無法澈悟學問與生命本身乃一體兩

〔註30〕杜保瑞：〈功夫理論與境界哲學〉，頁41。
〔註31〕蔡仁厚：《儒學的常與變》，頁109。
〔註32〕請參考蔡仁厚：《中國哲學的反省與新生》，頁128～129。

面；沒有扣緊生命問題爲起始，所發的知識見解終成戲論，可見，研究儒家哲學必先識得「工夫本體相即」之特質，方不致支離其完整體系而失其全貌。在此，筆者認爲杜先生的這四個基本哲學範疇的劃分，〔註33〕確實有助於吾人在研究論題上的定位與釐清，可作爲研究方法之參考，然而不可視爲決然的劃分原則。

二、詮釋學方法之應用

至於本文之內部義理分析的詮釋態度，則得之迦達默爾的詮釋學方法而有所取捨，關於詮釋學方法應用之意義，本文所著意者非詮釋學流派與其內涵之論述，主要重點在於詮釋態度之認知與建立。

關於本文之詮釋態度，主要認取當代哲學詮釋學的角度，哲學詮釋學方法是由迦達默爾（Hans-Georg Gadamer，1900～2002）所建立，其學說根本則是由胡塞爾現象學和海德格存有學的基礎上所發展出來。亦即其哲學詮釋學乃另闢蹊徑，而契通海德格後期思想的旨趣；再者哲學詮釋學也是浪漫主義詮釋學，經過蘭克、德羅伊森、狄爾泰之後的影響下所獲得的引申發展，此種發展所產生的哲學轉向，又與黑格爾那種包羅萬象的綜合密不可分。因此，哲學詮釋學運用的是胡塞爾現象學方法，也對後期海德格思想有所承繼與發展，也與施萊馬赫和狄爾泰的詮釋學傳統相聯繫，並與黑格爾哲學進行綜合的結果。〔註34〕

迦達默爾的詮釋學所要解決的根本問題是眞理問題。在其《眞理與方法》一書的導言裡即表示：

> 詮釋學現象本來就不是一個方法論問題，它並不涉及那種使文本像所有其他經驗對象那樣承受科學探究的理解方法，而且一般來說它根本就不是爲了構造一種能滿足科學方法論理想的確切知識。——不過，它在這裡也涉及到知識和眞理。在對流傳物的理解中，不僅文本被理解了，而且見解也被獲得了，眞理也被認識了。〔註35〕

〔註33〕杜先生將中國哲學中的形上學與世界觀，認爲其根本意義皆爲境界型態的形上學與世界觀；關於儒家形上學其根本意義。是否僅爲杜先生定義下的境界型態之形上學，仍可以再深入討論。請參見杜保瑞：〈易學方法論〉，頁165。

〔註34〕請參考洪漢鼎：《詮釋學史》，台北：桂冠，2002年，頁202～203。

〔註35〕Hans-Georg Gadamer（漢斯——格奧爾格·迦達默爾），洪漢鼎譯：《詮釋學I 眞理與方法》（Hermeneutik I Wahrheit und Methode），台北：時報文化，1996年，導言頁1。

《眞理與方法》該書的初衷即是要在現代知識的體系內，抵制科學方法萬能的想法，並尋求外於科學方法之經驗方式。如其所言，現代人一向抬高科學眞理，視科學方法爲無上法寶，這種態度已成爲當今文明的一種信仰，而此種信仰科學爲唯一眞理的態度與作法，正是迦達默爾所質疑的。所以，迦達默爾認爲科學眞理並非能夠普遍適用，重要的是它無法解決人生命存在的根本問題。在哲學、文學、歷史、藝術、音樂諸多非科學領域裡也存在著眞理。凡此種種，在科學方法所不能加以囊括的領域，便需要有不同的經驗方式，迦達默爾的詮釋學即是立足於此，而展開其哲學詮釋學的方法論述。再者，迦達默爾認爲詮釋學具有普遍性，認爲一切存在都可以成爲詮釋學的對象，尤其是無法用自然科學的方法加以探問與領略的眞理，此處的眞理則應該從人文科學的角度加以省察。故其所謂的「眞理」乃是人文科學的眞理，並不是實證主義者所主張的眞理：認爲歷史如同客觀事實般，可以用科學的方法來加以考察，並由此獲得一個確切而完整的理解。

其次，迦達默爾認爲理解與歷史有關。因而對文獻的分析與理解則屬「詮釋」之必要，此即迦達默爾之效果歷史〔註36〕（Virkungsgeschichte）的應用（此效果歷史指理解一定具有歷史的有效性，是歷史眞正的實現，在其中歷史方才眞正顯出）。並且由於效果歷史因素使得吾人對文本之詮釋成爲可能，而由此產生意義。可見，作爲一經典文本的內在涵義，是透過效果歷史不斷被豐富與意義深化，因此，本文在研究方法上，從橫面向上言，則是把《論語》、《孟子》、《中庸》、《易傳》視爲一可對話的文本，作爲一哲學文本的經典必定包含其文化傳統與歷史的象徵模態（即海德格所言的前理解結構）。而從縱面向言，此哲學文本之內在義理不斷再生與創造，也就被賦予其更豐富的義理內涵。雖然，由於歷時久遠也使人懷疑吾人所理解或詮釋者，是否即爲其經典文本之原意；此由於年代久隔所產生的「時間間距」（Zeitenabstand），迦達默爾認爲其非但不是吾人理解文本的障礙，反而是使得吾人的理解得以可能與建構意義的歷史因素。〔註37〕最後，迦達默爾認爲作品在被創造出來後，便以其自主的生命而流

〔註36〕 透過視域的融合，過去與現在、主體與客體、自我與他者都融爲一體，而構成一個無限的統一整體，如此，歷史就在視界的不斷運動與相互融合中成爲「效果歷史」。迦達默爾認爲在「效果歷史」裡，歷史才能顯出它的有效性，理解從本質上看：即是一種效果歷史的關係。請參考嚴平：《高達美》，台北：東大，1997年，頁135～140。

〔註37〕 「時間間距」意味：「時間總是表現爲過去、現在和將來，它不可避免地具有一

傳下來，迦達默爾視此爲「作者的消亡」，意即作者在作品完成後即自作品中自我引退，由此，個別不同的詮釋者對文本之作者原意，想獲得一致客觀的理解本屬難事。〔註38〕也正因詮釋者皆必面對此難題，故詮釋者如何在與文本的辨證中，使其對文本的理解能夠成爲所謂的「視域融合（Horizon-tverschmelzung）」，則視詮釋者自身如何回應與領略文本的提問而論。如此，本文願意將這些經典文本視作一哲學文本來看待，而不將其視爲一個對象物來看待和考察。若將之視爲外於人之無生命的對象物，不能以感同身受的生命體驗對待，則它只能是《莊子》書中輪扁所稱的「古人之糟粕」而已，〔註39〕而不能使得吾人在領略其間的思想之外，進而豐富吾人的心識成爲內在生命的眞實動力。在這個理解之下，經典作爲一個會訴說的文本，本來就不是與我們相隔絕的世界，它是吾人生命意義底層相關聯的結構。如果它僅是一種靜態的與知識性的理解；即使我們最終對文本有所理解與領略，它終究也不能對吾人的生命有任何啓發。〔註40〕因此，經典作爲「生命的學問」之源泉活水，必然地，與詮釋者不斷的對話中開顯眞理。並且這種對話與開顯是永無止盡的，所以其間眞理的呈顯和參與也是永無休止的。〔註41〕這樣的參與與對話過程也

種時間性的距離，這種距離由於歷史久遠而成爲我們解讀古典遺物及古典文本的障礙，它妨礙我們對它的理解。」請參見嚴平：《高達美》，頁135～137。而吾人在詮釋經典文本時，應該如何來看待時間間距的意義呢？迦達默爾認爲：「重要的問題在於把時間距離看成是理解的一種積極的創造性的可能性。」又說：「它可以使存在於事情裡的眞正意義充分地顯露出來……新的理解源泉不斷產生，使得意想不到的意義關係展現出來。促成這種過濾過程的時間距離，本身並沒有一種封閉的界限，而是在一種不斷運動和擴展的過程中被把握。」參見漢斯——格奧爾格·迦達默爾：《詮釋學I眞理與方法》（Hermeneutik I Wahrheit und Methode），頁390～391〔302～304〕。再者，哲學詮釋學也認爲當文本被創造出來後，作者便自我退位消亡。而文本更以自主的生命不斷地詮釋豐富它自己，由此觀之，時間間距反而是文本不斷開發其本身意義的積極作用。

〔註38〕 迦達默爾說：「作者的意圖（mens auctoris）就不可能是衡量一部作品意義（Bedeutung）的尺度。如果，排除了作品在進入我們經驗中時，那種不斷更新的實在性，而要就作品自身去談論作品，這實際是一個非常抽象的觀點。」轉引請參見 Richard E.Palmer，嚴平譯：《詮釋學》（Hermeneutics），台北：桂冠，1992 年，頁 191。

〔註39〕 迦達默爾認爲在文本與詮釋者的「我——你」關係模式中，「你」應該是一會訴說的傳統，直接的面對詮釋者而有所陳訴。轉引請參見 Richard E.Palmer，嚴平譯：《詮釋學》（Hermeneutics），頁 224。

〔註40〕 Richard E.Palmer，嚴平譯：《詮釋學》（Hermeneutics），頁 195。

〔註41〕 嚴平：《高達美》，頁 101。

就達到了迦達默爾所倡言的「共同意義的分有（Teilhabe）」。〔註42〕所以，本文在詮釋先秦儒家的經典文本時，則必須是抱持視文本為一個意義無盡藏的生命學問之文本，如此，則使這樣的詮釋參與不是獨斷的臆測與主觀的評論；並經由此論述過程中之詮釋學經驗的體會，期能領悟與開顯先秦儒家「天人合德」哲學之眞實意義。

哲學詮釋學乃本文認取之詮釋態度；尤有進者，如同傅偉勳所提出的「創造的詮釋學」，則吸收海德格到迦達默爾的詮釋學成果，並由現象學、辯證法、實存分析、日常語言分析，乃至大乘佛學所涉及的種種方法論的進一步融會貫通。「創造的詮釋學」所應用的是「層面分析法」，此是分辨「實謂」、「意謂」、「蘊謂」、「當謂」以及「創謂」的五大辯證層次，並由此五個層次的昇進達到創造的銓釋，此即由原典資料、依文解義達致「創謂」層次；此是詮釋學層次的進一步提昇，是透過中外與傳統對話交流所培養出「繼往開來」之創新力量，傅偉勳認爲祇有在「創謂」層次，創造的詮釋學才能彰顯它的功能；而當代新儒學正是在牟宗三的「創造的詮釋」中開啓新頁；〔註43〕因此，迦達默爾之哲學詮釋學之面對文本的態度，乃至「創造的詮釋學」所追求的「當謂」與「創謂」，都是本文探究所認取與追求之理想，冀望藉由對原典文本的探究，進一步闡發《論語》《孟子》《中庸》《易傳》「天人合德」哲學之眞義。

再者，本文對先秦儒家「天人合德」哲學之研究，在各別章節的義理分析上援用唐君毅哲學原論中對哲學命題之詞語類析的方式，對個別經典中相關於「天」與「人」之哲學語詞意涵加以分梳整裡，再結合上述基本哲學問題之研究方法，解析還原出其義理眞貌。由此，本文研究於篇章安排上，在本文的第二、三章部分即是處理本體宇宙論的哲學問題，其中涵攝四部經典中相關「天」與「人」之天道論、心性論之傳統論題，此是說明「天人合德」的可能性及其基礎；在第四章部分則是闡明「天人合德」工夫論之哲學問題，說明「天人合德」的實踐進路爲何；孔孟心性之學本應以工夫論之說明方顯

〔註42〕高達美認爲：「當我們試圖理解某個文本時，我們並不是把自己置入作者的內心狀態中……理解不是心靈之間的神秘交流，而是一種對共同意義的分有（Teilhabe）。」請參見漢斯──格奧爾格・迦達默爾：《詮釋學I眞理與方法》（Hermeneutik I Wahrheit und Methode），頁 383〔297〕。

〔註43〕請參考傅偉勳：《學問的生命與生命的學問》，台北：正中，1993 年，頁 220～258。

其義，故在論述上並不決然加以分割，此在第二章與第四章皆分別說明與論述。第五章則是進一步論證《論語》《孟子》《中庸》《易傳》之義理傳承脈絡，說明先秦儒家「天人合德」哲學的演進與發展，以此證成「天人合德」思想即是貫串《論語》《孟子》《中庸》《易傳》道德哲學發展之主軸。並由此說明先秦儒家「道德的形上學」的初步建構與圓滿。因此，由工夫論與境界論的論述與說明，也使得先秦「天人合德」的研究，不致流於一般哲學論題之分解方式，能夠使其成為一個有機的義理體系，透顯出「生命的學問」意義之所在，此也是本文研究的初衷與期盼。如上所述，並透過基本哲學問題方法的援用，由此構成本文研究論述之外部程序與結構。

最後，誠如牟宗三所說的「文獻途徑」，並非考據訓詁式之歷史詮釋進路，其實質乃是一種面對文本時，讀者自身透過與文本真誠的對話，而與文本有一種「生命存在感受」之體會，以此感受來開顯經典文本更多的意義。牟先生所持的詮釋態度與迦達默爾的詮釋學態度不謀而合。因此，除了前述基本哲學問題之分析與區別，在詮釋態度上，本文期能領略迦達默爾詮釋學之精神；在論述進路上，本文則援用牟先生「道德的形上學」的詮釋系統，來建構先秦儒家「天人合德」哲學之體系，並期由此開發儒家「內聖之學」的嶄新意義與內涵。

第三節　內容梗概與篇章安排

本文研究藉由中國哲學作為「生命的學問」的思考起點，說明以「人」為本位的儒家哲學如何為現代人提供一安頓身心之道；本文以先秦儒家「天人合德」哲學為論文研究之內容，蓋關於「天人關係」的哲學思考，本為中國哲學異於西方思想之勝處；尤以先秦儒家「天人合德」為首出，本文藉由對原典文本之感同身受的生命情懷為起始，首先以本體宇宙論、工夫境界論的兩個哲學範疇，來對《論語》《孟子》《中庸》《易傳》義理作個別的分疏，釐清先秦儒家關於「天」與「人」之種種義理內涵，進一步揭示其實踐工夫之實質，最後描繪出先秦儒家「天人合德」哲學之完整樣貌，理解「天人合德」哲學之發展軌跡與內涵；再者，探討儒家作為一特殊的宗教型態之可能，以明儒家作為一道德宗教的內涵意義。最終，本文研究除期能夠客觀詮釋先秦儒家之義理原貌，也冀望藉由「天人合德」哲學的研究，提供探究先秦儒

家內聖之學的另類途徑。至於各章內容之梗概與章節安排分述如下：

論文結構除結論外共分五章，首篇藉由反省現代人生命意義的失落、人生價值之扭曲，以點明當代人所面對之精神困境，而中國哲學適得以解決此生命心靈之困境，乃在於中國哲學以正視「生命」問題為起點，能夠真實面對現代人生命所面臨的難題，提出解決與疏通之道。因此，由此所開展的思想教誨，莫不關聯著人的生命主體而立言，是能夠體現人主體生命之價值，並進一步來安頓與提升人之生命靈魂者。因此，關於中國哲學「天人關係」所揭示者，乃是中國哲學對「生命」問題所提供的解答。儒家哲學中「天人關係」所揭示者，正是中國「生命的學問」之代表，可以提供一種意義治療之積極面向，本文藉由論述先秦儒家「天人合德」哲學，來揭顯先秦儒家安頓生命之哲學智慧。

第二章是分疏孔子、孟子之天人思想本體論範疇之相關義理內涵，主要以《論語》、《孟子》為研究之文本；首先，說明殷周天人思想之轉變，並理解《詩》、《書》等典籍中關於天人思想的描述；接著說明孔子如何轉化周初之「天命」觀，揭示以「仁」學為主體的道德哲學，開創出新的天人關係之模式，此模式亦是先秦儒家「天人合德」思想之發端。再者，說明孟子如何承繼孔子之學，以「十字打開」撐開儒家之義理規模，並深化儒家人性論之道德內涵，建立先秦儒家心性論的道德哲學體系。

第三章則是以《中庸》、《易傳》為主要研究文本，首先是對《中庸》、《易傳》之成書時代與義理定位問題作出說明，一是說明《中庸》文獻之相關問題，也進一步說明其義理性格之定位，二是借由對當代學者對《易傳》文獻探討整理，釐清孔子學易、傳易等相關問題，藉以進一步說明《易傳》之義理性格當歸屬于儒家之傳承脈絡，並評估當代幾種關於《中庸》《易傳》詮釋系統之得失。第二部分，也是本章主要部分，說明《中庸》、《易傳》天人思想之本體論相關義理概念，繼由孟子建立先秦儒家心性論之義理宏模，《中庸》、《易傳》在天人思想上有進一步發展，是孔門義理在天道論的發展，也是先秦儒家在形上體系上的進一步圓滿。簡言之，《中庸》《易傳》所建構者即是牟宗三「道德的形上學」之意涵，而先秦儒家道德的形上學亦於此初步建立。

第四章則是先秦儒家「天人合德」思想之工夫論與其境界之說明，儒家哲學之特色不同于西方哲學者；乃其並無種種論述範疇之區別，在儒家哲學

裡的工夫與本體，乃「即本體即工夫」、「即工夫即本體」，本體論與工夫論是相涵相通，但本文為行文方便以清眉目，在此權與二、三章稍作區隔；因此，本章承續前兩章之論述，繼而專述先秦儒家「天人合德」之工夫內涵，並說明先秦儒家「天人合德」的理想為何，由此呈顯先秦儒家「內聖」之學的完整面貌。

　　第五章首先是關於先秦儒家「天人合德」哲學的演進與發展之探究，立足於「天人合德」思想的探究為起始，首先證成先秦儒家《論語》《孟子》《中庸》《易傳》內聖之學的傳承，透過「天人合德」哲學的演進與發展，由心性論而天道論趨完整而圓滿；因此，「天人合德」哲學的演進與發展，正好與《論語》《孟子》《中庸》《易傳》義理之傳承相互證成。再者，《中庸》《易傳》道德的形上學之發展，也論證了《論語》《孟子》《中庸》《易傳》義理傳承之理序。理解先秦儒家「天人合德」哲學的演進及其發展，由此建構「天人合德」哲學之真實意義，並揭顯先秦儒家內聖之學之極致意義。其次，論述儒家作為人文或道德宗教之特殊意涵，說明其不同於西方宗教的本質與特性，展示「天人合德」作為道德宗教之殊勝處，呈顯儒教之成熟與圓滿。

　　最後，結論是論文研究之反省與展望，說明先秦儒家「天人合德」哲學的演進與發展之意義，呈顯「天人合德」哲學之發展歷程與架構，及其作為道德宗教之殊勝意涵；因此，「天人合德」哲學之探究，為掌握儒家內聖之學義理傳承之重要進路，也是儒家道德哲學之重要內涵與理想。

第二章　孔孟天人思想之演進

　　人追求超越的生命精神境界，是在現實物質生活的追求之外，進一步關於生命意義的渴求與探問，無論其爲藝術、道德或宗教的，天人思想的模式反映著人對終極價值的取向：亦是人之基本生活態度與信念。因此，天人思想本質上可說是一「生命的學問」，是立足人生命之根本問題所提出的哲學思考。

　　天人思想的內涵本有多端，可從科學的、宗教的、價值的面向來加以分析。本章就孔孟天人思想之演進作一說明與探析，其重點在本體論、心性論的面向，考察孔孟關於「天」與「人」的思考。在此之前，本文先就天人關係之定義作一說明；其次，則從殷周之天人思想之演變作分析，最後說明天人關係在孔子思想中的轉向與變革。

　　「天人」思想本是中國哲學的特色與主要關懷，「天人」關係之辯証與理解自有其發展理路；首先，作爲超越意義的「天」在中國原初思想的發展階段，是一個簡單的含義，根據《說文解字》的解釋，天的本義是「顚」，亦即人頭部的上額，〔註1〕並由此轉生出人頭頂上「天」之意涵。〔註2〕在商代的

〔註1〕　《說文》：「天，顚也。」吳大澂說：「天，人所戴也。」章太炎：「天爲人頂，引申之爲蒼蒼者。

〔註2〕　朱哲認爲：這種轉變是由象形轉向指事，即：「人們通過對自己身體最高部位即『人之顚頂』的認識來認識人頭頂上自然高廣之天。這是古代原始思維發生的一般規律。據古文字學家們的研究，由人體頭頂部位之『天』轉進到人頭頂之上的自然之『天』，這一過程是在西周時期完成的，並且在此同時，自然天體觀念與『上帝』天神發生了聯繫，殷商人特創『上帝』一詞專指天帝，其中已隱含『帝』在天上之意。」請參見朱哲：《先秦道家哲學研究》，上海：上海人民，2000年，頁95。

甲骨文中,「天」與「人」字皆已出現,此時「天」並無宗教上的意思,只具有「大」、「上」、「高」等意義,因此,「天」常被用來稱呼人們頭頂上的蒼天;「天」具有特殊的哲學意涵,至周人「天命」觀的出現,才轉由作為主體的「人」之立場,去重新思考天人關係的適當性,而此天人關係的適當性,中國哲學特以「天人合一」為其主要特色,「天人合一」在中國哲學中呈現出不同的類型,筆者參照一般學者的研究,大致上歸納出三種類型:〔註3〕

1. 天人合德類型。此類型的「天人合一」模式,主要表現為儒家道德哲學之特色,此是本文探究之重心。孔子首先由「仁」作為道德主體的自我實踐,開出天人合德的理境,孟子紹繼其緒,進一步開顯心性實踐的工夫系統,由心性實踐中去領會天人合德之理境,《中庸》則由誠而貫通天人,初步完成先秦「天人合德」思想的形上本體的論述。在此,人能夠透過道德的實踐以上達天德,使人德與天德相齊,表現天人合德的理境,由此心性修養的無止盡工夫,不斷的完善個體生命自身,並積極的參贊天地之創生精神,而終能與天地參,從此建立起人在天地宇宙間的尊嚴;此天人合德的天人關係模式影響中國文化精神最為深遠,也是中國人生命精神的基本面貌。

2. 天人冥合類型。是道家老莊之精神面貌,透過對有限生命的不斷滌清剝落的工夫,以求生命病痛之解除與扭曲之導正,達到一種保合太和、素樸純真的生命情境,而生命的終極理想也就展現為與道冥合、體道逍遙的真人,其生命目的雖不是以道德實踐為終極理想,而是透過對人生真實痛苦的洞徹,與對人為造作扭曲生命之根本治療與回復;實與儒家的成德工夫有互濟

〔註3〕 李杜對中國「天人合一」的涵義,歸納為三種:(1) 以天為自然義的天。(2) 以天為神性義的天。(3) 以天為玄學義的天。並以神性義的天來標誌儒家之天人思想,本文認為:以神性義的天來標誌先秦儒家「天人合德」思想之名目並不合適,因為神性義之天,並無法充分說明先秦儒家「天人合德」思想中,關於人作為道德主體之完整義涵,且易產生誤會。請參見李杜:〈「天人合一」論〉,《新亞學術集刊》第 17 期,2001 年 7 月,頁 78~85。巨克毅先生對天人關係的分法,在天人相合部分亦與上述大同小異,請參見巨克毅:〈當代天人之學研究的新方向〉,頁 4~8。張亨則分為:1.天人合德,2.天人為一,3.天人感應三種類型,亦與上述分法大同小異;其中天人合德主要是指儒家本於個人道德主體的自覺,經過實踐以極成道德理境,並轉化天為一超越的道德實體;透過開顯人內在德性之無限可能,藉以透顯天作為意義無盡藏的究竟底蘊,並因此與天地參而贊萬物化育。請參考張亨著,沈清松編:〈天人合一觀的原始及其轉化〉,《中國人的價值觀——人文學的觀點》,台北:桂冠,1994 年,頁 179~209。

之功。此外，中國傳統文學與藝術方面亦深受老莊哲理所影響。

　　3. 天人感應類型。始於周初「敬德保命」之思想，而在西漢董仲舒的天人感應系統中獲得很大的發展；周初的天人思想主要表現在「天命靡常」之「命隨德定」，爲以德定命的天命內涵，而西漢的天人思想已然滲入陰陽家的災異思想，認爲人的行爲直接與天地間的祥瑞災變相應。在《春秋繁露》中董仲舒認爲：「天地人，萬物之本也，天生之，地養之，人成之。天生之以孝悌，地養之以衣食，人成之以禮樂，三者相爲手足，合以成體，不可一無也。」〔註4〕此是以天地人爲一體的觀念，各司其職而相輔相成。其中董氏特別強調天與人的感應，他說：

> 天有陰陽，人亦有陰陽。天地之陰氣起，而人之陰氣應之而起；人之陰氣起，而天地之陰氣亦應之而起，其道一也。明於此者，欲致雨則動陰以起陰，欲止雨則動陽以起陽。故致雨非神也，而疑於神者，其理微妙也。〔註5〕

因此，人與天地間乃是同類相應，此相應是相應於陰陽之氣，由此勸戒人君之治天下須以天地爲法，他又說：

> 然則王者欲有所爲，宜求其端於天。天道之大者在陰陽。陽爲德，陰爲刑。刑主殺而德主生。是故陽常居大夏，而以生育養長爲事；陰常居大冬，而積於空虛不用之處，以此見天之任德不任刑也。……王者承天意以從事，故任德教而不任刑。〔註6〕

董氏天人相應的天人模式，表現在政治思想上，亦是主張一種天人相應的「德教」政治，其德教乃相應於天意，天是一個陰陽氣化的「天」，由此形成漢儒一套「氣化宇宙論」之道德哲學，有別於孔孟以主體道德之自覺爲本位的心性思想。

　　從上述三種類型的劃分，可知先秦儒家之天人關係，即屬於「天人合德」的類型，此「天人合德」所呈現之內涵與精彩，爲本文主要關懷的探究重心。再者，由上述分類所呈現出關於中國天人思想的特性，也與西方哲學形上論述者有別，則我們可以發現有如下幾個特點：

　　1. 強調「天」作爲一本體論（存有論）的意涵。無論在儒家是爲成德工

〔註4〕　董仲舒：《春秋繁露》，台北：世界書局，1987年，頁135。
〔註5〕　董仲舒：《春秋繁露》，頁295～296。
〔註6〕　班固：《漢書・董仲舒傳》，藝文印書館，頁1165。

夫的道德實體，還是道家體道逍遙的一種作爲終極存有原理的道體，「天」都是作爲一根源性的道體與總原理。

2. 強調「天」與「人」之間的和諧。中國哲學強調天人之間的和諧，尤以道家哲學更爲顯著，《莊子‧天下》云：「樂以道和」，《莊子‧天道》云：「夫明白於天地之德者，此之謂大本大宗，與天和者也；所以均調天下，與人和者也。與人和者謂之人樂，與天和者謂之天樂」，《禮記‧樂記》云：「樂者，天地之和也」此爲生命情態之充盈與滿足，是與天地共生、物我一體的生命感受，是既眞且善且美之展現，可見天人和諧爲中國天人思想的重要特色，相對的，西方文化心靈對「天」或自然的理解，往往是從敵對、懷疑甚或恐懼的立場出發，雖有科學的長足發展，但由於天人相分的立場所發，故無法化解天人關係中的種種緊張與敵對，也就難解生命所面對的種種困惑與矛盾。

3. 重視「中道」﹝註7﹞之理，「中道」即天道常理，乃天行之常數、定理，亦爲人處世接物之理則，《管子‧弟子職》云：「凡言與行，中以爲紀。」「中道」之理爲中國天人思想所強調，也是「天人合德」之工夫境界；再者，「中」亦是中國天人思想之要義，也表示了「中」作爲天下之大本的意涵，凡人言行皆應以其爲理則；《中庸》云：「中也者，天下之大本也。」「中」在《中庸》哲學裡成爲天道實體，有存有論上的優位性，是道德本體論之內涵。

綜而言之，以「天人合一」爲主要特色的天人思想，實爲中國哲學主要特色之一，也是中國哲學之宗旨所在，唐君毅說：

> 中國哲學以天人合一或天人不二之旨爲宗。其言心、言性、言情、言欲、言意、言志，皆所以言人，而恆歸源於天。其言帝、言氣、言陰陽乾坤、言無極太極、言元、言無、皆所以言天，而恆彰其用於人。至於言理、言道、言德、言行，則恆兼天道人道、天德人德、天理人理，以言天人之同道、同德、同理、而同行。﹝註8﹞

「天人合一」實爲中國哲學之基本性格，而先秦儒家「天人合德」之義理境界，則又是「天人合一」思想之精彩處，是中國道德哲學之極致。「天人合德」

﹝註7﹞ 在先秦儒家哲學裡，尤其是在《中庸》裡，其云：「中也者，天下之大本也。」也表示「中」乃存有之本原，爲天人和諧之道，具有道德本體論之內涵；相對於大乘佛教之中道，佛教所云之「中道」，其意涵乃言破兩邊以立中道，揚棄「有」與「無」、「有我」與「無我」、「常見」與「斷見」、「續相」與「壞相」兩邊，作爲體悟眞如空性之實踐方法。

﹝註8﹞ 唐君毅：《中國哲學原論——導論篇》，台北：臺灣學生，1993 年，頁 520。

哲學本發源於文化之傳統，本文即循孔子前天人思想之源頭來加以考察，以明孔子「天人」思想之傳承與發展。

第一節　殷周天人思想之內涵

對於人類文化歷史發展的省察，黑格爾（Georg Wilhelm Friedrich Hegel，BC1770～1831）在他的《歷史哲學》與《哲學史演講錄》提到世界文明的發展次序，他以優越的西方中心主義，認爲世界史（World History）的發展是由東方世界（中國、印度、波斯）開始，到西方漸次邁進，人類文化的發展乃是以西方之形式爲目的，因此，西方文化方才是人類文化與歷史的代表。〔註9〕與此相反的，是張光直在他的《中國青銅時代》（二集）一書中，運用「連續性」與「破裂性」兩個對比概念，來說明中國文明與其它文明之不同，並認爲只有中國文明方才是世界文明演進的重要形態，他說：「中國形態論可能是全世界向文明轉進的主要形態，而西方的形態實在是個例外。」〔註10〕

但最值得吾人注意的乃是雅士培（karl Jaspers, 1883～1969）所提出的「軸心時代」之理論，反對黑格爾西方中心主義的立場，他認爲人類在公元前800年至 200 年左右之期間內，世界各個不同的文明系統，不約而同的出現一些特殊的文化現象與歷史事件，他說：

> 在中國孔子和老子非常活躍，中國的所有的哲學流派，包括墨子、莊子、列子和諸子百家都出現了，和中國一樣，印度出現了《奧義書》和佛陀，探究了以懷疑主義，唯物主義，到詭辯派、虛無主義的全部範圍的哲學可能性。伊朗的瑣羅亞斯德傳授一種挑戰性的觀點，認爲人世生活就是一場善與惡的鬥爭。在巴勒斯坦，從以利亞經由以賽亞和耶利米到以賽亞第二，先知們紛紛湧現。希臘賢哲如

〔註9〕 黑格爾說：「世界歷史的旅程係自『東』徂『西』，歐洲絕對地是歷史的終點，亞洲是起點。……東方自古至今知道只有『一個』是自由的；希臘與羅馬世界知道『有些』是自由的；德意志世界知道『全體』是自由的。所以我們從歷史上看到的第一種政治是專制政治，第二種是平民政治與貴族政治，第三種是君主政治。」黑格爾認爲中國文明屬人類之幼年期、依次便是中亞細亞、希臘的成年期，而後是羅馬之壯年期，最後則是德意志世界的老年期，是爲「精神」的完滿的發展。請參考黑格爾（G.F.Hegel），王造時、謝詒徵譯：《歷史哲學》，台北：九思，1978 年，頁 172、174～182。

〔註10〕 張光直：《中國青銅時代》（二集），北京：三聯，1990 年，頁 130～143。

雲，其中有荷馬、哲學家巴門尼德斯、赫拉克利克和柏拉圖，許多
悲劇作者，以及修昔底德和阿基米德。這數世紀內，這些名字所包
含的一切，幾乎同時在中國、印度和西方這三個互不知曉的地區發
展起來。〔註11〕

這些文化現象使得此時期成為所謂的「軸心時代」，而影響了該地之後的文明
發展，雅士培又指出：「人類一直靠軸心時代所產生的思考和創造的一切而生
存，每次新的飛躍都回顧這一時期，並被它重燃火焰……軸心期潛力的甦醒
和對軸心期潛力的回歸或者說復興，總是提供了精神的動力。」〔註12〕由此
可知，中國文明自成一個不同於印度與西方的類型與格局，決不是如黑格爾
所描述一般。因此，吾人對中國哲學的探詢與認知，基本上應該如同雅士培
所言，並視其為「同時代的，並無聯繫並列存在的一個整體。」〔註13〕雅士
培此一文化史的觀點，才是真正尊重各個文明地域的獨特性，並不武斷的予
以分判高下，也展現文化多元發展的客觀態度。

在此，本文援引張光直與雅士培的理解，了解中國文明的連續性特質與
其獨特發展，從中國文化作為連續性的一個主體言，先秦諸子的思想與三代
以來之文化關係，可以說是有傳承也有突破；因此，孔子作為中國文化傳承
與創新的關鍵性人物，是具有其歷史與文化意義的，因為在這大變動之時代
裡擔綱中國文明的傳承者，非孔子不作第二人想，因為孔子所標誌者，即中
國文化「人間性」與「人文化」的轉向。〔註14〕蔡仁厚綜結牟宗三所論說：

> 晚周諸子是中國學術文化發展而成的原始模型，其中以儒家為正
> 宗。從此以後，或引申，或吸收，皆不能不受此原始模型之籠罩：
> 引申者（如魏晉玄學與宋明理學）固然為原始模型所規範；即使吸

〔註11〕 雅士培：《歷史的起源與目標》，北京：華夏，1989 年，頁 8。另外，馬克斯·
韋伯提出，經帕森斯所特別發揮的「哲學的突破」之概念，也認為在公元前
1000 年內，希臘、以色列、中國與印度等古文明，都先後經歷了一個「哲學
的突破」，進而使得其文明進入一個全新的發展；希臘的蘇格拉底、柏拉圖、
亞里斯多德是其高峰，在以色列則以「先知運動」為表現，在印度產生了以
業報輪迴為核心概念的宗教哲學。請參考余英時：〈古代知識階層的興起與發
展〉，《士與中國文化》，上海：上海人民，1987 年，頁 26～30。

〔註12〕 雅士培：《歷史的起源與目標》，頁 14。

〔註13〕 雅士培：《歷史的起源與目標》，頁 18。

〔註14〕 請參考陳來：《古代宗教與倫理——儒家思想的根源》，台北：允晨，2005 年，
頁 11。

收其他文化系統者（如佛教），亦不能脱離這個原始模型之籠罩，更不能取代儒家正宗之地位。秦以法家之術統一六國，不旋踵亦隨六國而亡。西漢是繼承儒家而發展的第一階段，到東漢則因理想性發揚不出而轉衰。下及魏晉，道家復興。而這時有印度佛教之傳入，所以道家的玄理，一方面是自身獲得充分之弘揚，另一方面卻又作了契接佛教的最佳橋樑。〔註15〕

先秦諸子在中國文化傳承上有其重大意義，而作爲文化主軸核心思想的儒家；則是擔綱文化命脈之傳承主軸者，儒家學問實爲文化命脈繼往開來之傳承者；故吾人上溯中國文化源頭來加以考察，對三代以來天人思想發展之線索加以釐析，可以幫助吾人明白在「軸心期」文化發展的意義下，先秦儒家思想的本源及其發展。

壹、殷商之天人思想

中國最早關於天人關係的描述，首見於上古傳說的文獻記載，爲「民神雜糅」與「絕地天通」之傳說，在上古原始社會裡巫術盛行，《楚語》中的「民神雜糅」與「夫（人）人作享，家爲巫史」描述了當時的情況，於此原始時代人們並未形成較高級的宗教形式，處于較低級的萬物有靈論和圖騰崇拜階段；此後是對部族的祖先及其英雄的崇拜，這在東西方皆同。關於「絕地天通」的傳說，在文獻上有兩次相關的記載，先後發生于帝顓頊與帝堯之時，帝顓頊之時由於「九黎亂德」致使「民神雜糅」，故帝顓頊「乃命南正重司天以屬神，命火正黎。地以屬民，使復歸常，無相侵瀆，是謂絕地天通。」《國語・楚語》又《尚書・呂刑》亦載，帝堯之時「苗民弗用靈」，於是堯乃出兵三苗，並「命重、黎絕地天通」雖然這二次「絕地天通」或有政權上的考量，但也由此「絕地天通」之舉，使得先民了解天人之間的分際，並從原始的神人互滲的世界觀中，轉變爲較高級且專業的祭祀文化。〔註16〕因此，「絕地天通」的意義乃是使上古家家爲巫的「家爲巫史」之巫覡時代，轉變爲專業祭

〔註15〕蔡仁厚：《牟宗三先生學思年譜》，台北：臺灣學生，1996年，頁134。

〔註16〕請參考喬清舉：〈天人關係：中國古代人學的本體基礎〉，《文史哲》第4期，1999年，頁83～84。W.施密特（W.Schmidt）曾引金氏（I.King）之說道：「在最早時期，每人都是自己的法師，到第二時期，有特殊心靈的人，發展了更大的法術力量，于是以法術爲職業的薩滿就開始出現了。」施密特（W.Schmidt）：《原始宗教與神話》，上海：上海文藝，1987年，頁154。

祀的巫覡之職能分化的時代。〔註17〕由此，神人交通的權力由王者壟斷，然
而更重要的，乃是上古由「民神雜糅」之天人相通之世界觀，進展到「絕地
天通」的原始巫覡宗教文化之進一步發展，然尚未促使先民之天人思想由原
本之世界觀，有一個哲學的轉向與體認。因此，在此巫術的思維方式裡，人
們相信通過一定的儀式或種種象徵性的行為可以交通神靈，進以達到可以影
響實際行為的成效。這種渴求神秘而異己的外在神靈之助，顯示出人對自身
之理性能力與行為缺乏一種自信自覺的意義。

　　至於殷商之天人思想，據殷商之甲骨卜辭言，殷人已有原始宗教之觀念，
〔註18〕並相信藉由占卜可以趨吉避凶，並對占卜所示深信不已，高懷民說：「當
時帝、祖先神、自然神地位。至高無上，人們對占卜所示，毫無猶豫，唯是
聽命行事。」〔註19〕而且殷人對上帝及諸鬼神非常敬畏，占卜自然成為其行
事前之準則。

　　一般認為殷人「尚鬼神」，而周人則「尚德」；在《禮記・表記》中即云：
「殷人尊神，率民以事神，先鬼而后禮，先罰而后賞，尊而不親，其民之弊，
蕩兒不靜，勝而無恥……周人尊禮尚施，事鬼敬神而遠之」足見殷人對鬼神
祭祀之重視。〔註20〕其中，「帝」作為殷人信仰中的最高神，具有最高的權威，
也是掌管自然與人間的至上神。〔註21〕因此，殷人所信仰的「帝」，主要是作
為一個早期農業社會的自然神，如陳夢家所說：

> 殷人的上帝或帝，是掌管自然天象的主宰，有一個以日月風雨為其
> 臣工使者的帝廷。上帝之令風雨，降臨禍是以天象示其恩威，而天
> 象中風雨之調順實為農業生產的條件。所以殷人的上帝雖也保佑戰
> 爭，而其實質是農業生產的神，先公先王可上賓於天，上帝對時王

〔註17〕 請參考陳來：《古代宗教與倫理——儒家思想的根源》，北京：三聯，1996 年，
　　　　頁 25～27。

〔註18〕 殷商時代迷信鬼神，此表現為原始宗教思想的型態。此原始宗教，往往是由
　　　　對天災人禍的恐怖情緒而來，無法顯示任何的自覺意義。中國文化發展至殷
　　　　商時代，仍尚未脫離原始宗教的階段。請參徐復觀：《中國人性論史——先
　　　　秦篇》，台北：臺灣商務，1999 年，頁 15。

〔註19〕 高懷民：《先秦易學史》，台北：中國學術著作獎助委員會，1986 年，頁 99。

〔註20〕 由卜辭記載的占問內容，可知殷人的神靈觀念可分為三類。一、天神：上帝、
　　　　日、東母、西母、雲、風、雨、雪，二、地示：社、四方、四戈、四巫、山、
　　　　川，三、人鬼：先王、先公、先妣、諸子、諸母。請參考陳來：《古代宗教與
　　　　倫理——儒家思想的根源》，頁 103。

〔註21〕 請參考陳來：《古代宗教與倫理——儒家思想的根源》，頁 103。

可以禍福，示諾否。但上帝與人王並無血緣關聯。人王通過先公先
　王或其他諸神而向上帝求雨祈年，或禱告戰役的勝利。〔註22〕

可見殷人的帝或上帝乃是自然間的主宰，可以禍福人間，而人正是借由對先
王先公之祈求，經由祖先作爲上帝與人之間的中介，進而藉以上達天聽，以
冀求上帝之降福，故占卜作爲探測鬼神之意旨就顯得特別重要，（殷人將其先
公、先王神靈化，並認爲先公、先王的亡靈可以上達帝廷或帝所，此即卜辭
所謂的「賓」于帝所）。〔註23〕在此，顯見作爲人存在本身就變得無能爲力，
必須借著鬼神信仰、占卜來了解帝的旨意與命令。中國古代的占卜在新石器
時代已經出現，然而由於當時沒有文字，並不能對當時的情況作一清晰的描
述，目前現存最早的占卜資料是商代留下的，商代主要以龜卜爲形式。〔註24〕
我們細究占卜出現之原由，乃是殷人在遭遇禍患疑惑時，便先貞問這些禍患
是否由鬼神所引起。如《尚書・高宗肜》所載：「高宗肜日，越有雊雉。祖己
曰：『惟先格王，正厥事』」，經由占得結果爲肯定的答案，再進一步貞問災禍
由哪位神祇作祟引起。在得知作祟的神祇後，殷人對其舉行專門的祭祀以滿
足其厭，希求鬼神從而停止災禍。〔註25〕由此看來占卜使得人們對事情的發
展前景，提供了一種預測，這種預測往往並不盡然完全準確，其說明也常是
模糊曖昧的，但對尋求一種異己神祕力量支持的人們而言，正提供了某種足
以依靠的指引與說明；人由於對鬼神與未來的恐懼，而以占卜尋求某些的支
持與解釋，都還是理性能力尚未覺醒的表徵。

〔註22〕陳夢家：《殷商卜辭綜述》，北京：中華，1988 年，頁 580。在此，上帝所統
　　　　轄的範圍包括：1. 風、雲、雷、雨，2. 農耕與收成，3. 城市建築，4. 戰爭，
　　　　5. 人間世的休咎，6. 君王的休咎。
〔註23〕請參考陳來：《古代宗教與倫理——儒家思想的根源》，頁 107。
〔註24〕請參考陳寧：〈命運可知而不可改變之觀念的產生〉，《文哲論壇》第 6 卷第 2
　　　　期，1996 年，頁 151。占卜在商代可略分爲用龜甲占卜和用獸骨占卜，其操
　　　　作原理是一樣的，只是所用的材料有所不同，龜甲占卜是殷商文化的特色。《說
　　　　文解字》：「占，視兆也，從卜口。」又云：「卜，灼剝龜也，象炙龜之形，一
　　　　曰龜兆之縱橫也。」《說文》的解釋顯然只適用于商周以后。請參見陳來：《古
　　　　代宗教與倫理——儒家思想的根源》，頁 65。
〔註25〕殷人占卜未來思想實際上有其不合邏輯處。一方面，占卜未來必須以未來已
　　　　定爲前提，未來未定則無法占卜預測。另一方面，如果未來已定，在占得有
　　　　禍以後人們不能改變未來，這樣，占卜就失去了得福避禍的作用。但是，殷
　　　　人只追求如何得福避禍，而不關心占卜的邏輯理論如何。請參考陳寧：〈命運
　　　　可知而不可改變之觀念的產生〉，頁 152～153。

　　因此，殷人的占卜既然建立在鬼神信仰的基礎上，人與鬼神的交通透過雙向的關係，即人為鬼神提供適當的祭品，而鬼神由此為人獲福去禍，人在此雙向關係中雖非完全是被動的，但人之行為動機並未真正建立在一種創造性的意義上，而是建立在趨吉避凶的現世利益上，這種占卜的意義並非在提升生命價值的面向上，因此，殷人之鬼神信仰的目的乃在求福不求德，是故失去其創造性的意義，此價值的轉向與建立，則有待周人「天命論」之出現。高懷民說：

> 從殷人的龜卜到周人的占筮，是一個發展的過程，兩者相比，有兩點不同。其一，鑽龜取象，其裂痕是自然成文，而卦象是手數蓍草之數，按規定的變易法則推衍而成。前者出于自然，鬻者靠人為的推算。其二，龜象形成後，便不可改易，卜者即其紋，便可斷其吉凶。但卦象形成后，要經過對卦象的種種分析，甚至邏輯上的推衍，方能引出吉凶的判斷，同觀察龜兆相比，又具有較大的靈活性和更多的思想性。〔註26〕

從甲骨卜辭所見之內容「以有關于自然神祇和祖先的祭祀為最多」，〔註27〕占問的內容以風雨之自然天象為主要問題，因為殷人基本上是農業民族，所以「殷人所信仰的帝，首先是自然天時的主宰，特別是決定是否或何時降雨的主宰，這無疑是一個體現農業民族需要的至上神」〔註28〕然而大自然之天象變幻莫測，非原始宗教時期人們所能理解與掌握，故這個「帝」的降福降禍通常並不是常人所能預料的，就如自然天象一般之不可預測，並且可能是喜怒無常的。李亞農表示：「殷人創造的上帝並非不單是降福予人，慈悲為懷的慈愛的神，同時也是降禍于人，殘酷無情的憎惡的神。」〔註29〕這種喜怒無常的特性，剛好是先民對自然不可測天象之擬人化寫照。然而，「帝」之作為自然天象無所不能的主宰，雖然至殷商后期有「武乙射天」〔註30〕之傳說，例外的呈現與「帝」相抗之人性張揚；但「帝」觀念的演變，仍以「上帝」之名而獲得一個新意義，「上帝」一辭的出現，其作為主宰之意涵並無多大之

〔註26〕 朱伯崑：《易學哲學史》，台北：藍燈，1991 年，頁 7～8。
〔註27〕 陳夢家：《殷商卜辭綜述》，頁 636。
〔註28〕 陳來：《古代宗教與倫理──儒家思想的根源》，頁 107。
〔註29〕 李亞農：《李亞農史論集》，上海：上海人民，1978 年，頁 561。
〔註30〕 《史記·殷本紀》：「帝武乙無道，為偶人，謂之天神，與之博，令人為行。天神不勝，乃謬辱之。為革囊，盛血，印而射之，命曰射天。」

變更，但分別其中的差異，則「帝」所主宰的乃是與自然生產有關的人與自然的關係，而「上帝」則處理了人與人的社會關係。〔註31〕

　　總之，從殷墟卜辭看，殷人之宗教思想已建立了「統一之神」，如「帝」或「上帝」之觀念，並顯示出有意志的人格神之特徵，〔註32〕殷人奉「帝」為至尊神，在商人的觀念中，「帝」具有人格神的色彩，主宰著人世間的一切禍福興衰。張光直說：「上帝在商人心目中是至高的存有，對人間世握有終極的權柄——像是農業的收成與戰爭的成敗，城市的建築與人王的福祉。上帝也是饑饉、洪水、疾病、與種種災禍之終極原因。上帝自有一個朝廷容納許多自然界的神靈，如日、月、風、雨。」〔註33〕因此，在殷人的天人思想中，「帝」具有許多的權威，諸如令雨、授年、降旱、保王、授祐、降若、降不若、降禍、降災害等。〔註34〕此外，「帝」也是殷商王權之賦予者，《詩經・商頌・長發》：「帝立子生商……帝命不違，至於湯齊，湯降不遲，聖敬日躋，昭假遲遲，上帝是祇，帝命式於九圍。」所以，「帝」這個範疇不僅是殷人天人思想中的最高主宰，同時也被認為王者的祖先，以及商王權利的合法依據。至於《尚書・商書》中所出現的「天」、「帝」、「上帝」，雖然三者往往是並舉陳列的方式，但從其中可以看出「帝」是最先出現的概念，而「上帝」與「天」則是晚出，屬於殷商末期出現的概念，茲列舉如下：〔註35〕

　　　《太甲》佚文：顧諟天之明命（《禮記・大學》）

　　　《太甲》佚文：天作孽猶可違，自作孽不可活。（《孟子・公孫丑》）

　　　《伊訓》佚文：天誅造攻自牧宮（《孟子・萬章》）

　　　有夏多罪，天命殛之，予畏上帝，不敢不正。（〈湯誓〉）

　　　先王有服，恪謹天命。…罔知天之斷命……天其永我命于茲新邑。
　　　（〈盤庚上〉）

　　　予迓續乃命于天（〈盤庚中〉）

〔註31〕諶中和：〈從殷商天道觀的變遷談周人尚德與殷人尚刑〉，《哲學與文化》第27卷第11期，2000年11月，頁1055～1057。

〔註32〕請參考張立文：《周易與儒道墨》，台北：東大，1991年，頁290～294。

〔註33〕張光直，《早期中國文化》，坎貝理志：哈佛大學，1976年，頁156。

〔註34〕請參考胡厚宣：《甲骨學商史論叢》初集上，台北：大通，1972年，頁283～290。

〔註35〕引文與整理請見諶中和：〈從殷商天道觀的變遷談周人尚德與殷人尚刑〉，頁1055。

> 肆上帝復我高祖之德。(〈盤庚下〉)
>
> 惟天監下民，典厥義，降年有永有不永。非天夭民，中絕其命。民有不若德，不聽德，無附命正厥德。……王司敬民，罔非天胤(〈高宗肜日〉)
>
> 天毒降災荒殷邦(〈微子〉)
>
> 天既訖我殷命。……我生不有命在天 (〈西伯戡黎〉)
>
> 惟天陰騭下民，……天乃錫洪範九疇。(〈洪範〉)

「天」雖然是周初才有的文字語言，但《商書》中所說的「天」，仍然是商人之思想，「天」作為高高在上的主宰，人事由「天」所決定，此「天」與先前「帝」、「上帝」的內涵基本意義上相類，與後來周人所謂的「天」或「天命」的意義並不相同，這裡的天人思想可看出，商人對天人之際的分別是清楚而有區別。

貳、周代之天人思想

中國文化的早期發展直至殷末的自然宗教階段，都尚未形成自己獨有的特色，真正形成作為「中國文化」的特色都在西周才開始形成。〔註 36〕徐復觀認為：「周人在宗教方面，雖然是屬於殷的系統；但在周人的領導人物中，卻可以看出有了一種新精神的躍動，因為有了這種新精神的躍動，才使傳統的宗教有了新地轉向，也即是使古代整個文化，有了新地發展」〔註37〕因此，周代的世界觀與天人思想必然與殷人有所差別。此一差別也是後來中國天人思想發展之關鍵，雖然周初的天人觀大體仍承襲殷人而來，周人亦有「上帝」的觀念，此「上帝」意涵也有主宰之意思，如《詩經・大雅》所述：

> 皇矣上帝，臨下有赫。監觀四方，求民之莫。
>
> 上帝耆之，憎其式廓，乃眷西顧，此維與宅。
>
> 帝遷明德，串夷載路，天立厥配，受命既固。
>
> 帝作邦作對，自大伯王季。
>
> 帝其度心，貊其德音。其德克明，克明克類，……比于文王，其德靡悔，既受帝祗，施于子孫。

〔註36〕陳來：《古代宗教與倫理——儒家思想的根源》，頁 169。
〔註37〕徐復觀：《中國人性論史——先秦篇》，頁 20。

　　帝謂文王，無然畔援。

　　帝謂文王，予懷明德。

　　不識不知，順帝之則。

雖然此「上帝」仍含有主宰的意涵，與商王認爲自己代表上帝，帝令不可違也不可動搖之意略同；但周人「上帝」觀中具有的仁愛、正義的性格卻與殷人者相異，其次，周人代殷而立，紂王因殘暴終至滅亡，周人殷鑑未遠，把「帝」的觀念進一步發展爲「天」、「天命」的觀念。故周人天人思想的主要轉變，乃在於「天命」〔註38〕觀成爲周人思想之新特色，〔註39〕因此，對於「天命」的概念，周人首先承認「天命」的存在，接著提出天命可移轉等問題，這在《詩經》中表現的最爲顯著：

　　有命自天，命此文王，于周于京。（《詩經・大雅》）

　　昊天有成命，二后受之。（《詩經・周頌》）

　　天命非解。（《詩經・周頌》）

　　維天之命，於穆不已。（《詩經・周頌》）

　　穆穆文王，于緝熙敬，于假哉天命，……上帝既命，侯服于周。（《詩經・大雅》）

　　命之不易，無遏爾躬，宣昭義問，有虞殷自天。上天之載，無聲無臭。（《詩經・大雅・文王》）

「天命」乃是決定政權的存廢與否的根據，然而周人鑑于殷商之失，體認政權轉移與不確定性乃是由於「天命靡常」的道理，此種「天命靡常」之憂患意識的出現，是周人「天命」思想中的重要特色，這在《尙書》〔註40〕與《詩

〔註38〕「命」在《說文解字》中的解釋是含有命令之意的。《說文解字》：「命，使也。從口令。」由此，可知「命」在造字之端，即含有命令之意，然而這命令從何而來，也就關連時人對天人關係的體認，並反映其自身存在的現實時空環境。

〔註39〕唐君毅認爲天命概念之特點，可歸納爲下列三種意義：「天命之周遍義」、「天命與人德之互相回應義」與「天命之不已義」。參見唐君毅：《中國哲學原論——導論篇》，頁524～528。

〔註40〕魏元珪認爲《尙書》之天命思想，有如下六義：1.乃含對天之戒愼恐懼之意，亦即對上帝之敬畏，對上帝意志的服從。2.指上天對人的道德命令而言。3.指人可以透過內心的反省，而上達天命。4.指天命對萬有之所稟。5.有道之當然亦人事所必然之義。6.含天人相應之義。請參考魏元珪：《孟荀道德哲學》，

經》等書中〔註41〕多所透露：

> 皇天上帝，改厥元子茲大國殷之命。(《書經・召誥》)
>
> 有夏……有殷……惟不敬厥德，乃早墜天命。(《書經・召誥》)
>
> 弗弔天降喪于殷，殷既墜厥命。(《書經・君奭》)
>
> 惟命不于常。(〈康誥〉)
>
> 天難諶，命靡常。(〈咸有一德〉)
>
> 天命不易，天難諶，乃其墜命弗克經歷，嗣前人恭明德。(〈君奭〉)
>
> 天命靡常。(《詩經・大雅・文王・大明》)
>
> 天生烝民，其命匪諶。(《詩經・大雅・蕩之什》)
>
> 天難忱斯，不易惟王。(《詩經・大雅・文王》)
>
> 民莫不逸，我獨不敢休，天命不徹，我不敢不效我友自逸。(《詩經・小雅・節南山・十月之交》)
>
> 天命反側。(《楚辭・天問》)

上徵文獻都指出「天命」並不是恆定的，它既能給予周人天命亦可能將之剝奪；可見天未嘗前定某人得政權與否，並可隨時降予新命將之更奪，所以「周雖舊邦，其命維新。」《詩經・大雅・文王》和「有命自天，命此文王。」《詩經・大雅・大明》其意即此。唯有「天命靡常」的警惕，才使得人王能夠戒慎恐懼，為求政權之永固而臨人以德，更不至於倒行逆施。「天命靡常」是周人特有的觀念，是對殷人失卻天眷之反省，也認識到天命保有之不易，因此，保有天命之永固所透顯出的意涵，即是周人在天命靡常之憂患意識下所體會的敬德、明德思想，而敬德、明德即為周人天命觀的重要特色。〔註42〕「天命靡常」本《詩》《書》天命觀的主要特色，此為周人警戒子孫敬德以保命，

　　台北：海天，1980年，頁37～40。

〔註41〕由於《詩經》與《尚書》所載之涵蓋年代過於長久，故其中所蘊涵的天人思想亦有變化，簡略而言，二書所反映的思想以「命隨德定」的意涵為主。

〔註42〕徐復觀認為：「憂患意識，不同於作為原始宗教動機的恐怖、絕望。」請參見徐復觀：《中國人性論史 —— 先秦篇》，台北：臺灣商務，1999年，頁20。故「憂患意識」比較上，是一種虔誠敬謹的生命態度，乃對生命之種種無常境遇的深刻體認；也是對生命實情之直面，故乃是積極敬謹之生命態度，而非得過且過、自我放棄之消極人生。請參見徐復觀：《中國人性論史 —— 先秦篇》，頁20。

〔註43〕故凡《周‧大誥》言「天命不僭」、〈康誥〉言「惟命不於常」，此是「天命靡常」思想之展現。後來周人由「天命靡常」所發展的憂患意識，即周人天命思想中道德意識之萌芽，是以「天」作爲道德本體論的意涵也就與卜辭所反映之信仰有所不同；再者，由於天命不常也暗示了人須時刻警戒，不可盡信天命之永保無疆。此如：

> 越天棐忱，紹今天降戾于周邦。（〈大誥〉）
>
> 敬哉，天畏（威）棐忱。（〈康誥〉）
>
> 不知天命不易，天難忱，乃其墜命。（〈君奭〉）
>
> 天不可信，我道惟寧王德延，天不庸釋于文王受命」〈君奭〉

並由此對「天」戒愼與敬畏的態度，表現出一種對「天」的崇高性的尊敬，由此，敬天方得以保命，而此「敬」顯然出于人理性之認知，也使「天」的概念具有價值上的意涵，這反映在：

> 不敢不敬天之休。（〈洛誥〉）
>
> 其以予萬億年敬天之休。（〈洛誥〉）
>
> 爾克敬天，惟畀矜爾。（〈顧命〉）
>
> 爾尚敬畏天命。（〈呂刑〉）
>
> 惟天無親，克敬唯親。（〈太甲〉）

此對天的「敬」乃是對於「天命靡常」之憂患意識所發的體認，使得周人由原先宗教性的「敬」，展現在反求諸己的戒愼努力中，《尙書‧召誥》云：「惟王受命，無疆惟休，亦無疆惟恤。嗚呼！曷其奈何弗敬！」旨即在說明不可享福而忘憂，應永保戒愼虔敬之態度，方能永保天命，此即牟宗三所說：

> 中國思想中，天命、天道乃通過憂患意識所生的敬德的觀念而步步下貫，貫注到人的身上，使作爲人的主體。因此，在「敬」之中，吾人的主體並未投注到上帝那裏，我們所作的不是自我否定，而是自我肯定。〔註44〕

此憂患意識之精神也是儒家道德實踐純亦不已之精神。《書經‧君奭》云：「永

〔註43〕對于天之降命以命人爲王，其考量完全在于人君修德與否，而並非是前定的宿命論，因此，乃是依於人之修德而降命之，並依人君之作爲而決定其受命之長短。

〔註44〕牟宗三：《中國哲學的特質》，頁22～23。

念則有固命……我受命無疆惟休。」《詩經‧周頌‧惟命不已》：「維天之命，於穆不已。」顯示天命靡常以及天命如何得以維繫，都是基於人王之戒慎恐懼的憂患意識。〔註45〕此憂患意識與天命不已的態度，實為後世「天命」思想之雛型。〔註46〕因此，後來先秦儒家所發展出的積極入世之情懷，及死而後已的奮鬥精神，皆有稟於此「天命靡常」憂患思想的源頭脈絡；尤有進者，在此天命靡常與敬天之情的辯證過程中，周人提出「德」的觀念，作為「天命」眷顧與否的關鍵；周初文獻中的「德」字，其意涵皆表詮為具體的行為，為一種負責任的行為，此具體的行為初始並無善惡之分；是以有「吉德」、「凶德」，在周初的文獻中也有敬德、明德之表述；後來乃演進為德性之德，〈康誥〉中的「明德慎罰」、「敬哉」，〈召誥〉中之「曷其奈何弗敬」、「王其疾敬德」，皆顯露敬德、明德之「德」具有正面的意義；〔註47〕因此，周人後來所主張的敬德、明德，乃至周公所提出「皇天無親，惟德是輔」的「敬德保民」的思想，皆是以德為主要內涵所充實的天命觀。所以天命的獲得與否端在人王是否能夠「敬德保民」，人王敬德、明德方能「以德配天」而永保天命。而「敬德保民」作為「天命」的實質意涵，也在《尚書》西周各篇中透露出來。〔註48〕

〈康誥〉：

丕顯考文王，克明德慎罰，不敢侮鰥寡，庸庸、祗祗、威威、顯民……

我西土惟時怙，冒聞于上帝，帝休，天乃大命文王。

〈酒誥〉：

祖考之彝訓越小大德。

弗惟德馨香，祀登聞于天。

〔註45〕人王須先修德方得天之降命，然人王雖受命亦不得從此放逸失德，此乃受命後更須敬德、明德，以期天之繼續降命，此是「天命靡常」之意義；是以人王為求永命，實須敬謹戒懼不可懈馳，則天命可永駐；此天命靡常之理亦是由憂患意識所發。而周人求永命故修德不懈，使天命永傳不斷，亦是希求道德意識之長存，由此也透顯歷史文化之傳承意識。

〔註46〕唐君毅認為：「中國宗教思想中之天命觀之具體形成在周初。吾人今論中國後世言命之思想本源，亦溯自周初而已足。」參見唐君毅：《中國哲學原論——導論篇》，頁524。

〔註47〕請參考徐復觀：《中國人性論史——先秦篇》，頁23。

〔註48〕引文與整理請參見諶中和，〈從殷商天道觀的變遷談周人尚德與殷人尚刑〉，頁1058。

天若元德。

經德秉哲。

〈梓材〉：

先王既勤用明德，……庶邦享作。兄弟方來，亦既用明德，后式典集，庶邦丕享。

皇天既付中國民越（與）厥疆土于先王，肆王惟德用，和懌（悅）先后迷民，用懌（繹）先王受命。

〈召誥〉：

我不可不監于有夏，亦不可不監于有殷……服天命，惟有歷年；不其延，惟不敬厥德，乃早墜厥命。

王其疾敬德。

王敬所作，不可不敬德

王其疾敬德，王其德之用，祈天永命

天亦哀于四方民，其眷命用懋，王其疾敬德

其惟王位在德元，小民乃惟刑用于天下，越王顯。

〈洛誥〉：

公稱丕顯德。

惟公德明光于上下。

萬年厭于乃德。

〈多士〉：

非我一人奉德不康寧。

予一人惟聽用德。

自成湯至于帝乙，罔不明德恤祀。

惟天不畀不明厥德。

〈無逸〉：

皇自敬德。

〈君奭〉：

嗣前人恭明德。

天惟純佑命，則商實百姓，王人罔不秉德明恤。

盍申勸文王之德。

其汝克敬德。

亦惟純佑秉德，迪知天威，乃惟時昭文王，迪見冒聞于上帝，惟時
受有殷命哉。

〈多方〉：

以至于帝乙，罔不明德慎罰。

克勘用德。

非我有周秉德不康寧。

〈立政〉：

忱恂于九德之行。

謀命丕訓德。

以克俊有德。

武王……不敢替厥義德，率惟謀從容德。

〈金縢〉：

今天動威，以彰周公之德。

〈文侯之命〉：

克慎明德。

〈蔡仲之命〉：

皇天無親，惟德是輔；民心無常，惟惠之懷。

上引諸文為《尚書》西周各篇所透露之「敬德保民」的思想，而在《詩經》
中所表現的「敬德」思想也有：

維天之命，於穆不已，於乎丕顯，文王之德之純。(《詩經‧周頌》)

假樂君子，顯顯令德，宜民宜人，受祿于天，保右命之，自天申之。
(《詩經‧大雅》)

聿修厥德，永言配命，自求多福。(《詩經‧大雅‧文王》)

厥德不回，以受方國。(《詩經‧文王》)

上述《詩經》篇章也與《尚書》同樣表現出「敬德」以保「天命」的意涵，

天命之有無依人主德性而給予。〔註49〕

　　因此，周人認為殷人之滅亡，並不是被其「上帝」所棄，而是人君失德，放逸無度以致失去民心。此如《周書‧多方》云：「非天庸釋有夏，非天庸釋有殷，乃惟爾辟多方大淫，圖天之命屑有辭。」《周書‧酒誥》云：「故天降喪于殷，罔愛于殷，惟逸。天非虐，惟民自速辜。」《大雅‧蕩》云：「咨汝殷商，匪上帝不時，殷不用舊。」都是從人君失德的立場來加以省察，由於，「敬德」觀念的提出，認為有德者得享天命，並且「德」亦成為人君的基本條件；這種德治的政治觀是周人的創見，也使得周人產生一種嶄新的人文觀，即敬德配命的天命觀。根據古文字學家的看法，「德」字在甲骨文、金文中早已有之。德字從彳從直。金文中在這個字下面加「心」而成為德字。另外，金文中也無彳，而從直從心的。《說文》心部云：「外得于人，內得于己也，從直從心。」《廣韻‧德韻》：「德，德行。」由此可見，德的原初含義與行、行為有關，也與人的動機心意有關；然亦有與宗教、神祇信仰相關者，如白靜川所言：

　　德做為德行，內在於人，以適合神之旨意而得者，隨著此種自覺之
　　產生，而失去其作為對外之目之咒力之意義，……然德之內在化而
　　發展為道德之意義者，乃由於春秋末年儒家之說。最初蓋以為在與
　　神之交涉中而受以德也。〔註50〕

因此，「德」到春秋末年才衍生出德行、德性等道德行為與道德品格的意涵。〔註51〕

　　周人言「德」主要是立足于「以德撫民」的出發點，用以安定民心，維持天命的繼續降命有關，《尚書‧康誥》體現了這樣的思考模式，「今惟民不靜，未戾厥心，迪屢未同，爽惟天其罰殛我，我其不怨厥。」「丕則敏德，用康乃心，顧乃德，遠乃猷裕，乃以民寧，不汝瑕殄。」都是強調「以德撫民」以維繫天命，強調不放逸其心，勤於政事以獲民心之目的，因此周人之「敬德」之用意當於此，故吾人在《周書》、《詩經》皆可看到周人以小邦承大命所表現出來的

〔註49〕唐君毅說：「天聞人德而降命。人受命，仍有其自身之事在，斯人乃必當與天及上帝配享也。」又說：「此為中國一切人與天地參，與天地同流、天人感應、天人相與之思想之本源。」請參見唐君毅：《中國哲學原論——導論篇》，頁526～527。

〔註50〕《金文詁林補》卷一，周法高編，中央研究院歷史語言研究所專刊之七十七，頁608～609。

〔註51〕請參考陳來：《古代宗教與倫理——儒家思想的根源》，頁290～291。

憂患意識及其戒愼恐懼，這種憂患意識主要是來自於對王權與其政治德和的內在關係的體認。如《尚書‧召誥》：「惟王受命，無疆無惟休，亦無疆惟恤。」雖然，商與周王權的成立都是稟于天之所命。但周人對天的概念與殷人畢竟有所不同。撇開周人以小邦承大業的王權考量，可知周人「天命」概念蘊涵著道德與理性的思維，這正是周人「天」與殷人「帝」的實質差異，也是周人在人文精神上的進步。因此，周之敬事鬼神不若殷商之甚，周人對「天」之信念正是超越殷人原始宗教信仰的窠臼，是人文精神的一次大躍進。故「天」作爲道德的價值內涵，乃至天命觀之具體形成，是周人對文化與時代之創見與突破，這種突破即是周人賦予「天」以道德的意涵，蔡仁厚說：

> 「天命」是一個古老的觀念。在中國的思想裏，天之降命是取決於
> 人的道德；天命天道是通過憂患意識所生的敬而步步下貫到人的身
> 上，以作爲人的主體。在「敬」的過程中，我們的主體，並沒有投
> 注到超越的人格神那裡去。因爲中國思想所重視的，是「能敬」的
> 主體（人），而不是「所敬」的客體（神、上帝）。所以，天命天道
> 愈往下貫，我們的主體便愈得到肯定。〔註52〕

這也是中國哲學後來道德哲學的根源與一貫精神，回到周人的「天命」觀，則周人了解到王權之得失並非無條件的得之於天、帝，而必以人的行爲作爲其權衡的標準。殷人之失卻天命，在周人看來正是由於其過度放逸享樂所致。所以周人稟承天命乃得以建國，初即日夕警肅其心，以求治民永命，此基於政治現實境況所反映的「敬德」思想，雖還不是後來先秦儒家誠敬存養的工夫，但從人文自覺的角度來看，則是一項很大的進步。

　　再者，道德定命論的「天命」爲周人所創，在殷商時代尚未形成道德的天命觀，也尚未有道德性的鬼神觀出現，是以並無道德定命的思想。道德定命或命隨德定思想在周人的「天命」觀中方才出現。〔註53〕另外，周人的「天命」也具有集體之性質，「天命」觀雖依人王之德性以決定降命與否；然人王之敬德保命以求天命永固，也象徵了該族群之天命延續與否的問題（此是對照古代中國家天下之政治傳統而言）。故天命降於周王，亦即天命降於周人，

〔註52〕蔡仁厚：《孔孟荀哲學》，台北：臺灣學生，1999 年，頁 100～101。人王透過敬德、明德所透顯的天命觀念，初始僅表現人君之敬德保命的意涵，終則也透顯主體所肯定之道德秩序。

〔註53〕請參考陳寧：《中國古代命運觀的現代詮釋》，沈陽：遼寧，2000 年，頁 25。

周人以一個德行良善的族群而穫得天命眷顧。可見「天命」觀最初乃是作為一族群之共命型態之政權得失而出現，至於個人層面的「天命」觀之體認，則是在「命」觀的歷史發展中漸次出現的，作為個人層面的「天命」觀，至孔子「知命」裡方得顯現。

最後，殷人與周人在天人思想中的根本區別，綜上所論，則知商人對「帝」或「天」的信仰中並無倫理的內容在其中，還不是倫理性宗教的性質，而周人所理解的「天」、「天命」已有了確定的道德內涵，這種內涵以「敬德」與「保民」為主要意涵。因此，天的神性義漸趨淡化，而人與民的地位逐漸的提升，此是周人天命思想的特色，從宗教學的角度而言，商人的世界觀偏向自然宗教的信仰，而周代的天命觀則具有倫理宗教的品格。〔註54〕其次，「皇天無親，惟德是輔」、「民之所欲，天必從之」等是西周政治哲學中的意涵，也是日後儒家政治哲學的慧命根源，雖然後來孔孟以「敬德」為其政治哲學的主要概念，與周公強調「保民」之側面有所不同，〔註55〕然而亦可看出其間的傳承理緒，皆是強調政治理想的實現必與道德價值相結合，才能使其政治理想得以真正落實。

綜上而言，周代之天命觀乃是一「命隨德定」之王權得失的根據，由此衍生出「敬德保民」等具有德治意義的人文精神，此是中國原始宗教思維的轉化；再者，此「天命」觀比較上是整個族群反省政權得失所創造出的集體文化意識，尚未真正內化為個人之內在道德精神；此天命觀所展現的精神雖已展現為成熟的宗教形式，然尚未真正以普存的「人」為主位，進而考慮到人實踐的可能性，人之道德主體性的建立仍有待孔子加以揭示與發揚。

第二節　孔子天人思想之探究

西周末年，出現許多「怨天」之思想，這些怨天的思想主要表現在《詩

〔註54〕請參考陳來：《古代宗教與倫理——儒家思想的根源》，頁168。由殷商文化到周代文化的發展中，殷人的自然宗教信仰，雖然通過祭祀制度仍留存在周代文化中，但周人的宗教信仰已超越自然宗教的階段，進入一個新的倫理宗教的階段，此即賦予「天」倫理的性格；從而淡化了神格信仰的性質，轉變為一種道德的秩序，由此也進一步要求自作主宰，擺脫定命的、救贖的宗教特性，在此，人王知天命所在即人心所在。請參考陳來：《古代宗教與倫理——儒家思想的根源》，頁197。

〔註55〕請參考陳來：《古代宗教與倫理——儒家思想的根源》，頁197。

經》中所謂的變雅之詩，徐復觀先生認為這些「變雅」之詩，主要是西周後期厲王（BC878～842）和幽王（BC781～771）時代的詩，〔註56〕《詩經》所載的年代為西周初年至春秋末約五百年間的詩歌總集。周至厲幽之時政教不興、周室大壞，周初聖賢所揭示的「以德撫民」的天命理想不復留存，造成人民對天命思想的懷疑，也自然產生許多怨天之詩。此如「天不我將。」《詩經・大雅・蕩・桑柔》及「天降喪亂，滅我立王」《詩經》等等，這時期所透露出的思想反映了人們對當時社會環境的不滿。《詩經・大雅・蕩・瞻仰》中更披露幽王亂政亡國，民不聊生之情境：「瞻仰昊天，則不我惠，孔填不寧，降此大厲。邦靡有定，士民其瘵。」因此，詩人們所怨憤的天已不是周初富有「敬德保民」意義的天，因為人王之失德並沒有得到「天」應有的反應與懲罰，「天」亦未因人民之受苦而在政治現實上有所改變。並由於生活現實面的政局之混亂，導致天降災難，人民不滿的情緒全然宣洩於此。

> 昊天疾威，敷于下土。（《詩經・小雅・節南山・小旻》）

> 浩浩昊天，不駿其德，降喪飢饉，斬伐四國。昊天疾威，弗慮弗圖，舍彼有罪，既伏其辜；若此無罪，淪胥以鋪……如何昊天，辟言不信……胡不相畏，不畏於天。（《詩經・小雅・節南山・雨無正》）

> 天降喪亂，飢饉荐臻，靡神不舉，靡愛斯牲，圭璧既卒，寧莫我聽。（《詩經・大雅・蕩・雲漢》）

> 昊天疾威，天篤降喪，瘨我飢饉，民率流亡（《詩經・大雅・蕩・昭旻》）

《詩經》中的這些「怨天」之詩，顯示了人們對時政的不滿，《尚書》所載的天降喪亂，都是時逢王朝更替之際，說明王朝的轉換是以民意為基，但《詩經》所記關於天降喪亂，並非都是王朝更替之際，而是對政治昏亂之反映。「天命」觀原為「命隨德定」之王權得失內涵，在廣義上也有德福一致的意味。然迨至厲幽之世，天子暴虐民不堪命，「天」作為德福一致的信念被動搖；因此，人面對面對實際生活所遭遇的種種困境並無法從中獲得生命意義之安頓，「天」之意義隕落以及生命價值之重新安立，都有待先秦儒家的天人合德思想方能加以解決。

〔註56〕請參考徐復觀：《中國人性論史 —— 先秦篇》，頁36～39。亦有學者如羅根澤認為變雅大半是東周（BC770～722）的產物。

春秋時代（BC722～BC481）之天人思想有進一步之變異，此乃周室崩潰、王權失守、五霸代興空前變局之現實環境所致，《左傳》與《國語》的記述成爲此時期天人關係最佳的寫照，〔註57〕其中最突出的表現在：「德」之本體論意義天道觀的進一步突顯。自屬幽之世至春秋以降時局動亂，人被迫認識到自身的處境，被迫面對私己的實際生活面的遭遇問題，進而對作爲族群共命結構之「天命」觀有所反省，及至春秋時代已轉化屬幽時之「怨天」思想，這種天人思想的演變可從下述三端來看：

1. 「天道」作爲以道德爲實質內涵的本體論意義轉化，「人」逐漸成爲天人思想中的關注核心。這在《左傳》與《國語》中最爲明顯，天人思想在此時期所呈現的是人地位的提升，「人」成爲天人思想中的重心，而天道觀念的出現，也使得天人思想有進一步發展。此如：

　　若君身，則出入飲食哀樂之事也，山川星辰之神，又何爲焉？（《左傳‧昭公元年》）

　　虢其亡乎！吾聞之，國之將興，聽於民；將亡，聽於神。（《左傳‧莊公三十二年》）

　　夫民，神之主也，是以聖王先成民，而後致力於神。（《左傳‧桓公六年》）

　　神，聰明正直而壹者也，依人而行。（《左傳‧桓公六年》）

　　祭祀，以爲人也。民，神之主也。（《左傳‧僖公十九年》）

都表示了神無法影響人，人的地位從此提高，顯示一個神人地位之消長。「天道遠，人道邇」《左傳‧昭公十八年》以及「天道賞善而罰淫」《國語‧周語中》都顯是天人關係的一種轉化，《左傳》與《國語》中所顯示的「天」，其意義相當分歧，並已失去周初所具有之崇高意義，〔註58〕而周初的「天命」觀經此時代的動盪已不爲人所接受，使得原先具有道德意涵的「天命」觀爲天道觀一詞所取代，「天」是屬於人文意涵的天，具有道德的意義。因此，「天道」一詞也成爲《左傳》與《國語》常見之新概念，如：

　　蚤晏無失，必順天道。（《國語‧越語下》）

〔註57〕　由於時局的變動，使天人思想也由之變化，此際所顯示的是人文精神的昂揚，與先秦儒家天人合德有直接的發展關係。

〔註58〕　「天」在《左傳》與《國語》裡，常被當作政治人物奪權或國際間攻伐之藉口。

君任執信，臣人執恭，忠信篤敬，上下同之，天之道也。（《左傳‧襄公二十年》）

禮以順天，天之道也。（《左傳‧文公十五年》）

從歷史發展演變而言，「天道」觀念的出現，迨至《左傳》與《國語》二書方常見到，〔註59〕周初與商代的文獻似皆未見「天道」一詞之使用，因此，「天道」一詞的晚出，也顯示「天道」為周人「天帝」、「天命」觀的進一步發展而來；春秋時代的「天道」觀具有道德之涵義，〔註60〕為一種以道德為實質內涵的本體論模式，它一方面具有道德的形上意義，但也反映人道精神之抬頭，並重視盡人道以合天道，是周初「民之秉彝，好是懿德」思想的進一步轉進，雖尚未是孔孟基于內在理性自覺所建立的道德律則，但已蘊涵「天人合德」思想的根苗。

2. 人理性能力之自覺，代表人道意義的發揚，與相關的發展，則原始宗教之占卜、巫術不再被視為詮釋事物的唯一解釋；因此，排斥巫術的天人交感之觀念，為春秋時代天人思想的一種進步。《國語‧周語》中記載單襄公預測晉國之亂，即顯現此種理性傾向的思考：

單子曰：「晉將有亂，其君與三郤其當之乎！」魯侯曰：「寡人懼不免於晉，今君曰將有亂，敢問天道乎，抑人故也？」對曰：「吾非瞽、史，焉知天道？吾見晉君之容，而聽三郤之語矣，殆必禍者也……夫目以處義，足以踐德，口以庇信，耳以聽名言者也，故不可不慎

〔註59〕《商書‧湯誓》：「天道福善禍淫」，《周書‧泰誓上篇》：「天有顯道，厥類惟彰」，〈畢命篇〉：「以蕩陵德，實悖天道」，據近代的考證上述三篇皆是後世的贗品，而不是商初或周初的史籍。故「天道」一詞當為後來之觀念，非商初與周初所有。請參考李杜：《中西哲學思想中的天道與上帝》，台北：藍燈，2000年，頁51～52。

〔註60〕春秋時代的「天道」觀具有許多不同的涵義：

1. 表示德性義之「天道」，如《國語‧周語》：「天道賞善而罰淫」，《晉語六》：「范文子曰：吾聞之，天道無親，惟德是授，吾庸知天之不授晉且以勸楚乎。」，《魯語下》：「天道導可而損否」

2. 表示生化原理之「天道」，如《左傳‧左莊四年》：「盈而蕩，天之道也。」，《左傳‧哀公十一年》：「盈必毀，天之道也。」

3. 表示事物律則之「天道」，如《左傳‧文公十五年》：「女何故行禮，禮以順天，天之道也。」，《越語下》：「范蠡曰：天道盈而不溢，盛而不驕，勞而不矜其功。」上述為《左傳》與《國語》「天道」所顯示之種種意涵，總的而言，在其中可以看出「天道」一詞已漸漸透露出：作為道德的形上律則之意義。

也。偏喪則有咎，既喪則國從之。晉侯爽二，吾是以云。夫郤氏，晉之寵人也，三卿而五大夫，可以戒懼矣。高位寔寁疾顚，厚味寔臘毒。今郤伯之語犯，叔迂，季伐。犯則陵人，迂則誣人，伐則掩人。有是寵也，而益之以三怨，其誰能忍之！」

單襄公所言，既區分天道與人事之別。其所作的預測，實乃皆依據人事、德行、時勢所作的理性的判斷，毫無宗教神祕的意味，代表對人理性能力的信賴。

　　3.「人」主體意義的突顯。周初所重乃在於治民之天人觀，此如《尚書‧康誥》：「惟民不靜，未戾厥心，迪屢未同，爽惟天其罰殛我。」又云：「敬哉，天畏棐忱，民情大可見。小人難保，往盡乃心，無康好逸豫，乃其乂民。」皆重在政治上治民之考量，並未成爲普遍的道德意識之覺醒。至於春秋則因時局動亂，人被迫的面對自身之處境，故有《左傳‧恒公六年》季梁說：

> 所謂道，忠於民而信於神也。思利民，忠也；祝史正辭，信也……夫民，神之主也，是以聖王先成民而後致力於神……故務其三時，修其五教，親其九族，以致其禋祀，於是乎民和德是輔。又曰：黍稷非馨，明德惟馨。又曰：民不易物，惟德繄物。如是，則非德，民不和，神不享矣。神所憑依，將在德矣。

這正體現了春秋時代之道德自覺或人文自覺，因此，春秋時代天道觀念的出現，雖然學界對其並無一確定之界說，而實質上，《左傳》、《國語》所載之天道內涵意義也往往含混語焉不詳，然天道觀的出現也打破天人之間的隔閡，並爲後來先秦儒家天人合德的思想提供血肉，也成爲論孟心性學之前奏。

　　上述三方面關於春秋時代天人思想特點之描述，足見其大異於前此之天人思想，其中最重要的分別：乃在於「人」之理性能力的自覺，是中國哲學中人文精神之進一步發展，然春秋時代廣泛之天道觀，並不完全純粹毫無駁雜，眞正能掃除原始宗教的「迷信」色彩，則有待以傳承周文爲職志的孔子之出現；而孔子天人思想所顯發之意義正在於：將原本只屬於君王的「敬德」，轉化爲普遍內具的德性原理，這是中國天人思想最重要的轉折。徐復觀說：

> 在中國文化史上，由孔子而確實發現了普遍地人間，亦即是打破了一切人與人間不合理的封域，而承認主要是人，便是同類便是平等的理念。……孔子打破了社會政治上的階級限制，把傳統的階級上君子小人之分，轉化爲品德上的君子小人之分，因而使君子小人可

由每個人自己的努力加以決定。〔註61〕

孔子傳承周文之天人觀，進一步確立德性之生命主體，是中國文化不朝純粹哲學、宗教發展之關鍵，故其所成就之道德哲學為圓滿的人間學問，其所建立的宗教為成熟不露外相之道德宗教、人文宗教。以下為探究孔子天人思想的部分，主要分為兩個部分，一、是孔子的天論內涵，一、是孔子人性論的內涵。

壹、孔子天論之釐析

孔子作為中國文化傳承之正統，在「周文疲弊」之時局裡擔綱繼往開來之文化重責，其「天人」思想之內涵自為先秦儒家「天人合德」思想之重要關鍵，《孟子》云：

> 由堯舜至於湯，五百有餘歲，若禹、皋陶則見而知之，若湯則聞而知之。由湯至於文王，五百有餘歲。若伊尹、萊朱則見而知之，若文王則聞而知之。由文王至於孔子，五百有餘歲。若太公望、散宜生則見而知之，若孔子則聞而知之。由孔子而來至於今，百有餘歲，去聖人之世若此其未遠也。近聖人之居若此其甚也，然而無有乎爾，則亦無有乎爾。

孟子認為由堯舜開始即有一個文化的道統源流存在，此道統代有傳承，而孔子正是在春秋禮崩樂壞之際，矢志以恢復周文理想為己任之聖者。因此，孔子的天論必然有別於從前；「天人」思想本來是先秦儒家的一個重要哲學範疇，亦是儒家的核心問題所在，由於吾人研究孔子的思想，主要是以《論語》一書為依準，而《論語》中所揭示的主要是由「仁」為核心所開展的人性論；故〈公冶長〉曰：「夫子之言性與天道，不可得而聞也。」〔註62〕是以《論語》書中所述關於「天」之資料雖不多，亦可作為吾人理解孔子「天」論，以及後來《中庸》、《易傳》天人合德思想之脈絡。本文在這裡所探究的重點主要

〔註61〕徐復觀：〈孔子的性與天道——人性論的建立者〉，《民主評論》第11卷第22期，1960年12月，頁2。

〔註62〕孔子以「為仁由己」，表示人透過下學上達的工夫，可以體證性與天道的合一，只是孔子尚未將性與天道等概念，加以客觀化的觀念詮表，故子貢方有「不可得而聞」之嘆。熊十力也說：「子貢曰：夫子之言性與天道，不可得而聞也。子貢且不得聞，況其他乎。但證以子貢之言，孔子未嘗不談高深的道理，只是能聞者少耳。」請見熊十力：《十力語要》，台北：廣文，1962年，頁3。

分兩方面，一方面純就《論語》書中談到「天」的部分作分析，另一方面是關於孔子對「命」的特殊理解作說明。

一、《論語》「天」〔註63〕之意涵

首先，在《論語》一書中「天」字49見。以單音詞「天」字出現19次；其中表示天空之義者3見，如「猶天之不可階而升也」〈子張〉，表示天理、天常、天神者16見，如「獲罪于天，無所禱也」〈八佾〉。作複合詞，「天子」者2見，如「天子穆穆」〈八佾〉，「天下」者23見，如「知其說者之于天下也」〈八佾〉，「天命」者3見，如「五十而知天命」〈為政〉，「天祿」者1見，如「天祿永終」〈堯曰〉，「天道」者1見，如「夫子之言性與天道」〈公冶長〉，〔註64〕其中除表天空、天子、天下、天祿之義者非本文探究重心，其它20則所言的「天」有兩層意涵，〔註65〕本文分析如下。

其一，孔子對《尚書》、《詩經》等先秦古籍皆精研至極，雖然孔子對其述而不作，然其中之天論亦為孔子所承繼與發展，一方面由周初「天命」觀發展出「天」之形上實體的意涵，另一方面也保留了對「天」之超越的宗教情感，但孔子始終不以神秘主義的色彩來理解「天」，其基本態度仍是「敬鬼神而遠之」〔註66〕〈雍也〉，故其「天」之意涵並不是肯認一人格神意義的「天」，而是剷除了原始宗教之神秘色彩，使得「天」成為人文化宗教之特色，由此表露出對「天」的深刻虔敬：

〔註63〕蔡仁厚認為「天」意涵由義理上言可簡括為三類，其一、是意志天（人格神）：這是原古的主宰義。（多見於詩、書、左傳、國語），其二、是德化天（天命、天道、天德、天理）：這是天的積極義（先天而天弗違），是儒家正面講說的天，其三、氣化天（陰陽自然之生化，氣稟氣運之限制）：這是天的消極義（後天而奉天時），儒家正視之，但少作積極之講論。請參見蔡仁厚：《孔子的生命境界——儒學的反思與開展》，台北：臺灣學生，1998年，頁5～6。可見儒家言「天」其主要義涵乃是放在德化天的意義而言。

〔註64〕整理與統計請參考朱哲：《先秦道家哲學研究》，上海：上海人民，2000年，頁114～115。

〔註65〕蔡仁厚認為孔子所言之「天」實含兩方面之意義，一為由「情」方面說有人格神之意義，此如「天生德於予」、「天之未喪斯文」、「天喪予」、「天厭之」〈雍也〉、「吾誰欺，欺乎天」、「獲罪於天，無所禱也」、「知我者其天乎」，二為由「理」上說是形上實體的義涵，如「天何言哉？四時行焉，百物生焉，天何言哉？」此「天」乃是「於穆不已」的生生之道。請參考蔡仁厚：《孔子的生命境界——儒學的反思與開展》，頁5。

〔註66〕春秋時代之「天」論，已從位格神之性格，逐漸轉化為道德的涵意。

《論語·泰伯》：

　　大哉，堯之爲君也！巍巍乎，唯天爲大，唯堯則之！

《論語·堯曰》：

　　咨爾舜，天之曆數在爾躬，允執其中。

《論語·陽貨》：

　　天何言哉？四時行焉，百物生焉，天何言哉？

其二，孔子將原本仰賴人君「敬德」之敬德意義，轉而爲個人自身德性之要求。並且由此將「天」的意義賦予一終極價值的安頓，故「天」也是一形上的道德價值實體；因此，孔子面對生命的種種困境時，自然即以「天」爲生命之最後安頓，並以逆境所顯發爲道德的天命、使命自許，故「不怨天、不尤人」堅持行道不已之生命熱情，終能成就聖賢德業、顯發生命精彩。

《論語·子罕》：

　　子畏於匡。曰：「文王既沒，文不在茲乎？天之將喪斯文也，後死者
　　不得與於斯文也。天之未喪斯文也，匡人其如予何。」

《論語·八佾》：

　　儀封人請見，……出曰：「二三子何患於喪乎？天下之無道也久矣，
　　天將以夫子爲木鐸」

《論語·述而》：

　　子曰：天生德於予，桓魋其如予何。

《論語·憲問》：

　　子曰：「莫我知也夫」貢曰：「何爲其莫知子也？」子曰：「不怨天，
　　不尤人；下學而上達，知我者其天乎」

《論語·子罕》：

　　子貢曰：「固天縱之將聖，又多能也！」

上引諸文，說明孔子在面對困境時，皆能泰然處之並以「天賦我以如是之德」
〔註67〕自我期許，進一步昂揚振奮人性尊嚴以面對逆境，轉此逆境爲人存在必然所擔負之「天命」、「使命」自許。孔子自謂：「不怨天，不尤人；下學而上達，知我者其天乎！」《論語·憲問》，是對生命情境之全盤肯定與接受，

〔註67〕請參見朱熹：《四書章句集註》，台北：鵝湖，1996年三版，頁98。

由此並不喪失其對「天」之人文深化後之意義建構，排除周末以來「怨天、疑天」之價值失落，徐復觀說：「若非感到自己的生命與天相通，即不能說『知我者其天乎』。」〔註68〕因而，每當孔子面對艱困險阻時，「天」即成為孔子對終極意義的探問，並以之為生命價值的依歸，此本承周人原有之宗教信仰，而進一步人文深化的結果。

《論語・八佾》：

王孫賈問曰：「與其媚於奧，寧媚於灶何謂也？子曰：不然，獲罪於天，無所禱也。」

《論語・先進》：

顏淵死。子曰：「噫！天喪予！天喪予！」

《論語・雍也》：

子見南子，子路不悅。子曰：「予所否者，天厭之！天厭之！」

《論語・子罕》：

子疾病，子路使門人為臣。病閒，曰：「久矣哉！由之行詐也，無臣而為有臣。吾誰欺？欺天乎？」

因對「天」如此深切的信仰，也轉而對人文世界的深沉期許「鳳鳥不至，河不出圖，吾已矣夫！」〈子罕〉、「久矣吾不復夢周公」〈述而〉等時不我予的感嘆，都顯露出積極入世的救世熱情。

由上述引文知，孔子除了對「天」有新的認知，也自覺其文化使命之所在，「天之未喪斯文」、「天生德於予」等都透露出這樣的訊息。〔註69〕綜而言之，上述引文所見之「天」含有道德、善性之形上本源之意，也充分顯示出孔子對「人」主體地位的自信。基本上「天」是以形上實體作為其主要意涵，並由原本周人具主宰義的「天」，進一步轉化為人文宗教情懷的虔敬之情。

至於「孔子曰：君子有三畏。畏天命，畏大人，畏聖人之言。」〈季氏〉、「吾十有五而志於學，三十而立，四十而不惑，五十而知天命，六十而耳順，七十而從心所欲不踰矩。」〈為政〉等，其中所言的「命」，屬於孔子天論中另一個重要的概念，分析如下。

〔註68〕徐復觀：《中國人性論史——先秦篇》，頁88。

〔註69〕牟宗三說：「我國從孔子起，即是文化意識強。『文王既歿，文不在茲乎？』『天將以夫子為木鐸』『吾非斯人之徒與而誰與？』這些話都表示其對時代的擔當。」請參見牟宗三：《人文講習錄》，台北：臺灣學生，1996年，頁59。

二、孔子對「命」的點示 [註70]

關於「命」的理解，一般人通常是從「命定」或「命限」的方向來作思考，強調其註定發生（destined）或已然命定（appointed）的性質。[註71]這是一種作為現實生活上諸般吉凶禍福的解釋，是類近通常術數的與命理的意義，作為一種現實遭遇之合理化的心理安頓。然而，「命」一詞在中國哲學裡有多重意義與演變，它是扣緊著時代意識而發展變異。中國人關於「命」的思考是源遠流長；一般而言，是關聯著天人之際來著眼的。[註72]最早是周初之「天命」觀為其形式，天命觀的出現標誌著中國人文精神的覺醒，其分析已如前述。雖然孔子「罕言利，與命與仁」，依舊對周初以降的「天命」觀有所創造與繼承。孔子對「命」的思考，是先秦天人思想中的一個轉折，此即是從君王敬德保民之王權得失意義上的「天命」，到普遍個體的道德理想意義上的轉折；這個轉折有兩層意義，第一是孔子於此初步區隔了「理命」與「氣命」的分別，此即「命令義」與「命定義」之區別；第二是從作為族群「天命」之共命結構到屬己意義上道德的「命」之轉換。因此，孔子對「命」的體認即開啓更豐富的義理內涵，而為後來儒者所延續與發展。

「命」字在《說文解字》解義中含有命令之意涵。《說文解字》二篇上·口部云：「命，使也。從口令。」段玉裁說：「令者發號也，君事也，非君而口使之，是亦令也。故曰：『命者，天之令也。』」[註73]可見，「命」 [註74]

[註70] 本段（孔子對「命」的點示）部分內容援用筆者拙著：〈論莊子對「命」的思考及其「安命」之可能〉，《鵝湖》第311號，2001年5月，頁54～64。

[註71] 陳寧，〈命運可知而不可改之觀念的產生〉，頁147。再者，一般命運（fate）是指生命歷程中人難以掌握之事物，此即氣命之意義內容。

[註72] 唐君毅即認為：「欲明中國哲學中天人合一或天人不二之旨，自往哲之言命上用心，更有其直接簡易之處。然以命之為物，既由天人之際、天人相與之事而見，故外不在天，內不在人，而在兩者感應施受之交。」請見唐君毅：《中國哲學原論——導論篇》，頁520。中國哲學以天人合一為其特點，吾人言「命」乃由天人之際以顯發，故欲明天人合一之道，自「命」上探索是為簡捷之道。

[註73] 漢許慎撰，清段玉裁註：《說文解字注》，台北：天工，1987年，頁57。

[註74] 「命」在早期的古文獻中，根據傅斯年先生的整理，早期的「命」、「令」經常混用並無清楚界限；請參考傅斯年：《性命古訓辨證》，台北：中央研究院史語所，1992年，頁31～33。再者，就「命」字之意義轉化作考察，有三個層次之轉化與發展：

1. 就其原義、本義而言——「命」字首見于西周，鐘鼎銘文如大盂鼎、頌鼎中多作「令」字，「令」字分化出「命」乃西周之事，溯本尋源，則在甲骨

在造字之端，即含有命令之意；今據傳世與出土文獻的推斷與分析，則「命」字應為東周以後始漸流行的觀念。在殷商的卜辭與吉金銘文中偶而出現的「令」字，〔註75〕皆為「命令」、「使命」的用法；迨至周代，則多數鐘鼎銘文中所見「令」已多作「命」解。因此，最早見于西周中期金文中的「命」字，其用法亦同于「令」字，甚或與「令」字混用。〔註76〕故二字雖同義，然依經典文獻及出土材料斠證則有先後之別。〔註77〕

另外，此命令之意也首先反映在殷人的「帝」觀念之中，《詩經·商頌·長發》：「帝立子生商……帝命不違，至於湯齊。湯降不遲，聖敬日躋。昭假遲遲，上帝是祗。帝命式于九圍。」「帝」不僅是世界萬物的創造與最高主宰，

　　金文中「令（命）」字當以「君命」為原義、本義。

2. 就其引申、發展義而言——「命」字有天予、天令之意乃其原義發展、引申。故「令也，天之令也」，「天命也」，「天之命也」，「所受天命也」諸訓，乃「命」引申發展義；而「人所稟受若貴賤天壽之屬」、「窮達之數也」、「命謂窮通天壽也」、「貧富貴賤也」、「禍福吉凶者」等氣命義涵亦皆「命」之引申發展義。

3. 就其轉化、昇化義而言——則從中國性命論與道德哲學之詮釋脈絡下作理解，此乃由自然天命下貫為人君政令之義，順此而有氣命意義之命運窮通天壽、貧富貴賤與禍福吉凶等層面意義發展，終致性命道德義涵之昇化與創造詮釋，從而由此具體而微的展示「天人合一」、「內外通貫」與「道德兼賅」的多元體察，此乃「命」義昇化後之精彩與深刻內涵。

〔註75〕此如「貞：帝令雨。」請參見葉玉森集釋：《殷墟書契前編集釋》，台北：藝文，1966年，頁135。又「乙丑貞：王令裒田于京。」亦見此意，請參見《京都大學人文科學研究所所藏甲骨文字》2363。

〔註76〕羅福頤釋文，釋善夫克鼎銘文：「王命善夫克捨令于成周遹正八師之年。」不其簋銘文：「王令我羞追于西，余來歸獻禽。余命女御追于□。」請參見羅振玉：《三代吉金文存》（民國上虞羅氏百爵齋影印本）。從字形演變發展上看，「命」字實為「令」的孳乳文字，容庚《金文編》卷九·八即云：「令，孳乳為命。」請參見容庚：《金文編》正續編合訂本，台北：大通，1971年，頁541。林義光《文源》卷六亦云：「彝銘『令』，『命』通用，蓋本同字」請參見《文源》（共十二卷），中央研究院「傅斯年圖書館古籍線裝書」典藏1920年林氏寫印本。

〔註77〕大抵而言，西周時期兩字通用，及至東周則多作「命」字。如西周康王時器大盂鼎銘文：「令盂」即「命盂」，「受天有大令」即「受天有大命」，「殷述令」即「殷墜命」，「勿法朕令」即「勿廢朕命」等。西周昭王時器〈令彝〉銘文：「王令周公」即「王命周公」，「舍四方令」即「舍四方命」，「既咸令」即「既咸命」。然東周春秋秦器秦公簋銘文已作「命」字，如：「受天命」、「嚴龏夤（恭寅）天命」；戰國中山王壺銘文，作：「命相邦賙斁（擇）郾吉金」。請參見《尚書·周書·召誥》。

同時也被認為是統治者的祖先，以及君王王權的合法依據，於此，「命」的概念尚未成為一獨立的哲學命題，殷人盛行占卜說明了這樣的情形。屬於群己相涵之共命意義的天命觀，到周初方才獲得其完整的意涵。

周人以殷為鑑，發展了「天命」的觀念。天命觀念的出現，雖然是基於「敬德撫民」以安撫殷之舊裔，並藉以永保天命，但亦是周人成熟的人文精神之展現。「天命」觀蘊涵著對人理性能力的覺醒，這是周人在人文精神上的進步。〔註 78〕此進步乃是周人賦予「天命」如天命靡常、命隨德定、天命不已等之意義充實。並由此意義之充實，引導出往後關於「命」的思考。〔註 79〕先秦儒家的天人思想、知命、立命等義皆由此轉出，也反映在儒家作為正面肯定周文的思想性格上。

春秋以降，周代之封建制度與禮樂秩序面臨崩潰解盤，此即周文疲弊之時，西周末幽厲以來之社會動盪不安、災難不斷，致使民生朝不保夕，使人們對天命有所懷疑，產生許多的怨謗之情；〔註 80〕雖至《左傳》《國語》時代，天的意義有一「天道」之本體論的轉化，尚遺有降禍施福主宰天原始宗教的特性，還不是純粹的德性之本體論性格，此至孔子方將其轉化為個人道德理想上的形上安立。時逢春秋亂世，諸子百家應時而生各現精彩；就「天命」觀的時代發展言，由族群之群己相涵共命結構的「天命」觀到屬己意義的「命」概念之出現，此種關於屬己意義之「命」的反省與體察，漸次由春秋時的疑天、天道觀之出現而成形，孔子深刻體察周初「天命」觀的不足及其義理擴充的可能，故在道德實踐上賦予普遍而具體的內在可能，將作為族群政權的代言人──君王的「天命」概念，擴展為普遍人間的道德「天命」之意涵，確立人道德實踐的個體性與主體性。

〔註 78〕 請參見唐君毅：《中國哲學原論——導論篇》，頁 522～524。
〔註 79〕 唐君毅：《中國哲學原論——導論篇》，頁 524。
〔註 80〕 此怨謗之情，特別見諸《詩經》章句，此如：
「浩浩昊天，不駿其德」《詩經·小雅·雨無正》
「疾威上帝，其命多辟」《詩經·大雅·蕩》
「悠悠昊天，曰父母且，無罪無辜，亂如此憮。昊天已威，予慎無罪！昊天泰憮，予慎無辜！」《小雅·小旻之什·巧言》
「出自北門，憂心殷殷，終窶且貧，莫知我艱，已焉哉，天實為之，謂之何哉！」《詩經·邶風·北門》
「彼黍離離，彼稷之苗。行邁靡靡，中心搖搖。知我者，謂我心憂；不知我者，謂我何求？悠悠蒼天，此何人哉！」《詩經·王風·黍離》。

　　牟宗三認爲諸子百家的興起，實爲周文疲弊所致；面對周文疲弊的時代問題；孔子認取的態度是對周文加以繼承與發揚。〔註81〕《論語・八佾》云：「周監于二代，郁郁乎文哉，吾從周。」說明了孔子對周文的承續與擔當。《論語・爲政》云：「吾五十而知天命。」朱熹《四書集註章句》云：「天命，即天道之流行而賦於物者，乃事物所以當然之故也。知此則知極其精，而不惑又不足言矣。」〔註82〕「五十而知天命」所知者乃道德意義之「天命」，是由「上學上達」以領會證知的，孔子透過「下學上達」體證「天道」，進一步「證知」天命，證成「命」普遍的爲人之內在道德要求，成爲人存在的道德「天命」與「使命」。因此，孔子所證知的「天命」，其實質內涵即爲道德意涵所充盈的普遍眞理，是人人必得肯認與識取的，故《論語・季氏》云：「孔子曰：『君子有三畏。畏天命，畏大人，畏聖人之言。』」《論語・堯曰》也說：「不知命，無以爲君子。」《論語・先進》：「回也，其庶乎！屢空。賜不受命，而貨殖焉，億則屢中。」以上皆是孔子對天命觀念的開發與轉昇，「天命」轉化爲普遍存在的道德意涵，是道德理想上的意義，是從王權得失的意義向個人生命存有意義上的轉折。〔註83〕因此，天命於此不僅只是形上實體之創造義，亦涵攝內在道德使命之意涵（且爲「命」之重要意涵），這些觀念由周初的天命觀漸次轉爲人本身的道德要求，成爲儒家道德哲學發展的重要特色與線索。

　　然而，由於孔子身處禮崩樂壞之春秋亂局，爲求實現政治理想，卻未遇明主得以施展抱負，不免對時局有所感嘆，《論語・憲問》有云：「道之將行也與，命也；道之將廢也與，命也。」因此也對個體之現實遭遇有所體認：「生死有命，富貴在天。」《論語・顏淵》。這裡的「命」又意指著個體生命禍福窮通的際遇，顯現出命限概念（氣命）的意義。

　　《論語・雍也》云：

　　　　伯牛有疾。子問之，自牖執其手，曰：「亡矣，命矣夫。斯人也，而
　　　　有斯疾也。斯人也，而有斯疾也。」

　　《論語・顏淵》云：

　　　　司馬牛憂曰：「人皆有兄弟，我獨亡（同無）。」子夏曰：「商聞之矣：

〔註81〕牟宗三：《中國哲學十九講》，台北：臺灣學生，1993年，頁60～61。

〔註82〕朱熹：《四書章句集註》，頁54。

〔註83〕就此而言，孔子對天命概念的轉化與開發，即在於將「天命」安立爲人自身道德實踐的實質依歸；在這個意義下，「命」的意涵即天道本體論之意義內涵，亦爲《中庸》之「天命之謂性」所承繼者，是人本然的內在道德本性。

死生有命，富貴在天。君子敬而勿失，與人恭而有禮，四海之內，皆兄弟也。君子何患乎無兄弟也？」

上述所言之「命」，其意義大體上並不是天命（理命、命令）意義下的命，它所呈現的是人個體生命的種種際遇，個體生命之現實遭遇與窮通得失，乃命限義之客觀限制，是個體生命落在「氣化」意義下所遭遇之命限。伯牛染疾將死，是一個現實的經驗事實，死生大限本非為人所能逆料，亦非人力所能掌控與逆轉的，現實生命中的許多遭遇也必然如同死生大限，乃無可奈何與無能為力的，是其命限所致；面對這不得不承受的存在命限，孔子體認命限這樣一個外在的客觀事實，因此，有《論語‧憲問》：「道之將行也與，命也；道之將廢也與，命也。」凡此，都顯示出孔子對命限的感慨，然而，即使孔子在飽經俗情炎涼與嘲諷時，亦能坦然自若，此如「子路宿於石門，晨門曰：奚自？子路曰：自孔氏。曰：是知其不可而為之者與？」〈憲問〉「君子之仕也，行其義也；道之不行，已知之矣。」〈微子〉，此即孔子已然徹悟俗情得失之「命限」實質，而轉以道德理想上之實踐與否為關懷，來作為其行道天下、舍我其誰使命感之體認，由此體認與承擔是故也就能「不怨天，不尤人」。〔註84〕

綜上所論，孔子對「命」的體察與反省，約略透露出「理命」（由周人「天命」的概念承繼而來）與「氣命」（外在客觀的命限意義）兩種對「命」反省的認知形式。〔註85〕儘管，孔子在言論中並無所謂「理命」與「氣命」的分別，本文為行文方便權予區別，「理命」與「氣命」是一組形式概念，其意義則「理命」是理上之必然，屬于義理上、生命價值理想上的「命」；而「氣命」卻無理上之必然，是外在客觀的、偶然的命限。〔註86〕關於「命」的這兩層

〔註84〕 唐君毅說：「由於孔子之周行天下，屢感道之不行，方悟道之行與不行，皆為其所當承擔順受，而由堪敬畏之天命以來者。此則大異於前之天命思想，亦不止於直下行心之所安之教者也。」請參見唐君毅：《中國哲學原論——導論篇》，頁535。

〔註85〕 「理命」與「氣命」是中國哲學對「命」的兩種看法，在漢朝亦有「德命」與「祿命」之別；而「理命」與「氣命」之別則是沿著宋明理學的「理」「氣」概念而出。至於漢代「德命」「祿命」之分，則亦是與此分別大同小異，乃至清儒的「德命」「祿命」之說皆類近於此。清儒的德命、祿命之說，德命乃道德實踐之先天要求與使命，即人向上提升之要求；也是求之在我、盡之在我者；祿命者乃外在境遇之順逆，有其定數不可強求者，是求之于外、得之于命者，君子戮力德命之實踐，故而祿命則隨遇而安，是謂憂道不憂貧，如此即由知命進而樂命，從容中道而無所憂懼。

〔註86〕 牟宗三對儒家「命」的意涵作深層分析認為：「命是個體生命與氣化方面相順

涵義，蔡仁厚說：

> 「命」有二義，從天所受之命、性之所命而言，謂之「天命」「性命」。
> 這一方面的命，是「命令義」的命。如詩經「維天之命，於穆不已」，
> 中庸「天命之謂性」，皆是命令義之命。後儒所謂「天命流行之體」，
> 流行二字便是根據命令作用而說。另一方面，是「命運、命遇、命
> 限」之命，這是「命定義」的命。所謂「命定」，是一種客觀的限定
> 或限制。對於「命令義」的命，必須敬畏、服從、踐行。因為無論
> 天之所命或性之所命，都是善的命令──道德的命令。儒家講道德
> 實踐，都是和這一面相關聯的。對於「命定義」的命，則應知之、
> 受之、安之。因為知道了這個客觀的限制，才能夠安然受之，而不
> 存非分之想，不作非分之求；亦才能夠「不怨天、不尤人」而回過
> 頭來「反求諸己」以克盡自己的性分。〔註87〕

本文提出「理命」、「氣命」來作為理解孔子「命」概念之真義，亦由蔡仁厚的
疏解所啓發。道德實踐意義上的命概念，是儒家「命」概念的核心，也是「天
命」思想的進一步發展，因此，是儒家知命、立命以人文化成天下之「理命」。

至於孔子在面對「氣命」的外在命限時，又是如何來加以超克，進而能夠
「知命」與「樂命」；唐君毅認為此即「即義見命」或「命與義合」，其重點在
「不因命境之順逆而改變其道德實踐之行願」。蔡仁厚認為「盡義以知命」乃：

> 義是人事之所當為，表示人之「自覺主宰」；命，則表示「客觀限制」。
> 人若承認「命」的存在，而不肯定自覺主宰的「義」的領域，那就
> 是命定論或命定主義。……「知其不可」是「知命」──知道那客
> 觀的限制；「而為之」則是「盡義」──充分地無條件地去為理所
> 當為之事。所以孔子是「盡義」以「知命」。〔註88〕

或不相順的一個『內在限制』之虛概念。」牟先生認為「命」並不是一般經
驗的、知識的概念，而是與生命實踐層面相關之概念；但此處所言之「命」
乃「氣命」之命，而非「理命」之命。故牟先生又說：「命是道德實踐中的一
個限制概念，必須被正視。道德實踐須關聯著兩面說：正面積極地說是盡心
以體現仁義禮智之性，消極負面地說是克制動物性之氾濫以使從其理。在此
兩面的工夫中都有命之觀念之出現，因此命亦須關聯著這兩面說。」請參見
牟宗三：《圓善論》，台北：臺灣學生，1996年二版，頁142～150。

〔註87〕 蔡仁厚：《孔孟荀哲學》，頁123～124。

〔註88〕 蔡仁厚：〈孔子思想中的「義」「命」觀念〉，《孔孟月刊》第10卷第4期，1977
年12月，頁5。

亦即：

> 「命」表客觀必然之限制，「義」表自由之主宰性。從「命」一面看
> 人生，則人生一切事物，皆是被決定者，這裏沒有是非善惡之價值
> 可言。在「命」觀念之外更立一「義」之觀念，則價值、自覺、自
> 由等觀念所運行之領域，以及人生之意義，便即由此顯出。人只能
> 在「義」作主宰，以對是非善惡之價值負責；而不能在「命」處作
> 主宰，故成敗得失非人力所能掌握。孔子明辨二者之分際與界限，
> 不但奠立了日後儒家精神之方向，亦決定了此後儒家對宗教問題處
> 理之基本態度。而中國人的人生觀，亦是在這個基礎上而建立的。
> 〔註89〕

換言之，凡命中註定者皆被視爲行道歷程之試煉。此乃不論「命定」之遭遇
如何，皆以道德理想爲其最後依歸，超脫俗情之問命、怨命、隨命（此「命」
皆是命定義之命）之諉過退縮，祇以一貫地剛健不已的道德實踐來極成其生
命理想。由此，孔子認爲義之所在即命之所在。故對於外境之順逆與否，皆
不能增減其內心持守之志；〔註90〕面對命限之考驗，孔子並不由此心有增減，
亦未嘗怨天喪志，減損其懷抱入世之使命與熱情，「天生德於予，桓魋其如予
何？」又說：「天之未喪斯文也匡人其如予何？」皆說明孔子「以文統自任」
的文化使命感。孔子不因逆境而放棄道德實踐之堅持，皆因體認道德「天命」
爲先天不可逃之存在使命，故能在「命限」的種種試煉之下，承擔起道德生
命的天賦使命，終而達致「盡義以知命」。〔註91〕

最後，《論語・堯曰》亦云：「不知命，無以爲君子。」〔註92〕知命即是知

<hr />

〔註89〕 蔡仁厚：〈孔子思想中的「義」「命」觀念〉，頁5。

〔註90〕 蓋君子修身行道，臨到艱難困厄、生死交關之際，仍得依「義」而行，此乃
天所命之義，爲人無所逃者，必須順承之、接受之而轉化之，繼之奮發精神
一往直前，如此視艱難險阻，則不爲吾人修身行道之阻礙，反視爲吾人修身
行道之增上逆緣，是故一切順逆之境，皆在吾人盡義行道中化爲無分別者，
故外境雖有富貴、貧賤、死生、得失、成敗等順逆，吾人戮力修身則八風不
動，外境所現則爲行道之砥礪；不可視爲行道之障礙。

〔註91〕 「盡義知命」乃知命限之客觀現實，此命限之限制爲人生之眞實感受，能直
面接受之而心無增減，此是大化妙運所分，不可以俗情得失看待，故僅肯認
道德天命所當爲者，並體悟存之之莊嚴使命，則能化解氣命之侷限與阻礙，
開顯理命之道德價值與光輝，此即「爲所當爲」、「盡義知命」之眞義。

〔註92〕 對于人事順逆、遇與不遇，儒家所秉皆以理化情的態度視之，此誠如《孟子、
萬章上》所曰：「或謂孔子於衛主癰疽，於齊主侍人瘠環有諸乎？孟子曰：『否，

人有道德「天命」、「使命」，亦能體認外在客觀的命限事實，固能由人之有限存在充極成聖成賢之無限可能，因此，對此先天道德使命的要求，必然無悔而義無反顧。朱熹《四書章句集註》：「知命者，知有命而信之也。人不知命，則見害必避，見利必趨，何以為君子？」〔註93〕其中言「人不知命」，乃不知命限、分限，則不能知分而盡分，故則「見害必避，見利必趨」，而致有非分之想求（忘求）；朱熹以命限義解此文，一般學人亦作此解；本文以為知外在之客觀命限為君子之必然體認，然君子之所以為君子，更重要的在於道德的「天命」、「使命」之體悟，如此方能積極作正面之道德工夫；體認道德的「天命」、「使命」之生命理想，也才能對生命之一切得失情境無擇任遇與接受，方能「飯疏食飲水，曲肱而枕之，樂亦在其中矣」《論語・述而》，朱熹《四書章句集註》云：「聖人之心，渾然天理，雖處困極，而樂亦無不在焉。」〔註94〕此即「樂命」，〔註95〕「樂命」之所以樂，即樂其道而不因外境之順逆改其持守之志。因此，「知命」即是知此「氣命」之不可或免，進而「盡義知命」一任直前，終以臻至道德天命之圓成，成就性命貫通的「天人合德」之理境。

貳、孔子人性論之釐析

一、孔子「性相近」一詞解義

自《詩經》載西周末幽厲之際出現疑天、怨天思想以來，迨至春秋戰國時「人」的自我意識逐漸甦醒。此在《詩經・節南山》：「昊天不傭，降此鞠凶，昊天不惠，降此大戾」，《左傳・恒公六年》：「夫民，神之主也」，《左傳・莊公三十二年》：「神聰明正直而壹者也，依人而行」等都透露出這樣的訊息。然而，真正將人之為人的價值與意義充分突顯出來的關鍵，則非孔子莫屬。

不然也……彌子謂子路曰：孔子主我，卿可得也。子路以告。孔子曰：有命。孔子進以禮，退以義，得之不得曰有命。而主癰疽與侍人瘠環，是無義無命也。』」

〔註93〕 朱熹：《四書章句集註》，頁 195。

〔註94〕 朱熹：《四書章句集註》，頁 97。

〔註95〕 清儒焦循（1763～1820）在《易餘籥錄》（卷 12 之 25 則），分析儒家「樂天知命」之義涵，有一番精闢之論析，他說：「知命之說，詳於孔孟，而皆本於易。命有宜順者，口目耳鼻四體是也；命有宜改者，仁義禮智天道是也。順則不任力，改則任力，豈至無可奈何，而推之於命乎？委命而任力，聖人之權也；順命而不任力，亦聖人之權也。或順或改，惟聖人之心主宰而斡旋之。能用命，不為命所用，是為知命。」

考察孔子之人性思想，求諸《論語》全書，見「性」字只有二處，分別是《論語・陽貨》：「子曰：『性相近也，習相遠也。』」以及《論語・公冶長》：「子貢曰：『夫子之文章，可得而聞也；夫子之言性與天道，不可得而聞也。』」

至于「心」字在《論語》中凡六見，分別為：

子曰：「七十從心所欲，不踰矩。」（〈為政〉）

子曰：「回也，其心三月不違仁」（〈雍也〉）

有心哉，擊磬乎。（〈憲問〉）

子曰：「飽食終日，無所用心，難矣哉。」（〈陽貨〉）

舜亦以命禹，曰：「……帝臣不蔽，簡在帝心。」（〈堯曰〉）

興滅國，繼絕世，舉逸民，天下之民歸心焉。（〈堯曰〉）

由上述所徵引之《論語》書中關於「心」、「性」之文字，可以清楚的看出論語中使用「心」、「性」二字並非在討論心性問題。〔註 96〕可見孔子尚未以心性為主要之論述範疇，進而形成其系統化的人性論述，蓋孔子是「以仁說性」，強調「為仁由己」、「我欲仁斯仁至矣」來呈顯人之價值與意義，因此，若單就「人性」之論題來分析，其中值得討論者僅孔子「性相近」一詞衍生之意涵為何的問題。

對於「性相近」一詞，歷來已有學者加以論析，今舉蘇新鋈所整理歷來相關之論述，歸納出如下幾種，今概述如下：〔註97〕

1.「性」闡釋為情欲之性

就「情欲之性」來詮釋「性」，以王弼與焦循為代表。王弼《論語釋疑》云：「不性其性，焉能久行其正，此是性之正也。若心好劉蕩失真，此是性之邪也。若以情近，故云性其情，情近性者，何妨有是欲。……孔子曰：『性相近』。若全同也，相近之辭不生；若全異也，相近之辭亦不立。今云近者有同有異，取其共是無善無惡，有濃有薄則異也。雖異而未相遠，故曰近也。」焦循《論語補疏》云：「性無他，食色而已。飲食男女，人與物同之。……以飲食男女言性，而人性善不待煩言自解也。」

此是就情欲言「性相近」之「性」，不謂人人所有者為相同，而云為「相近」，故有濃薄之異，而顯示出其同中有異。

〔註96〕請參考蘇新鋈：《先秦儒學論集》，台北：文津，1992 年，頁 44。
〔註97〕請參考蘇新鋈：《先秦儒學論集》，頁 44～54。

2. 「性」闡釋為材質之性

就「材質之性」來詮釋「性」，以董仲舒、皇侃爲代表。董仲舒《春秋繁露·實性》：「觀孔子言此之意，以爲善難當甚，而孟子以爲萬民性皆能當之，過矣。聖人之性，不可以名性；斗筲之性，又不可以名性。名性者，中民之性。」皇侃《論語義疏》云：「人俱稟天地之氣以生，雖復厚薄有殊，而同是稟氣，故曰相近也。」

此是就「材質之性」以言孔子所謂「相近」之「性」者，其指出此「性」乃是中人之性，因凡中人之性，其氣稟之清濁即不「相遠異」，由此而性所以「相近」者也。

3. 「性」闡釋為義理之性

此爲中國逆氣言性的一系列思維，此性爲超然義理之當然之性，純爲道德生命與精神生命，彰顯爲人格尊嚴與生命價值者。如孟子、《中庸》、《易傳》所言皆是，乃至宋明理學所謂「心」、「性」、「天地之性」所言皆爲此性也，故由此立說，無論此「性」即「心」、「仁義」、「理」、「良知」、「良能」，其義皆爲一而無分別，所言皆爲人性三層次中之最高層次意義，最足以代表人之所以爲人之「性」。

4、「性」闡釋為氣質之性

以朱子爲代表。朱子《四書集註》云：「此所謂性，兼氣質而言也。氣質之性，固有美惡之不同矣，然以其初而言，皆不甚相遠也。但習於善則善，習於惡則惡，於是使相遠耳。程子曰：『此言氣質一性，非言性之本也。若言其本，則性即是理。理無不善，孟子之言性善是也，何相近之有哉？』」朱子於「兼氣質而言也」後論此「性」爲「氣質之性」，此所謂之「氣質之性」即指氣質裡面的性，即義理之性，爲一雜在氣質裡而爲氣質所拘限污染之義理之性也，拘限污染之程度隨氣質之差異而不同故爲相近，而朱子其後引程子語，本爲證明其說，但考程子之意，本與朱子不同，程子所謂氣質之性則指通常義之氣質之性，故曰：「此言氣質一性，非言性之本也。若言其本，則性即是理。」可見程子於此是將氣質之性與理作一明顯區隔。而朱子此意則本「義理」兼「氣質」言此性。此說法徐復觀曾說：

> 且既謂氣質之性，固有美惡之不同，則在氣質之性之初，也便應含
> 有美惡之不同；只不過尚潛而未發。又何以能在性的本身上言相近？
> 所以朱子這兩句話，實把「不同」與「相近」的矛盾語句，加在同

一事物——氣質之性——的上面。〔註98〕

因此，以「氣質之性」言「性相近」之義實不能周全。另外，陳大齊解此章亦持朱說，認爲：

> 其言「然以其初而言，則皆不甚相遠也。但習於善則善，習於惡則惡，於是使相遠耳」，確與孔子主張的原意相符。「性相近」適用到善惡上，不能由推定人性之爲善抑爲惡，只能由以推定一部分人的性是善與另一部分人的性是惡之必非事件實。因爲人性皆善，可稱爲性相近，人性皆惡，亦可稱爲性相近。……人性是無善無惡的，善惡之起、起自習之相遠，習於善則善，習於惡則惡。故欲培養優良的品格，必須注重習染。〔註99〕

陳先生以「習相遠」切入理解，故以朱說之氣質之性來解「性相近」義，則由「習相遠」之習性薰染所致，則人可爲善爲惡；兼之性受環境友朋牽引，致有爲善爲惡之可能，故導出人性中性義，並謂「告子所說，可謂得其眞傳」；〔註100〕因而，最終解「仁遠忽哉！我欲仁，斯仁至矣」，竟認爲仁未必居於性內，不是由性內向外顯現；如此一來，孔子「以仁定性」之確立仁體內在之人學創舉何得顯現其意義，若仁體之內在義無法確立，則「踐仁知天」之道德實踐亦不能成立，則孔子之仁學也不見其精彩，故對「性相近」之理解不由氣質之性的理路以尋，其理甚明。

最後，蘇新鋈認爲無論以情欲、材質、義理或氣質來加以理解，都非圓滿至當之論。況孔子本人未明言「性爲何是」，又歷代學者相繼論述，所見各有偏至，未窺全豹。故蘇先生從性之一統「情欲」、「材質」、「義理」三義來加以解釋，他的這個結論來自三方面的推斷：〔註101〕

1. 「性相近」語辭本身，扣緊「相近」一語來推斷，蓋此性應爲介於上智與下愚間之絕大多數之一般中人之原初之性，就此言之；則爲就其「材質之性」、爲兼「氣質」而言「情欲之性」、「義理之性」言，故必人人所有者爲「相近同」，而爲「性相近也」。

2. 就《論語》中其他有關內容所顯示孔子對人性的看法加以推斷，則此

〔註98〕徐復觀：《中國人性論史——先秦篇》，頁78～79。

〔註99〕陳大齊：《孔子言論貫通集》，頁2～3。

〔註100〕陳大齊：《孔子言論貫通集》，頁3。

〔註101〕請參考蘇新鋈：《先秦儒學論集》，頁55～79。

性應為一統「情欲」「材質」「義理」三義之全，雖孔子未明言人有「情欲」「材質」「義理」之「性」，但實已點出人性含有此三義，而在《論語》書中隨其上下文脈絡有所指點。

3. 就孔子當時與其前後時代言「性」之思想發展上來看，此性之涵意亦應為一統三義之全。「性」在孔子前，尚未視作論題而有一定論，於孔子後，對性之論題之討論則往往僅能視其為三義中之一義，而孔子當時論性之意涵，則應涵蘊三義之全，方為妥當的理解。故簡言之，「性相近」就對象言是為介於上智與下愚間之絕大多數的一般中人，而其真實意涵則應涵攝三義，方為至當圓滿之解。

依上述論述，此「性相近」之性當含三者為內涵，但孔子言「性相近」一語應不在說明其「性」之內涵為何，如同蘇先生所言「性相近」語辭本身，扣緊「相近」一語來推斷，因此，其著眼點應在「相近」一語，故方有「習相遠」之語，因此，理解「相近」一語涵意為何方為把握「性相近」一語之關鍵，「性相近」一語中之「性」之內涵或有兼「情欲」「材質」「義理」之意義，然就孔子此言「性相近」，當如王陽明在《傳習錄》中以「相同」解釋「相近」說：「夫子說『性相近』即孟子說，不可專在氣質上說。若說氣質，如剛與柔對，如何相近得？惟性善則同耳。善，原是同的，但剛的習於善則為剛善，習於惡則為剛惡。柔的習於善則為柔善，習於惡則為柔惡，便日相遠了。」王陽明以「義理之性」言性之「相近」處，以駁斥朱子之「氣質之性」說，因此，就人所同然之「性善」處，此「相近」於「人生初時」便自相同而無分別，蔡仁厚說：

> 從辭語的含義看，「相近」和「相同」自有差別，但古人用辭未必這樣嚴格。孟子告子篇牛山之木章有云：「其日夜之所息，平旦之氣，其好惡與人相近也者幾希。」朱注解此句云：「好惡與人相近，言得人心同然也。」意思是說，發於良心的好惡與人相同。朱子正是以「相同」解釋「相近」。然則，孔子所謂「性相近」的相近，和孟子所說的相近，意思是一樣的。如此，便不能說「性相近」之性是氣質之性，而應該是人人皆同的義理之性。〔註102〕

若就以「相同」釋「相近」，所「性相近」一詞所「相同」者當為人人所共有之善性，就此「相同」（或「相近」）之善性言乃以義理之性來詮釋較為妥當。

〔註102〕蔡仁厚：《孔孟荀哲學》，頁105。

若非隨順「義理之性」的理路來談，則易導出告子「即生言性」之路，進而有荀子、漢儒等等種種不相應孔門正宗之理路。

因此，進一步就此「義理之性」之實質言，「義理之性」方爲孔門傳承之正宗，無論是《孟子》、《中庸》、《易傳》乃至宋明陸王所主張者，皆應以尋此脈絡發展，方是儒學之嫡傳血脈。〔註103〕

二、孔子「以仁定性」之意涵

由上文論析得知，孔子並無專就「人性」一詞而論述其內涵，也就是無從人「性」之實然面加以探討，而是由人「性」之應然面加以說明，此即是就「仁」來指點人之價值，以揭示人透過道德實踐所展現之生命價值，〔註104〕因此，「仁」一詞所包含的意義方爲理解孔子「人學」眞義之所在。「仁」字在早于孔子的古籍《詩經》、《尙書》〔註105〕中，如《詩經・鄭風・叔于田篇》有「洵美且仁」一語，《齊風・盧令篇》有「其人美且仁」，《尙書・金縢篇》有「予仁若考」，《尙書》逸文有「周有大賚，善人是富。雖有周親，不如仁人。」，〔註106〕《國語》亦有「仁，文之愛也」、「愛人能仁」、「仁以保民」〈周語〉、「明之慈愛，以導之仁」〈楚語〉等文句，這些「仁」字大抵上是一般「仁愛」、「仁厚」之意，〔註107〕可見「仁」於此雖亦是德目之一，然並無特別突出之地位，是以「仁」在上述典籍中僅爲眾德之一；此現象直至孔子方將「仁」之意義深化，援「仁」以爲眾德之本、並以「仁」統攝諸德，〔註108〕因此，「仁」

〔註103〕自《論語》《孟子》《中庸》《易傳》下及宋明儒，都是以理言性，性爲義理之性，是第一義的性，此爲道德實踐之根據；若順告子以氣言性的理路下來，則成爲荀子之性惡說、漢儒之陰陽氣化說，本非孔孟言性之本懷；孔孟所言之「性」，必由義理之性言，方能確立道德實踐之根據，由此也才是先秦孔孟血脈之嫡傳。請參考蔡仁厚：《中國哲學的反省與新生》，頁34。

〔註104〕孔子認定「仁」爲人生命之眞性，實乃「以仁定性」；「仁」乃生命實踐之極致，也是人之所以爲人之本質所在。

〔註105〕「仁」在《尙書》中有五見：
「克寬克仁」《商書・仲虺之誥》
「民罔常懷懷于有仁」《商書・太甲》
「雖有周親不如仁人」《周書・泰誓》
「予小子旣獲仁人」《周書・武成》
「予仁若考」《周書・金縢》。

〔註106〕此句見于《論語・堯曰篇》，亦見于《墨子・兼愛篇》。

〔註107〕請參考蘇新鋈：《先秦儒學論集》，頁3。

〔註108〕請參見徐復觀：《中國人性論史——先秦篇》，頁90；唐君毅：《中國哲學原論——原道篇》，頁76。

在孔子思想中亦是全德之名。〔註109〕清阮元曾表示通觀全部《論語》，其中論「仁」有五十八章，提到「仁」字的有一百零五次之多。〔註110〕可見孔子對「仁」的重視，孔子以「仁」爲人之道德主體，此道德主體並非外在於人者，亦即「仁」並不是外在他律的道德原理，而是由主體內在之自律本性中所顯發，是人天生先驗的本然之性，是故此仁德並非由人所憑空訂定出來的外在規約，而是一種據「實」以制「名」，依據人的道德行爲所標舉出來的，是依於道德意識而顯發爲一種自覺的實踐。〔註111〕故「仁」之眞義必須由道德實踐加以掌握；因此，「仁」不僅實際上是實踐的，也是道德行爲的總稱，亦是孔子思想中的終極意義，有無窮無盡的價值意涵；故「仁」爲生命之價值與意義所在。

《論語·衛靈公》：

　　志士仁人，無求生以害仁，有殺身以成仁。

《論語·里仁》：

　　富與貴，是人之所欲也，不以其道得之，不處也；貧與賤，是人之所惡也，不以其道而得之，不去也。君子去仁，惡乎成名。君子無終食之間違仁，造次必於是，顚沛必於是。

《論語·泰伯》：

　　士不可不弘毅，任重而道遠。仁以爲己任，不亦重乎！死而後已，不亦遠乎。

可見「仁」在孔子思想中，爲人生價值之所在，是人最高的生命理想，也是人生命存在的使命，「仁」是成德之本、也是成德工夫之根據，是人生命存在的最終目的，人生命的終極理想亦是朝向「仁」的完成與成就。因此，人可以爲實踐「仁」的道德理想，而放棄有限的物質生命以成就仁德，卻不能爲保存私己之生命，而違背「仁」之道德理想。

　　孔子仁學其主要核心乃是講人，從「仁」之內涵意義上，可以約略將之歸納爲如下數端：

〔註109〕請參見蔡仁厚：《孔孟荀哲學》，頁 75。「仁」在孔子義理中，不僅是種德目之一、或全德之名，而其實是一切德行成就實現的根源，是主體自覺所顯發的「道德心」。

〔註110〕請參考劉瀚平：《儒家心與天道》，台北：商鼎，1997 年，頁 135。

〔註111〕請參考蔡仁厚：《孔孟荀哲學》，頁 83～84。

（一）由「欲仁得仁」說「仁」之內在義

「仁」為人之道德真性與天性，是生命的源泉，是人生命理想朝向的目的，人故有所欲所求，然所欲所求之最高、最超越者，莫若欲仁以成就仁德，此是道德理想之欲求，此欲求是人生命之真正可欲可求的，欲仁得仁、求仁得仁，都說明所欲所求無乃人本有之天性，只待人逆覺識取即垂手可得，因此，人能反身而誠，即能體認仁為自家寶藏不假外求，所以《論語・衛靈公》云：「君子求諸己，小人求諸人。」「求諸己」是人生命主體的自覺自省，故也是「為己」之學，《論語・憲問》：「古之學者為己，今之學者為人。」朱注云：「程子曰：『為己，欲得之於己也。為人，欲見知於人也。』程子曰：『古之學為己，其終至於成物。今之學者為人，其終至於喪己。』愚按：聖賢論學者用心得失之際，其說多矣，然未有如此言之切而要者。於此明辨而日省之，則庶乎其不昧於所從矣。」〔註112〕「求諸己」是自心田地之顯發，故「我欲仁，斯仁至矣」〈述而〉與「欲仁而得仁」〈堯曰〉都說明了「仁」的內在性與親證性，故凡人能為道德實踐，實乃仁本內在於人自身，故人由己由內之自省功夫，即能「欲仁而得仁」，而「欲仁而得仁」所以可被證成，是因為仁具有「覺」與「健」之明覺作用，故能由人求諸己之一念醒覺以踐仁，進而實踐人之本性。〔註113〕因此，由於「仁」具有內在義，人方能欲之而得之，當下由仁心之覺即可發明本心做道德的實踐，故「欲仁得仁」之所以得，實依于「仁」之內在義而成立，並由此內在義呈顯人實踐之可能，故實與「為仁由己」為同一意涵的延伸，「欲仁得仁」講仁的內在性與主動性，「為仁由己」則進一步肯定「得仁」的可能性，兩者皆是由「仁」的實踐來獲得。

（二）由「為仁由己」說「仁」之實踐義

「欲仁得仁」說明「仁」之內在性，「為仁由己」進一步提示「仁」之實踐義，仁的實踐必須由主體的反省作起。當孔子遭逢顏淵之死的哀痛，不禁感嘆「天喪予！天喪予！」〔註114〕探其原由，此乃顏淵對孔子之教最能領會，

〔註112〕朱熹：《四書章句集註》，頁155。

〔註113〕牟先生認為孔子之「仁」具有下列兩個特質，即「覺」：不是感官知覺或感覺，而是惻側之感，即論語所言的「不安」之感，亦即孟子所謂惻隱之心或不忍人之心。即「健」：乃《易經》「天行健，君子以自強不息」，表徵君子透過生命本質之覺，進而效法天道健行不息之理，從而體現與創造出生命之價值與理想。請參考牟宗三：《中國哲學的特質》，頁43～44。

〔註114〕《論語・先進》

故孔子對其早亡哀痛逾恆。而孔子答顏淵問仁道時云：

> 「克己復禮，爲仁。一日克己復禮，天下歸仁焉。爲仁由己，而由
> 人乎哉？」顏淵曰：「請問其目？」子曰：「非禮勿視，非禮勿聽，
> 非禮勿言，非禮勿動。」顏淵曰：「回雖不敏，諸事斯語矣！」《論
> 語・顏淵》

其中明白指出「爲仁由己」之意義所在。顏回爲諸弟子中最能體會與遵行孔子
仁教者，孔子嘗加稱道：「回也，其心三月不違仁；其餘，則日、月至焉而已矣。」
朱子語類：「不違，是仁在內爲主，日月至，是仁在外爲客。」此唯顏淵能由生
活中體現仁之理境。仁必於生活日用中自覺以顯發，「仁」爲人生命本具之天性，
是普遍與具體的生命本體，也是明覺乾健之活體，故「仁」之實踐只待人之一
念克己，是所以云「爲仁由己，而由人乎哉」，「爲仁由己，而由人乎哉」完全
是自心田地所發明，不假外在條件、他人之手，是親證親知的道德體驗；此親
證與體會莫若於生活日用中實踐，「仁」即是在日常生活之視聽言動中加以實
踐。《論語・雍也》云：「能近取諸譬，可謂仁之方也已。」且《論語・里仁》：
「有能一日用力于仁矣乎？我未見力不足者。蓋有之矣，我未之見也。」是以
「有能一日用力于仁矣乎」即難能可貴，故「仁」之顯發與否乃待乎人自身願
否朗現其內在的道德光輝，此「仁」之道德光輝若存若亡，亡者若人沉淪於外
在的物引之累，是以人於日常生活中必須時刻警覺與醒悟；如此則不亡失而得
把握與體認。因此，「爲仁」所以成就「仁」者，基本上，必有待人願識其內在
眞性，無所遁逃的面對之、肯認之。如此肯認方得眞誠作道德的工夫實踐，無
道德的眞實實踐，則仁德、善性無以展現。雖然吾人已識取「仁」爲人普遍之
眞性，進而心生成聖成賢之信心欲求之得之，但仍不能保證人必然的成聖成賢。
因爲人雖在仁之本性上無等差，然在氣質之性上卻有所不同，此氣質之性雖於
道德實踐之最終化爲無分別者，然於道德實踐歷程中，必然的要由個人的工夫
加以超越，因此，人於日用生活中的體察與實踐就格外重要，此種體察與實踐
則是由「爲仁由己」的工夫所發。

（三）由「己立立人、己達達人」說「仁」之推擴義

「欲仁得仁」與「爲仁由己」分別點出仁之內在意與實踐義，然由仁者
「民胞物與」之人間關懷言，則「仁」之推擴義由「己立立人、己達達人」
彰顯；此意涵表現在〈雍也〉篇的子貢問仁。子貢爲聰慧顯達之士，有用世
之志；孔子特別對其指出「仁」之實踐，須先向內自立其主體，待得自體德

性圓滿方得以博施濟眾，《論語・雍也》云：

> 子貢曰：「如有博施於民，而能濟眾；何如？可爲仁乎？」子曰：「何事於仁？必也聖乎！堯、舜其猶病諸。夫仁者：己欲立而立人；己欲達而達人。能近取譬，可謂仁之方也已。」

可見「己立立人，己達達人」是先由人之立己方能及於立人。因此，由孔子指點子貢之對話中，可知仁者的本性除了必先安立己身，證得仁德自身圓滿後，又能不忘利益他人與成就他人。

《論語・顏淵》：

> 樊遲問仁。子曰：「仁者愛人」。

《論語・學而》：

> 節用而愛人，使民以時。

《論語・陽貨》：

> 君子學道則愛人，小人學道則易使也。

上述引言都說明了「仁」除了是作爲人道德工夫之最高理想，亦是人際互動間的理想行爲模式，此是「人饑己饑」之感同身受的相互親愛，許慎《說文解字》云：「仁，親也，從人，從二。」由此「仁」不啻爲立己之德，也是立人達人感潤萬物之德行，即由主體而發通於人我而感潤天地。

總結孔子論「仁」的三個面向，分別是由「仁」之內在性、實踐性、人間性，來說明「仁」內在、普遍又具體的特性，是人內在的眞實本性，也是人由內而外的實踐歷程，更是人落實於眞實生活世界的具體德性。而「仁」也是《論語》書中最爲豐富之概念，此意義內涵又以孔子答諸弟子之問答形式中，以應機施教的方式來呈現其眞義。因此，孔子關於「仁」之言說，雖無一確定之說法，此乃孔子本有教無類、循循善誘之用心，故答諸弟子雖有高低等層次之別，此乃基於因材施教之應機問答來解答弟子們的疑惑，因此，孔子答諸弟子問仁之回應即有不同者。〔註115〕其所給予不同的答案與指引，都是以「仁」爲首要根本、以修德爲優先。

最後，《論語》書中多以格言式說明「仁」者，則大抵爲孔子對「仁」之深切體悟後之雋語，爲孔子透澈「仁」之道德生命眞義的一種詩性的興發，

〔註115〕唐君毅認爲孔子應機施教，故對子張、樊遲、子貢、顏淵之問仁，皆有不同面向之回應與點示。請參考唐君毅：《中國哲學原論——原道篇一》，台北：臺灣學生，1992 年，頁 95。

即「仁者」之道德理境展現，亦是孔子仁學之境界論意涵，此如：

　　《論語・學而》：「巧言令色，鮮矣仁。」

　　《論語・子路》：「剛毅木訥，近仁」

　　《論語・里仁》：「唯仁者能好人，能惡人。」

此詩性的興嘆必本於仁者的親證方得以達致，孔子即此證成「仁者」之理境者，展現了「仁」之道德理境，是「仁」者道德人格圓滿的典範，故能隨時於生活日用中顯現「仁者靜」、「仁者壽」、「仁者不憂」、「仁者必有勇」之生命情境。此生命情境不因外境之困厄而有所動搖，故雖「飯疏食、飲水，曲肱而枕之、樂亦在其中矣。不義而富且貴，於我如浮雲。」〔註116〕人所不堪者，亦能安貧樂道、唯行仁義是懷，是所謂「樂亦在其中矣」，因此，君子於生命歷程中遭逢逆境反視為天之垂憐眷顧，憂其安逸放縱、死於安樂，故寄以成就德業之厚望，君子體認「天命」之實義，故於得失順逆間皆能持守其志，以道德實踐為終生職志；如此，體悟生命理想與歸趨之君子，自然於諸境遇上無所不樂。

　　總之，仁者乃生命實踐之充其極，也是超越客觀命限之德行極致。可見仁者乃生命之全幅朗現，也是「天人合德」之展現。在孔子「仁」的哲學中，仁乃道德實踐證成「天人合德」之內在本性，是人生命的本性與真性。孔子一生躬行仁義，行道天下而席不暇暖，卻仍困于陳蔡之間，最後退而講學以終，一生的行道奔波努力，並不掛懷于祿命之有無，而是盡其道德「天命」的本分與使命，展現仁者無悔之生命情操。因此，孔子一生行誼所體現者，正是「仁」者圓滿的生命人格之體現。

第三節　孟子天人思想之探究

　　考諸先秦諸子百家的興起，乃是由於「周文疲弊」這樣一個時代歷史的因素。〔註117〕此「周文疲弊」之時代即為「古今一大變革之會」〔註118〕的春秋戰國時代，是始於公元前 770 年，即周平王東遷時，自此以後「周室衰微，諸侯強并弱」《史記・周本紀》，諸侯打著「尊王攘夷」的口號，行霸政

〔註116〕《論語・述而》

〔註117〕牟宗三認為：「西周三百年的典章制度，這套禮樂，到春秋的時候就出問題了，所以我叫它做『周文疲弊』。諸子思想的出現就是為了對付這個問題。」請參見牟宗三：《中國哲學十九講》，台北：臺灣學生，1993 年，頁 56～60。

〔註118〕王夫之，《讀通鑑論・敘論四》。

之實，春秋時代可謂亂世，戰國時猶然，據魯史《春秋》記載（僅魯史之所載），在春秋戰國 242 年間，列國間爭戰凡 483 次，以強凌弱、眾暴寡的朝聘盟會凡 450 次，二者合記 933 次。《史記‧太史公自序》云：「《春秋》之崩，弒君三十六，亡國五十二，諸侯奔走不保社稷者不可勝數。」迨至孟子時前述情況更為嚴重，而國與國之間的惡戰，則較之春秋時代更為恐怖與慘烈，〔註 119〕《莊子‧則陽》云：「有國於蝸之左角者，曰觸氏；有國於蝸之右角者，曰蠻氏。時相與爭地而戰，伏屍數萬。」這篇荒謬突梯的寓言，很鮮活的描述了國與國之間血淋淋的戰爭事實。在政治上，暴政的迫害更是凶殘而難以想像的，《莊子‧在宥》云：「今世殊死者相枕也，桁楊者相推也，刑戮者相望也。」《莊子‧徐無鬼》云：「殺人之士民，兼人之土地，以養吾私與吾神者」在恐怖政治的肆虐下人命如草芥，即使人的基本生存亦造成威脅，足見此局勢之危殆。〔註 120〕孟子正生當「楊墨之言盈天下」之際，其生卒年大約為周烈王四年至周赧王二十六年〔註 121〕（BC372～289）。孟子本孺慕孔學之衷心，〔註 122〕雖未曾親炙於孔子門下，卻深得孔子之心髓真傳，陸象山曾表示：「夫子以仁發明斯道，其言渾無隙縫；孟子十字打開，更無隱遁。」〔註 123〕即是說明孟子開展儒學之系統，而賦與孔學以義理宏模之重大貢獻。

　　孟子早年周遊列國以求政治理想之實現，幾經波折終未能實行其仁政王道之理想，最後退以著書立說。〔註 124〕足見孟子所處之世乃世衰道微之際，

〔註 119〕黃仁宇認為：「在東周五百年內，戰爭的方式有很大的改變。春秋時代軍隊的人數少，戰鬥不出一日，交戰時保持騎士風度。交戰者按照儀節行事使戰鬥藝術化，符合封建時代的標準。一到戰國末年，每方投入戰鬥的兵員近五十萬，實為常事。野戰之後又包圍城市，可以連亙數月。有好幾個國家已做到全民動員的地步。」請參見黃仁宇：《中國大歷史》，台北：聯經，1993 年，頁 23。

〔註 120〕請參考朱哲：《先秦道家哲學研究》，上海：上海人民，2000 年，頁 6～9。

〔註 121〕蔡仁厚：《孔孟荀哲學》，頁 173。

〔註 122〕孟子以孔子私淑弟子自居，其云：「予未得為孔子徒也，予私淑諸人也。」《孟子‧離婁下》；再者，在 1993 年湖北荊門市出現的郭店儒簡《五行》、《緇衣》、《性自命出》等篇，學界咸認為是思孟學派之作品，儒簡的出現填補了孔孟之間儒家文獻的空白，也更加直接在文獻上確立了孔孟傳承之關係。請參考金春峰：《《周易》經傳梳理與郭店楚簡思想新釋》，台北：臺灣古籍，2003 年，頁 151。

〔註 123〕陸象山：《陸九淵集》，台北：里仁，1981 年，頁 398。

〔註 124〕《史記‧孟子荀卿列傳》：「當是之時，秦用商君，富國強兵；楚、魏用吳起，

牟宗三在其《歷史哲學》書中提到：

> 孟子見梁惠王，即被問何以利吾國，趙武靈王且變胡服學騎射以赴
> 之，觀其與公子成之辯論，純爲一功利思想，終於說服公子成（見
> 《史記趙世家》），商鞅見秦孝說帝王之道，昏昏欲睡，說霸道，則
> 不覺席之前也，可見當時人之文化生命與文化理想已全死滅，孟子
> 見齊宣王，就以羊易牛之不忍之心，指點其足以王。但至勸其「發
> 政施仁」則曰：「吾惽，不能進於是矣。」。〔註125〕

孟子之學不見用于當世，實乃當世瀰漫著一種功利式的霸政思想，君王思如
何兼併天下卻不思如何行仁政王道，講求政治利益上之實效實用，放棄了仁
政王道之政治理想。因此，孟子躬逢其時也就無得實現其政治理想。關於孟
子所處時代之價值喪失的情狀，袁保新進一步分析指出：

> 造成戰國時代「率獸食人」的人間慘劇的原因，從歷史、政治的角
> 度看，固然可說是「聖王不作，諸侯放恣，處士橫議」，但是孟子從
> 思想與文化的角度來看，則認爲「天下之言，不歸楊，則歸墨」，才
> 是眞正關鍵。……表面看去，似乎是以批判楊墨之學爲主要任務，
> 但深入分析，他卻涵蓋著多方面的課題，即，一、如何通過人禽之
> 辨重新肯定人性尊嚴，安立價值根源；二、如何通過義利之辨澄清
> 價值觀念的混淆；三、如何通過王霸之辨爲混亂的政治再樹立起仁
> 政的理想。〔註126〕

因此，孟子躬逢其時，其時代使命不僅是政治上的尊王賤霸，更在於從文化
理想和價值上，重新安立「周文」之理想，進而傳承孔子仁學所揭示的人性
尊嚴與理想，並以之拒斥當時功利掛帥之時俗。〔註127〕明・羅近溪《盱壇直
詮》即表示：

　　戰勝弱敵；齊威王、宣王用孫子、田忌之徒，而諸侯東面朝齊。天下方務於
　　合從連衡，以攻伐爲賢，而孟軻乃述唐、虞、三代之德，是以所如者不合。
　　退而與萬章之徒序詩書，述仲尼之意，作孟子七篇。」
〔註125〕牟宗三：《歷史哲學》，台北：臺灣學生，頁106～107。
〔註126〕袁保新：《孟子三辨之學的歷史省查與現代詮釋》，台北：文津，1992年，頁
　　　　17～22。
〔註127〕《孟子・滕文公下》云：「世衰道微，邪說暴行有作」孟子痛陳惑亂人心之思
　　　　想日行其道，其中又以楊、墨爲代表。」《孟子・盡心上》亦云：「楊朱、墨
　　　　翟之言盈天下。天下之言，不歸楊則歸墨。楊氏爲我，是無君也。墨氏兼愛，
　　　　是無父也。無父無君，是禽獸也。」

　　孟子是個豪傑，他只見著孔子幾句話頭，便耳目爽朗，親見如聖人
　　在前，心思豁順，就與聖人吻合。一氣呵出，說道人性皆善，至點
　　掇善處，惟是孩提之愛敬，達之天下，則曰道在邇、事在易，親親
　　長長而天下平也。

孟子以獨具之心性論宏模打開孔學之義理架構，本文在論述孟子之天人思
想，先就孟子學中之心性問題作一探究，其次分析其天論中之義理內涵，釐
清其間天人思想之關係脈絡，由「人」之心性問題的探究而及於「天」道之
安頓，以完整考察其「心──性──天」的義理架構爲何。

壹、孟子心性論之釐析

一、《孟子》之「心」論

　　在中國哲學之論題中，關於「心」的探討是首出問題。歷來「心」論的
探討可大別出二個主要傳統：〔註128〕一、爲儒家「心論」的傳統，二、爲佛
道「心論」的傳統。首先，佛道所論心者，特重心之虛靈性、及其清淨無爲，
此「心論」傳統依其特質，吾人又可稱之爲鏡心傳統，因爲佛道論心，以心
之寂靜無爲、平靜如鏡爲主，心如若鏡則洞明內外，見物不遺、無有偏滯，
此即能成一清淨無染之心，以應物而不累於物，因此，佛道所論之如來藏自
性清淨心或道心，偏就心之虛靈性而論。至於儒家所論之「心」，〔註129〕以「心」
爲人之生命主體爲其意涵，爲一切價值德性之最後根源；故心體乃人生命內
在動力，其特質本是內具、內在的自律道德原理，指導著人言行舉止之適當
性，因此，也就是道德主體的自我立法，由於心爲道德主體，故乃能藉由擴
而充之，以盡人之性、盡物之性至於與天地參，此實乃「心」以感通爲性、
潤物爲用，必然要以感通、遍潤一切天地萬物爲極致，使天地萬物皆在其關
切、領受中，成其潤物無方、體物不遺之圓滿情境。因此，關於儒家「心」
論所展現者，特以孟子「心」學爲其重要之特質，牟宗三曾說：

　　中國儒家正宗爲孔孟，故此中國思想大傳統的中心落在主體性的重

〔註128〕請參考陶國璋：〈王陽明哲學的體系性分析〉，《新亞學報》，16卷下期，1993
　　　　年1月，頁224～225。
〔註129〕此處言儒家「心論」，特別以孟子「心論」爲代表，傳統儒者論心，大體可分
　　　　爲「以仁識心」、「以智識心」兩大系，「以仁識心」爲孟子、陸王一路，「以
　　　　智識心」則以荀子、程朱爲代表。請參考牟宗三：《名家與荀子》，台北：臺
　　　　灣學生，1979年，頁225。

視，亦因此中國學術思想可大約地稱爲「心性之學」。此「心」代表「道德的主體性」（moral subjectivity），它堂堂正正地站起來，人才可以堂堂正正地站起來。人站起來，其他一切才可隨之站起來。人不能站起來，那麼一切科學、道德、宗教、藝術，總之，一切文化都無價值。這是中國思想的核心，所以孟子是心性之學的正宗。宋明儒中的周、程、張、朱一路大體不是順孟子一路而來，而是順易傳、中庸一路而來。陸王一系才是眞正順孟子一路而來。可知程朱、陸王分別承接了古代對性規定不同的兩路。離開這兩路的當然不是中國的正宗思想了。〔註130〕

此心性之學的正宗以爲儒家血脈嫡傳，無論是象山、陽明所言之心，都是孔子仁與孟子四端之心的直接傳承。「心學」在孟子義理中爲其核心義理，孟子心學以「仁義之心」爲本，此所本爲人異於禽獸之根，因此，孟子「心」論之根本，簡言之，即是孟子將「心」視爲主體道德的根源。蔡仁厚認爲孟子的「仁心」是「德性主體，是從體上說的內在道德心，是實體性的道德本心。」〔註131〕對孟子「心」論之理解爲孟子人論之根本，本書特就孟子「心」論所述，發現「心」在孟子哲學中有如下幾種意義，分別說明如下：

（一）「心」之內在普遍超越義

「心」作爲人一切道德之內在根源，是普遍而內在的。在孟子心性論中，「心」具有三種基本意涵，此即「內具、普遍、超越」等三義，此是道德主體的眞實內容。

1.「心」之內在義

「心」是人所本有的「內在道德性」；就人道德之內在根源言，《孟子・盡心上》曰：「君子所性，雖大行不加焉，雖窮居不損焉，分定故也。君子所性，仁義禮智根於心。其生色也，睟然見於面、盎於背。施於四體，四體不言而喻。」「仁義禮智根於心」言人所本有的內在的道德性，此內的道德性爲人之眞實本性。蔡仁厚疏解：

> 「仁義禮智根於心」，這句話大有意義，根、本也。性雖稟受於天，
> 但仁義禮智的內在之本，即是心；所謂根於心、本於心，亦就是「內

〔註130〕牟宗三：《中國哲學的特質》，頁92。
〔註131〕蔡仁厚：《孔孟荀哲學》，頁203。「仁心」爲道德主體之內函，道德主體顯發爲自覺心，而能作道德的實踐。

在於心」的意思。在孟子，心性是一而非二，所以仁義禮智之性，
必然是「內在的道德性」。〔註132〕

由仁義禮智等德性根植於心，來說明人所稟受的天性，並由此推出人道德實
踐的可能性，因此，道德的擴充與實現其端源乃發之於心，而形之於四體之
視聽言動，進而展現道德涵養之工夫境界，此是說明「心」之內在義、根本
義。再者：

> 惻隱之心，仁也；羞惡之心，義也；恭敬之心，禮也；是非之心，
> 智也。我固有之，弗思耳矣。故曰，求則得之，舍則失之。或相倍
> 蓰而無算者，不能盡其才者也。（《孟子‧告子上》）

> 仁義禮智，非由外鑠我也，我固有之也，弗思耳矣。（《孟子‧告子》）

因此，就道德之內在本具義而言，孟子認為四端之心是「根於心」、「我固有
之」，所謂「非由外鑠我也，我固有之也」的固有，是指心性的「內具義」，
仁義禮智根於心，故能「求則得之」，此求非外求之意，因為「仁、義、禮、
智，非由外鑠我也」，此是人皆有之良知本性，由人之反求諸己而得，以上皆
說明了仁義本心的內在義。

2.「心」之普遍義

「心」既有內在的道德性以顯其內在義，則「心」亦具有「人皆有之」、
「不忍人之心」、「心之所同」等普遍義。

> 所以謂人皆有不忍人之心者，今人乍見孺子將入於井，皆有怵惕惻隱
> 之心，非所以內交於孺子之父母也，非所以要譽於鄉黨朋友也，非惡
> 其聲然也。由是觀之，無惻隱之心，非人也。無羞惡之心，非人也。
> 無辭讓之心，非人也。無是非之心，非人也。（《孟子‧公孫丑》）

「人皆有不忍人之心者」表明「心」之普通義，孟子以非常情境設喻本有之
真心善性，就人而言，則此「心」乃普遍無分別者；就「人禽」之辨言，此
「心」又為人所特有獨具者，是故人是否成其為人，或甘願淪為「非人」，皆
視人願否識取此「心」而論。

> 聖賢與我同類者，……至於心，獨無所同然乎？心之所同然者何也？
> 謂理也，義也。聖人先得我心之所同然耳。故理義之悅我心，猶芻
> 豢之悅我口。（《孟子‧告子上》）

〔註132〕蔡仁厚：《孔孟荀哲學》，頁 203～204。

「心」之普遍義；如上所言，就「人」而言，並無賢與不肖之別，聖賢所具之真心與我無別，聖人所以爲聖，即聖人先得識取發用此「心」；吾人若能循理由義，自能識取本心真性。因此，就理義以尋吾人之真「心」，則「心」之所同並無等差；故仁義本心不但爲我所本有，亦人人皆有之，「心」必然是內在又普遍者。牟宗三說：

> 此心就是孟子所謂的「本心」。孟子云：「非獨賢者有是心也。人皆有之。賢者能勿喪耳」。此所謂本心顯然不是心理學的心，乃是超越的本然的道德心。孟子說性善，是就此道德心說吾人之性，那就是說，是以每人皆有的那能自發仁義之理的道德本心爲吾人之本性，此本性亦可以說就是人所本有的「內在的道德性」。〔註133〕

因此，「心」作爲諸德之本源由此可見，況且仁義本心不僅爲人所普遍內存的，也具有價值意義的優位性，是人性命根本所迫切需要的內在根本。「故理義之悅我心，猶芻豢之悅我口。」《孟子‧告子上》孟子言心如同耳目感官一般同具普遍性；並透過耳目感官之類比，說明人對仁義之欲求同於基本的生理欲求，因此，人不僅應滿足於生存的基本需要；在道德精神上更應滿足仁義的內在需要，這種需求也是人生命意義與價值之所在，是人追求超越、安立終極意義之所在，故「仁義之心」的開發與實踐是生命的真正目的。

3. 「心」之超越義

「心」具有內在普遍義，又具有超越義，而《孟子‧告子上》云：「心之官則思，思則得之，不思則不得也。此天之所與我者。」心爲內在普遍之「心」，亦是人主體道德之樞機；此心體又與天道實體相通，爲「天之所與我者」，「此天之所與我者」爲後來《中庸》「天命之謂性」之義理內涵，天命天道下貫到吾人的生命之中，成爲吾人之真實本性，而此本心善性的超越根源即是「天」，此爲心之「超越義」。

綜上所述，此三義（我固有之／人皆有之、人之所同／天所與我）爲孟子心性論之最重要意涵，也是孟子心性論三個重要的特性；此心性論三義決定了孟學之儒家嫡傳地位。

（二）「心」爲自律主體義

「心」爲人自律的主體，是人道德行爲的指導樞機，《孟子‧告子上》曰：

〔註133〕牟宗三：《從陸象山到劉蕺山》，台北：臺灣學生，1979年，頁217。

「仁，人心也。義，人路也。舍其路而弗由，放其心而不知求，哀哉！人有雞犬放，則知求之，有放心，而不知求。學問之道無他，求其放心而已矣。」此「心」是仁義本心、道德本心，也是人自律自主之樞機。「心」之自律表「心」之自由；由此自律自由，展現「心」之明覺乾健的活動，此明覺乾健之活動乃客觀上是自由的，故「心」能有「智的直覺」之可能。〔註134〕

　　在此，孟子常以耳目口鼻與仁義本心作對比，蓋是以生理欲求與道德欲求作對比，因此生理欲求雖是人肉身存活之原理，但過之而無節度便會使人喪失先天靈敏的道德本性，因此，由對治生理欲求之適當性，方能省察人存在之真正價值所在，而此價值所在又在「心」下工夫方得呈顯明朗；因此，人若不時刻警覺，而順從欲望之驅使，必然日漸逐物不返、放失本心。《孟子‧盡心下》云：「山徑之蹊間，介然用之而成路；為間不用，則茅塞之矣。今茅塞子之心矣。」即是此意，除此，「心」也是人為善為不善之關鍵所在，「人之可使為不善」主要原因除了後天環境的影響外，另有人感性的限制。《孟子‧告子篇上》云：

> 富歲，子弟多賴，凶歲，子弟多暴；非天之降才爾殊也。其所以陷溺其心者然也。今夫麰麥，播種而耰之，其地同，樹之時又同，浡然而生，至於日至之時，皆熟矣，雖有不同，則地有肥磽，雨露之養，人事之不齊也。

人因「陷溺其心」而受限於外在環境，使人無法實踐道德的善性，可是人內在的、本質的道德本性，還是人人皆同本無分別，如同麰麥一般，故人可因後天外在環境的習染，使人「陷溺其心」做出不善之行為，因此，對於心性之存養則顯為重要，《孟子‧告子上》云：

> 孟子曰：「牛山之木嘗美矣。以其郊於大國也，斧斤伐之，可以為美乎？是其日夜之所息，雨露之所潤，非無萌蘗之生焉，牛羊又從而牧之，是以若彼濯濯也。人見其濯濯也，以為未嘗有材焉，此豈山之性也哉？雖存乎人者，豈無仁義之心哉？其所以放其良心者，亦猶斧斤之於木也。旦旦而伐之，可以為美乎？其日夜之所息，平旦之氣，其好惡與人相近也者幾希，則其旦晝之所為，有梏亡之矣。梏之反覆，則其夜氣不足以存。夜氣不足以存，則其違禽獸不遠矣。

孟子以「牛山之木」喻「仁義之心」，即表示仁義之道德本性為人所本有，然而因人後天的放縱身心，於日常生活間不斷的斲喪好善惡惡之本性，故使人之夜

〔註134〕請參考牟宗三：《圓善論》，頁31。

氣不足以存、良心不足以顯，則自然與禽獸相距不遠了。由此，則《孟子・告子上》又云：

> 人見其禽獸也，而以爲未嘗有才焉者，是豈人之情也哉？故苟得其養，無物不長；苟失其養，無物不消。孔子曰：「操則存，舍則亡。出入無時，莫知其鄉。」惟心之謂與？

因此，道德本心乃需時時操持而不得放失，孟子之存養工夫於此顯其意義，人能存養其心不令放失，方不致使「心」爲「出入無時，莫知其鄉。」者，宋儒程頤云：「心豈有出入，亦以操舍而言也。」〔註135〕再者，人之由於感性影響蔽於耳目之官，而致不能作道德實踐，如「耳目之官不思，而蔽於物。物交物，則引之而已矣」，則是爲警戒孰爲輕重之語。故人之所以爲不善，除了外在環境的牽引，也受制於人自身感性的欲求與習性之影響，使道德本心受到耳目的影響而陷溺沉淪，因此，孟子接著說：「心之官則思；思則得之，不思則不得也。此天之所與我者，先立乎其大者，則其小者不能奪也。此爲大人而已矣。」可見「心之官則思」，「心」是具有主體性，主體性來自於人「思」與「不思」；此「思」並不是經驗主義所說的「內省」（introspection），亦不是人之一種意識的流動，〔註136〕而是如牟宗三所言：

> 孟子言「心之官則思」，是對「耳目之官不思而蔽于物」而言，是則思者是表示心之解放，從感性之拘囿中而開擴其自己，是心超越乎感性以上而明朗其自己。思乃心之明通，此爲心之第一步的道德意義，即不爲感性所蔽而主宰乎感性。〔註137〕

因此，「心之官則思」則是透過道德本心的操持而呈現其「思」，是一種自律、自主的道德呈現，也唯如此方不爲物所蔽所引，而能從其「大體」不會隨「小體」逐物不返，使生命主體自具主宰之功，凡人能立此大體，則能成爲大人、君子。人必需以道德本心來自作主宰，方能躍出感性感官的限制，由此進一步方能「立乎其大」，人能超越感官之限制，也就不爲小者所奪，此也是「人之所以異於禽獸者」的「幾希」之處。然而，孟子並未因此而視身心爲斷然的兩橛，而是指出人面臨道德抉擇時，所應具有的道德判斷、價值取捨。《孟

〔註135〕《二程全書、遺書第十八，伊川先生語一》。
〔註136〕請參考李美燕：〈孟子內聖之學中「心」、「性」、「天」、「命」觀念的研究〉，《國立臺灣師範大學國文研究所集刊》第33期，78年6月，頁28。
〔註137〕牟宗三：《心體與性體》（一），台北：正中，1999年，頁239。

子‧公孫丑上》曰：「志壹則動氣，氣壹則動志也。今夫蹶者趨者，是氣也，而反動其心。」可以看出孟子對「心」、「氣」之說明，是立足於以「心」為主體之意涵，強調「心」作主宰之重要。再者，此「心」在孟子哲學中並不是「實然」的提問，而是「應然」的提示；人雖具有生理欲求之物質身，不免拘于形軀之生理影響，只是當逢道德與欲望的抉擇時能作適當的取捨，此間的平衡與取捨，乃須時刻於日常生活中警覺此心，方能「志壹動氣」以心為主導，不因形軀而「放失其心」、「陷溺其心」。

因此，孟子透過「大體」與「小體」之別來說明「心」之主體性與優位性，由此看出孟子對生理的欲求，基本上乃是：儒家「一簞食，一瓢飲，不改其樂」安貧樂道之傳統。

（三）由「人心之不忍」處說「仁義之心」

「心」如前述具有內在、普遍與主體義，此是就「心」之本然特質講，就「仁義之心」所顯發的觸端，可以推己及人則是就「不安不忍」處發。《孟子‧公孫丑上》云：

> 人皆有不忍人之心……所以謂人皆有不忍人之心者；今人乍見孺子
> 將入於井，皆有怵惕惻隱之心。非所以內（納）交於孺子之父母也，
> 非所以要譽於鄉黨朋友也，非惡其聲而然也。由是觀之，無惻隱之
> 心非人也，無羞惡之心非人也，無辭讓之心非人也，無是非之心非
> 人也。惻隱之心，仁之端也；羞惡之心，義之端也；辭讓之心，禮
> 之端也；是非之心，智之端也。人之有是四端也，猶其有四體也。
> 有是四端而自謂不能者，自賊者也；謂其君不能者，賊其君者也。
> 凡有四端於我者，知皆擴而充之矣，若火之始然、泉之始達。苟能
> 充之，足以保四海；苟不充之，不足以事父母。

在此，對照孔子是由「不安」（宰我居喪之問）指點仁義之心，孟子則從「不忍」（不忍人之心）指點仁義之心，都是最具體當下的指點。蓋人於日常生活中或不能覺察其仁義本心，此本為人生命習性所使然，又人通常容易為日常生活之俗事所縈擾，自然無一清新時刻可體驗、面對內在的仁義之心，只待特殊機緣與情境下，為人所無以逆料之當下場景，諸如「乍見孺子將入於井」之極端情境，自然可以由此強烈觸動人心底層真正的本性，人於此完全無可逃的，為此天然真性所必然呈顯之情境所充盈，此天然真性所充盈者為人所本有，而不是外來所與我者，若是外來所與我者，則不是人之天然真性，那人面對「孺子將

入於井」之場景，則或有商量斟酌處。是以「不忍」者爲人固有之眞心本性，故「乍見孺子將入於井」之無預警情景，眞實而無僞就成爲使本心頓成一不可逃避的當下，此當下所顯發爲「心之不安不忍」，即爲人內在最眞切之本性，也是人眞切的性情表露，在此間不容髮、無可擬議之當下，所促發之「不安不忍」實非現實利害所能成，亦非勢力脅迫所能驅，此乃人眞眞正正之天然本心的顯露；若云此間有疑此「不安不忍」之情者，以爲「乍見孺子將入於井」不具有邏輯上之強度，以證成「仁義本心」之所以必然存在者，則不知就人而言，生死之事乃最眞切不可逃之必然經歷者。〔註138〕孟子「乍見孺子將入於井」的論證並不是隨意的譬喻，而是具有其深刻的意涵；其一，是由死亡的當下來談人所親臨的終極情境，死亡是人所必然親臨者卻又是不可逆者，但於人果親臨死亡，則無可逆反以躬身自省，故「乍見孺子將入井」正好提供人作爲旁觀者之在場，參與死亡之體驗而能有所省察；其二，以「孺子」之生死交關爲示現者，乃是借孺子爲純然天眞之生命，以喻示孺子無人我、無恩怨、無利害等之純然特質，以此所示現生死體驗之不可逃情境，正好能豁醒人於日常生活中的沉淪，抽離人之心性於俗情紛擾、習性牽葛之外，當下瞬間體悟死亡之如影隨形，而進一步逼顯人之本心眞性；因此，「不安不忍」天然本心由何生，此乃人生命中本已內具的「仁義本心」所發，「不安不忍」就本質言，即是普遍的、無可疑之眞性，因此，孟子之「人皆有不忍人之心」，說明「仁義之心」的普遍性與其眞實性，故不論是最清澈敏達之心智、或昏沈聾瞶之心智，亦不論是君子仁人、或小人惡人，皆得在此情境中醒悟其「仁義本心」。

二、《孟子》之「性」論

　　一般學者都可同意，孟子哲學的最大貢獻可約爲三端：一、建立心性之學的義理規模；二、弘揚仁政王道的政治理想；三、提倡人禽、義利、夷夏之辨。〔註139〕其中又以心性之學之義理規模的建立最爲重要，其核心內容主

〔註138〕海德格基本存有學探討死亡時曾提到死亡的必然性、不取代性，以說明人乃是一向死的存在，因此有「剛一降生，人就立刻老得足以去死。」一語，請見海德格，王慶節、陳嘉映譯：《存有與時間》，台北：桂冠，1997 年，頁 332。另外，海德格對死亡的分析透過以下幾個概念以建構；1. 死亡的可理解性，2. 死亡的不可取代性，3. 向死而在，4. 死亡的「當下性」與「此岸性」，5. 死亡是最本己的可能性，6. 日常的向死而在，7. 死亡的確定性與非確定性，8. 邁向死亡的自由；此八個概念請詳見《存在與時間》第 46～53 節。

〔註139〕蔡仁厚：《孔孟荀哲學》，頁 187。

要爲「性善說」與「仁義內在」，由此兩者共同建立儒家心性論的主要架構。在孟子心性論中，心性本爲一非二，然本文爲研究方便權予分別考察。

「性」〔註140〕論是中國哲學之重要範疇，「性」字乃由「生」字孳乳而來，原義應指「生而即有」之能力。〔註141〕「性」論在傳統的發展上，有兩層的意義走向：

1. 實然之性——此是由人之自然生命而言，相當於氣性之性，也是生之謂性的立場，是就本質、質性、本性、性能以言性；告子、荀子所持即由此義所發。

2. 應然之性——此是由人之內在眞性而發，相當於義理之性，是傳統以生言性古義的進一步轉進，也是先秦儒家言性之正路，由生言性則無法成立人禽之辨，即心言性或就義理層面以言性方顯性理之獨特意義，也是孟子人禽之辨之幾希處。後來漢儒董仲舒謂「性之名非生歟，如其生之自然之質，謂之性」也是即生言性，皆是由「實然之性」所發，迨至宋明儒學重新揭顯義理之性的意涵，方才回復孟子性論本義。〔註142〕

孟子繼承孔子仁學之要義者，〔註143〕乃在於心性學之建立，「性」在孟子哲學中是一個重要的概念，其性論乃超脫傳統「即生言性」的路向，首揭即心言性之意義，此心性論的提出是文化歷史上的重大貢獻，也是中國人性論「長期發展」的匯流與提煉，標誌著中國文化脫離原始宗教階段，走向人文深化（相對而言，希臘文化走向哲學、印度文化則走向宗教改革而有佛教

〔註140〕古人言性有四基型：
    1. 告子——即生言性，由生之自然之質（特質、材質）來論性。
    2. 孟子——即心言性（存心養性）：乃簡別出「生」一面（耳目之官）而不謂之性。並透出「心」一面（仁義禮智）而謂性。
    3. 莊子——知人心，既感于外物，則心知外馳〔既離于常心（道術而爲天下裂），亦與生命分離〕，由離心失性，故須復心（清淨無爲）以還於生而返于性（養生葆生）。
    4. 荀子——以自然生命之情欲爲不善之原〔生之欲即性，故言性之惡〕，故倡〔以心治性，以心主性〕是亦即以心主生也。請參考唐君毅：《中國哲學原論——原性論》，頁533～536。
〔註141〕請參考徐復觀：《中國人性論史——先秦篇》，頁3～6。牟宗三也說：「一個體存在時所本具之種種特性即被名曰性。」請見牟宗三：《圓善論》，頁5。
〔註142〕儒自西漢以至北宋孔孟之理不明，皆是由於誤解「性」理所然，因此，黃宗羲言：「周濂溪破千年之暗」。
〔註143〕中國道德人性論是以孔子爲樞紐，孔子以下儒家人性論之發展，皆有承孔子之創見而有所引申發揮，而孟子則爲儒家心性論之建立者。

誕生）的解放過程。〔註144〕

在原始宗教的時代，宗教精神與人性論是相結合，人性論的提出是透過人文精神的甦醒而來，此亦是人脫離原始宗教的象徵。此人文精神的顯揚，初步的發展便是周初天命觀的出現，天命觀所反映的正是人文精神的昂揚，因此，周人以「敬德保民」爲王權「天命」之警戒，此「敬德保民」與「敬德以保天命」之本質，實際上是建立在周人憂患意識的基礎上，此憂患意識乃承原始宗教怖畏之情而有所轉，轉爲人文的、自我負責之無可逃的切身之「天命」意識，此是正面的轉向，卻又不必然是無可改變之外在定然者，其實，是人兢兢業業時刻自覺之警鐘，敦促人於有限的生命中不已的作自覺與奮發；〔註145〕憂患意識是人文精神的醒覺，也是中國哲學重道德意識之所由。〔註146〕憂患意識使人產生「戒慎恐懼」的道德要求，自覺的要承擔人的本分與責任，正由於人必須對其行爲結果作充分的負責，則人亦更加強主體的自主性，人的存在意義不在是外在的神祇或超越的力量所決定，必須由人的自覺自主的意識來承擔其生命的全部。因此，憂患意識所表現出的敬德精神，也在周初的天命觀中呈現出來，在周初的「敬」、「敬德」、「明德」等觀念裡面。「敬」特別的貫穿於周人的一切生活之中，這是直承憂患意識而來的敬謹戒慎，要求反省己身的言行。然此「敬」與宗教的虔敬，雖相近而有所不同。宗教的虔敬要把人的主體性消解掉，將自己全然融入歸於神的心理狀態。周初所強調的敬，是人的精神由散漫而集中，凸顯出人爲主體的積極性與理性作用。〔註147〕這些有關憂患意識所產生的敬、敬德、明德與命哲等觀念，在《書經》《詩經》中已有出現，而《書經》、《詩經》所言者正是孔孟言性之鎬矢。〔註148〕

〔註144〕請參考徐復觀：《中國人性論史——先秦篇》，頁15。
〔註145〕憂患意識在本質上，不同於作爲原始宗教動機的恐怖、絕望。憂患與恐怖、絕望的最大不同處，在於憂患心理的形成，乃是對吉凶成敗的深思熟考而來的遠見；在這種遠見中，發現吉凶成敗與當事者的行爲密切相關，故對于吉凶成敗，當事者應對其行爲負完全的責任。憂患意識的產生，乃人類爲其自身行爲產生責任感的表現，也是人自覺的自作主宰的展現，亦因此，中國憂患意識的形成，也關聯著中國文化由宗教轉向人文精神之發展。請參考徐復觀：《中國人性論史——先秦篇》，頁20～21
〔註146〕牟宗三：《中國哲學的特質》，頁21～27。
〔註147〕請參考徐復觀：《中國人性論史——先秦篇》，頁22。
〔註148〕《書經》、《詩經》所述者有如下三端，分別爲：
其一，《詩經·周頌·維天之命》云：「維天之命，於穆不已。於乎不顯，文

　　因此，由憂患意識所導出的敬德之道德自覺，是人文精神的重大發展，並由人生命主體意識的覺醒，而進一步逼顯出人性問題的探討。可見憂患意識所導出的種種德性觀念，經過周文疲弊的歷史契機所觸發，而導出孔子的仁學與孟子心性之學。蔡仁厚說：

> 中國人性論演進的發展，可以分爲三步：第一步《詩》中人格神意義的天，轉化爲形上實體的天命天道；第二步是孔子以前天命下貫而爲性的思想趨勢。天命是一個古老的觀念。在中國思想，天之降命是取決於人的道德；天命天道是通過憂患意識所生的敬步步下貫到人的身上，以作爲人的主體，這即表示中國思想所重視的並非『所敬』的客體（神或上帝），而是『能敬』的道德的主體。這種趨勢可以說是天道性命相貫通爲一的初機；第三步是孔子言『仁』。此即儒家之教尤其是心性之學，奠定了永固的根基與不變的方向。〔註149〕

最後，吾人知孔孟言心本有所承，至孟子心性論架構之提出，而成爲中國人性論最精闢之見地，然孟子又如何建構其心性論之系統，繼上文對孟子「心論」之分析後，本文由以下幾個面向來考查孟子所論之「性」爲何。

（一）即心言性

　　吾人皆知孟子言性善，然在《孟子》七篇之中，僅有兩次言及「性善」

　　王之德之純」《中庸》曾引此詩以說明「天之所以爲天」與「文王之所以爲文王」。所謂文王之德之純，「純亦不已」，乃表示天命於穆不已，人德亦純亦不已，天德與人德相應。

其二，《詩經・大雅・烝民》云：「天生烝民，有物有則；民之秉彝，好是懿德」，「有物有則」是客觀地說天地萬物，「民之稟彝」則主觀地說人之主體之性，是主觀地說，此乃由民之好懿德，以見其所稟持之常性。

其三，《左傳》亦有二段記載，（一）師曠曰：「天之愛民甚矣，豈使一人肆於民上，以縱其欲而棄天地之性，必不然矣。」〈襄公十四〉（二）子產曰：「禮，天之經也，地之義民之行也……一則天之明，因地之性……民失其性，是故禮以奉之……乃得協於天地之性，是以長久。」〈昭公〉師曠以「愛民」爲性，是就天地之心言性；子產以「禮則」爲性，是就天地之理、天地之道言性，二人所言之天地之性，皆具有超越普遍的意義、道德價值的意義，實開後來就人言性（超越之性、義理之性）之門；此乃由「德」而昇進者，已越過自生言「性」，故此「性」所言者非經驗的、實然的，而是一種「應然」之表述，其所展現者爲一種道德的（形上的）的洞見和智慧。

〔註149〕請參考蔡仁厚：《孔孟荀哲學》，頁100～116。

〔註 150〕一詞，即《孟子‧滕文公上》：「孟子道性善，言必稱堯舜。」另一處是《孟子‧告子上》：「今曰性善，然則彼皆非與。」因此，要了解孟子性善之義，則應先由孟子對於「性」之看法分析，在《孟子》書中性有兩層意義，一是感性方面的性，此屬于「生之謂性」，孟子不于此言「性善」之性，但亦不否認「食色性也」的存在。一是仁義禮智之眞性，孟子于此確立「性善」。〔註 151〕相對於告子對「性」的理解，告子所言之「性」，乃「生之謂性」、「食色性也」的意涵，孟子與告子的論辯，即孟子的「人禽之辨」所主要申論者，內涵是孟子的心性論問題。《孟子‧離婁下》：「人之異於禽獸者幾希，庶民去之，君子存之，舜明乎庶物，察於人倫，由仁義行，非行仁義」此「幾希」處即仁義之心的人性，或去或存端視人之主觀意識而定，因此，成爲君子或小人的關鍵在於能否把握此意義，此即從人之「應該」如何來談人性，並不從人是什麼的層面來談。亦即不是從客觀化的存在來探討人性，而是爲突顯人之爲人的特殊性所立言；可見「人禽之辨」的著力點不在於生物學上「類」之不同，而是在指出人之存在價值所在；因此「幾希」處又特別在「不忍人之心」處見，《孟子‧公孫丑上》：

> 人皆有不忍人之心。先王有不忍人之心，斯有不忍人之政矣。以不
> 忍人之心行不忍人之政，治天下可運之掌上。所謂人皆有不忍人之
> 心者：今人乍見孺子將入於井，必有怵惕惻隱之心焉。非所以內交
> 於孺子之父母也；非所以要譽於鄉黨朋友也；非惡其聲而然也。

這段話可視爲孟子論證性善說之代表作，孔子曾以不安來指點仁，孟子亦從不忍來指點惻隱之心，此是人本心當下的直接呈現，凡此呈現在人之生活日用中自然顯露，因此，孟子「今人乍見孺子將入於井」的設喻則是一項「啟發性的

〔註 150〕孟子性善說之提出乃承繼孔學傳承而來，一方面孟子以孔子私淑弟子自居；一方面郭店儒簡的出土，也使得思孟學派的學說成爲銜接孔孟傳承的重要文獻資料，其中，《性自命出》爲思孟學派存在的最有力證據，間接地提出了「性善論」。因此，孟子的「性善說」在《性自命出》裡已開始萌芽，「善」字在《性自命出》中凡七見，除四處動詞外，其他三處爲名詞，而且與「性善論」有關。如〈第 13 簡〉：「義也者，群善之蕰也。」請參考歐陽禎人：《郭店儒簡論略》，台北：臺灣古籍，2003 年，頁 76～77。

〔註 151〕孟子並不對「氣命」予以考究，而是從性作爲「理命」的生命價值理想上來著眼。但他從「性」的概念出發，也指出了性相對於「理命」與「氣命」的兩層意涵，即天命之性與氣質之性的分別，強調道德仁義的內在善性，所以孟子立命之眞義，其實質也是在「存心養性」上而談的。

例示」，從中喚醒人自身道德意識的本心、覺醒其內在的道德光輝。〔註152〕因此，作爲由性體所發的善，乃人內在之可能與眞性；而傅佩榮以「趨向」〔註153〕來解「人性向善」之問題，故人由此可致爲不善；因此，以「向」即趨向之意志自由來理解「四端之心」、「人性向善」等人性問題，則是另外由行爲層面的善惡對錯來看待人性問題，容易導出人性中性義；孟子言性善直就性體本身言，性體本善乃人存在之眞性與正性，此眞性、正性透過四端的擴而充之以呈顯；人致爲不善實乃習染物欲陷溺使然，孟子舉孺子將入於井所觸發的不忍之心，證成性善乃人本然之眞性，此眞性沛然莫之能禦當下呈顯；超越得失計較直下開顯本性之善，故性善所云乃直就性體而言，是對人性之肯定與信心，孟子性善論之殊勝處亦由此見。

成聖成賢的道德根源本植根於心，所以，《孟子·離婁下》云：「君子所以異於人者，以其存心也。君子以仁存心，以禮存心」《孟子·告子上》云：「由是觀之，無惻隱之心，非人也；無羞惡之心，非人也；無辭讓之心，非人也。」此非人並不是從生物學上的意義來加以否定，而是否定其作爲人之存在價值。此存在之價值，在儒家而言即是人的道德仁義的本性。此仁義作爲人的存在的本性，在孟子哲學中是具有其優位性的，可以說是人生命的終極價值與意義。《孟子·告子上》云：

> 生，亦我所欲也，義，亦我所欲也。二者不可得兼，舍生而取義者也。生亦我所欲，所欲於甚於生者，故不爲苟得也。死亦我所惡，所惡有其於死者，故患有所不辟也。如使人之所欲，莫甚於生，則凡可以得生者，何不用也？使人之所惡，莫其於死者，則凡可以辟患者，何不爲也？

凡人情本好生惡死，但孟子認爲人若能「捨生取義」、「殺身成仁」，則人存在之價值便可建立，可見道德的價值是優先於自然生命的價值，故「一簞食，一豆羹」亦安貧樂道，〔註154〕在孟子看來道德價值才是人存在的眞正的價值。

〔註152〕請參考袁保新：《孟子三辨之學的歷史省察與現代詮釋》，頁55。

〔註153〕傅佩榮、林安梧：〈「人性向善論」與「人性善向論」——關於先秦儒家人性論的論辯〉，《哲學雜誌》第五期，1993年6月，頁79～107。孟子言性善，並非無視於人在實際生活上爲不善之事實，此在《孟》書中亦有詳細說明，但孟子性善說的本懷應不是就人之行爲層面來探討人性問題；乃就存有層面提綱契領的標誌人之所以爲人之本然眞性。

〔註154〕《孟子·告子上》云：「一簞食，一豆羹，得之則生，弗得則死。呼爾而與之，行道之人弗受；蹴爾而與之，乞人不屑也。」

　　因此，孟子在道德生命與自然生命的抉擇中，斷然的認取了「道德生命」之價值，「捨生取義」、「殺身成仁」皆無悔肯認之，況乎「人爵」氣命境遇與「小體」之養。《孟子・告子上》云：

> 有天爵者，有人爵者。仁義忠信，樂善不倦，此天爵也；公卿大夫，
> 此人爵也。

《孟子・告子上》云：

> 體有貴賤，有小大。無以小害大，無以賤害貴。養其小者爲小人，
> 養其大者爲大人。

其中天爵與大體都是人所本具之道德本性，孟子於此並非要人完全否定自然的生命，而是在價值取舍上知所先後本末。

　　如上所論，孟子與告子關於「人性」與「道德」的諸問題，乃是透過「即心言性」與「仁義內在」兩端來加以說明，在「即心言性」一端，亦分別分析「人性之於仁義」、「人性之善不善」等問題，此分別展現在「杞柳之喻」與「湍水之喻」的論證上，本文分述如下。

1. 關於「杞柳之喻」的評論

《孟子・告子上》云：

> 告子曰：性，猶杞柳也，義，猶桮棬也；以人性爲仁義，猶以杞柳
> 爲桮棬。孟子曰：子能順杞柳之性而以爲桮棬乎？將戕賊杞柳而後
> 以爲桮棬也？如將戕賊杞柳而爲桮棬，則亦將戕賊人以爲仁義與？
> 率天下之人而禍仁義者，必子之言夫。

告子的杞柳之喻乃是視人性如同木材，是無善無惡之中性，故杞柳能否成爲桮棬則需依照外在環境而定，杞柳本身並不能決定。因此，告子以杞柳類比人性，而以桮棬類比仁義，這是取「人性」爲材質中性義。〔註155〕則由杞柳而爲桮棬則需透過後天外在的工夫，孟子雖然認爲人之成聖成賢仍須透過工夫實踐，但若仁義非本屬人之內在本性，人亦斷無可能實踐其道德之理想，可見人性本身具有彰顯仁義道德的能力，同樣的杞柳亦本身可爲桮棬之可能性方能爲之，是故仁義是在內非在外，吾人在告子的論述中看不出人性論中仁義內在的合理性；況孟告對人性之於仁義的思考本由不同的入路而發，故最終得出大相逕庭之結論，牟宗三說：

〔註155〕請參考李美燕：〈孟子內聖之學中「心」、「性」、「天」、「命」觀念的研究〉，《國立臺灣師範大學國文研究所集刊》第33期，1989年6月，頁2。

> 孟子言性善，其言性善之關鍵唯在反對告子之「生之謂性」，其正面
> 進路唯在「仁義內在」。「內在」者是內在於心。「內在於心」者不是
> 把那外的仁義收納於心。心與之合而爲一，乃是此心即是仁義之
> 心，仁義即是此心之自發。〔註156〕

因此，告子以爲「性猶杞柳」之說，則仁義善性無法成爲內在本性與眞性，由此並無法適當說明人性之於仁義的眞正關係。

2. 關於「湍水之喻」的評論

《孟子·告子上》第二章云：

> 告子曰：性，猶湍水也。決諸東方則東流，決諸西方與則西流。人
> 性之無分於善不善也，猶水之無分於東西也。孟子曰：水信無分於
> 東西，無分於上下乎？人性之善也猶水之就下也。人無有不善，水
> 無有不下。今夫水，搏而躍之可使過顙；激而行之可使在山，是豈
> 水之性哉？其勢則然也。人之可使爲不善，其性猶是也。

告子於此重申上論之意，以湍水爲喻，再次以「材質」之中性義來說明人性，故人性之於仁義故爲後天人爲所致，而人性之於善不善亦由外在力量所趨，故此言人性即無先天之善與不善之分，乃類於水之東流或西流乃受外在力量所決定，水本身不能自主、自決。故言「人性之無分於善不善也，猶水之無分於東西也」，在此，告子以水流之可東可西來說明人性之可善可惡，然不如孟子「水無有不下」來喻示「性善」之必然性，顯然較告子之設喻更具有邏上之強度與說服性；因水之向下乃水之必然本性，若水之東西則爲外勢所趨，非水之本性；由此可知，孟告以水論性，兩者仍舊立足于不同的理論層面而發，告子就經驗層面論性，故以水受外在之勢所趨可東可西之情狀，喻示人性如水受外勢所趨並無定向，故人性可爲善或不善，而孟子直就水之向下本性來論，則人性無有不善，即人性如水之必然向下，其性善之理乃必然無可疑義；故孟子進一步言「今夫水，搏而躍之可使過顙；激而行之可使在山，是豈水之性哉？其勢則然也。」則知水之可東可西或激之而上，非水之本性乃外勢所趨；因此，若就「湍水之喻」言，則告子之「水之無分於東西」並無法爲其「人性無分於善不善」作出合理類比，而孟子所云「水無有不下」就扣住了水往下流之本質，適當的對其「人無有不善」的說法作了類比。

〔註156〕牟宗三：《從陸象山道劉蕺山》，頁216。

3. 關於「生之謂性」的評論

由上述之「杞柳之喻」與「湍水之喻」之論辯中可以看出孟告兩人對人性的看法，是採取兩種不同的路徑，簡言之，告子是以「生之謂性」的原則來談「人性」，而孟子卻是「即心言性」，此分別在以下這段對話可以看出，《孟子‧告子上》云：

> 告子曰：生之謂性。孟子曰：生之謂性也猶白之白與？告子曰：然。
>
> 孟子曰：白羽之白也猶白雪之白，白雪之白猶白玉之白與？告子曰：
>
> 然。然則犬之性猶牛之性，牛之性猶人之性與？

前人關於「生之謂性」的解釋大致有如下之三種進路，〔註157〕一、是就「生」與「性」在字源上的關係，此以俞樾和傅斯年為代表。二、是就「之謂」的語意來作探析此如陳大齊、徐復觀所論等等。三、則是以「生」來說明「存在之所以然」以解釋「生之謂性」，此以牟宗三所論為代表。其中第三為本文所認取之立場，牟宗三在《圓善論》中說：

> 然則孟子何以能超越「性者生也」之古訓而不從俗以說性？其所以如此亦有所憑藉以啟發之者否？曰：有。其所憑藉以發此洞見者唯在孔子之「仁」。此是由孔子之教而開者。因此，我們可知，人性問題至孟子而起突變，可說是一種創闢性的突變，此真可說是「別開生面也」。此別開生面不是平面地另開一端，而是由感性層、實然層，進至超越的當然層也。〔註158〕

孟子「即心言性」的立場，最大的特色即在於擺脫經驗、實然的觀點，不再順自然生命的種種機能、欲求來識取「人性」。他從人具體、真實的生命活動著眼，指出貫穿這一切生命活動背後的，實際上存在著一種不為生理本能限制的道德意識──「心」，並就「心」之自覺自主的踐行仁義，來肯定人之所以為人的「真性」所在。換言之，孟子面對錯綜複雜的生命活動的事實，並沒有因此停滯在經驗的層面，藉著生理構造的本能、欲望，這些生物學意義的「天生本有」，來規定人性；相反的，他採取先驗、應然的進路，直接就「由仁義行，非行仁義」的道德意識、心靈，來理解人性，並樹立起人之所以為人的尊嚴。〔註159〕

〔註157〕請參考李美燕：〈孟子內聖之學中「心」、「性」、「天」、「命」觀念的研究〉，頁4。

〔註158〕牟宗三：《圓善論》，頁22。

〔註159〕請參考袁保新：《孟子三辯之學的歷史省察與現代詮釋》，台北：文津，1992年，頁48～49。

所以，孟子之「即心言性」，實與告子「即生言性」爲不同的立論層次，這是孟子與告子最大的差別。

申言之，孟告性論之辯，實質上乃是立足于不同的理論層次所發，因此，並非兩者所論孰眞孰假之問題；從不同的問題層面而言，兩者所論皆得成立；告子論性由經驗事實而發，是一個描述定義（descriptive definition），實質是對經驗事實的一個描述，故乃是一個經驗命題（empirical proposition），孟子論性則是由存有論與價值論的面向所發，兩者所論之性，並不存在於同一個層次之中。〔註 160〕因此，〈告子上〉云：「仁義禮智，非由外鑠我也，我固有之也，弗思耳矣」，如此體認仁義禮智是爲人的本性所具足者，方進而能體現「萬物皆備於我，反身而誠，樂莫大焉」的理境，此亦即「義內」所顯發的眞實內涵，如此以言性善，則其道德實踐以成「天人合德」之內在根據方爲可能。是以人不僅具有形軀生命之「自然之性」，更有超越感性欲求的「道德理性」（內在道德性），此「道德理性」即仁義禮智與天道的天然本性，〔註 161〕由此內在道德性的證成，方可以說「盡心知性知天」、「存心養性知天」天人合德之極成。

（二）仁義內在

仁義本性爲人所以異於禽獸者，亦是人道德實踐以成聖成賢的根據。孟子說「仁義禮智根於心」〈盡心上〉，故仁義是人內具之本性非由外也，告子基本上也是認爲「仁內」，但與孟子所言者卻有不同意涵，大致上告子乃順其「生之謂性」的理路而談的，是人所呈現出的一種自然反應，故有「吾弟則愛之，秦人之弟則不愛也。」此與禽獸間之「舐犢之情」並無不同，而孟子所言之「仁內」乃是順「親親，仁也。」而談，與告子順「生之謂性」的理路不同，由而「仁內」也進一步貞定道德活動之根據所在，關於上述意涵在孟告的這一段對話中展開，《孟子‧告子上》云：

> 告子曰：食色、性也；仁，內也，非外也。義，外也，非內也。孟
> 子曰：何謂仁內義外也？曰：彼長而我長之，非有長於於我也；猶
> 彼白而我白之，從其白於外也。故謂之外也。曰：異於白馬之白也，
> 無以異於白人之白也。不識長馬之長也，無以異於長人之長與？且
> 謂長者義乎？長之者義乎？曰：吾弟則愛之，秦人之弟則不愛也。

〔註 160〕請參考謝仲明：《儒家與現代世界》，台北：臺灣學生，1991 年，頁 83～87。
〔註 161〕蔡仁厚：《孔孟荀哲學》，頁 220。

　　是以我爲悅者也；故謂之內。長楚人之長，亦長吾之長。是以長爲

　　悅者也，故謂之外也。曰：耆秦人之炙，無以異於耆吾炙。夫物亦

　　有然者也。然則耆炙亦有外與？」

孟子主張「仁義內在」，告子則認爲「仁內義外」；兩者所指涉的仁的內涵有
所不同，告子由「生之謂性」的人性論出發，進而無法指出孟子「仁義內在」
的普遍愛。孟子所云：「仁義禮智，非由外鑠我也，我固有之也」，即是由「內
在本有」而說「性」。此「內在本有」並不是一個知識論的概念，若此即爲主
客二元對立之對象物，因此，「內在本有」並不是一個靜態的關於存有物構成
的「形式原理」〔註162〕（principle of form）。

　　告子的「仁內義外」之說，僅是由人我之間的情感等差言，這是由俗情
的情識好惡而發，並不是直就人內在眞實本性所發，他以「吾弟則愛之，秦
人之弟則不愛也，是以我爲悅者也」爲「仁，內也」之例證。告子所言的「內」
與孟子所言者本有所不同，告子所言之「內」乃是順情感等差而言，孟子所
言之「內」則就內在德性言，仁義必以內在德性而立言，方能成立其眞實意
義，告子所言之「仁內義外」，根本上則是由情識之愛而發，故不能成爲普遍
的內在眞性與本性。因此，告子所言的「仁」亦不具有道德的意義；歸結而
言，告子論「仁內義外」之立場，仍然是由即生言性所引申，與孟子「仁義
內在」的主張自然悖離不合，其實兩者所申論者，應該放在不同的問題層次
來討論。然而告子將「仁義」問題放在情識層次來探究，終究無法安立「仁
義」之內在道德眞義。牟宗三說：

　　告子說性猶杞柳（材料說），性猶湍水（中性說），食色性也（飲食
　　謂女之動物性，生物之本能），綜結而謂「生之謂性」（個體存在之
　　自然之質），凡此皆表示人性就是人之自然，生而有的自然之質，皆
　　表示不出人之「能決定義理之當然」之性，故必主義外，即使說仁
　　內，亦非眞內；又必主性中無仁義，仁義由後天而造成。〔註163〕

因此，仁義內在所說爲道德之仁心，仁內義外爲情識之仁心，其本質上有根
本的差別，故而告子由「生之謂性」的理路，自然無法導出「仁義內在」的
理解。再者，仁義爲人之內在德性，並不是知識分析的對象，告子與孟子的

〔註162〕袁保新著，李明輝主編：〈盡心與立命〉，《孟子思想的哲學探討》，台北：中
　　　　央研究院文哲所，1995 年，頁 185。
〔註163〕牟宗三：《圓善性》，頁 15～16。

立場有很大的差異，仁義的的德性是出於內心的自覺，並不是外在客觀的知識的判斷，是人內具的自律道德，不能由外在的規律法則所定，徐復觀說：

> 孟子與告子爭執的本點，乃在於告子只是把重點放在作爲判斷的對象面，而不知對象之自身只是實然。對實然而言，只能成立知識上的「對」與「錯」的判斷，而不能成立道德上的「應當」或「不應當」的判斷。而義則正是道德的應當不應當的判斷。如承認道德的應然的判斷是由內心所發，則道德的主觀性無可否認的。因爲對同樣共同所承認的實然，而可以發生不同的應然判斷，則這種不同的判斷，不能說是來自知識的問題，而是來自判斷者內心的道德主體所能顯發的程度問題。所以對於同樣的兄，並不一定發生同樣的敬。孟子與告子的之爭論，實際上也是通過古今中外許多形式而表達出來；其所以不能解決，主要是來自對於「實然」與「應然」的混亂不清。〔註164〕

因此，孟子思考人性道德問題實是從「應然」的角度入手，而不是如告子由知識「實然」的角度入手。可見孟子與告子自始即由不同入路來思考人性問題，故無法一致肯認「仁義內在」之眞實，仁義等價值問題屬「應然」問題，循「實然」角度思考自然不得悟解。

綜而言之，「仁義內在」爲孟子心性論之要義，仁——人心（德性主體，即從人心之仁而說）——始于事親（孝），義——人路（身心活動之軌道，人生之路）——始于敬長（悌）。可見仁（愛）與義（敬）皆由內發，「由仁義行」是順由「內在本有」的仁義（道德心性）而行，是一種自律道德；反此則是「行仁義」，是被動的遵行外在的標準（道德律則），此乃他律道德，儒家正宗不取此意（他律道德）。告子的「仁內義外」是承其「生之謂性」的理路而出，是基於人的主觀情識與自然反應來談道德與人性的關係，也因此進一步有「仁內義外」之說，然而告子的說法並不能說明人之道德行爲的可能與根據，也不能建立人之所以人的價值所在，因此，「仁義內在」方能提供道德實踐之內在根據。

最後，由上所論，吾人可以對儒家生命觀作「心性理」與「才情氣」之大分判。〔註165〕依此判準，可知荀子人性論的特點乃是從人的一種社會群體

〔註164〕徐復觀：《中國人性論史——先秦篇》，頁194。
〔註165〕蔡仁厚：《中國哲學的反省與新生》，頁211～227。

之分位，來確認人的地位與屬性，是與孟子順著「心、性、理」的談法有所不同，而是順著「才、情、氣」來講的。〔註166〕因此，荀子所言之性乃是從氣上而言，此即從自然生命言性；其言性言天，皆取自然義，故不但是從氣言性、亦實「從氣言天」；其正面之「性、天」轉爲負面而成爲順自然的欲求立言，故只見其惡、不見其善，自然之質既無善無德，故而主「化性起僞」在主觀面必須彰顯「心君」、客觀面必須彰顯「禮義」。再者，性爲自然義爲人人相同，僞則是人爲義，因人而異；人格之高下不繫於先天之性，而繫於後天之僞；化性之道，在于通過師法以歸向禮義（師法之化，禮義之導）。故工夫在於「積」，積慮習能、積善不息以成聖（隆性──隨性而恣肆下墜，隆積──由積而成善德），然人之性惡，則「人皆可以爲禹」乃無必然性善。因此，孟荀之人性論的主要分別與特色，簡言之，孟子是以仁識心，荀子則以智識心，牟宗三曾說：

> 孟子之心乃「道德的天心」，而荀子於心則只認識其思辨之用。故其心是「認識的心」，非道德的心也；是智的，非仁義禮智合一之心也。可總之曰以智識心，不以仁識心也。此智心以清明的思辯認知爲主。」〔註167〕

由此可知荀子之天人思想，並非先秦儒家正傳「天人合德」的模式，也不是本文所主要論述者。

貳、孟子天論之釐析

　　孟子「天論」思想包含「天」與「命」兩個概念，「天」與「命」的概念在孟子思想中已然分化，「天」在孟子思想中轉化爲心性工夫之道德價值根源，是一個純然的道德終極意義，故有「知天」、「事天」之道德要求，而「命」則繼孔子對命的兩層思考，進一步對「命定義」的氣命客觀限制有所認識，而發展出「俟命」、「正命」與「立命」之意義。

〔註166〕孟子言「天所與我，我固有之，人皆有之」的「人心之同然」處，以確立人之所以爲人的普遍性，此是由「心、性、理」面向所發。荀子則是從人在社會群體的分位之等而著眼，是順「才、情、氣」而來，才情氣的稟賦天生不同，無法講平等與普遍性，只有透過「心、性、理」面向，方能挺立人之所以爲人的尊貴，孟子心性論所依也是由「心、性、理」面向所發。請參考蔡仁厚：《中國哲學的反省與新生》，頁213。

〔註167〕牟宗三：《名家與荀子》，頁224。

一、《孟子》「天」之意涵

《孟子》書中〔註168〕所言之「天」已脫離原始宗教、周末以來疑天怨天之痕跡，除了少部分帶有宗教意味，〔註169〕大部分皆轉化爲道德的內涵，並以之爲價值的終極歸趨，具有形上學本體論的意涵。除了：

> 天油然作雲，沛然下雨。(《孟子·梁惠王》)
>
> 天之高也，星辰之遠也。(《孟子·離婁》)
>
> 天時不如地利，地利不如人和。(《孟子·公孫丑》)

此三處所提到的「天」皆是自然義之天，其餘則皆是以道德的涵義爲主。〔註170〕再者，孟子關於「天」的思想，除了較孔子有進一步發展外，也順著傳統典籍所論而有所發揮，如孟子引用《尚書》之言有九次，引《詩經》之言有十五次，也有引古人之言來爲己證者，如《孟子·離婁》言：「夫人必自侮，然後人侮之，家必自毀，而後人毀之，國必自伐而後人伐之。」其下即引《尚書》中太甲之言：「天作孽，猶可違；自作孽，不可活」爲證。亦有借題發揮者，如引《詩經》之言：「天之方蹶，無然泄泄。」借以發揮《孟子·離婁》所云：「事君無義，言則非先王之道者，猶沓沓也。」都顯示孟子善於將已有典故賦予新的詮釋方式，並以道德之意涵來充實其意義。雖然《孟子》書中的「天」有多種涵意，〔註171〕就道德義的「天」言，此是孟子言「天」之主要意義，其中意涵本文整理約爲如下數端：

1.「天」作爲道德的創生意涵言

天在此作爲人性之意義根源，具有道德本體論式的創生意涵，故有生民、

〔註168〕本文對孟子思想之疏解主要以《孟子》一書爲依據，筆者採一般學者的看法，視《孟子》主要爲孟子所著，並由其弟子從旁參與所共同完成，司馬遷在《史記·孟荀列傳》中提到：「退而與萬章之徒序詩書，述仲尼之意，作孟子七篇」，即是這種看法，近人楊伯峻也持這種看法，請參考楊伯峻：《孟子譯注》，台北：源流文化，1982年，頁1～15。

〔註169〕如其引詩書中之「惟天爲大」、「畏天之威」、「天方蹶蹶，無然泄泄」與其自云「吾之不遇魯侯，天也」《孟子·梁惠王》、「天未欲平治天下也」《孟子·公孫丑》等話。

〔註170〕根據楊伯峻先生的統計，《孟子》書中言天處有八十多次。請參考楊伯峻：《孟子譯注》，頁10。

〔註171〕孟子之「天」除了氣化自然義的天（氣化天）外：如「天油然作雲，沛然下雨」（《梁惠王下》）。其主要意涵大致上皆爲德化義的天（德化天）：如「盡其心者，知其性也，知其性，則知天矣。存其心，養其性，所以事天也。」（《盡心上》）。

生物之創生意涵，此「生」非宇宙論式的創造、創生，故非生物學上之創生內涵；而是就生命存在意義的賦與言，故「天」乃生民生物之本，此就萬有之存在意義言，則「天」爲天地萬物存在之價值與意義的根源。再者，「天」作爲意義價值之本根，亦借由「君」或「師」來化育眾民，並「使先知覺後知，使先覺覺後覺。」此如：

　　天之生此民也。(《孟子‧萬章上下》)

　　且天之生物也，使之一本。(《孟子‧滕文公上》)

　　詩云：天生蒸民，有物有則。民之稟彝，好是懿德。(《孟子‧告子上》)

　　書云：天降下民，作之君，作之師。(《孟子‧梁惠王下》)

上述引文都說明了「天」作爲一道德創生義的意涵，是本體宇宙論意涵的天，是道德意義的最後根源處。近人有以《孟子‧告子上》：「詩云：天生蒸民，有物有則。民之稟彝，好是懿德。」爲孟子相信有主宰義的人格神，即一般人所謂的上帝，〔註172〕此種解釋並不諦當。此顯然割裂了孟子義理中「心——性——天」爲一的意思，進而導出「仁義禮智」之固有內在德性爲「外鑠」之理路，「四端之心」則非我固有之，則實與孟子「盡心知性知天」之教大悖。

　　2. 「天」作爲道德的「天命」意涵言

　　　此是直承周初以來命隨德定之原義，並包含春秋之際由天命觀所轉生之天道觀義涵，更由天道觀涵蘊人道意義之顯揚。

　　《孟子‧梁惠王下》：「畏天之威，于時保之。」

　　《孟子‧離婁上》：「天下有道，小德役大德，小賢役大賢。天下無道，小役大，弱役強。斯二者也。順天者存，逆天者亡」

　　《孟子‧離婁上》：「順天者昌，逆天者亡。」

　　《孟子‧公孫丑上》：「太甲曰：天作孽，猶可違；自作孽，不可活。」

　　《孟子‧離婁上》：「詩云：永言配命，自求多福。」

　　《孟子‧梁惠王下》：「惟仁者能以大事小，……惟智者爲能以小事大，……以大事小者樂天者也，以小事大者畏天者也；樂天者保天下，畏天者保其國。」

〔註172〕請參考趙雅博：〈孟子思想的再探討〉，《國立編譯管館館刊》，1985 年 12 月。

上述所言之「天」皆爲道德意涵之「天」，是以孟子「天」論實已由外在之敬畏，轉化爲內在德性之根源，故由敬天、畏天轉爲知天、事天。此「天」依然具有以道德的「天命」賞善罰惡之教化功能，但主動權則在主體之道德意識，《孟子‧萬章》：「萬章曰：堯以天下與舜，有諸?孟子曰：天子不能以天下與人。然則舜有天下也。曰：天與之」此處孟子點出堯舜的禪讓不是出於人爲的力量，乃是順從天命的指令，這「天命」所歸屬者爲何，則仍視人之德行而定，舜有德故得受「天命」，因而人之行事方才是左右「天命」之所依：

> 《孟子‧萬章上》：「孟子曰：天與之……天不言，以行與事示之而已；薦之於天而天受之，暴之於民而民受之。」

> 《孟子‧萬章上》：「泰誓：天視自我民視，天聽自我民聽。」

> 《孟子‧盡心下》：「孟子曰：民爲貴，社稷次之，君爲輕。是故得乎丘民而爲天子。」

> 《孟子‧離婁上》：「孟子曰：道在邇，而求諸遠；事在易，而求諸難。人人親其親，長其長，而天下平。」

> 《孟子‧梁惠王下》：「苟爲善，後世子孫必有王者矣。君子創業垂統，爲可繼也；若夫成功，則天也。君如彼何哉，彊爲善而已矣。」

上引諸文都說明了孟子之「天」乃承繼了「天命」觀中之道德意涵，由此可知「天」在孟子思想中的地位乃是一道德價值的意涵，由此道德意涵引申，故凡「民貴君輕」之政治之理想也以「天」爲最終根據，因此，人是否能掌握其主體道德的實踐，主動權完全在人手中，人本有道德的「天命」可以充盡其本心真性，進而充極天人合德之理想。

因此，「天」也是孟子心性哲學的最終結穴，一個君子透過道德的實踐可以配義與道、過化存神，達致上與天地合一的境界，《孟子‧盡心上》：「夫君子所過者化，所存者神，上下與天地同流，豈曰小補之哉！」作爲充極道德理想的君子，不但自身德行圓滿，進而亦與天地參，盡人在天地間所應負荷之責任，故《孟子‧公孫丑下》：「夫天，未欲平治天下也；如欲平治天下，當今之世，舍我其誰也。」這是孟子的擔當與氣概。因此，「天」在孟子的思想中，不僅是作爲萬物之生成法則，亦作爲以道德爲內涵的天道法則，更是通於人內在自存之道德本性。

二、孟子對「命」的思考

孔子站在「人能弘道，非道弘人」的人本主義立場，對「天」不作思辨性的分析：「天何言哉！四時行焉，百物生焉。天何言哉！」《論語・陽貨》，孔子強調人生的一種使命、天命。並不從宗教的角度來談天命，孟子體認孔子之天命觀與道德實踐之兩重意義，進一步倡言「盡心知性知天」，「存心養性事天」，「殀壽不貳，修身以俟之」之立命觀，發展了孔子命之兩層意涵，即氣命（有關富貴、窮通、夭壽、吉凶禍福等命數意義）與理命（道德的天命）的哲學內涵；孟子「天」論已完成「天」之義理地位，至於原本命限義的「天」與使命、命令義的「天」，則從孔子「知命」義有所引申發展，孟子言「命」之內涵可由以下幾端來考察：

（一）性命對揚

首先，孟子對「命」的思考是從性與命的對待關係來作考量。孟子認為人的良知本性是內在而可求；至於外在的人生境遇之幸與否，乃是不可求的，所以〈盡心上〉云：

> 求則得之，舍則失之，是求有益于得也，求在我者也。求之有道，
>
> 得之有命，是求無益於得也，求在外者也。

朱熹《四書章句集註》云：「有道，言不可妄求。有命，則不可必得。在外者，謂富貴利達，凡外物皆是。」〔註173〕此性命對揚的意涵，即重在對人良知本性的體悟，對于外在的境遇順逆與否則不予掛懷，則知此處的「命」比較上是命限意義上的「氣命」。此如：

《孟子・梁惠王下》：

> 行或使之，止或尼之。行止，非人所能也。吾之不遇魯侯，天也。
>
> 臧氏之子焉能使予不遇哉？

《孟子・萬章上六》：

> 舜、禹、益相去久遠，其子之賢不肖，皆天也，非人之所能也。莫
>
> 之為而為者，天也。莫之致而至者，命也。〔註174〕

〔註173〕朱熹：《四書章句集註》，頁350。

〔註174〕朱注云：「堯舜之子皆不肖，而舜禹之為相久，此堯舜之子所以不有天下，而舜禹有天下也。禹之子賢，而益相不久，此啟所以有天下而益不有天下也。然此皆非人力所為而自為，非人力所致而自至者。蓋以理言之謂之天，自人言之謂之命，其實則一而已。」朱注所云亦就天與性之對比而言，此「命」

可見「天爲之」與「命致之」實無差別，皆人力所不能爲者，「天」與「命」在孟子思想中爲兩個不同層面，如朱注云「蓋以理言之謂之天，自人言之謂之命」則知「天」所爲乃當然之理勢，「命」所致爲氣運命限所拘，或可或否人不可測；天所爲本爲理勢所趨本無可言，命所致則人意志所無以掌控，是事物本身演變之客觀性；孟子此處已然轉化周初以來天命觀之意義內涵，「天」的意義獲得充實與深化，成爲一形上本體的價值原理，而命則轉化爲「命令義」與「命定義」（此即「理命」與「氣命」）兩層意義，此處所言的命當爲「命限義」的層面，與「天所爲」同樣是「非人之所能爲也」之客觀事實，故朱注方言其爲「蓋以理言之謂之天，自人言之謂之命，其實則一而已。」此即就其演變的態勢而言。因此，就「命定義」言人只能順承之並接納之，《孟子・萬章上》：「孔子進以禮，退以義，得之不得曰「有命」。而主癰疽與伺侍人瘠環，是無義無命也。」都是人於「氣命」上必然要有所承受者，在此，孟子進一步透過「性」與「命」的兩層對照，來說明「性」與「命」之對待關係。〈盡心下〉所云：

> 口之于味也，目之于色也，耳之于聲也，鼻之于臭也，四肢之于安逸也，性也，有命焉，君子不謂性也。仁之于父子也，義之于君臣也，禮之于賓主也，智之于賢者也，聖人之于天道也，命也，有性焉，君子不謂命也。

朱熹《四書章句集註》云：

> 此二條者，皆性之所有而命於天者也。然世之人，以前五者爲性，雖有不得，而必欲求之；以後五者爲命，一有不至，則不復致力，故孟子各就其重處言之，以伸此而抑彼也。張子所謂「養則付命於天，道則責成於己」。其言約而盡矣。〔註175〕

口之于味皆喜美味，目之于色皆喜美色，耳之于音皆喜美聲等；此皆是發自感性之自然本性，其得與不得乃「氣命」所分，於此不得謂爲人之性而妄求之，故言「有命焉，君子不謂性也」，「君子不謂性」乃是此處所言之「性」，實即耳目感官生物本能之性，並不是人之所以爲人的眞性、正性，故耳目感官之性祇能以「氣命」角度去理解；至於仁之于父子、義之于君臣、聖人之

見限制義、命限義，乃「氣命」義之內涵。請參見朱熹，《四書章句集註》，頁 309。

〔註175〕朱熹：《四書章句集註》，頁 370。

于天道等，乃人之爲人之道德天命，雖人勉力實踐亦有不能充盡之憾，然此是人之正性、眞性所在，故爲人所不可迴避推託者，故於此乃「有性焉，君子不謂命也。」即表示此乃由人之性分所透顯之道德使命、天命，而不是「氣命」所侷限而得以規避推託者，此正性、眞性即仁義本心，人皆有之而無所分別，僅當人一心醒悟即可發用顯露。

由「性」與「命」的兩層對照，則「命」于此顯示爲「命限義」之「氣命」，故凡耳目感官之欲求乃氣命所分，是人之氣命所分非人力可妄求者，本不爲人內在之眞性、正性，故稱「有命焉，君子不謂性也。」表示孟子不重視此生物之性，因爲此生物之性本非人之眞性，而仁義禮智方才是內在之眞性、正性。雖人於實踐眞性之歷程中必然面對「氣命」所拘限者，仍不能由此諉之於「命」，是以「命也，有性焉，君子不謂命也」，〔註176〕故「不謂命也」，正是說明孟子對「命」的體認，不從「氣命」的限制上去憂慮。因此，依孟子言性有兩層意義，一是「生之謂性」的動物之性；一是仁義禮智之眞性，孟子於此只認取人之眞性而確立性善之旨，並以道德工夫實踐來呈現其意涵。

由此看孟子對性的看法有兩層分別與輕重，對命之反省亦是有兩層的認識與區別。由此在人之現實生活中，固有「氣命」、「命限」之所拘，然人仍必須積極以道德實踐來完成生命之價值，孟子在此所言雖承認耳目感官等小體之「氣命」，其要旨則仍在人之眞性的肯定，此即道德天命的實踐，「命」在此有兩層意義，從道德生命之理想上言，此兩層分別只是認識上的分別，而並非是實踐上的差異，孟子面對「命」無論是「命令義」之命，或是「命定義」之命，所抱持的都是積極正面的態度。蔡仁厚說：

> 孟子此章，藉著「性」與「命」之對揚，以指出人的眞性正性，不在自然之性一面，而在仁義禮智天道一面。自然之性爲形軀生命所局限，實已落於「命」的限制網中而不能自主自足，唯有超越感性欲求而不受形軀生命所局限的內在道德性，才是人人性分中本具的眞性、正性。〔註177〕

〔註176〕「命也」即表示聖人之契合天道也仍然有限制，此種普遍的先天限定乃人智不可解者，故暫名之爲「命也」；此是天道氣化與個體存在遭遇之順逆問題，本複雜萬端無可掌握；人能掌握者乃率性盡道之實踐，聖人並不因此限定而諉之於命，故「有性焉，君子不謂命也」，這裡的命即是「氣命」之命，是命限義、命運義之「命」。

〔註177〕蔡仁厚：《孔孟荀哲學》，頁221。

可見上述孟子之「有性焉，君子不謂命也」〈盡心上〉，此處所言的「命」是指「命定」、「氣命」上的「命」，人故不應受此「氣命」所左右，更應以道德實踐來化掉「氣命」（感官耳目的外在陷溺）之「命」之限制，進而達致儒家道德天命（「理命」）之究竟。〔註178〕

（二）正命、俟命與立命

孟子引傳統典籍以說明「命」之意涵，其所引大致上都含有「命令義」之「命」義，此如：

> 孟子曰：詩云：「永言配命，自求多福」（《孟子‧公孫丑上》）
>
> 孟子曰：詩云：「上帝既命，侯于周服。侯服于周，天命靡常。」（《孟子‧離婁上》）

唯「正命」、「俟命」與「立命」為孟子所創，首先，關於「正命」見于〈盡心上〉所云：「莫非命也，順受其正。是故知命者，不立乎巖牆之下。盡其道而死者。正命也；桎梏死者，非正命也。」此所受者正是生命情境中之無可奈何，進而知此命限乃天所定與，故不冀求外在之富貴利達，轉而責求自身之天賦善性的醒覺。朱注云：

> 人物之性，吉凶禍福，皆天所命，然惟莫之致而至者，乃為正命，故君子修身以俟之，所以順受乎此也。……巖牆，牆之將覆者，知正命，則不處危地，以取覆壓之禍，盡其道，則所值之吉凶，皆莫之致而至者矣，桎梏，所以拘罪人者，言犯罪而死，與立巖牆之下者，皆人所取，非天所為也。

表面上看來，「不立乎巖牆之下」似乎是基於趨吉避凶的功利考量，然孟子此處所強調應就「盡其道而死者」來考察，「盡其道而死者」則雖遇橫逆凶險皆無所不正，蓋自盡其本分、心安理得死而無憾；冀妄非分、鋌而走險，雖欲成就非常事業然終致身陷圇圄、桎梏而死，則非正命；因此，君子常行中道、正道自然不陷險地；故「盡其道而死者」是指君子勉力修身依德行事，則其外在所遇所得皆得「正命」所當遇。此是吾人「修身以俟」、「行法以俟」者。

再者，孟子之「立命」乃承孔子知命而發展，孔子之「知命」乃證知人之道德天命，是由道德工夫實踐後所得之真知，孟子之「立命」亦是由工夫

〔註178〕理命是積極義，在此言精進不息，言「先天而天弗違」，言「只此便是天地之化」（明道語）。氣命是消極義，在此言「後天而奉天時」，言「真正仲尼臨終不免嘆口氣」（羅近溪語）。請參考牟宗三：《心體與性體》（一），頁429～430。

實踐以成立，是涵蘊著孟子道德哲學整體來考察，因此，由主觀地、實踐地說「立命」，則人面對現實情境中之種種遭遇，又有「正」或「不正」之問題，此「正」非一判定之說法，而是就「莫非命也，順受其正」而言，故「順受其正」乃是人真實體認個體生命與大化之間的諸般遭遇，雖命有所限定拘束、非能盡如人意，然而人必須先求盡其在我，來順承氣命之所遇，進而以理化情來疏通之、肯認之，則雖有「命定」上之客觀現實，終亦不負道德天命之所賦予者，宋儒胡五峰《知言》卷三即言：「莫成於命，患在不能信之耳……不能信，故富貴貧賤不能安」此信非俗情言「命運」之信，而是安忍氣命之客觀形勢；人能安忍現實的客觀環境而接受之，方不致影響道德實踐之初衷，而能順受其「命」之正，人若不能安於其「命定」之氣命，希求妄作其命即「不正」，張載於其《正蒙・西銘》云：「命於人無不正，繫其順與不順而已。行險以僥倖，不順命者也。」若此，凡人於現實之生命歷程中所遭遇之種種情境即為皆具意義者，如張載《西銘》所云：「富貴福澤，將厚吾之生也；貧賤憂戚，庸玉汝於成也；存，吾順事，歿，吾寧也。」因此，人正其「命」，修身以俟之方能有所立，是以「殀壽不貳，修身以俟之，所以立命也。」故人能充盡其本性之善，全受而歸則得自正其命；此所正之命亦即吾人修身終以立之命。因此，人通過脩身而能俟之、正之，雖個人氣命所遇不同，皆終能肯認、識取吾人先天之正命，進而盡其道而彰顯此所正之「命」，終方得以「立」此「命」，此立命工夫本須透過孟子之種種心性工夫而來。此乃順承〈盡心上〉所云：「盡其心者，知其性，知其性，則知天矣。存其心，養其性，所以事天。殀壽不貳，修身以俟之，所以立命也。」而來，這段話正是孟子天人思想之結穴處，也是孟子「天人合德」哲學之關鍵。

　　另外，關於〈盡心上〉所云，當代學者有不同看法，特別是關於「立命」義之分析，勞思光從「殀壽不貳」一詞入手考察認為：

> 此處既涉及「殀壽」，則所取者為「壽命義」，似甚明顯；但以此義釋此處之「命」字時，此段文字應如何解釋，則尚須略加說明。「立命」之「命」字，取「壽命義」，則「立命」一語乃指人對壽命問題應有之態度講；故「殀壽不貳」即是說論命長命短，「修身以俟之」則即是提出一態度，意謂人不當憂慮壽命長短問題，只應致力於修身，以俟壽命之自然終結也。蓋壽命長短之事，在孟子亦認為屬被決定之範圍，故謂人不應作此「外求」；能如此超脫生死問題之困擾，

即能「立命」矣。但夭壽固是被決定之事象，人之心意行為亦可以摧殘自身之生命，人固不應憂慮生死問題，但亦不應如此摧殘自身生命；由此，孟子乃有「正命」之說，即〈盡心〉上所謂：「盡其道而死者，正命也。桎梏死者，非正命也。」人必有死，但自然壽命之終結，與德性無關。人但能盡其道，則其死只表一事實。如此，則生命由始自終，無悖義理，故稱為「正命」，反之，如自身先有行為上之失德或行罪惡之事，以致於死，則是自身心意行為悖理而喪其生命，此是對自身生命之摧殘，故曰：「非正命也」。依此，則本節所說之「立命」及「正命」，皆只涉及人對壽命問題之態度，並未涉及某種形上學問題。孟子作此類言論時，亦未見有涉及形上學實體之必要也。〔註179〕

勞先生分析「立命」與「正命」之義詳盡細膩，然而將「立命」與「正命」之所立之命與所正之命，僅取為「壽命義」尚有不足之處。綜合上下文來考察「命」之意義，不宜僅由「夭壽不貳，脩身以俟之，所以立命」句來理解孟子關於「命」之意義，如果從孟子「性命對揚」的立場言，則知孟子所特重的乃上段所言「存其心，養其性，所以事天」若此方能知性知天，是以「盡心」、「立命」都是孟子以求「知天」「事天」之存養工夫，此工夫之終極理想指向「天人合德」，「夭壽不貳，脩身以俟之」乃孟子面對命限義所展現的「立命」智慧，是道德實踐者面對氣命所拘時，所展現的順承與接受的堅毅修養，人於現實存在的場域上，固有氣運上的順逆與否，死生猶為人所必然面對與不得不面對之事，故「夭壽不貳，脩身以俟之」故有指明人面對死生時所應有的態度，但不能由此而導出「立命」之命義為壽命義，「所以立命」處並不單指死生言，生死大限雖為人遭遇之最大者而非唯一者，孟子本「殺生成仁，舍身取義」本不考量生死窮通之問題，而是在意道德理想實踐與否，故此言應理解為人不應憂慮壽命之長短，而改變其本有之道德心志，故此「貳」者乃指「存心養性」之道德初衷，故孟子云「脩身以俟之」，如此所立之命，其意義顯然是指向「命令義」或「理命」層面的「命」，如此方得為人之「正命」，也方得與文句上段所言「盡其心」取得適當的理解。再者，孟子對於「命」的態度本繼承孔子而有所發揮，雖孔子「罕言命」，實已對「命」的問題有許多新的體會，若在此僅將「立命」、「正命」斷為壽命之義，並否定其形上的

〔註179〕勞思光：《新編中國哲學史》（一），台北：三民，2001 年，頁 190～191。

內涵，則忽略了孟子「天」、「命」之精彩內涵處；孟子在其心性論之外，另有道德意涵的形上天道之安立，此處為孟子「天人合德」哲學之入路與關鍵。

至於「知性以知天」之達致，孟子點出「盡心」一義，孟子關於心之功能，已如前述所云：「心之官則思，思則得之，不思則不得也，此天之所與我者。」〈盡心上〉是把心、性與天聯繫起來，由此可知，孟子論述心性天的義理結構，是視心性與天為一貫通之理，由此性與天作為一種命題具有了普遍性，天性存于人性之中，人性的道德價質根源又與天道為一本，因此，天性與人性相貫通，道體與心體共為一體。如此，則天德與人德終必相應，天德與人德相應是為「天人合德」。孟子所云：「誠者，天之道也，思誠者，人之道也。」《孟子‧離婁》，在此，孟子心目中的「天」，成為人道德價值實現之終極歸依，至周初以來，「天」的意涵於此獲得一純然而絕對的地位，簡言之，孟子之「天」乃是一形上的本源、道德的實體。孟子關於「天」雖尚未形成一完整的形上論述，一方面孟子思想本以心性工夫為主軸，強調四端的擴充與心性實踐，「天」之本體論方面的建構由《中庸》「天命之謂性」的模式進一步完成。另一方面由於「仁義內在」之心性架構，已證得道德心性之內在普遍性，故由「盡心」即可以「知性」、「知天」；而「存心」、「養性」亦終以「事天」；尤有進者，孟子「殀壽不貳，脩身以俟之，所以立命也」的提示，透露出天命造化的無邊義蘊，必須通過人之「盡心」與「立命」，方能步步開顯出它在人間世界中的真實意義。〔註180〕牟宗三說：

> 「盡心」之盡是充分體現之意，所盡之心即是仁義禮智之本心。孟
> 子主性善是由仁義禮智之心以說性，此性即是人之價值上異于犬馬
> 之真性，亦即道德創造性之性也。〔註181〕

「盡心知性知天」是孟子「天人合德」思想之要義，此即直承《詩》《書》《左傳》《論語》之義而有所發揮，孫奭疏云：「所謂盡其心者，盡惻隱、羞惡、恭敬、是非之心也；知其性者，知仁、義、禮、智之性也。仁、義、禮、智皆由於『天生蒸民，有物有則』，故知性則知天也。」是故孟子擴充四端之心性工夫，也即與天人合德之工夫相通，同樣是人道德主體的實踐，程子亦云：「心也，性也，天也，一理也。自理而言謂之天，自稟受而言謂之性，自存諸人而言謂之心。」可知「盡心知性知天」之工夫亦是落在盡心、存心上。所以，「盡心」亦

〔註180〕請參考袁保新：《孟子三辯之學的歷史省察與現代詮釋》，頁85。
〔註181〕牟宗三：《圓善論》，頁132。

即在於主觀實踐上充盡「人皆有之」的四端之心，唯如此方能「殀壽不貳，脩身以俟之，所以立命也。」所謂「殀壽不貳，脩身以俟之」，主要是說無論殀壽，我們均應無疑貳之心，敬謹的修養成德以俟命的降臨。在此，俟命不是一種消極的等待，而是對一切存在限制的坦然面對，並在此面對命限當中，體認人之為人的價值與尊嚴；故「立命」並不否認命限的存在，而是透過內在道德的自覺，超越命限之現實限制，呈顯出正面與積極的道德意義。再者，在「盡心知性知天」、「存心養性事天」的實踐歷程中，正是超越了命限之限制，進一步開顯人內在之性體，而證通天道、天命之內蘊。而此「盡心」、「存心」乃至「知性」、「養性」，也是孟子「立命」之關鍵工夫；此「立命」本承孔子「知命」義所闡發；由此，孔孟二聖對命的體認，其終極歸趨是一致的。孟子以「正命」、「俟命」與「立命」來提示人於有限存有之客觀命限下，如何來成聖成賢充極道德理想。是以孔孟對周文與道德天命之承擔，也明白客觀環境之遇與不遇，然而由於其道德使命之使然，皆希求生命之全幅朗現，故能無視于外在命限的橫逆。〔註182〕因此，孟子言俟命、正命與立命，皆以人道德主體之純亦不已為要義，「命」之為「命」的種種方便權說，正如牟宗三所言是一個虛概念，當人能實踐道德的天命理想，「命定義」的氣化影響即為虛妄，只具有認識上與概念上的意義，此是莊子所云：「安之若命」的意義，故人透過心性道德主體純亦不已的工夫，達致「義命合一」之渾然無別，即無「命」之分別可言，如此理境即「君子所過者化，所存者神，上下與天地同流，豈曰小補之哉。」此是生命之無限可能與圓滿，此圓滿的展現即孟子「天人合德」之體證。

小　結

綜而言之，「天命」觀念是周人的創見，由周初「天命」觀念而來，孔子將本以人君敬德以保「天命」，轉化為個人道德實踐之「天命」、「使命」；並進一步轉化了禮的意涵而「攝禮歸仁」，使其不成為徒具虛文之僵化形式，並

〔註182〕筆者認為孔孟乃是站在承繼周文的立場，著眼在道德心性的實踐工夫上，秉當仁不讓舍我其誰的應世熱情，故可無視乎外在橫逆：此「盡心知性知天」、「存心養性事天」為一體工夫，實乃孟子天人合德工夫之總綱，此工夫斷無止息處，為君子全副生命所投注處；因此，相較於口體之養、耳目之欲乃至富貴利達，則非吾人所主要關懷者，此工夫實踐之緊要更甚于生死大限；故由此充盡之心只見盡道而死，而不受外在毀譽得失所干擾。

開創性的由「仁」來說明人之主體性，奠立先秦儒家人性論之根基，孟子繼承孔子仁學而進一步十字打開，開顯「仁義禮智」之義理架構，確立「仁義內在」、「仁義禮智根於心」之心性價值，「仁」、「心」與「性」都是人普遍內具的道德實體，此道德實體並非是抽象的道德理性，而是活生生之生命主體，透過人動態的實踐歷程得以具體呈現。

在孔孟天人之學中，「天」的意涵已然脫離《詩》《書》所言之天、帝，《詩》言「對越在天」，其「天」仍有人格神之意，是超越的對；惟經孔孟的轉化，方成為道德的形上實體義，因此是內在的對；〔註183〕因此，孔孟天人之學的重大發展與意義，有兩方面可說：一方面是傳承周人「天命」思想的道德內涵，揭示仁義心性之學的道德主體之內涵，確立以人為本位「由人德以合天德」道德哲學之轉化，此是孔子「以仁定性」之創舉。另一方面，孔子也體悟周人「天命」之深刻意涵，轉化為個人道德天命之充實意義，由孔子對「命」的兩層認識昇進，進一步使「天」成為天道實體、本體。此在孟子「盡心知性知天」中完成其內涵，由此，透過孟子「心——性——天」之理論架構標舉出儒家「天人合德」哲學之大綱。此「心——性——天」之「天人合德」的體系，在下章《中庸》、《易傳》天人性命之學的體系中，獲得完整的形上建構，此種建構的意義也可視為「道德的形上學」之發展，「天人合德」所呈顯的為「道德的形上學」之重要意涵，是先秦本體宇宙論、工夫境界論的核心價值。

最後，就「天人合德」哲學在論孟的發展而言；孔子首揭「以仁定性」之人學義理，重視以工夫義的「踐仁知天」，來達致「天人合德」的理想，其學說重心在仁學的揭示，是由人而天的心性學向度；孟子標舉「盡心知性知天」、「存心養性事天」也是由人而天的進路。在《孟子》哲學中，「天」發展為道德的形上實體，成為純然的道德價值之本原；論孟「天人合德」哲學的重心，皆是由心性論的人學立場，強調道德主體工夫實踐的面向，來探究「天人合德」內聖之學的理想；因此是包含心性論（人學）與工夫境界義的闡發，與《中庸》《易傳》由天道論來論證「天人合德」之進路有所不同，但《中庸》《易傳》所論本為傳承先秦儒家內聖之學一脈而發，只是在論述的進路上有不同的發展與演進。先秦儒家「天人合德」哲學的演進與發展，也是在此內聖之學的論述發展上建構其意義；其中關鍵則皆不離工夫論而成立，並由工夫義顯發境界義之道德理境。

〔註183〕請參考牟宗三：《心體與性體》（二），台北：正中，1999年，頁22～23。

第三章 《中庸》、《易傳》天人思想之 探究

　　《中庸》、《易傳》與《孟子》同屬孔學之嫡傳，皆以「天人合德」為終極理境。孟學強調「由人而天」的實踐進程，而《中庸》、《易傳》則對「由天而人」的形上體系與終極理境有進一步的闡述，其中，《中庸》透過「誠」以貫通天人，初步對先秦儒學提出本體論的架構；如果說孔子仁學是周文疲蔽的歷史契機下，重塑了人的價值與道德理想，而孟子則是進一步建構了心性之學的規模，此是「立人德以合天德」之工夫實踐；而《中庸》、《易傳》則是由天道天命下貫說人性，是由天而人、由超越而內在之「本天道以立人道」的進路，然而無論是由「立人德以合天德」，還是「本天道以立人道」，都不離先秦儒家「天人合德」內聖之學的義理主軸。因此，《中庸》、《易傳》特別就天道天命之形上實體有所發揮，此「天道與心性通而為一」的形上實體，也即是儒家倫理道德的精神基礎。〔註 1〕本章首先對《中庸》、《易傳》文獻定位作說明，確立其為先秦儒家義理之正傳，繼而論述《中庸》、《易傳》之天人思想。

第一節　《中庸》、《易傳》文獻定位之說明

　　本文在文獻定位與考據方面，基於《中庸》《易傳》二書在作者與成書年代歷來頗多爭議（《易傳》尤其如此），原非筆者在此簡要之論述篇幅所能安

〔註 1〕　「本天道以立人道，立人德以合天德」一語請見蔡仁厚：《哲學史與儒學論評
　　　　——世紀之交的回顧與前瞻》，台北：臺灣學生，2001 年，頁 81。

排，況本文之研究重點不在文獻之考證，而是義理的分析與詮釋，故本文對於《中庸》、《易傳》之作者、成書時代之說明，或有不詳不盡之處，僅依學界一般通行看法予以說明與探討。

再者，在義理詮釋與思想性格之定位上，《中庸》《易傳》可以視爲儒家思想之正宗。《中庸》《易傳》書中有許多豐富的哲學詞語，這些概念語詞爲繼孔孟而有所承，或獨爲其所特別強調者，無論其言說方式與概念語詞如何，欲理解《中庸》《易傳》義理體系之全豹，皆須先肯認其義理之定位，方能進一步體察與孔孟義理相續傳承的內在原委爲何，以及其如何建構先秦儒家道德的形上學等等諸問題。對於前者，本文認爲了解任何一部經典，在義理上不可能只有單一的面向，只作一種解釋；一個義理系統有主幹有枝葉本屬常態，但亦不是允許任意的武斷或主觀的臆測；對於《中庸》《易傳》的詮釋亦是如此，因此，在面對庸易的概念詞語，當尋求最具強度詮釋效力的核心義理予以有機整合，〔註2〕無須爲局部的歧異而捨本逐末，如此便能還其原貌與眞義。對於後者，則是除了理解前輩先生對《中庸》《易傳》的解釋外，在前述義理釐清的基礎上，進一步考察其在傳承先秦儒學的脈絡下，所發展出的本體宇宙論的義理特性，此特性爲先秦儒家嫡傳血脈之無可疑義，因此，《中庸》《易傳》爲先秦儒家進一步發展。本節除了說明《中庸》、《易傳》相關文獻問題外，也重新釐清其思想體系與定位的問題。

壹、《中庸》文獻相關問題之釐清

一、《中庸》之作者與成書年代

作爲孔門心法〔註3〕與儒學之聖教血脈，《中庸》無疑在儒家哲學上有其崇高的地位，其義理奧義也爲儒家心性之學，進一步建構道德的形上學之規

〔註2〕 杜維明說：「中國學者和西方漢學家一直把這部儒家經典著作視爲格言集錦。」（指《中庸》）又說：「一個精神傳統的中心文本，絕不是一種諸多孤立陳述的選編，而很可能有一種爲其所特有的有機統一性。」請參見杜維明著，段德智譯：《論儒學的宗教性——對《中庸》的現代詮釋》，武漢：武漢大學，1999 年，英文版第一版序頁 1～3。

〔註3〕 朱子在其《四書章句集註》之中庸章句中引二程的話說：「此篇乃孔門傳授心法，子思恐其久而差也，故筆之於書，以授孟子，其書始言一理，中散爲萬事，末復合爲一理，放之則彌六合，卷之則退藏之於密，其味無窮，皆實學也」，請參見朱熹：《四書章句集註》，頁 17。

模，而足以與佛老之形上理論相抗，故自先儒李翱以來，宋明諸儒下及近代儒者，無不對《中庸》加以肯定與推崇。朱熹即認為「自古聖神，繼天立極，而道統之傳有自來矣。」〔註4〕唐君毅則謂《中庸》「誠」教，乃天人之道的極成，是當下的圓具，故是一切教之最圓致者，為一完滿的圓教理境；牟宗三也認為《中庸》「為道德意識之充其極」的展現。〔註5〕足見歷來學者對中庸之評價。

於此，本文緣於對《中庸》能做一適切的理解與體會，故旨趣乃在於對《中庸》義理獲得一整體的視域架構，與適當的義理表詮；至於作者是子思本人，或者另有其人；是一人創作還是多人完成；以及是一時寫定還是代有增補損益，是一卷或多卷、有無分章等問題，非為本文所重，今僅依學界一般通行的看法與研究，分別提出說明。

《中庸》原是《小戴禮記》中的第三十一篇。漢以後屢有人對這篇作獨立研究，《漢書·藝文志》六藝略禮類載有《中庸說》二篇，若是《中庸》的解詁，則是最早的對《中庸》之研究，然不知作者為誰。至唐朝李翱有《中庸說》一卷，其關於《中庸》的研究，在他所著的《復性書》三篇中可以見到，他是第一個能深入研究《中庸》的人，對後來宋儒的推尊《中庸》，有首開風氣的功勞。由宋代起，研究此篇的人漸多，如胡瑗、陳襄、喬執中，司馬光等，都有關於《中庸》的著作。宋代大儒二程（程顥、程頤）更大力推尊《中庸》，視《中庸》為孔門傳授心法，對此書之義理，有許多的討論。南宋的朱子承二程之意，表彰《中庸》不遺餘力。他合中庸大學論語孟子而成四書，這應是《中庸》獨立單行之始。〔註6〕由於，《中庸》為《禮記》一篇，要理解《中庸》作者與年代諸問題，宜先對《禮記》的來歷及性質有一概略的了解。王夢鷗說：

> 魯既為禮儀之邦，其文物之盛，當世無兩，以孔子之睿知，適生斯
> 土，環境薰陶，又加以好古敏求，宜其所得於舊禮教者至深且厚
> 也……孔子之傳禮，大異祝史之學，蓋其不僅知禮之數，且能深明
> 其義也，故孔子集百王之大成而通禮之奧竅，使儒家禮學成為萬世
> 之絕業……蓋孔子之死也，其門弟子及魯人從塚而家者百餘，歲時

〔註4〕　朱熹：《四書章句集註》，頁14。
〔註5〕　請參考牟宗三：《心體與性體》（一），頁51。
〔註6〕　請參考楊祖漢：《中庸義理疏解》，台北：鵝湖，1997年三版，頁1～2。

　　奉祠講禮，世世相傳……漢興言禮者多魯人，叔孫通、高堂生，其
　　佼佼者也。〔註7〕

再者，隋書藝文志載：「記，百三十篇。」其下注云：「七十子後學者所記也。」
此所謂「記」，便是禮之雜記。《隋書經籍志》中，記《禮記》成書之經過說：

　　漢初河間王又得仲尼弟子及後學者所記一百三十一篇，獻之，時亦
　　無傳之者……至劉向考校經籍，檢得百三十篇，向因第而敘之；而
　　又得明堂陰陽記三十篇，孔子三朝記七篇，王氏史記二十一篇、樂
　　記二十三篇，凡五種，合二百十四篇，戴德刪其煩重，合而記之為
　　八十五篇，謂之大戴記；而戴聖又刪大戴之書為四十六篇，謂之小
　　戴記。漢末馬融遂傳小戴學，融又足月令一篇，明堂位一篇、樂記
　　一篇，合四十九篇；而鄭玄受業於馬融，又為之注。

則知今所謂《禮記》，乃孔門及後學，將其聞於師及習禮的心得，經多番整彙
編刪而成，故王夢鷗又說：

　　《禮記》者孔門弟子為習禮而雜記禮文之意義者也，按其所記，不
　　自一時一地，亦非出自一人之手，蓋師徒傳授，各有述作，短簡零
　　篇，傳世久遠，又遭秦禁學，其剝落散失，殆為必然之勢。〔註8〕

《禮記》非出於一人一時一地，其理可明；況且其遭秦火，多有亡佚；雖經
多次彙整成書，其內容思想文字之不一致實屬必然，此非全書如此，單篇亦
然。知《禮記》的來歷，則可以進一步探問《中庸》之作者與成書等相關問
題。〔註9〕

（一）歷代學者對《中庸》作者與成書年代之看法

　　首先，考證《中庸》作者之問題，有謂一人獨著者，有謂集體創作者；
亦有將原文分為數組，以分判其作者，本文僅將歷來各家的研究加以羅列，
以供取捨。

1. 漢迄唐學者的看法

　　此階段學者大致上認為《中庸》為子思所著，而關於《中庸》的作者最
早提及的當是《史記‧孔子世家》中所載：「伋，字子思，年六十二。嘗困於

〔註7〕 王夢鷗：《大小戴記選注》，台北：正中，1971 年，頁 1。
〔註8〕 王夢鷗：《大小戴記選注》，頁 3。
〔註9〕 李光泰、許宗興：〈中庸天人合德思想探究〉，《東南學報》第 20 期，1997 年
　　　2 月，頁 223。

宋，子思作《中庸》。」又孔穎達《禮記正義》《中庸》篇題下引鄭玄《三禮目錄》說：「孔子之孫子思伋作之，以昭明聖祖之德。」《孔叢子·公儀》及《孔叢子·居衛》〔註10〕、李翱《復性書》皆持同樣的看法。

2. 宋代學者的看法

宋人對漢人對子思作《中庸》的看法有所質疑，如歐陽修考證《中庸》之義理與《論語》之相異處，進而質疑子思傳《中庸》的可靠性；在〈問進士策三首〉中說：

> 孔子亦嘗有過，故曰：「幸，苟有過，人必知之。」而《中庸》曰：「誠者，不勉而中，不思而得。」夫堯之思慮常有失，舜禹常待人之助，湯與孔子常有過，此五君子者，皆上古聖人之明者，其勉而思之，猶有不及，則《中庸》之所謂「不勉而中，不思而得」者，誰可以當之歟？夫孔子必學而後至，堯之思慮或失，舜、禹必資於人，湯、孔不能無過，此皆勉人力行不息，有益之言也。若《中庸》之誠明不可及，則怠人而中止，無用之空言也。故予疑其傳之繆也，君子以爲如何？〔註11〕

歐陽修從《中庸》描述聖人之境界論「不勉而中，不思而德」，對照《論語》中孔子自述其學思歷程「下學上達」，而對《中庸》論述境界義之語句有所質疑；拋開《中庸》是否爲子思所作的問題，歐陽修由對《中庸》境界論詞語的質疑而加以論斷，則是未能辨明工夫論與境界論之關聯與差異所作出的判別。

陳善也懷疑《中庸》非全屬子思所作，而雜有漢儒雜記的文字，其《捫蝨新話》說：「然至今疑『春秋，脩其祖廟，陳其宗器』以下一段，恐只是漢儒雜記，或因上文論武王周公達孝，遂附於此。」〔註12〕王柏《古中庸跋》

〔註10〕《孔叢子》本爲僞書，其所記載之史實不可盡信，不過其記載仍與《史記》所記者相合。

〔註11〕歐陽修：《歐陽永叔集》上，第六冊，〈居士集〉卷第四十八，〈策問〉，〈問進士策第三首〉（王雲五主編，國學基本叢書四百種），頁14～15。

〔註12〕陳善，王雲五主編：《捫蝨新話》下集卷三，《叢書集成初編》，台北：商務印書館，頁72。另外，葉適也對子思傳《中庸》有所懷疑：「孔子嘗言中庸之德民鮮能，而子思作《中庸》，若以爲遺言，則顏閔猶無是告，而獨閟其家，非是。若所自作，則高者極高，深者即深，非上世所傳也。然則言孔子傳曾子，曾子傳子思，必有所謬誤。」請見葉適：〈總述講學大旨〉（《宋元學案》，〈水心學案〉）卷五四，頁6。又說：「漢人雖稱《中庸》子思所著，今以書考之，疑不專出子思也。」葉適：《習學記言》（《四庫全書》〈子部〉一五五〈雜家

亦認爲《中庸》非子思所傳：「第二十一章以下之誠明論，其說甚有理，第十六章論鬼神，第二十四章論禎祥妖孽處，似非孔子之言。」〔註 13〕蓋認《中庸》有神秘主義之色彩，陳善與王柏同樣錯讀《中庸》境界論之語句，而不知此乃道德實踐下聖人境界之詩性興發，並非空穴來風之臆想，此是境界義的表述方式，楊祖漢即表示：

> 國家將興，必有禎祥等句，似與漢代的災異之說相同，故有人說這
> 是雜有漢代天人相應的思想（勞思光、中庸譯注），然此章似重在言
> 至誠者之明無不至，通於天地鬼神，如《易傳》所云「與鬼神合其
> 吉凶」之意。即不是先客觀地言天地之自然現象必與人事相應，而
> 是由人之至誠知幾而言天地鬼神之道，此是以道德之意義以規定氣
> 化存在流行之意義。〔註14〕

故《中庸》第十六章、二十四章等章所言，則與《易傳》「與鬼神合其吉凶」所言相同，不由陰陽氣化的角度來談道德的問題，而是由道德實踐所展現的理境，來贊嘆天地生化之妙，體證贊天地化育、與天地參的神妙理境。

綜上所述，宋人之疑漢人《中庸》爲子思所傳之說，蓋皆從其思想內容不符合於孔門義理而發。獨朱子《四書章句》主《中庸》爲子思所傳，〔註15〕並對上述種種說法有所駁斥與說明。

3. 清代學者的看法

宋以後之儒者，從文字、文體、制度、思想，加以考證，幾可確定非成於一人之手，尤非成於子思之手。〔註16〕至清一代，陸續有學者對子思作《中庸》之說法提出質疑，除針對思想內容上作考察，也從文句與語詞上加以討

類〉），頁 395。

〔註13〕王柏：《魯齋集》〈古中庸跋〉（《四庫全書》〈集部〉一二五〈別集類〉），頁 195。

〔註14〕楊祖漢：《中庸義理疏解》，頁 214。

〔註15〕朱熹：「《中庸》爲何而作也？子思子憂道學之失其傳而作也。……自是以來，聖聖相承：若成湯、文、武之爲君，皋陶、伊、傅、周、召之爲臣，既皆以此而接夫道統之傳，若吾夫子，則雖不得其位，而所繼往聖、開來學，其功反有賢於堯舜者。然當是時，見而知者，惟顏氏、曾氏之傳得其宗。及曾氏之再傳，而復得夫子之孫子思，則去聖遠而異端起矣。子思懼夫愈久而愈失其眞也，於是推本堯舜以來相傳之意，質以平日所聞父師之言，更互演繹，作爲此書，以詔後之學者。」請參見朱熹：《四書章句集注》，頁 14～15。

〔註16〕請參見吳怡：《中庸誠的哲學》第一章。高柏園：《中庸形上思想》第二章第一節。徐復觀：《中國人性論史》第五章。胡志奎：《學庸辨證》甲編等。

論，更由原先宋人疑《中庸》非全爲子思所作，進一步認爲《中庸》乃宗子思之後學所撰或漢儒所作，而非子思本人之作。如袁枚〈與人書〉云：「《論》《孟》言山皆舉泰山，以其在鄒魯也。《中庸》獨曰『載華嶽而不重』。子思足跡未嘗入秦，疑此是西京人語。」〔註17〕又葉酉〈再與袁隨園書〉從語義的角度對《中庸》的作者作考察，也表示《中庸》爲漢儒所撰，是假託子思之作。〔註18〕再者，崔述亦列舉出三點理由證明《中庸》非子思所撰，而是子思之後學所作。他說：

> 世傳《戴記》《中庸篇》爲子思所作，余按孔子孟子之言，皆平實切于日用，無高深廣遠之言，《中庸》獨探賾索隱，欲極微妙之致，與孔孟之言皆不類，其可疑一也。論語之文簡而明，孟子之文曲而盡。論語者，有子、曾子門人所記，正與子思同時，何以《中庸》之文，獨繁而晦，上去《論語》絕遠，下猶不逮《孟子》，其可疑二也。在下位以下十六句見于《孟子》，其文小異，說者謂子思傳之孟子者，然孔子子思之名言多矣，孟子何以獨述此語？孟子述孔子之言，皆稱「孔子曰」，又不當掠之爲己語也，其可疑三也。由是言之，《中庸》必非子思所作，蓋子思以後，宗子思者之所爲書，故託之於子思、或傳之久而誤以爲子思也。〔註19〕

大抵崔述從其思想性格〔註20〕與文體句法〔註21〕來質疑子思作《中庸》之眞實性。

綜上所論，大抵前人對《中庸》作者的論述分爲兩種，一、是認爲《中庸》爲子思所作，此由漢儒與程朱所主張，並視《中庸》爲孔孟心法之嫡傳；二、是否定子思作《中庸》之傳統說法，認爲乃子思後學甚或漢儒託子思之

〔註17〕見袁枚：《小倉山房尺牘・與人書》。

〔註18〕請參考楊祖漢：《中庸義理疏解》，頁3～4。

〔註19〕崔述：《考信錄》下，〈餘錄〉卷之三，台北：世界，1989年，頁9～10。

〔註20〕荀子曾批評子思之作品：「甚僻違而無類，幽隱而無說，閉約而無解」意指其作品中充滿「僻違」、「幽隱」、「閉約」之特色。依荀子之言，這些特色皆形諸於其天道論部分。請參考吳怡：《中庸誠的哲學》，台北：東大，1993年五版，頁5。

〔註21〕吳怡認爲：「譬如崔東壁舉《論語》之文簡而明，《孟子》之文曲而盡，《中庸》之文繁而晦，認爲《中庸》在《孟子》之後。其實《中庸》之文何以見繁而晦，又何以見得一定在《孟子》之後？文體的繁簡，多半由於作者表達方式，及描寫對象的不同而異，豈能憑此以論斷成書的時代。」請參見吳怡：《中庸誠的哲學》，頁4～5。

作，以宋、清兩代學者為主，其論斷主要是由《中庸》思想性格、文體、句法、語詞等等作考察。

（二）當代學者對《中庸》作者與成書年代之看法

《中庸》既非成於一人之手，則必為集體創作，且經長時間而定稿；當代學者大都同意《中庸》一書非子思一人之作，而當由子思及其後學所共同創作，其書為子思之後學所編定。例如唐君毅與楊祖漢，認為乃是宗孟之學者所為；〔註22〕高柏園以為是子思及其門人之共同作品；〔註23〕吳怡認為是子思與後人所作。〔註24〕馮友蘭認為除首章與二十章「在下位不獲乎上」以下為後學所加，其餘則為子思原著。〔註25〕徐復觀的分法大致與馮友蘭相類，惟將第一章歸為子思原著與將義理思想駁雜者（十七章、十八章、十九章、二八章刪除）。〔註26〕而王開府則認為第二章至十九章應是保留子思之作，二十章為晚出，二十一章至篇末二十三章則是後人對子思「中庸」的進一步發揮。〔註27〕

綜上所知，《中庸》一書實非子思一人之作，而為孔門後人宗子思一系之儒者，經彙整發揮而成，其或因文字傳抄誤衍，亦有與《中庸》整體義理架構較為無涉者。然而對於何時所定稿，則有多種見解，本文摘錄前輩先生之主要看法，概略分述如下：

1. 《中庸》成於孟、莊前后

徐復觀認為將《中庸》編定成書之人，應為子思之門人，此人則應在孟子之前。〔註28〕吳怡則認為《中庸》之成書是孟莊之時。〔註29〕再者，大陸學者郭齊勇、郭沂〔註30〕等人據儒簡等出土資料，也將《中庸》的成書時代

〔註22〕唐君毅：《中國哲學原論──導論篇》，頁 124～125；楊祖漢：《中庸義理疏解》，頁 7。

〔註23〕高柏園：《中庸形上思想》，台北：東大，1988 年，頁 31。

〔註24〕吳怡：《中庸誠的哲學》，頁 10。

〔註25〕馮友蘭：《中國哲學史》，台北：臺灣商務，1990 年，頁 447。

〔註26〕徐復觀：《中國人性論史──先秦篇》，頁 103～109。

〔註27〕請參考王開府：《四書的智慧》，頁 336～338。

〔註28〕徐復觀：《中國人性論史──先秦篇》，頁 103～109。

〔註29〕吳怡說：「中庸一書的基本精神是子思寫的，而中庸這個誠字也是子思發其端的，不過它的成書可能要到孟莊之時，甚之其中有很多論誠的文字難免有後儒引申或加進去的成份。」請參見吳怡：《中庸誠的哲學》，頁 10。

〔註30〕請參考郭齊勇：《儒學與儒學史新論》，台北：臺灣學生，2002 年。另請參考郭沂：《郭店竹簡與先秦儒學術思想》，上海：上海教育，2001 年，頁 408～443。

向前更挪，同徐先生一般斷其先於《孟子》；比較《孟子》與《中庸》在義理上的發展，可以發現在「誠」概念的開展，在《中庸》裡更形完整與圓滿；另在義理論述進路的發展上言，《孟子》由心性論來開展孔門義理，《中庸》由天道論來傳承孔學，兩者對孔學的傳承顯然是兩種不同的論述進路。

2. 《中庸》成於周秦之際或漢初

持這種觀點的主要有錢穆、勞思光、胡志奎等。錢穆先生認為《中庸》天人合一的思想，是儒者匯通老莊繼孔孟之後的發展，〔註31〕故其成書年代當必晚於莊子。〔註32〕胡志奎在《學庸辨證》中表示：

> 《中庸》之作，固當成於荀子卒年後，且其書已為當世所流傳時，最晚不超過《說苑》成書前——以其〈建本〉，〈敬慎〉兩篇，嘗明引《中庸》之文……再者董仲舒「對策第一」中（134BC）思想語法與《中庸》雷同者甚多，此時《中庸》當未行世；故推斷《中庸》之作，當是在西元前三四年後，至劉向，卒（西元前六年）之前，此 128 年間，為最慎審平允。〔註33〕

依胡志奎所言則《中庸》之作，當在西漢時期。而勞思光則主要從他對《中庸》思想系統的解讀，以其獨特對先秦儒家思想之詮釋體系，認為《中庸》之思想特色屬於漢儒之感應模式，是以《中庸》天道論不為先秦儒家正傳，認為其義理內容與《淮南子》相近，故推論其成書必不早於戰國晚期，而必在秦至漢初一段時期。〔註34〕斷定《中庸》天道論不屬於儒家正傳，而視為漢儒感應之模式；如此斷定《中庸》成書時代似乎有待商榷。

3. 《中庸》成於孟子後至周秦之際

當代大部分學者皆持此種看法，如牟宗三、唐君毅、蔡仁厚、楊祖漢、王邦雄、高柏園、李杜、李澤厚等；牟宗三並沒有明確指出《中庸》之作者及成書年代，然從其作為孔孟傳承與發展的意義上言，則《中庸》之成書當在孟子

〔註31〕 請參見錢穆：《中國哲學思想史》，台北：臺灣學生，1993 年，頁 86，104～105。

〔註32〕 請參見錢穆：《中國學術思想史論》（二），台北：東大，1970 年，頁 283。

〔註33〕 胡志奎：《學庸辨證》，台北：聯經，1984 年，頁 94～97。

〔註34〕 勞思光判斷《中庸》之成書之時代是從文體、詞語與思想三端；在就其思想特色以判定成書時代時，提出《中庸》一書思想有如下兩個特色：（1）心性論與形上學之混合（2）神秘主義之傾向。請參見勞思光：《新編中國哲學史》（二），台北：三民，2001 年，頁 56～61。

之後，其思想性格是先秦儒家義理傳承之正統。〔註35〕楊祖漢也認為《中庸》思想之形上體系乃繼孔孟義理有所發展者，〔註36〕蔡仁厚從義理傳承與語脈淵源，研判《中庸》誠屬孔門義理，也是孟子之後應有的發展。因此，就哲學史之發展線索而言，《中庸》、《易傳》當在孟子之後、荀子之前。〔註37〕

綜上所述，本文認為《中庸》原文乃子思或其後學所共同創作，然其真正集結成書可能遲至戰國（本文擱置《中庸》成書孟子前抑或後之爭議，僅從其論述進路之異同與義理之貫通處探究），惟此所謂成書，非指其思想之原創及發源；乃謂將此孔門相傳之義理，透過口耳相傳、師生傳承引申發揮，最後經由文字筆之於書、集結成冊，當在戰國之時；至於思想之原創或發端當在孟莊之前，甚或即子思或孔子也，《中庸》雖根源於孔門義理源流，然其思想體性及至後儒引申發揮，至戰國成書時方得自成其特有的體系。今討論成書年代，主要在了解《中庸》思想經長時期之發展；歷經戰國末年百家爭鳴，而後乃能建構起儒家道德形上學體系之意義何在。〔註38〕於此，《中庸》不啻為正宗儒學發展之一路，也即傳承儒學血脈進而能回應時代之鉅作。

二、《中庸》義理性格之衡定

作為儒學之性命寶典《中庸》，當亦是「生命的學問」之性格，若循此來加以表詮領會，方不失其義理性格之本來面目。而《中庸》義理之屬於先秦儒家繼孔孟後之進一步發展應無疑義，在此，本文對《中庸》義理性格之衡定僅依當代學者之研究，加以論述比較出如下幾種不同看法。

（一）《中庸》乃匯通孔孟老莊之學

此一說法認為《中庸》思想受老莊思想所影響，故融會了孔孟老莊之學，可以說是以道家之宇宙論思想，來進一步發展先秦儒家之人生哲學。此立場以錢穆為代表，錢穆說：

> 古代素樸的宇宙論，以天帝百神為主，而道家思想則破帝滅神，歸極於自然，偏傾於唯物，今易傳與小戴記中之宇宙論，亦正率近似

〔註35〕牟宗三：《心體與性體》（三），台北：正中，1981 年，頁 45～47。
〔註36〕楊祖漢說：「從中庸的文體及其所提出的觀念來看，其成書應晚於孟子，大概是戰國晚期以至秦漢之際之子思孟子系的儒者所作的。」請見楊祖漢：《中庸義理疏解》，頁 7。
〔註37〕請參考蔡仁厚：《中國哲學史大綱》，台北：臺灣學生，1992 年，頁 57。
〔註38〕李光泰、許宗興：〈中庸天人合德思想探究〉，頁 225。

自然與唯物者，而《易傳》《戴記》中之人生論，則確乎猶是儒家正
統，故其言天道，雖大體承襲道家所創唯物的自然的宇宙論，而必
加以一番修正與變動，然後可以與儒家傳統人生論訢合無間。……
孔孟乃從人文界發揮天人合一，而老莊則改從自然界發揮。更下逮
《易傳》《中庸》，又匯通老莊孔孟，進一步深闡此天人合一義蘊。
〔註 39〕

錢穆從思想史的發展上，認為《中庸》一方面是孔孟人生哲學的發展，一方
面也吸收了老莊之宇宙論，為一綜合儒道兩家以進一步發展孔孟之學的義理
內涵；〔註 40〕故判《中庸》一書義理為匯通老莊孔孟之學。對於這種看法，
高柏園反駁說：

《中庸》之重天道性命等形上學問題之討論是較孔孟所討論者為
多，然而《中庸》的思想發展卻是明顯地繼承孔孟而來。《中庸》引
孔子語處頗多，其盡性知天的立場亦正可由孟子盡心知性知天處得
到印證，而《中庸》之重禮儀威儀，重治天下之九經，並以仁知為
性之德，此皆是孔孟義理之發展。換言之，《中庸》之重天道義之發
揮，極可能是對道家形上思想之「回應」，但《中庸》依然保持其儒
家的義理性格，因此，並非如錢先生所謂的「匯通」。〔註 41〕

可見《中庸》所言之天命、天道者，實乃繼孔門心性之學而有所發展者，其
形上義理的建構仍不離孔學之教，故是儒家道德的形上學之發展，與道家形
上學體系有根本上的差異，由此看來《中庸》、《易傳》言天道、性命、乾元、
太極處，其義理傳承皆不離孔門道德哲學之內涵，是孔門道德哲學在形上學
上同質的發展與建構，而不是另外再匯通老莊以求發展者；此發展最重要表
現為儒家道德的形上學體系的初步建立。

（二）《中庸》乃秦漢以後屬混雜思想

認為《中庸》乃秦漢之後一種混雜它家思想的發展，並不是純正孔門之
學的傳承，此立場以勞思光為代表，他認為《中庸》乃漢初儒道混合時期之

〔註 39〕錢穆：《中國學術思想史論叢》（二），頁 256～306。
〔註 40〕錢穆說：「易傳與戴記（含中庸）之宇宙論，實為晚周迄秦皇漢武間儒家所創，
　　　　又另自成一新的宇宙論，此種新宇宙論大體乃采用道家特有的觀點，而又自
　　　　家以一番修飾與改變，求以附合儒家人生哲學之需要而完成。」請見錢穆：《中
　　　　國學術思想史論叢》（二），頁 261。
〔註 41〕高柏園：《中庸形上思想》，頁 69～70。

思想：

> 總之，〈中庸〉思想，就內容而言，乃漢儒型之理論——即以「天」
> 與「人」爲基本觀念又以「天」爲價值根源之混合學說。其中混有
> 形上學、宇宙論及心性論問題種種成分。其時代當晚於孟荀，其方
> 向則是欲通過「天人之說」以重新詮釋「心性」及「價值」，實與孔
> 孟之學有異。但其作者之態度，則並非欲離孔孟而另樹一幟，故處
> 處仍以上承孔子之姿態說話。然其說既不能建立「主體性」，則不能
> 視爲孟子一支之學說。且以「人」配「天」，將價值根源悉歸於「天」，
> 亦大悖孔子立說之本旨。故《中庸》之說，可視作漢儒理論中最成
> 熟、最完整者，但就儒學心性論而言，則〈中庸〉是一旁支，不能
> 作爲主流之一部。〔註42〕

勞先生定位《中庸》之義理性格爲漢儒理論型態者，以爲其「天人」思想不
是孔門心性之學的傳承，亦不能建立以人爲主體性之思想體系，因此，不能
視爲儒家傳承上之主流，而僅能視爲旁支：

> 古代中國，「天命」自是一普遍信仰。但孔孟立說，皆不以原始信仰
> 爲依據。《中庸》有「天命之謂性」之說，正見其與孔孟思想方向有
> 異。蓋《中庸》大致出於秦漢之際，此時原始信仰因文化上之大破
> 壞而重現，各種非儒學之觀念亦相繼與儒學混合，終有漢代之「天
> 人觀念」出現。《中庸》之形上學系統原屬此一儒學變質之產物，未
> 可強爲孔孟所代表之先秦儒學之「發展」也。〔註43〕

在此，勞先生認爲《中庸》「天命之謂性」與漢儒之「天人感應」爲同一脈絡
發展，故認「天命之謂性」爲孔門之學的異質發展，是一儒學變質的產物，
其關鍵仍是《中庸》天人思想的定位問題，與上述否認儒家道德的形上學之
可能如出一轍，「天人」思想在孔孟義理並非全然隱而未見，只是尚未如《中
庸》、《易傳》般有完整的體系建構，若由此而否認孔孟思想中的天人意涵，
則無法掌握孔孟之學豐富而完整的義理全貌。因此，先行認定何者（心性論）
爲儒家義理性格，並由此來決定《中庸》之思想定位，此論述結果尚有待商
榷。再則，勞先生也認爲：

> 宋儒除極少數言心性者外，大半皆喜談《中庸》及《易傳》中之形

〔註42〕勞思光：《新編中國哲學史》（二），台北：三民，2001 年，頁 71～72。
〔註43〕勞思光：《新編中國哲學史》（一），頁 191。

上學理論；而又誤信《中庸》爲子思所作，於是極力牽引孟子思想
使與《中庸》相符，以塑造其「儒家形上學」之圖像。然吾人自客
觀角度看，則《中庸》作者旣屬於儒家，則其思想與孔孟之說之某
種關聯，自亦不足爲奇，但其思想之類型，與孟子之類型大異，故
孟子思想難與《中庸》相符，亦不必求其相符。……亦不須依賴一
對「天命」之信仰，或對「形上天」之肯認也。〔註44〕

勞先生所建立的中國哲學史之詮釋系統，乃立論深刻、理路清晰兼精緻之詮
釋體系。由此歸結出：純正的孔孟之學乃僅是「心性論」之哲學內涵，而屬
於形上建構之「天道論」等哲學問題，咸認其非純正先秦儒家之學脈，如此
一來孔孟之心性之學，將與《中庸》、《易傳》所建構的道德的形上學斷爲兩
橛。由此，進一步認爲《中庸》「天」的意涵僅「形上天」之意義，故而先秦
儒家中「天」的地位並不重要，〔註45〕以孔孟「心性論」爲本位的詮釋立場，
可能忽略在《論語》《孟子》書中「天」之多種意涵；〔註46〕其中，「天」主
要是一個道德意義的內涵，是傳承「天命」德治思想的進一步發展。

（三）《中庸》爲孔孟之學的圓滿發展

此立場以牟宗三、徐復觀、蔡仁厚爲代表，而楊祖漢與高柏園大致亦採
此立場。基本上，《中庸》作爲「生命的學問」之性格，當然不能落於主客對
立、主客二分的知識體系來加以理解，故若以自然主義之道德觀以及唯物立
場來理解《中庸》，而加以判定詮釋，恐有失《中庸》之本意。順此理解《中
庸》，則其道德意義上之實踐可能成爲妄誕，《中庸》這一性命寶典卻成空泛
的文字論述，《中庸》故不可歸爲道家自然主義之理路，亦不可單純的以唯物
觀來加以解釋，況人心與天道更不是對象性的認知，而是順承應合的貫通一
致，如此也才是天人合德之眞義。

再者，若以西方哲學範疇區隔孟學中的天人思想，並簡單的裁定《中庸》
《易傳》之思想定位，並非妥當的研究進路。《中庸》不可能單純地以西方之
哲學範疇來加以類比，然若以單一的詮釋面向來裁判其義理高下，卻也有失
公允而蔽其全貌。孔孟所揭示的「心性論」義理體系，雖爲先秦哲學發展之

〔註44〕勞思光：《新編中國哲學史》（一），頁191～192。
〔註45〕請參見勞思光：《新編中國哲學史》（一），頁387～390。
〔註46〕關於《論》《孟》書中「天」的概念意義，有多種意涵並且往往與「命」概念
　　　　連說，此本文於下章再行分析。

極致、圓致階段，而中國哲學裡的形上學與宇宙論雖有駁雜不醇者，並不可逕認爲《中庸》、《易傳》之本體宇宙論爲駁雜不醇者。《中庸》、《易傳》之本體宇宙論的建構亦有其精彩與價值之處，割裂與排斥之都是先秦儒家義理體系之缺憾。〔註47〕也無法充分呈現出孔孟心性之學，作爲確立主體道德實踐之優位性，並將先秦儒家天人之學的精闢處全然抹殺；申言之，《中庸》《易傳》天道論之設施也是就道德實踐所發，其義理傳承與孔孟心性論並無二致；若強行割裂庸易之天道論系統，則先秦儒家「天人合德」之精彩處不顯，作爲先秦儒家之孔學傳承亦未得圓滿而周備。

雖然《中庸》形上學爲本體宇宙論式，此本體宇宙論爲仁義心性之學的引申發展，以道德實踐爲核心內涵，因此，是順承孔門心性之學的傳承，可說《中庸》乃是形上學、宇宙論與心性之學三方具足，爲以道德實踐爲主軸之「道德的形上學」。牟宗三更以《中庸》爲先秦儒學發展之極成者，他說：

> 由孟子之道德自覺上實踐地說性，由其如此所體證之性之「固有」
> 義、「天之所與」義，以及本心即性、「萬物皆備于我」、心性向絕對
> 普遍性伸展之義，則依一形而上的洞悟滲透，充其極，即可有「性
> 體與天命實體通而爲一」之提升。《中庸》如此提昇，實與孟子相呼
> 應，而圓滿地展示出。〔註48〕

此爲儒家「天人合德」思想之建構，《中庸》所倡言者乃是儒家性體與道體的相貫通，與孔孟心性之學實無二致，僅在于其乃是由道體下貫以明性體，《易傳》則爲最後之圓成，如此應視爲圓滿之發展，而不應視爲與《論語》《孟子》爲異路。《論語》《孟子》亦有一客觀地、超越地之「天」（如〈盡心〉章）。然而儒家言「天」亦不向人格神方向走，此乃性體與道體相貫通，故可由道體以明性體，由性體以證道體。因此，與漢人之氣化宇宙論在根本上有所不同，亦與西方康德前之獨斷形上學不同。此特爲儒家所特有之「道德的形上

〔註47〕 請參考勞思光：《新編中國哲學史》（二），頁 103～104。

〔註48〕 牟宗三：《心體與性體》（一），頁 31。另外，由早期儒家之「天命」觀的發展，也可以看出孔子轉化周人天命思想，成爲普存的人之道德天命，一方面成爲孟子心性論原理的根源，另一方面也成爲《中庸》、《易傳》天道論之形上論述根源；是一「道德的形上學」之建構，而傅偉勳也說：「就其哲理的深層結構而言，『道德的形上學』原是儒家的仁人君子依其良知的自我醒悟實存地投射或推廣自己的道德主體到天地自然所形成的儒家特有的本體論洞見，而『生生之化、天命流行』的儒家宇宙論，哲理上也是依此洞見而成立的。」請參見傅偉勳：《從西方哲學到禪佛教》，台北：東大，1991 年，頁 250。

學」。〔註49〕

　　由上可知，《中庸》本義並不悖於孔門義理心髓，是孔門仁學、天命觀進一步形上論述的建構與安立，而非僅是一種形上學的論述，其「天道論」必與道德工夫義相貫通，方能形塑其完整圓滿的體系。高柏園也表示：

> 以《中庸》爲孔孟心性論進一步之發展與極成，並以道德形上學爲其綱領，這不但能符合儒家實踐之要求，同時亦使《中庸》之工夫論與形上學立基於孔孟心性論之上，由此亦使孔孟無外之仁心有一充盡之發展，其結合了《中庸》之形上思想，當即能消除神秘主義〔註50〕的說法，避免「宇宙論中心」的混淆。〔註51〕

是故當人之道德本心覺醒，一念醒察便可體物不遺；誠形內外而無分，以至誠無息潤物無方，並且推及于整個存在界，由此心境下便可說盡性、成己與成物。然而天人合德之境界，故是一道德實踐上的理境，然也是主體道德主觀心境之證成，是否能在現實上具體充其極而展現，楊祖漢說：

> 人勉求成聖，已是千難萬難，又怎能使一切人都能成聖，人因可努力實踐，希望使人物皆得其所，但天地如此之大，萬物如此之多，人只藐然一身，又怎能做盡一切事；故言雖然可以盡其心，但是不可能滿足「性天」之絕對普遍之意義。〔註52〕

楊祖漢所提出的疑慮相信是多數學者的疑慮，然此也可能是儒家「內聖」進而能「外王」的關鍵所在。因此，《中庸》所倡言之道德的形上學，其根本用意乃在透過道德工夫之體證，建構一圓滿的天道論，並使之落實於具體生活世界中；然而所謂的落實，其意義並非只是透過道德本心當下呈現以體證天道；而是由此遍潤萬物使此大千世界歸於圓滿，此是「內聖外王」的眞義，

〔註49〕請參考牟宗三：《心體與性體》（一），頁35。

〔註50〕馮友蘭認爲《中庸》一書乃是「孟子哲學中之反功利傾向及神秘主義之傾向加以有系統的説明。」請參見馮友蘭：《中國哲學史》〈附補篇〉，頁447～448。另李澤厚也認爲：「這種天人合一主要和首先是一種通由個體修養而達到的主觀精神境界的高揚，與外部物質世界的運動變化關係不大，主觀意識追求在這裡是第一性的和本原的。」請參見李澤厚：《中國古代思想史論》，台北：谷風，1987年，頁143。馮先生與李先生皆將中國哲學中，關於儒家經工夫實踐所圓成聖人理境之境界義描述，解釋爲一種神秘主義之表徵，或欲徵諸西方實在論的解釋，所引起的詮釋上的扞格。

〔註51〕高柏園：《中庸形上思想》，頁86。

〔註52〕楊祖漢：《中庸義理疏解》，頁207。

是天地人神全都歸於圓滿，是「內聖外王」的眞實展現，《中庸》所論即展現此極致之最高境界，此境界是儒家「天人合德」理想的具體展現，因此，《中庸》所開展的「道德的形上學」是先秦儒家天人思想的圓滿完成。雖然《中庸》所描繪的聖人體道之理境，於人現實生活中往往拘於氣命，不能朗現充盡道德理想；此由於個人氣命所拘，致使至誠盡性似乎遙不可及，並不是轉念間當下即是，故道德實踐之歷程，實乃永無止歇、死而後已；天道之無邊義蘊，萬有之無限價值，也在至誠盡性的努力歷程中，呈顯其光彩與意義；因此，道德充盡之努力並不是希求在客觀現實上，眞能扭轉乾坤、造化天地；對于有限的生命個體言，儒家之天人合德、贊天地化育，皆是透過道德實踐的極成，在心量上的轉化與擴充；由此眞能領悟天地造化之妙；故天道生化之無邊義蘊，自然得以默會於心。〔註53〕

　　人在道德實踐的歷程中，自已體現天道理境之光輝，故道德實踐的路途雖無止盡，而人亦只是一有限的存在生命體，有沉淪迷失於物引之可能；然而，人只要於生死呼吸間時刻警醒，念念不忘其道德本心的呼喚，自然不違天道本心於方寸間，而於視聽言動間體現，儒家肯定道德生命之可貴與積極處，在於一種憤悱不已的實踐過程，因此，《中庸》所興發的天人理境，是道德本心滿心而發的擴充工夫，實不是能以區區外在現實之事功來認定衡斷；更不能用類近創世主的概念來理解「贊天地之化育」等語，如此，則不能眞實領會其中的意涵；所以《中庸》所言不是西方哲學意義下之宇宙生化論的內涵，也不是文學式的或宗教式的玄虛光景描繪。故《中庸》爲儒家成德之教的嫡傳血脈，雖然其言天道與性乃由不同入路，其終極旨趣乃是殊途同歸的。誠如蔡仁厚所言：

> 超越客觀的天道天理，必通過人的心性工夫之實踐，而後才能得其
> 具體而眞實的證現，而內在主觀的本心善性，也必須通過人的自覺
> 呈現，而後能透顯它超越而客觀的意義，而上達天德，與天地合德。
> 總起來可以約爲二句話：「本天道以立人道，立人德以合天德。」上
> 一句由天而人，由超越而內在。下一句由人而天，由內在而超越。
> 這樣一個「天道心性通而爲一」的形上實體，就是儒家倫理道德的
> 精神基礎。〔註54〕

〔註53〕 程明道語「只此心便是天」、「只此便是天地之化，不可對此個別有天地之化」
　　　　即爲此意。

〔註54〕 蔡仁厚：〈儒家倫理基軸之省察〉，《東海哲學研究集刊》第五輯，1998 年 7

可知《中庸》之「天」是爲儒家倫理道德的精神基礎，此精神的基礎也即是意義的無盡藏，而《中庸》之「至誠盡性」可以是存有論上的實踐與充盡，此與海德格存有論不同的乃是：海氏的存有論與價值、道德無關，但同是肯定人在天地間的特殊地位，咸認「人能弘道，非道弘人」，相信人能彰顯存有，陳榮灼在比較兩者之異同時指出：

> 無論儒家或海德格，他們都不採取純理論或觀解的進路（purely theoratical or speculattive approach），卻都強調實踐的優先性。其不同在於：儒家強調道德的實踐，而海德格卻強調一種與道德無關的 sich-zu-sich Verhaten（自己對自己的關聯）。不過，雖然他們所肯定的内容有所不同，但他們都肯定實踐的進路。〔註55〕

是故，從實踐的意涵上言，道德的形上學是爲存有論式（本體論）的。申言之，由於孔子乃體性全備且圓滿之聖人，可以述而不作；《中庸》於傳承孔門心法的使命上，在義理論述上，是以道德爲内涵的「形上學」，本質上是一個「生命的學問」，因此，《中庸》之形上學乃「道德的形上學」，是以道德實踐爲内涵而成立之形上學，其具體顯發則爲人倫日用的生命體驗。因此，《中庸》之「道德形上學」勢必是「理事無礙」之兩重解行相應，而非一般哲學意義之形上學的空泛論述。

貳、《易傳》文獻相關問題之釐清

一、《易傳》之作者與成書年代

月，頁 2～3。

〔註55〕陳榮灼：《現代與後現代之間》，台北：時報，1992 年，頁 130。陳榮灼在分析儒家的道德的形上學與海德格的基本存有論的相似點時，指出如下幾點共同點，1. 無論儒家或是海德格都肯定人在宇宙萬物中具有非常特殊的地位，這個特殊的地位是透過人跟天道或存有之間密切的關係而表現出來。2. 儒家和海德格都同時肯定，人是道或存有彰顯它自己的唯一通路。3. 儒家和海德格都同時肯定人在彰顯道，不是道在彰顯人；或人在彰顯存有，不是存有在彰顯人，在中國哲學裏面有所謂「人能弘道，非道弘人」這句話。4. 當他們把存有當做是一種（ontological movement）時，他們都把人看做是一種動態的存在（dynamic essence）。在儒家是用道德實踐來彰顯這種活動，而在海德格則以 Dasein 不斷的往前投射或 Anticipation 來彰顯。請參見《現代與後現代之間》，頁 129～130。雖然道德的形上學與海氏的基本存有論容有上述之相似點，只是在強調人作爲實踐主體的優位性，至於其義理本質、核心價值則有所不同，凡此不同請詳見本文第五章之分析。

（一）《周易》文獻相關問題說明

易之成書經過「易歷三聖」之創作階段，班固《漢書‧藝文志》對《周易》經傳的創作過程作了如下的概述：

> 《易》曰：宓戲氏仰觀象于天，俯觀法于地，觀鳥獸之文與地之宜，近取諸身，遠取諸物，于是始作八卦，以通神明之德，以類萬物之情；至于殷周之際，紂在上位，逆天暴物，文王以諸侯順命而行道，天人之占可得而效，于是重《易》六爻，作上下篇；孔氏爲之《彖》、《象》、《系辭》、《文言》、《序卦》之屬十篇，故曰《易》道深矣，人更三聖，世歷三古。

《漢書‧藝文志》的這種說法是根據漢初學者的說法而提出的，如司馬遷《史記》對舊說之綜合，陸賈《新語‧道基》篇有「先聖、中聖、后聖」之說。所謂先聖「仰觀天文，俯察地理，圖畫乾坤，以定人道」是指宓戲；中聖「設辟雍庠序之教，以正上下之儀，明父子之禮、君臣之義」是指文王；后聖「定五經，明六藝」是指孔子。顏師古亦注：「伏羲爲上古，文王爲中古，孔子爲下古」，可知《周易》的作者有三人，即伏羲氏作八卦，周文王重卦並撰卦爻辭，孔子作十翼。此「易歷三聖」之說法，普遍爲漢代學者所接受，故《周易乾鑿度》也說：「垂皇策者羲，益卦德者文，成命者孔也。」〔註56〕「易歷三聖」代表易學之詮釋的三個階段，是漢儒的傳統說法。在《淮南子‧要略》說：

> 今《易》之《乾》、《坤》足以窮道通意也，八卦可以識吉凶、知禍福矣，然而伏羲爲之六十四變，周室增以六爻，所以原測淑清之道，而捃逐萬物之祖也。

其中談到的「周室增以六爻」，與《漢書‧藝文志》文王「重《易》六爻」相應，但未指明文王，許愼注則說：「周室，謂文王也。」明確提到文王的書面

〔註56〕高懷民在《兩漢易學史》一書中也持同樣看法：易從伏羲畫八卦開始，經歷了三個階段，即伏羲畫卦的「符號易」，文王重卦的「筮術易」，與孔子演十翼的「儒門易」三個階段，這三個階段是爲中國先秦易學發展的三個階段，是所謂的「易歷三聖」。因此，易學思想也是由天道而神道、而人道的轉變，故自孔子以後，儒門易被學術界視爲易學的正統，而孔子以前筮術易遂被排擠於正統易學園地以外；但在兩漢以前，它仍然很活躍地流行在朝野間，實際上儒門易學家仍大多會筮占術，故儒門易與筮術易在孔子之後，雖一爲「學」、一爲「術」，實際上仍是一而二、二而一的同胞兄弟，亦即孔子之後易學的發展爲：儒門易成爲易學之正宗，而筮術仍以術的身份流行不輟。請參考高懷民：《兩漢易學史》，台北：文津，1975 年再版，頁 4～5。

記載，是司馬遷《史記‧太史公自序》說：「昔西伯拘羑里，演《周易》。」
與《史記‧周本紀》中所載「西伯蓋即位五十年，其囚羑里，蓋益《易》之
八卦爲六十四卦」相對照：「崇侯虎譖西伯于殷紂，……帝紂乃囚西伯于羑里。」
則和《漢書‧藝文志》所載「文王以諸侯順命而行道」是一致的。《漢書‧藝
文志》所述正是綜合舊說以成論，其言而有據故能傳流久遠。

然而《漢書‧藝文志》之說法亦有缺陷，顯然考諸《易經》中有些語句
晚于文王，而受到後來的學者所質疑。因此，關於「易歷三聖」的史實問題，
歷來學者都有所質疑；首先，是對於文王重卦的問題，其次是孔子作十翼的
問題。對於文王重卦的問題，唐孔穎達《周易正義》即云：

> 驗爻辭，多是文王后事。案《升》卦六四「王用亨于岐山」，武王
> 克殷之后，始追號文王爲王，若爻辭是文王所制，不應云「王用亨
> 于岐山」。又《明夷》六五「箕子之明夷」，武王觀兵之后，箕子始
> 被囚奴，文王不宜豫言「箕子之明夷」。又《既濟》九五「東鄰殺
> 牛，不如西鄰禴祭」，說者皆云「西鄰」謂文王，「東鄰」謂紂，文
> 王之時，紂尚南面，豈容自言己德受福勝殷，又欲抗君之國，遂言
> 東西相鄰而已？又《左傳》韓宣子適魯，見《易象》，云：「吾乃知
> 周公之德。」……驗此諸說，以爲卦辭文王，爻辭周公，馬融、陸
> 續等并同此說，今依而用之。所以只言「三聖」，不數周公者，以
> 父統子業故也。

孔穎達認爲文王作卦辭，而爻辭乃周公所作，其說法顯然與《漢書‧藝文志》
所述不同。〔註 57〕或許《淮南子‧要略》只說「周室」不說文王，也有類似
的顧慮。清代崔述在其《豐鎬考信錄》卷五也說：

> 近世說《周易》者皆以象辭爲文王作，爻辭爲周公作，朱子《本義》
> 亦然。余按：《傳》前章云：「《易》之興也，其于中古乎？作《易》
> 者其有憂患乎？」初未言「中古」爲何時而「憂患」爲何事也。至
> 此章（按指「《易》之興也，其當殷之末世，周之盛德邪」一章）始
> 言其作于文王時，然未嘗言爲文王所作也。且曰「其當」，曰「其有」，

〔註 57〕重卦非文王所作之問題，在漢魏間尚有四種不同的觀點：一是認爲伏羲自重
六十四卦，二是認爲神農氏重卦，三是認爲夏禹重卦，四是認爲文王作卦辭、
周公作爻辭。請參見張善文：《象數與義理》，台北：洪葉，1997 年，頁 12。
張善文：《易經初階》，台北：頂淵文化，2000 年，頁 25。

曰「邪」，曰「乎」，皆爲疑詞而不敢決。則是作《傳》者但就其文

推度之，尚不敢決言其時世，況能決知其爲何人之書乎！

崔述割裂《系辭》傳文本不可取，但其質疑文王重卦的說法頗值參考。文王

重卦之說既不可信，而重卦的起源亦歷來眾說紛紜。〔註58〕文王重卦的問題

〔註58〕《淮南子・要略》：「八卦可以識吉凶，知禍福矣，然而伏羲爲之六十四變」
認爲伏羲是重卦之人。鄭玄（BC127~200 年）則以爲是神農氏，孫聖認爲是
夏禹，他們皆相信三《易》之說，認夏之《連山》、殷之《歸藏》皆爲重卦，
故重卦之人不應晚于三代。《玉海》引《山海經》亦云：「伏晰氏得河圖，夏
后因之，曰《連山》；黃帝得河圖，商人因之，曰《歸藏》；列山氏得河圖，
周人因之，曰《周易》。」也説明周以前即有六十四卦之產生。清人顧炎武亦
認爲重卦在周以前，而「不始於文王」。大陸學者張善文則由新近出土資料，
由「數字卦」進而推斷重卦之時代應上溯商代。(考古學界對商周時代的甲骨
文、陶文、金文中一些原先未解的「奇字」進行研究，指出這些「奇字」即
是當時用數字形式刻寫下來的八卦、六十四卦符號。) 請參見張善文：《易經
初階》，台北：頂淵，2000 年，頁 27～29。另外，關於考古文物「數字卦」
的解謎，乃是由張政烺於 1978 年首先提出，請參考戴璉璋：《易傳之形成及
其思想》，台北：文津，1997 年，頁 16～17。至於，文王所演之《周易》爲
何，大陸學者姜廣輝在其「『文王演《周易》』新説——兼談境遇與意義問題」
一文中認爲：首先，由殷代筮數重卦的發現，証實重卦非始于文王，認爲文
王「拘而演《周易》」是爲演德而非重卦，其所演爲韓宣子聘魯所見之《易象》：
《左傳・昭公二年》：「晉侯使韓宣子來聘，且告爲政而來見，禮也。觀書于
大史氏，見《易象》與《魯春秋》。曰：周禮盡在魯矣，吾乃今知周公之德與
周之所以王也。」孔穎達于《春秋左傳正義》疏曰：「周之所以得王天下之由，
由文王有聖德，能作《易象》故也。」姜廣輝從文獻上來考察此一論據，證
實了重卦者非文王重卦，至于此《易象》原本已不可見，當類于今本《周易》
大象，但略有不同，作者於此並未詳論其實。再者，他進一步從文字學的角
度，說明「德」字在周金文中之常見，申論「德」爲周人所強調之觀念，對
照殷人筮占的神秘傳統（《禮記・表記》：「殷人尊神，率民以事神，先鬼而後
禮……周人尊禮尚施，事鬼敬神而遠之。」殷人與周人之文化精神樣貌本有
不同），開創具「演德」意涵的人文精神傳統。他進一步援用美國著名倫理學
家約瑟夫・弗萊徹（Joseph Fletcher）的「境遇倫理學」（「哪裡有了境遇所提
出的問題，哪裡就有真正的倫理學。」請參見《境遇倫理學》，中國社會科學
出版社，1989 年，頁 119。），說明《易象》乃是以六十四卦的形式探討在不
同的境遇下，君子所應具備的德性。因此，周人虛以受人，繼承殷人之占筮
文化加以損益變革，以「演德」之《易象》作爲「人君南面之術」，並改編殷
《易》爲《周易》以「神道設教」。又因易在秦火焚之時，被認定爲卜筮之
書，非經書之類，作爲「演德」的《易象》以傳的形式保存下來，而《周易》
也在秦漢間特殊方術氛圍下形成經、傳的形式。最後，歸結出文王、周公不
曾重卦，亦不曾作卦、爻辭（關於卦爻辭之作者屬誰，目前學界並無確論），
而作了「演德」之《易象》，更進一步否定文王、周公作卦爻辭的說法；姜廣
輝的說法可供參考，然僅依數字卦的考據與《左傳》之一二語，並沒有更強

雖透過出土文獻而有所商榷；然尙無確切之定論，並不能因此完全割離《周易》與文王的關係，近人李學勤對《易傳‧系辭下》「《易》之興也，其于中古乎？作《易》者，其有憂患乎？……」「《易》之興也，其當殷之末世、周之盛德邪？當文王與紂之事邪？是故其辭危，危者使平，易者使傾。……」兩段文字作考證而作出幾點推論：

  第一，《易》之興，是在「中古」，而「中古」即「殷之末世，周之
    盛德」，也就是殷周之際。

  第二，《易》之興，即作《易》之時。

  第三，作《易》「當文王與紂之事」，「周之盛德」是指文王之德。

  第四，作《易》者「有憂患」，故「其辭危」，這有關「文王與紂之
    事」。

  再參考《明夷》的《彖傳》：「內文明而外柔順，以蒙大難，文王以
  之。」

  當文王與紂之事，蒙大難、有憂患者，正是文王，所以文王作《易》，
  《系辭》已經說明了。馬王堆帛書《易傳》的出現，爲討論這個問
  題提供了新的依據。〔註59〕

又說：

  《易之義》和《要》篇，編成可能較晚，而所採用的內容應該都是
  較早的。這裡引的各段，和《繫辭》一樣，都被認爲是孔子的言論。
  因此，文王作《易》之說有著相當古的起源。〔註60〕

李學勤從文獻說明了文王與《周易》的關係，更確立文王作爲《周易》詮釋歷程中之關鍵角色，只是其所當綱詮釋的實質內容爲何至今仍難獲定論。

  除了文王重卦、伏羲畫卦亦受到質疑，〔註61〕因此，而作爲「易歷三聖」

  而完整的考據，以資作爲論斷文王重卦等相關問題。請參考姜廣輝，〈『文王
  演《周易》』新說──兼談境遇與意義問題〉，劉大鈞：《大易集述》，成都：
  巴蜀書社，1998年，頁19～28。

〔註59〕李學勤：〈帛書《易傳》與《易經》的作者〉；朱伯崑主編，《國際易學研究》
   第一輯，北京：華夏，1995年，頁62～64。

〔註60〕李學勤：〈帛書《易傳》與《易經》的作者〉，頁65。

〔註61〕呂紹綱說：「《周易》的天概念淵源於原始氏族社會，原始氏族社會的天概念
   由人們的天文曆法活動產生。人們頭腦中的天是自然的天，其主體是太陽。
   更早的時候，人們只知道大火，施行火曆，僅僅認識天一個的局部。至堯的

詮釋歷程中之主要的哲學轉向，十翼的創作問題更是成爲歷代學者所質疑的重心。北宋歐陽修撰《易童子問》，考察《易傳》的內容，認爲〈繫辭傳〉、〈文言傳〉、〈序卦傳〉並非出自一人，顯然非孔子一人所撰。而清代姚際恒《易傳通論》、康有爲《新學僞經考》等，也認爲《易傳》非孔子所作。〔註62〕當代學者對《周易》經傳的看法，更是傾向否定「易歷三聖」之傳統說法。

因此，《周易》經傳乃是不同時代的作品，二者皆非一時一人之作，八卦的出現與六十四卦的創作當在西周以前頗爲久遠的時代，《周禮・春官》謂太卜「掌《三易》之法，一曰《連山》，二曰《歸藏》，三曰《周易》，其經卦皆八，其別皆六十有四」而同時也出現與其相適應的筮辭。《三國志・魏志・高貴鄉公傳》載淳于俊說：「包羲因燧皇之圖而制八卦，神農演之爲六十四卦，黃帝、堯、舜通其變，三代隨時質文，各繇其事。」沿此發展，至於西周初產生一部井然有系統〔註63〕的《周易》亦未可知，〔註64〕或成書于殷周之際，〔註65〕至於所謂的「易歷三聖」的傳說不可輕信，吾人只可將其視爲一種時代文化的象徵符碼，至於「十翼」，它的形成確信受過孔子論易的影響，但其並非孔子所親作，大抵是出自戰國時期部分儒者之手，成書于春秋至戰國中期，〔註66〕亦可能是戰國中晚期的作品。「作者并非出自一人之手，可能是當時的史官所作。」〔註67〕至於其詳細分別，當代學

時代才對以太陽爲主要內容的整個天體有所認識，因而才產生天的概念。有了天的概念才會有八卦和六十四卦，才會有《易》。包括《連山》、《歸藏》、《周易》在內的所有《易經》，其產生都不會早於堯的時代，《周易》當然更要晚得多。《繫辭傳》『伏羲畫八卦』之說係後世人附會，不可信據，因爲傳說中的伏羲時代，天概念尚未產生，沒有天概念，八卦及六十四卦就無從談起。」請見呂紹綱：《周易闡微》，台北：韜略，1996年，頁135。

〔註62〕 請參見張善文：《象數與義理》，頁12。

〔註63〕 張善文說：「殷末周初，當時的學者（或筮人）對舊筮書進行了一番革故鼎新的改編工作，改編的項目大致可能有四方面：一是，使卦形符號規範化；二是，確定六十四卦卦序；三是，充實卦爻辭文句；四是，又經過多時多人的潤色、增刪，最後編定成卦形體系完整、卦爻辭文句富有形象性的《周易》。」請參見張善文：《象數與義理》，頁14。

〔註64〕 張立文認爲通行本（即今本）《周易》的經和傳，或稱《易經》和《易傳》的成書年代，在其《周易思想研究》一書論述。請參考張立文：《周易思想研究》，湖北：湖北人民，1980年，頁6～22。張善文：《象數與義理》，頁13。

〔註65〕 請參考張立文：《周易思想研究》，頁6～22。

〔註66〕 請參考張立文：《周易思想研究》，頁193～207。

〔註67〕 張立文：《帛書周易淺說》，《周易帛書今注今譯》，台北：臺灣學生，1991年，頁29。牟宗三亦認爲十翼非孔子所作，尤其是〈說卦傳〉、〈序卦傳〉、〈雜卦傳〉

者各有不同解讀，以及孔子與《易傳》之問題，凡此容見下文整理與說明。

（二）《易傳》文獻相關問題說明

1. 《易傳》的成書與年代問題

中國傳統上對《周易》的研究，〔註68〕大致上分為義理、象數、圖書三個方向，由此形成三個不同的研究體系。〔註69〕一般學者又把圖書易放入象數易的範圍，故可大別為義理易與象數易兩類，〔註70〕《易傳》的成書代表易學之哲學轉變，然關於《易傳》之文獻問題與思想定位歷來聚訟不休，一般焦點皆放在《易傳》之作者歸屬問題上，以及孔子是否即《易傳》之作者，如何理解孔子與《易傳》關係幾個問題上。

《周易》之名首見于《左傳・莊公二十二年》：「周史有以《周易》見陳侯者，陳侯使筮之，遇觀之否」，而其實乃包含《易經》和《易傳》，作為儒門佈教經典，在先秦原是「經」、「傳」分離的，即當時易經是由經上、經下及十翼等十二篇文字組成，經與傳並不相混合。經傳相合的時期有多種說法，不過一般較客觀的看法是：經傳相合乃是自西漢末年費直〔註71〕、東漢鄭玄、

〔註68〕　較為晚出，請參見牟宗三：《才性與玄理》，台北：臺灣學生，1993年修訂八版，頁100。唐君毅亦持此說，請參見《中國哲學原論——原性篇》，頁87～96。牟宗三曾根據湯用彤論述分判治易之三系，他認為：1. 管輅之術數乃「善易者不論易」，無章句與疏解經文，為「經外別傳」；2. 漢易之象數乃以陰陽災異為底，以爻象互體注經文，有章句，亦為「經外別傳」，此下開清胡煦、焦循兩家易學；3. 「以傳解經」之性理系，以王弼玄理與宋儒之性理為主。並以（3）方為解易之正鵠。請參見牟宗三：《才性與玄理》，頁89。另參見湯用彤：《魏晉玄學論稿》，台北：里仁，1984年，頁87～95。

〔註69〕　屈萬里在其《先秦漢魏易例述評・自序》說：「歷代《周易》之學，凡經數變：上下經文，初止用於占筮。十翼而後，乃藉以闡發哲理。至西漢中葉，孟喜習災異之術，好以象數說《易》；東漢《易》家，推衍其說，至三國而極。王弼奮起，掃象數之穿鑿，復於十翼之平實，歷六朝隋唐，定於一尊。下逮趙宋，『河圖洛書』、先天後天之說興，而《易》學在變，以迄晚明。遜清考據之學，突越前代，復排河洛先後天之謬，而反於漢人之象數。至於今茲，餘風未泯。惟例變雖多，然綜其大別，則不過象數義理圖書三者而已。」請參見屈萬里：《先秦漢魏易例評述》，台北：臺灣學生，1969年，頁1。

〔註70〕　一般皆認為易學史上貢獻最大者，乃孔子與王弼。王弼的《周易注》和《易略例》亦是扭轉易學的方向，此乃義理易的論述進路。請參考呂紹綱：《周易闡微》，頁41。

〔註71〕　方東美說：「本來在漢以前，符號和卦爻辭的系統屬於古代的易經，而十翼則是孔子和商瞿一學派的成就，這兩部分直到漢代是分開的，稱周易古本，『經』『傳』分開，所謂『傳』只是註解，說明經文的意義。本來這是兩部

魏王弼注易後〔註72〕才成為今日的易經版本。〔註73〕

　　至於「傳」俗稱「十翼」的內涵與結構，孔穎達《周易正義》說：「十翼云：上象一，下象二，上象三，下象四，上繫五，下繫六，文言七，說卦八，序卦九，雜卦十。鄭學之徒並同此說，故今亦依之。」

　　簡言之，《易傳》是指戰國以來對《周易》作系統解釋的著作，共七種十篇：《象》上下，《象》上下，《文言》，《繫辭》上下，《說卦》，《序卦》，《雜卦》。此十篇《易緯·乾鑿度》和東漢經師稱之為「十翼」，「翼」是輔助之意，其意義即表示用來解釋《易經》的。司馬遷于《史記·太史公自序》中說：「先人有言，自周公卒五百歲而有孔子。孔子卒後，至于今五百歲。有能紹明世，正易傳，繼春秋，本詩書禮樂之際？意在斯乎！意在斯乎！小子何敢讓焉。」又說：「易，著天地陰陽四時五行，故長于變」，「易以道化，春秋以道義」。司馬父子以《易傳》和《春秋》並論，因為他們認為《易傳》是孔子所作。在漢初，關於十翼的著作，亦稱為《易》或《傳》。陸賈《新語》引《繫辭》文：「二人同心」，「天垂象」，則稱「易曰」。《淮南子》引《序卦》文，亦稱「易曰」。《韓詩外傳》引《繫辭》文：「易簡而天下之理得矣」，則稱「傳曰」。總之，稱十翼之類的解易著作，為《易傳》或《傳》，始于漢初。漢初的經師，有時將自己解釋《周易》的著作，亦稱之為《易傳》，如《漢書·藝文志》所著錄的，所以後人將自己解釋《周易》的著述，亦稱之為《易傳》。東漢經師為了區別所謂孔子所作之《易傳》和一般經師的著述，采《易緯》說，稱戰

書，西漢時代，經文傳文仍舊分開，一直到施孟梁氏之後，有漢代易學大師費直，覺周易的符號、卦爻辭不易懂，必定要慨了十傳的解釋才可以瞭解周易，如此費直拿『傳』釋『經』，遂把文言傳安排在『乾』『坤』卦之後，把象傳放在各卦之後，象傳附在各爻之後，只有繫辭大傳為整體的介紹，是分開來的，如此從漢代費直一直到魏晉時代的王弼，『經』和『傳』不再分了，成為一貫的系統。」請參見方東美：《原始儒家道家哲學》，台北：黎明，1993年四版，頁 128～129。

〔註72〕林麗真整理《易傳》附經的起源問題，整理出如下結論：1. 費直「以象象繫辭十篇之言解說經上下」，只是用十翼來講解經文，尚未變更古本周易「經自經、易自易」的體裁。2. 鄭玄將象象整個附於經文之後，並加「象曰」「象曰」等字，但只如今本王弼易乾卦文言以前的排列樣式。3. 王弼進一步將文言分附於乾坤二卦之後，將象傳、大象、小象分附各卦爻辭之後，只存乾卦以見鄭本之舊。至於繫辭以下仍保留古本樣式。簡單的說，以傳合經的體裁是從鄭玄開始到王弼才完成。請參見林麗真，〈易傳附經的起源問題〉，《孔孟月刊》第 17 卷第 3 期，1978 年 11 月，頁 28。

〔註73〕請參考高懷民：《兩漢易學史》，台北：文津，1975 年再版，頁 6。

國以來的解易著作爲「十翼」。〔註74〕

關於《易傳》之時代與作者說明，首見于《史記‧孔子世家》：「孔子晚而喜《易》，序〈彖〉、〈繫〉、〈象〉、〈說卦〉、〈文言〉，讀《易》韋編三絕，曰：假我數年，若是，我於《易》則彬彬矣。」其中提到五種與孔子有關的《易傳》，接著《漢書‧儒林傳》亦云：「孔子……蓋晚而好《易》，讀之，韋編三絕，而爲之傳。」《漢書‧藝文志》云：「文王以諸侯順命而行道，天人之占，可得而效，于是重《易》六爻，作上下篇。孔子爲之〈彖〉、〈象〉、〈繫辭〉、〈文言〉、〈序卦〉之屬十編」《漢書‧藝文志》已點出十編之名。至《易緯乾鑿度》方把「十編」改爲「十翼」之名，後來孔穎達在其《周易正義‧序》提到：「其〈彖〉、〈象〉等《十翼》之辭，以爲孔子所作，先儒更無異論。」這個傳統的說法，至北宋方有歐陽修出而質疑，他在《易童子問》中說：「〈繫辭〉非聖人之作乎？曰：何獨〈繫辭〉焉，〈文言〉、〈說卦〉而下，皆非聖人之作，而眾說淆亂，亦非一人之言也。」認爲〈繫辭〉、〈文言〉、〈說卦〉、〈雜卦〉皆非孔子所作，亦非一人之作。這是較早對孔子對「十翼」質疑所較明確的說明，清代姚際恒與康有爲亦同樣提出質疑，清朝崔述懷疑〈彖〉、〈象〉爲孔子所作。當代學者同樣認爲十翼非孔子所作，且認爲《易傳》各篇非出于一時一人之手，乃戰國以來陸續形成的解易作品。但對各篇形成的年代，仍存在不同的意見，今依千炳敦所作的整理並稍加增補表列如下，本表所列乃 2005 年止最新考據資料之整理。〔註75〕（圖表請見下頁）：

〔註74〕請參考朱伯崑：《易學哲學史》（卷一），台北：藍燈，1991 年，頁 46～48。

〔註75〕請參考千炳敦，〈《易傳》道德形上學研究——並省察王弼與朱子之易學〉，東海大學哲學系博士班論文，1993 年，頁 9。

	彖　傳	象　傳	文　言	繫　辭	說卦、序卦、雜卦
錢　穆	1. 十翼非孔子所作。〔註76〕 2. 易傳哲學是道家之自然哲學，為唯氣宇宙論。 3. 〈說卦〉、〈序卦〉、〈雜卦〉成於西漢中葉。				
馮友蘭	1. 十翼非一人一時之作。 2. 作品與時代下限是戰國末年。				
顧頡剛	1. 最早不及戰國末年，最遲不晚於西漢末年。 2. 為受道家深刻暗示儒者所為。				
李鏡池	戰國末期至漢初，〔註77〕或秦火之後。〔註78〕				
嚴靈峰	秦火之後。				

〔註76〕錢穆曾舉出秦火之問題，進而論定《易傳》之成書應晚於戰國，在此，高懷民對秦火中《易》的遭遇問題，指出《易傳》成書年代應在秦火之前，其論點如下：1. 秦焚書時，所謂「易學」，是指儒門易而言；筮術在當時的身份是「術」，非為易學。2. 秦始皇焚書的目的，是為了箝制人民的思想，免得知識份子「不師今而學古」，而儒門易的十翼中間，含有濃厚的取法古聖先王的思想，衡之以理，定與其他五經同在被焚之列。所以司馬遷說：「六藝從此缺焉」，班固也說：「六學從此缺矣」。3. 秦火中免於被焚的，是「醫藥、卜筮、種樹之書」，所謂筮書，即為不包括十翼在內的六十四卦象及卦爻辭，原為占斷所用書，非危險的學術思想，故秦不禁。班固漢書儒林傳：「易為卜筮之書，獨不禁。」中「易」字，乃指此筮書，非指儒門的易經。4. 無十翼的筮書既不禁，那麼有十翼的易經自可得到庇護，因為當時的儒門易學家大多兼通筮術，通筮術的易學家只消舉手之勞，摘去易家的招牌，換上筮家招牌即可。儒門易經能獨無損地度過秦火，原因在此。5. 筮既不禁，故有傳承，由此可知司馬遷史記仲尼弟子列傳中所載自孔子、商瞿至漢興田何的易學傳承系譜，實為筮術的傳承，而非儒門易經的傳承。但此傳承中人，必都是兼通易學與筮術的人，雖是筮術的傳承，無異於儒門易經的傳承，這就是史公逕以「易」稱名此傳承的原因，也是漢興以後，田何以筮術與易學兩科教人的原因。漢興儒門易經的得以保全，是由於披著筮術的防護衣，僥倖度過了秦火之劫。請參見高懷民：《兩漢易學史》，頁6～7。

〔註77〕李鏡池在《易傳思想的歷史發展》一文中認為〈繫辭傳〉的編集目的為存佚與宣傳，前者如《繫辭傳》釋爻辭的十九條資料。宣傳則是謂漢初儒生為同道家爭地位所傳，至漢昭帝、宣帝方全部完成。這一推斷由帛書《周易》的出土，已然被推翻。請參考戴璉璋：《易傳之形成及其思想》，台北：文津，1997，序言頁2～3。

〔註78〕黃沛榮將十翼成書時代之學者不同看分為三派：1. 戰國之世——高亨、張立文。2. 戰國末期至漢初——馮友蘭、李鏡池。3. 秦火之後——錢穆、李鏡池、嚴靈峰。請參見黃沛榮：《易學乾坤》，台北：大安，1998年，頁183。

高　亨	最早之一篇	戰國時代	戰國《左傳》之後。	戰國公孫尼子之前。	戰國但未確證或曰「西漢初期人所撰，亦無確證」。
戴君仁	戰國末年	戰國末年	戰國末年	戰國末年	〈說卦〉前三章，與〈繫辭〉、〈文言〉同時。
李漢三	〈彖〉〈象〉〈文言〉〈繫辭〉當與孟子、老子書同時而稍後約在戰國中葉的末期，〈彖〉最早，〈象〉其次，〈文言〉，〈繫辭〉最晚；〈說卦〉至遲在秦漢之際，最早戰國中葉末年。〈序卦〉和〈說卦〉略同，〈雜卦〉在宣帝前后。				
張岱年	荀子以前	較〈彖〉晚些	與〈繫辭〉相類。	老子後，惠子、莊子前。	沒有說明
張立文	春秋，最遲為戰國初年。	孔子前已有	約在春秋中葉	最遲不晚於戰國中期。	〈說卦〉可能成於春秋時期，〈序〉〈雜〉與〈說卦〉相近。
朱伯崑	春秋以後荀子以前。	戰國後期	〈彖〉、〈象〉之後，其下限在《呂氏春秋》以前。	上限當在〈彖〉、《莊子.大宗師》之後陸續形成，其下限於戰國末年。	〈說卦〉戰國後。〈序卦〉漢初。〈雜卦〉漢人之手。
戴璉璋	西漢前寫成，〈說卦〉前三章與〈繫辭〉同時作品；後八章有可能寫於秦漢之際；〔註79〕〈序卦〉、〈雜卦〉不與其他五傳相差太遠。				
黃壽祺	上至春秋下至戰國，作者非一人，是孔子講說的記錄。				
黃沛榮	《易傳》七種流傳于戰國中末葉，而陸續成篇，甚至有晚至秦代者；其中雖有孔子之言論，但絕非孔子所手定。〔註80〕				

〔註79〕　戴璉璋認為〈說卦〉談卦象部分受到陰陽家四時方位之影響，故其成書時代當晚於〈文言〉、〈繫辭〉等，請參見戴璉璋：《易傳之形成及其思想》，頁11。郭沂認為〈說卦〉後面幾章為早於〈彖〉、〈象〉之舊物，為古〈說卦〉之佚文，請參考郭沂：《郭店竹簡與先勤學術思想》，上海：上海教育，2001年，頁304～307。李學勤根據帛書認為〈說卦〉前三章為錯簡成書較早，而後面幾章與〈序卦〉〈雜卦〉可等同觀之，請參考李學勤：〈馬王堆帛書《周易》的卦序卦位〉，《中國哲學》第14期，人民，1984。廖名春則以義理內容之聯貫性，也從帛書〈衷〉與熹平石經的〈說卦〉殘石，論證〈說卦〉的前三章不會晚于西漢，應該在先秦時代，並認為今本前二張與後九章意義雖有區別，存在錯簡的可能，但其成書也應在先秦。本文採取廖名春的看法，請參考廖名春：《周易經傳與易學史新論》，山東：齊魯，2001年，頁108～123。

〔註80〕　請參見黃沛榮：《易學乾坤》，頁184。

廖名春〔註81〕	《荀子》與《呂氏春秋》前。〔註82〕	大象源于魯太史之《易象》,〔註83〕小象戰國后期。	戰國至《呂氏春秋》間。	戰國時期	〈說卦〉戰國〈雜卦〉戰國〈序卦〉較上兩者晚亦在戰國。

　　由上表得知《易傳》之作者與十翼之成書年代,時至當代亦未有定論;大體而言,錢穆、馮友蘭、顧頡剛諸位先生,由對比《論語》與《易傳》之義理與語法上差異,傾向否定孔子作《易傳》之說,錢先生與顧先生更認爲《易傳》受道家影響,爲氣化宇宙論之性格(關於《易傳》之義理性格釐定請見下文論析);而戴君仁則由〈文言〉之對偶句,〈彖〉、〈象〉兩傳多韻之通合現象,斷定《易傳》近於《荀子》、《老子》與《楚辭》中屈原、宋玉兩家之作品;〔註84〕郭沫若更認爲《易傳》大體上乃荀子門人中之楚人所作,〔註85〕然而《荀子》義理性格與《易傳》有顯著之差異,尤其就「天人合德」的義理面向言,更可以看出兩者在天人思想內涵方面的差異;況且荀子所用心處在「禮」,「禮」本質上爲外在、後天之規約,其道德面向亦就經驗層面而論,終歸于他律道德,《易傳》強調「一陰一陽之謂道,繼之者善也,成之者性也」、「立天之道曰陰與陽,立地之道曰柔與剛,立人之道曰仁與義」,其義理性格不外于孔門之仁義本心,強調先天、內在的自律道德;若僅就文體上之相彷逕論斷其作者歸屬,似乎不具說服性與邏輯上之必然性,文體上相近也有其時代上之因素,諸如《老子》與《荀子》在文體上亦相近,〔註86〕但其思想性格則南轅北轍。

　　綜上所述,十翼雖非孔子所親作,其在儒家思想發展史上亦有其意義。吳怡即認爲十翼雖不是孔子所作,但應是孔子思想之延續與發輝,孔子學問重心在「仁學」之開展,雖有天道論部分論述,然並非孔子學問重心;《易

〔註81〕 廖名春:《周易經傳與易學史新論》,山東:齊魯,2001 年,頁 277～282。
〔註82〕 廖名春認爲《荀子·大略》乃是引《彖傳》對咸卦之解釋,兩者大同小異,並從馬王堆帛書《二三子》、《衷》和《繆和》來分析,考據帛書《繆和》是成書於《呂氏春秋》、《荀子》之前,而《繆和》又是襲用《彖傳》之文,進而認爲《彖傳》之成書肯定在《呂氏春秋》與《荀子》之前。請參見廖名春:《周易經傳與易學史新論》,山東:齊魯,2001 年,頁 278～279。
〔註83〕 廖名春認爲從《左傳·昭公二年》的記載可知《大象傳》的形成可能源于魯太史所藏之《易象》。請參見廖名春:《周易經傳與易學史新論》,頁 279。
〔註84〕 請參考戴君仁:《談易》,台北:臺灣開明,1980 年六版,頁 27～28。
〔註85〕 請參考郭沫若:《青銅時代》,(載於《郭沫若全集、(1)歷史篇)。
〔註86〕 請參考戴君仁:《談易》,頁 27。

傳》之天道論思想是經由孔子言論啓示而發展，由此自成本體宇宙論之系統。因此，十翼思想的本質雖爲孔學之傳承，然經由師生口耳相傳、引申發揮，及至戰國后期方集結成書、形成體系，並由此確立其體性與地位，孔子思想在其中所扮演的，則是「十翼」與卦爻辭之間的橋樑。〔註87〕雖《史記·孔子世家》：「孔子晚而喜《易》，序《彖》、《繫》、《象》、《說卦》、《文言》」漢代儒者傳統上認爲孔子作十翼，陸賈《新語·道基》、東漢班固《漢書·藝文志》亦持同樣的看法。但經當代學者之考察認爲十翼非孔子一人所作當無疑議。綜而言之，《易傳》的思想源于孔子，與孔子有密切的關係，而《易傳》本身也經過戰國時期儒者之整理與發揮，因此，《易傳》作者主要是孔子後學；〔註88〕孔子詮釋經義、引用經文，雖對《易傳》的形成有所影響，然而孔子引《易》或論《詩》，重點還是在于道德行爲的指示。後來儒者承襲此一宗風，在《易傳》的探究上遂有：「居則觀其象而玩其辭，動則觀其變玩其占。」〈繫辭上傳〉第二章，如此多方領會，師生相傳積累成篇，彙編成集，至戰國后期《易傳》方才集結完整。〔註89〕釐清《易傳》作者與成書年代之相關問題，並確定了孔子與《易傳》之關聯性，至於其實際之關聯性爲何，本文考查以下幾個問題來加以解析，以澄明其間之諸種疑義。

2.《易傳》與孔子的關係

　　一般關於孔子與周易經傳的關係可分爲四端，分別爲：1. 作卦爻辭的問題。2. 學《易》的問題。3. 贊《易》的問題。4、傳《易》的問題。〔註90〕關於孔子作卦爻辭的問題，只有清人儒皮錫瑞在其《經學通論》中認爲「蓋卦爻分畫於羲文，而卦爻之辭，皆出於孔子。」熊十力亦說：「《周易》完全爲孔子創作，本與文王無干」認爲卦爻辭出於孔子，當代學者一般否認此種可能。〔註91〕故今就孔子學易、傳易諸說略加闡述。

（1）孔子讀易的問題

　　關於孔子讀易的問題，這是肯定而無疑的。從文獻記載則見《史記·孔

〔註87〕請參見吳怡：《易經繫辭傳解義》，台北：三民，2001 年，頁 3～7。

〔註88〕廖名春：《周易經傳與易學史新論》，頁 283～284。

〔註89〕請參考戴璉璋：《易傳之形成及其思想》，頁 10。

〔註90〕黃沛榮：《易學乾坤》，頁 157。

〔註91〕黃沛榮認爲孔子以前：《易經》固已傳世，又孔子必無作傳自解卦爻辭之理，故卦爻辭作者必非孔子。請參見黃沛榮：《易學乾坤》，頁 157～164。亦見吳怡：《易經繫辭傳解義》，頁 4～5。

子世家》即云：「孔子晚而喜《易》，序〈彖〉、〈繫〉、〈象〉、〈說卦〉、〈文言〉，讀《易》韋編三絕，曰：假我數年，若是，我於《易》則彬彬矣。」再者，《論語‧述而》亦云：「子曰：加我數年，五十以學《易》，可以無大過矣。」《論語‧憲問》云：「君子思不出其位。」憲問篇所載曾子的話，是引述周易艮卦的象辭，可見曾子曾讀周易，而對於艮卦的象辭特有會心。曾子的讀易，自必是受到孔子的教導。《論語‧子路》亦云：「子曰：『南人有言曰，人而無恆，不可以作巫醫。善夫！不恆其德，或承之羞』。子曰：『不占而已矣』。」「不恆其德，或承之羞」一語乃是《易經》恆卦九三的爻辭，可見孔子讀《易》誠為史實。大陸學者唐明邦說：

> 《周禮》明白記載，西周時期，朝廷沒有太卜，其職責是掌管用「三《易》」進行占卜的方法，三《易》指《連山》、《歸藏》和《周易》，可見《周易》早已存在。《左傳》莊公二十二年（公元前 672 年）記載：「周史有以《周易》見陳侯者，陳侯使筮之。」這是《左傳》關於《周易》的最早記載，它早于孔子誕生一百多年。說《周易》編纂于孔子之後，顯然不符合歷史實際。認為《論語》沒有提到過《周易》的人，首先是否認《論語》中的這一記載：「子曰：加我數年，五十以學《易》，可以無大過矣。」其根據是《魯論》上「易」字作「亦」。一字之別，就把《史記》中關於孔子學《易》的記載全盤否定，這種對待思想史的方法是不敢苟同的。司馬遷去古未遠，兩代人任太史，具有參閱大量古代文獻資料的方便。他在《史記》中對孔子讀《易》作了肯定記載，寫道：「孔子晚而喜《易》。……讀《易》韋編三絕，曰：假我數年，若是，我于《易》則彬彬矣。」《田敬仲完世家》也說：「孔子讀《易》，韋編三絕，鐵三折，漆書三毀」司馬遷寫《史記》，好稱實錄，言必有徵，「韋編三絕」之說，絕非向壁虛構。《抱朴子‧袪惑篇》進一步鋪張其說：「爲有古強者云，孔子嘗勸我讀《易》，云：『此良書也。丘竊好之，韋編三絕』今乃大悟」是所根據者，亦或古代文錄，雖不足憑，但亦不可置若罔聞。孔子作「五十以學《易》可以無大過」（〈述而〉）的論斷，今天看來，並非誇張其詞。〔註92〕

因此，綜上所言，孔子與早期儒家整理、傳承的六經，在先秦即已成書定名，

〔註92〕唐明邦：《當代易學與時代精神》，湖北：湖北人民，1999 年，頁 341。

但吾人在先秦文獻中少見六經之說法，僅見於《莊子》天運、天下等篇，及《禮記・經解》篇，《孟子》一書稱引五經多次，獨不見《周易》，這可能源於孔子早年與晚年對易之不同態度，《論語・公冶長》：「子貢曰：夫子之文章可得而聞也。夫子之言性與天道，不可得而聞也。」即說明了早年孔子只視其爲巫史之書；而孔子晚年態度可能有所轉變，帛書《易傳・要》說：「孔子晚而好易。」又說：「夫子老而好易，居則在席，行則在橐。子貢曰：夫子它日教此弟子曰：『德行亡者，神靈之趨，智謀遠者，卜筮之蔡。』賜以此爲然矣。」又說：「史巫之筮，鄉之而未也，好之而非也。後世疑丘者，或以易乎？吾求其德而已，吾與史巫同途而殊歸者也。」帛書《要》提供了決定性的證據；因此，《史記・孔子世家》所云：「孔子晚而喜易」，「讀易韋編三絕」等語，《論語・述而》篇亦云：「加我數年，五十以學易，可以無大過矣。」也藉由帛書的出土加以證實，因此，帛書《易傳》證實了孔子晚年對易的態度，也証實了司馬遷《史記》的史實非杜傳的。再者，李學勤也指出，《史記》把孔子「晚而好易」一段放在魯哀公十一年（BC484），孔子歸魯後已屆 68 歲，當時子貢正在魯國，所以《要》所記載孔子與子貢晚年的對話，合於當時的史實情事。〔註93〕

而郭沂也在其〈孔子學易考論〉〔註94〕一文中由《論語》、《史記》、《說苑》、《漢書》、帛書《要》等文獻證實「孔子晚而喜《易》」其時間在他五十六七歲前后。廖名春則進一步由郭店楚簡的探析中，結論出傳世文獻與帛書〈要〉對孔子與《周易》的關係是不能否定的；廖名春認爲至少在戰國中期偏晚，先秦儒家即已將《周易》與《詩》、《書》、《禮》、《樂》、《春秋》並列，並歸入群經之中，也對其義理作過深入的探討；孔子弟子商瞿、子夏、子張都曾從孔子治《易》；儒家易學在孔子晚年不但興於魯，亦於孔子死後流布於楚地。故不能將儒家易學推到秦焚書之後。〔註95〕

雖然，《論語・述而》篇可有七種異讀，〔註96〕有陸德明《經典釋文》之

〔註93〕請參考李學勤：《周易經傳溯源》，長春：長春出版社，1992 年，頁 226。

〔註94〕郭沂，〈孔子學易考論〉，劉大鈞，《大易集述》，成都：巴蜀書社，1998 年，頁 29～38。

〔註95〕廖名春，〈從郭店楚簡論先秦儒家與《周易》的關係〉，《漢學研究》第 18 卷第 1 期，2000 年 6 月，頁 71。

〔註96〕此七種異讀分別爲：1. 加我數年，五十以學《易》，可以無大過矣！2. 假我數年卒，以學《易》，可以無大過矣！3. 加我數年，吾以學《易》，可以無大過矣！4. 加我數年，五、十，以學《易》，可以無大過矣！5. 加我數年，七

魯讀說，其皆不可採，若此，相關于孔子之天道思想亦無跡可尋，《易傳》亦必不成爲儒家之代表經典。

（2）孔子傳易之問題

關於孔子傳《易》之問題，有如下之記載，《史記・仲尼弟子列傳》云：「商瞿魯人。字子木。少孔子二十九歲。孔子傳《易》於瞿。瞿傳楚人馯臂子弘。弘傳江東人矯子庸疵。……」《漢書・儒林》亦載：「自魯商瞿子木受《易》孔子，以授魯橋庇子庸。……」二書對孔子傳易之事皆無異辭，黃沛榮認爲孔子時，易之卦爻辭已流傳，則好學如孔子，必然研讀過《易經》，帛書〈要〉：「夫子老而好《易》，居則在席，行則在囊。」《史記・孔子世家》：「孔子晚而喜《易》。」《漢書・儒林傳》：「孔子晚而好《易》。」此乃未及撰作，僅有心傳，其思想內涵與儒家義理淵源甚深，然其撰述則在戰國以來儒者所作，故孔子關於《易》之言論，當是口耳相傳，後乃陸續寫定，而《易傳》義理體系則是由師生傳承、引申發輝，至戰國后期方自成體性與系統，因此，《易傳》思想體系的成形並非一時一人所成，而是代有進展與演繹，至戰國后期方得完整與成形。〔註 97〕對於孔子講易之事究真假，唐明邦從《論語》與《易傳》等文獻中來尋繹其脈絡，而整理出如下幾點考察：〔註98〕

甲、提倡有恒。在《論語》中，孔子直接引用《周易》恒九三爻辭闡述有恒的重要性。他說：「南人有言曰：人而無恒，不可以作巫醫。善乎！不恒其德，或承之羞」〈子路〉，恒九三這節爻辭，按其本意在提倡「恒其德」，即一個人要有堅定不移的道德操守。孔子雖然以此論述有恒的重要性，同時也強調「恒其德」的重要。在《論語》中，他就教人不可喪失節操。他說：「三軍可奪帥也，

十以學《易》，可以無大過矣！6. 加我數年，五十以學，亦可以無大過矣！7. 加我數年，五、十、以學，亦可以無大過矣！其中 1～5 項殆無可疑，6、7項則易字易爲亦字，蓋陸德明《經典釋文》中認其爲依魯讀而改之，黃沛榮先生於此，指出五點論證以證實孔子確實學過《易》，詳論請參考黃沛榮：《易學乾坤》，頁 172～182。又「亦」、「易」的通假應是兩漢之際以後的事，不可能發生在西漢，司馬遷《史記・孔子世家》表示在西漢時已有作「易」的本子，故「亦」必然是晚出的。請參見廖名春：《帛書易傳初探》，台北：文史哲，1998 年，頁 161～162。

〔註97〕請參見黃沛榮：《易學乾坤》，頁 209～210。黃壽祺更認爲：「《易傳》中所引孔子之言，與《論語》相對照，是在在吻合的。其性質與《論語》相同，必爲孔子弟子稷其后學之所紀錄，實無可疑。」黃壽祺：〈從《易傳》看孔子的教育思想〉，《周易研究論文集》第 4 輯，北京師範，1990 年 5 月。

〔註98〕請參考唐明邦：《當代易學與時代精神》，頁 344～345。

匹夫不可奪志也。」〈子罕〉「不可奪志」正是「恒其德」的恰當解釋。

乙、提倡謙恭。《韓詩外傳》:「孔子曰:『《易》先同人,后大有,承之以謙,不亦可乎!』」韓嬰對孔子重謙的思想作了恰當的理解,並指出:「德行寬容而守之以恭者榮,土地廣大而守之以儉者安,位尊祿重而守之以卑者貴,人眾兵強而守之以畏者勝。」《韓詩外傳》卷八這同孔子「溫良恭儉讓」〈爲政〉是相一致的。

丙、注重損益轉化之理。《淮南子‧人間訓》:「孔子讀《易》至損益,未嘗不憤然而嘆曰:『損益者,其王者之事與?事或欲以利之,適足以害之;或欲害之,乃反以利之。利害之反,禍福之門戶,不可不察也』《說苑‧敬慎》亦載:「孔子讀《易》,至於損益,則喟然而嘆。子夏避席而問曰:夫子何爲嘆?孔子曰:夫自損者益,自益者缺。吾是以嘆也」《荀子‧宥坐》:「孔子曰:聰明聖知,守之以愚;功被天下,守之以讓;勇力撫世,守之以怯;富有四海,守之以謙,此謂挹而損之道也」孔子注重損益之道,所謂「滿遭損,謙受益」,提倡謙恭,同《易傳》思想是一脈相承的。

丁、注重困亨之道。《周易》困卦卦辭:「困,亨貞,大人吉,無咎。」,孔子困于陳蔡而弦歌不輟,《孟子‧告子下》:「天將降大任于斯人也,必先苦其心志,勞其筋骨,餓其體膚,空乏其身,行拂亂其所爲,所以動心忍性,增益其所不能。」表孔子認爲處困境更應坦然以對。

綜結上述所論孔子與《易傳》之關係,可由下列三端來看:第一,本文認爲孔子讀易確有其事,而孔子論易之言論,或由孔子弟子所記載,或由後儒門人師生口耳相傳,經門人後儒援引論易發揮,及至戰國后期方得集結成書。第二,就《易傳》思想性格與地位言,則《易傳》當屬儒家正宗無疑,是孔門義理進一步的引申發展。第三,就《易傳》思想成形時間上言,則孔子雖有讀易、論易之言,然孔子學問重心仍以「仁學」傳世,適方有「夫子之性與天道不可得而聞也」之感嘆,因此孔子並未專由論易,形成一客觀的天道論體系,創作《易傳》的後人儒者,依孔子論易之言引申發揮,由此形成《易傳》之思想體系。故在《易傳》之思想定位與時間認定,當以論孟庸易爲傳承序列方得適宜,更就義理發展的內部邏輯言,如此安排先秦儒家的傳承序列也方得合理適宜。

二、《易傳》義理性格之衡定

關於《易傳》義裡性格之衡定,當代學者大致上咸認定《易傳》屬于儒

家之義理系統，然亦有部分學者持有不同的認定與看法，本文在此僅概要簡介當代關於《易傳》之不同論述，並略評估其得失，以明《易傳》義理與孔學之關聯性，今分述如下。

（一）《易傳》思想性格定位之詮釋評估

關於《易傳》之義理性格，當代學者一般認定其當屬儒家之經典，然亦有不同的看法；這些不同的看法，乃是認為《易傳》屬於道家或漢儒思想者；認為《易傳》屬於道家思想者以錢穆〔註99〕與陳鼓應為代表；認為《易傳》屬於漢儒思想者以勞思光為主。

首先，陳鼓應《易傳與道家思想》一書透過幾個部分來說明其主張。〔註100〕第一，他分析〈彖傳〉之主體思想，判定〈彖傳〉所表現者為道家之宇宙觀，並分派〈彖傳〉之作者為南人與稷下學者。第二，是分析〈彖傳〉與〈文言〉解《易》之方式，認定《易傳》含有道家之思維傾向。第三，他通過對《易傳‧繫辭》之考察，由《繫辭》所表述的自然觀概念術語與老莊比較，以《繫辭》之「天道」、「陰陽」等概念的運用，判定思想性格應為道家之立場，並且其為稷下道家之作。最後，從帛書《繫辭》考察其中之道家思想特性。

對於陳鼓應的說法，當代學者多所檢討，皆能適當指出其所論之非，今舉數位學者之論述概要加以說明：

1. 曾春海則指出易老哲學之異趣，證明《易傳》之思想體性非道家思想型態，其間的差異有如下數端：一、在宇宙觀方面，《易》書採剛健至動的本動論，《老子》書取崇柔弱退反的本靜論。二、在認識論方面，《老子》較貶經過人意識化作用，所獲得的定限、分際之分別性知識或概念之知，較傾注於越過相對之知，邁向於與「道」相契的真知。《易》六十四卦對指導日用生活所資的概念知識或分別化知識持肯定和追求的態度。三、在人生論方面，《易》書充滿著強烈的道德感，勉人在戒慎恐懼中，察著是非，積善累德；與老子否定仁、義、欲、利、名譽以求安詳自足的人生形成強烈對比；再者，《易傳》之「天行健，君子以自強不息」也示喻人應效生生不息之天道，剛

〔註99〕錢穆舉出十個論證來證明《易傳》非孔子所作，最後並結論說：「《易‧繫》裡的思想，大體上是遠於《論語》而近於《老》《莊》的約有下面三條……《易‧繫》裡的哲學，是道家的自然哲學，他的宇宙論可以說是唯氣一元論，或者說是法象的一元論。」請餐見錢穆，〈論十翼非孔子作〉（載《古史辨》第三冊上編）頁89～94。

〔註100〕請參考陳鼓應：《易傳與道家思想》，台北：臺灣商務，1999年。

健不息的進德修業，其與老子尚清靜無爲，柔弱處下，欠缺發揮人主觀內在奮發不已的傳承歷史文化之動力之人生旨趣相異。最後，《易》既重自然，更關懷人文與社會。《老子》則回歸自然之眞實簡樸，較輕忽透過群體生活所共同創造的人文精神之價值。〔註101〕曾春海比較易老思想義理上之同異，說明以道家定位《易傳》，是一條不通透與不適當的理路。

2. 郭沂舉出四端加以反駁；其一，主張《象》乃早于孔、老，其推天道以明人事爲孔、老所共同繼承；再者，戰國道家與《易傳》相通乃是孔子晚年傳易之對象中不乏楚人（繆和、昭力），及其至楚地便與當地道家結合，而有所融會。其二，陳鼓應錯用方法論之理解方式，由思維方式而判《易傳》思想之歸屬，忽略《易傳》之思想宗旨、即義理性格乃爲道地的儒門義理；其三，陳鼓應忽略了孔子思想之早中晚發展之不同，亦即孔子晚年即有關於《易傳》之形上思想的發展。其四，陳鼓應對以複音詞判斷古書時代的方法值得推敲，最後也指出陳鼓應以《論語》爲標準，判斷《繫辭》等不代表孔子思想，與馮友蘭同一思路，乃是主觀而偏頗的看法。〔註102〕

3. 呂紹綱認爲《易》、《老》是兩個不同的思想體系，《易傳》的思想骨幹得自儒家，實與《老子》思想根本相異，所以《易》、《老》雖同有「太極」一詞，然而其意義與用法不同，他說：「《易傳》的天道觀與《老子》根本對立。《易傳》的最高範疇是「太極」，「太極」是物質性實體。《老子》在「太極」之前加上一個道，道是老子虛構出的超物質的規律，也是觀念性的實體。」〔註103〕呂紹綱認爲由「太極」概念的比較分析，可以看出「太極」在易老哲學中的地位，則知易老在終極概念上的不同，因此也可明瞭其思想傳承在根本上的殊異。

4. 傅佩榮則從「天」和「聖人」兩個概念來分析《易傳》與《老子》的異同，以「天」而言，《老子》的自然主義色彩十分明顯，具有本源的意義，而《易傳》的「道」並無本源的意義，許多方面維持儒家傳統的「天」的概

〔註101〕請參考曾春海，〈《易》、《老》哲學理趣之異同〉，《哲學雜誌》第16期，1996年4月，頁74～90。

〔註102〕郭沂：《郭店竹簡與先秦學述思想》，上海：上海教育，2001年，頁326～332。其中，郭沂談到孔子晚年有關於《易傳》之形上學的發展，雖孔子有讀易、論易之史實，但由此論孔子發展《易傳》之形上思想，則仍有待商榷。（《易傳》之形上思想的建構至戰國晚期方才成形）

〔註103〕呂紹綱：《周易闡微》，頁346～347。

念；其次，在「聖人」的概念下，《易傳》的人性論是以人性爲「向善」的，〔註104〕有成德君子之概念；而《老子》對人間之道德並無積極之態度，亦無成德君子之概念；故《易傳》的定性，應是儒家而非道家。〔註105〕此是由本體論與境界論內涵的差異來說明其間的不同，蓋老子所言之「道」並無如《易傳》所言之「天」，含有傳統儒家所認定的道德意涵，在儒家境界論上有依道德實踐以成聖成賢者，道家所謂眞人等皆是與道冥合的體道之人，其內容意義並不是儒家以道德境界爲主的君子或聖人。

5. 顏國明對將《易傳》解爲道家《易》學作了詳細的批駁，本文概要整理出三端。〔註106〕

其一，由辯證法的體系上的差別，有兩方面可談：一、《老子》是由遮而顯，《易傳》則是雙取互攝，《老子》遮剛顯柔，遮有爲顯無爲，遮動顯靜，遮變顯常，遮有知顯無知，遮有德顯無德，「遮」是一種正言若反，亦是去執的工夫，所以顯消解的智慧。而《易傳》是乾坤、陰陽、剛柔、闔闢、動靜……都是相反相成、相因相推的雙取互攝，其雖有尊乾尚剛之意，則是在乾坤並建的基礎上，再言以乾爲尊，此與黃老道家之尚剛尚陽亦迥然有別。相對於《老子》顯消解的智慧，《易傳》的辯證法體系，顯的是體系建構的巧思。其次，從「天道」與「人事」的內涵言，兩者也不盡相同。可以說兩者是兩套不同的辯證法體系。

其二，由道家《易》學的系統性來考察，可以發現《老子》、《莊子》乃至所謂的黃老道家，其學說思想雖有一些與《易傳》重疊交集的成分，但從「學」的系統性與嚴謹性觀點檢證之，其尚不足形構成一個系統的《易》學。

其三，從《易傳》是道家《易》學的若干方法論言：一、概念的相互啓發應視作思想上的影響，不可逕認定爲屬於某家專有。二、概念雖有相同，仍不能由此肯定其內容意義等同，更不能由此斷定其學說體系相同。三、立論者可能預設了道家優位論與根源論的立場。四、立論者對《易傳》中較鮮明的儒家思想，作一種「創造性的轉化」，把孔子思想作了若干的曲解；並把儒家學說圈限在《論》《孟》上，並以此將《易傳》與儒家作區隔，而納入道

〔註104〕傅佩榮對易、老哲學之基本分別乃的當而切中要害。
〔註105〕請參考傅佩榮：〈《易傳》的定性——儒家或道家〉，《中華易學》第 17 卷第 1 期，1996 年 3 月，頁 12。
〔註106〕請參考顏國明：〈「《易傳》是道家《易》學」駁議〉，《中國文哲研究集刊》第 21 期，2002 年 9 月，頁 188～210。

家的思想體系脈絡裡，以上皆非妥當之安排。

綜而言之，吾人認為《易傳》之天道思想，〔註107〕有孔子晚期思想的影響在裡頭，因此，吾人也不能僅以《論語》一書所呈現的主要體性，來逕自認定《易傳》之思想不屬先秦儒家正傳，再者，楚人或楚地所出土的文獻是否僅能判為道家文獻；也不能只依語詞使用的相同而逕自判《易傳》為道家思想。

其次，認為《易傳》屬漢儒之思想特性者，為勞思光所持之看法，認為《中庸》、《易傳》之義理乃思想混雜之結果，是「宇宙論中心」之幼稚階段發展，並認為此為漢儒之卑陋思想。〔註108〕蔡仁厚對勞思光用「心性論中心」與「宇宙論中心」二大類型來分別儒家哲學，並以《中庸》、《易傳》之義理性格為宇宙中心論者，提出如下的辯駁，其要點有如下三點：

1. 《中庸》、《易傳》是儒家道德形上學發展的基型，其「性命天道相貫通」本質上不是「對價值作存有論的解釋」，而是「對存有作價質的解釋」。其核心思想仍是以「道德主體」為中心的思想。當然，中庸所謂「天命之謂性」，易傳所謂「一陰一陽之謂道，繼之者善也，成之者性也」，也顯示了一種從天道天命說下來的宇宙論進路。此一進路一方面是呼應孔子以前「天命下貫而為性」的思想趨勢，一方面則是順著孔孟的仁與心性而向存有方面伸展，以透顯心性的絕對普遍性；《孟子》言盡心知性知天本有此意。經過《中庸》、《易傳》這一步發展，道德界與存有界乃通而為一；為儒家道德哲學建立存有學上之根據，而此根據仍是以道德為核心所挺立與開展。

2. 若正宗的儒家只是「心性論」，而忽略儒家「天道論」可能的意涵。如此一來，孔孟講仁與心性的「超越絕對性」被抹煞了，「客觀性」也被輕忽了。若此則儒家的「主體性」與「超越客觀面」不相通，而儒家「心性與天道通而為一」的義理規模被割裂與拆散，此並非孔孟之教的本義，也不是陸王之學的究竟義。

3. 若儒家的「天」與「人」（天道與心性）乃一分為二。如果天人不相通，

〔註107〕《易傳》天道思想與老莊天道思想最大差異之處，還是在體用論上，老莊的天道是由人的無為、萬物的自適而得印證，是在「有」「無」的相反相成中彰顯其大用；《易傳》則由乾坤、剛柔、健順、動靜等，對偶性因素的相感應來說明天道的大用，請參見戴璉璋：《易傳之形成及其思想》，頁232。

〔註108〕請參考勞思光：《新編中國哲學史》（一），頁192～193。亦見《新編中國哲學史》（二）頁4、114。

則孔子所謂「五十而知天命」、「天生德於予」、「下學而上達，知我者其天乎」與孟子所謂「盡心、知性、知天」、「萬物皆備於我，反身而誠」、「君子所過者化，所存者神，上下與天地同流」都將不可解。論語孟子到中庸易傳，應視為先秦儒家在義理上一脈相承之發展，勞思光判定中庸易傳為宇宙論中心而與孔孟相異，將《中庸》、《易傳》排擠在西漢時期，如此並非適當的詮釋進路。〔註109〕

可見，在儒家道德哲學中，「天道論」與「心性論」同樣具有實質的意涵，因為在儒家義理中的「天」並不是單純宇宙論的內涵，它必得包含著被道德意義所深化的「天」，此「天」又必與人內在的真實生命相貫通；由生命主體的實踐得以證成朗現，因此，「天道」與「心性」在儒家的天人哲學中是一個圓滿的、不可割裂的整體，《中庸》、《易傳》所展現的是為儒家道德形上學的真義。

（二）《易傳》義理與孔學之關聯性

關於《易傳》義理與孔學關聯性，在上述關於孔子讀易、論易的分析中，可以明白孔子與《易傳》之外部關係。至於《易傳》在義理傳承上與孔學之關聯，高懷民在《先秦易學史》一書中提到：孔子「學易」與「知天命」是相關的，並指出「知天命」是「學易」後由人道更入天道之境界。他將孔子的一生分為兩個階段，一為人道階段，一為天道階段；天人思想階段由五十而知天命始。〔註110〕在《先秦易學史》一書中將孔子學思發展階段有如下的劃分（請見下表）：

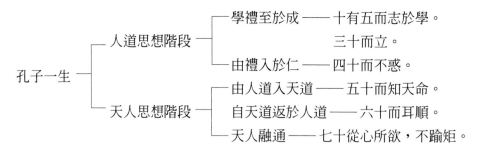

高懷民論證孔子思想在跨入天人思想階段，乃以仁合天即「踐仁知天」，

〔註109〕請參考蔡仁厚：《哲學史與儒學論評：世紀之交的回顧與前瞻》，台北：臺灣學生，2001年，頁64～66。再者，《易傳》關於宇宙論術語之應用，乃是藉著天道生化之德，來啟示人所應為之德行，是「天人合德」意義的展露。

〔註110〕請參考高懷民：《先秦易學史》，台北：中國學術著作獎助委員會，1980年三版，頁294～318。

充極人道以合天道；再由天落於人、物，乃效天之生養人、物之大仁。而終
至天人融通的精神境界。高懷民所論孔子天人思想的發展，有兩點本文認為
仍有待商榷者：第一，本文以為孔學重心乃在「仁學」，至於天道性命論部分
雖有所論，然並不是孔子所主要關懷者，孔子關於天人思想的創見部分，本
文於前章已從「天」、「命」等概念來加以論述，並指出孔子「以仁定性」的
義理中心主軸，本文認為孔子天人思想的中心仍是落在人主體上言，故孔子
論易並無自覺要以易理為核心，發展出一套以本體宇宙論為特質的天道論體
系，《易傳》思想體系的完成仍有待後來儒者加以引申發揮，孔子論易言論僅
能視為後來儒者口耳相傳，並以之發展《易傳》思想的啟示與根源。第二，
由《論語》作考察，孔子「學易」與「知天命」不必然相關，孔子學易、讀
易與論易固是事實，但由此推論「知天命」由「學易」而得，則似乎是過論。
因此，吾人論孔子思想之發展，不可斷然將之區分為人道、天道思想之階段，
在孔子仁學中，這兩者往往是一體呈現的；然而孔子論易之言，仍為後儒代
代口耳相傳引申發揮，在《文言傳》、《繫辭傳》表現最為顯著，〔註111〕是故
《易傳》義理主軸仍是孔門血脈之傳承。

　　依前文所論，《易傳》義理乃是傳承孔學，而進一步在天道論上的發展，
因此，《易傳》之義理內涵體系，可說是源自于易學傳統與儒學傳統綜合發展
的結果，儒學的傳統促使了《周易》古經的一個哲學的轉向；而戰國后期《易
傳》的集結，則正好成為孔門儒者，以之發展儒家天道論的標誌。因此，《易
傳》與《中庸》的作者群，在儒學傳統的傳承下，進一步發展出庸易的形上
體系，此形上體系乃是以儒家道德哲學為內涵的本體宇宙論的系統。〔註112〕

〔註111〕尋之於《易傳》文獻本身，此諸如〈繫辭傳〉：「象者，言乎象者也；爻者，
　　　　言乎變者也；吉凶者，言乎其失得也；悔吝者，言乎其小疵也；無咎者，善
　　　　補過也。」周易的象辭、爻辭裏講吉、凶、悔、吝、無咎，目的就在教人怎
　　　　樣減少過失。〈乾・文言〉：「九三曰，君子終日乾乾，夕惕，若厲，無咎，何
　　　　謂也？子曰：『君子進德脩業。忠信所以進德也；脩辭立其誠，所以居業也；
　　　　知至至之，可與幾也；知終終之，可與存義也。是故居上位而不驕，在下位
　　　　而不憂，故乾乾因其時而惕，雖危尤咎矣。』」「忠信所以進德也；脩辭立其
　　　　誠，所以居業也」其中的德教意涵與孔學所傳實二致；《繫辭》所載：「小人
　　　　不恥不仁，不畏不義，不見利不勸，不威不懲。小懲而大誡，此小人之福也。
　　　　易曰『履校滅趾，無咎』，此之謂也。」「德薄而位尊，知小而謀大，力小而
　　　　任重，鮮不及矣。易曰：『鼎折足，覆公餗，其形渥，凶。』言不勝其任也。」
　　　　等等皆是孔孟之學的進一步引申發展。
〔註112〕請參考戴璉璋：《易傳之形成及其思想》，頁15～55。

　　因此，《易傳》與先秦儒家思想之關聯，其重要意義在於：《易傳》進一步發展先秦儒家天道論系統，其所型構發展的道德的形上學，是同《中庸》一般為先秦儒家的圓滿發展。其中「天人合德」的思想核心，更是貫串論孟庸易天人思想發展的核心主軸；再者，在《易傳》所透顯的德教理想，也顯著展現為先秦儒家德教特質者，此德教理想為先秦儒家所共同懷抱者。《易傳》思想所揭示的德教理想，可與孔孟道德哲學貫通相印證者，可以下述幾點說明，而下列幾項也是儒家德教之特質：

1. 重視倫理綱常

　　孔子提倡君君、臣臣、父父、子子之倫常理想。《易傳·家人》：「父父、子子、兄兄、弟弟、夫夫、婦婦而家道正，正家而天下定矣。」與《大學》之「家齊而后國治」同出于孔門，都是孔子學說義理之發揮。

2. 強調道德修養

　　《論語·學而》有云：「吾日三省吾身，為人謀而不忠乎？與朋友交而不信乎？傳不習乎？」與《文言·乾》：「進德修業，忠信所以敬德也，修辭立其誠，所以居業也」都是同樣的意義。《論語·八佾》：「人而不仁，如禮何？人而不仁，如樂何？」而《說卦》：「立人之道仁與義」則是孔子仁學之進一步發揮。

3. 強調神道設教（神道實即天道）

　　〈觀卦·彖傳〉云：「大觀在上，順而巽，中正以觀天下。觀，盥而不薦，有孚顒若，下觀而化也。觀天之神道，而四時不忒，聖人以神道設教，而天下服。」「神道」實即「天道」，意涵是「德性天」之天，因此，《易傳》所強調的神道設教，與《論語》所言：「子為政，焉用殺？子欲善，而民善矣。君子之德風，小人之德草。草上之風，必偃。」同樣都是強調以德服民，以化民成俗為君子職志，此亦是「己立立人」、「己達達人」之本懷。

　　由上述分析可見，十翼雖未必出于孔子之手，但其所顯示的乃純正的儒家思想。可見司馬遷在《孔子世家》指出：「孔子晚年喜《易》，序《彖》、《繫》、《象》、《說卦》、《文言》。」並非只是空穴來風。因此，《易傳》為儒家易理之嫡傳應無疑義，其所分別者則是《易傳》思想其在先秦儒家義理發展中的地位與屬性，關於此種定位與屬性，牟宗三說：

　　　《中庸》《易傳》者是先秦儒家繼承《論語》《孟子》而來之後期之

充其極之發展。所謂「充其極」，是通過孔子踐仁以知天，孟子盡心知性以知天，而由仁與性以通澈「於穆不已」之天命，是則天道天命與仁、性打成一片，貫通而爲一，此則吾亦名曰天道性命相貫通，故道德主體頓時即須普而爲絕對之大主，非只主宰吾人之生命，實亦主宰宇宙之生命，故必涵蓋乾坤，妙萬物而爲言，遂亦必有對于天道天命之澈悟，此若以今語言之，即由道德的主體而透至其形而上的與宇宙論的意義。〔註113〕

這是對《易傳》義理定位之適當評價。可見《易傳》實乃傳承孔孟心法血脈，爲先秦儒家「充其極」之體現，《中庸》《易傳》所申論者，皆強調人之「道德主體」工夫實踐的重要，足見《易傳》之形上思想乃是道德進路之本體宇宙論的性格，是以道德的意涵來開展其特殊的形上學體系。

最後，本文認爲《易傳》的問世，標誌著《周易》獨特的理論模式與完整體系的誕生，使得易學成爲一具有儒家道德哲學意涵之義理體系。在《周易》古經原有的學說框架的基礎上，《易傳》建立起其哲學系統，賦予其人文的深度，轉化《易經》原有的象數系統，進一步賦與其道德哲學的內涵，同時也藉由《易傳》之本體宇宙論的形上體系，完成先秦儒家道德的形上學之建構。

總結而論，本節所論《中庸》、《易傳》作者成書年代與義理定位問題，在作者方面，《中庸》、《易傳》皆非一時一人之作，而是經由先秦儒者師生代代傳承，由共同創作集結而成，成書時代皆在戰國時期（惟《易傳》整體完成可能在孟莊之後，較《中庸》爲晚）；一方面，在義理定位上則皆屬儒家義理之傳承，而從義理發展的內部邏輯言，爲先秦儒家由心性論進一步朝天道本體論的發展，因此，《孟子》與《中庸》《易傳》爲兩種對孔門義理傳承的不同論述進路（《孟子》亦有天道論之論述，然其學說論述還是著重於心性學的闡發）。

第二節　《中庸》天人思想之探究

「中」、「庸」二字在先秦典籍中的使用即頗爲普遍，「中」字在《詩經》、《今文尚書》、《周易・爻辭》等典籍中，並無確實一致的道德意涵，僅表示「方位」或「等第」等意義；此如：

〔註113〕牟宗三：《心體與性體》（一），頁 322。

日之方中，在前上處。(《詩經‧邶風簡兮》)

厥田惟上下，厥賦中上。(《尚書‧禹貢》)

「中」字含有中道之義，直至《論語》一書方得顯現，並由此獲得道德哲學的意涵，此「中」爲後來《中庸》所繼承，此如：

中庸之爲德也，其至矣乎！民顯久矣。(《論語‧雍也》)

不得中行而與之，必也狂狷乎！狂者進取，狷者有所不爲也。(《論語‧子路》)

咨！爾舜！天之曆數在爾躬，允執其中！四海困窮，天祿永終。(《論語‧堯曰》)

堯舜之執中或有施政準則意義，然孔子所謂中庸之道，已轉化爲人之道德標準；故孔子稱讚顏回時即說：「回之爲人也，擇乎中庸，得一善，則拳拳服膺而弗失之矣。」可見「擇乎中庸」確實是理想的言行舉止的準則；但孔子並未對此「中庸」作出明確的界說，此執中的思想發展至《中庸》，即有「喜怒哀樂之未發謂之中」、「中也者，天下之大本也」、「致中和，天地位焉，萬物育焉」等等，此「中」非就喜怒哀樂之未發之平靜之心而言，而是就喜怒哀樂未發時所證見之超越實體說，故才說「中也者，天下之大本。」牟宗三說：

> 此中體，如統宇宙而言之，即是「維天之命於穆不已」這一本體宇宙論的、即活動即存有的實體。如就命于人而言之，即爲吾人之性體，此性體非他，即是此於穆不已之實體之具于個體中也。此實體，若就《中庸》(後半部)《易傳》而言之，亦得曰誠體、神體、寂感真幾，必不只是屬于「本體論的存有」之靜態的理，只是理，而脫落其神義，寂感義。如就其爲吾人之性體言，此性體亦是心，亦是理，性體即心體，心即是理。此是一本體宇宙論的創生直貫之實體、性體。此即是作爲「天下之大本」之中體、誠體、神體，亦得曰心體。〔註114〕

可見「中」字發展至《中庸》已爲吾人之道德實踐之形上根據，它通于「天命之謂性」的性體，也通于「誠之者，人之道也」之誠體，故「中」在《中庸》書中實爲道德創造之實體，是一切道德行爲之根源。其次，對于「庸」字言，除與「中」字並用爲複詞外，在《中庸》書中單獨使用僅見二十三章

〔註114〕牟宗三：《心體與性體》(三)，頁61～62。

的「庸德之行，庸言之謹」，其字義則爲「日常」之意思，然「庸」字之意爲何，陳滿銘說：「在先秦典籍裏無法找到一個庸字是曾予道德化，且是可以逕作『定理』解釋的。」〔註115〕鄭玄以「庸，用也」訓之，這是先秦典籍中最爲常見的用法，而發展至《中庸》則爲作爲「中庸」一詞連用，此在《中庸》書中出現過十次，表示其已成爲一個哲學上的名詞。若「庸」字訓爲用，則「中庸」一詞義所指乃「用中」之義，《中庸》6章即云：「子曰：舜其大知也與！舜好問而好察邇言，隱惡揚善，執其兩端，而用其中于民。」因此，《中庸》之義也即用中，在現實生活言語動默中要合乎「中」，可見「中庸」之核心概念在「中」，此「中」爲天下之大本，由此大本之「中」而有中庸、中和、中道之意涵，因此，「中」在《中庸》書中已提升爲超越的實體，成爲價值與道德的根源，也是《中庸》本體論中的重要意涵。

　　《中庸》首章云：「天命之謂性，率性之謂道，修道之謂教。」此乃《中庸》之總綱，由此三句話開宗明義即充分展現了《中庸》天道論、人性論與工夫論之要義。本章所處理者爲《中庸》天道論與人性論部分，至於工夫論部分則於第四章加以論述。首先，在天道論部分，本文分別考察《中庸》書中關於「天」、「命」之概念內涵，以下先論述「天」之意涵。

壹、《中庸》天論之釐析

　　《中庸》論天命天道下貫而爲性，此義理內涵是中國人性論的主流，是由周人「天命」觀進一步發展而來，「天命」由憂患意識所產生的「敬」來獲得，並由此建立起「主體」，此「主體」是實現價值的性體、道體，由天道天命下貫以成人的「眞實的主體性」（Real Subjectivity），〔註116〕無論是孔子所說的「仁」，孟子所倡言之「性善」皆由此出。而且此所強調的敬的觀念，與宗教的虔敬，表面近似而實質內涵不同。周人所強調的「敬」，是一種精神的專注與集中，凸顯的是以人爲主體的理性優位作用，宗教的虔敬，則是用意於人主體性的解消，進而徹底使自身皈依于神明的一種心靈狀態。〔註117〕

　　因此，關於天命下貫爲性的義理內涵，本爲孔子前之傳統，此在《詩》、《左傳》即表現出這樣的涵義，牟宗三於此曾舉出三段文字，說明天命下貫

〔註115〕陳滿銘：《中庸思想研究》，台北：文津，1980年，頁30。
〔註116〕牟宗三：《中國哲學的特質》，頁25。
〔註117〕請參考徐復觀：《中國人性論史——先秦篇》，頁22。

而爲「性」之義理本源，此三者之觀念皆成形於孔子之前，〔註118〕其所言者分別如下：

首先，是《詩・周頌・維天之命》說：「維天之命，於穆不已。於乎不顯，文王之德之純」，朱熹在其《詩集傳》云：「天命，即天道也。」〔註119〕此說明了天道與人德的相合，可見「天」與「人」在其本質內涵上相同，「於穆不已」的天命下貫爲人的性體，人以敬德以保天命之永固。「維天之命，於穆不已」把人格神的天，轉化爲「形而上的實體」，由此一轉化貫通了性命與天道的隔閡，如此天道也就下貫而爲性。〔註120〕此是後來《中庸》、《易傳》承孔門仁學之人學立場，進一步由天命流行來說性體的進路，牟宗三說：

> 爲此詩者確有其形而上的深遠之洞悟，亦有其對于道德踐履之眞實感與莊嚴感。此詩影響甚大，於儒家對于天道之體悟與對于德性人格之嚮往有決定性之影響，此確能反映出儒家心靈之核心。後來通過孔子而進一步發展的《中庸》與《易傳》皆可說是承此詩之理境而爲進一步之闡揚。其進一步處即在認此「於穆不已」爲性體，天道與性命打成一片。但此詩則尚未至此。此詩只是對于天道有此洞悟，只是讚美文王之德行，尚只是作用地或從成就上（所謂丕顯）說，尚未至內在化點出吾人所以能日進其德之內在而固有的性體，即內在而固有的道德創造之眞幾。然由此詩之理境而向此進一步之義而趨亦是理上應有之發展。〔註121〕

是以後來先秦儒家之天人思想受此影響甚大，孔孟之由內在而超越，庸易之由超越而內在，進而呈現「天道性命相貫通」之義理內涵，皆有本於此詩的洞悟。

第二，《詩・大雅・烝民》亦說：「天生烝民，有物有則。民之秉彝，好是懿德。」朱注云：

> 言天生眾民，有是物必有是則。蓋自百骸、九竅、五藏而達之君臣、父子、夫婦、長幼朋友，無非物也，而莫不有法焉，如視之明，聽之聰，貌之恭，言之順，君臣有義，父子有親之類是也。是乃民所

〔註118〕請參考牟宗三：《中國哲學的特質》，頁29～36。
〔註119〕朱熹：《詩經集傳》，台北：蘭台，1979年，頁223。
〔註120〕請參考牟宗三：《中國哲學的特質》，頁35。
〔註121〕牟宗三：《心體與性體》（一），頁211～212。

執之常性，故其情無不好此美德者。

朱注以「民所執之常性」來說明「民之秉彝」，此解雖不盡是後來儒家所言之「性」，但對人性思想已有很深的理解；因此，此詩所興發者爲「好善惡惡」道德觀之初始，此一觀念由孔孟伊始，下貫至陽明良知之學，皆是此源之所發。〔註122〕由「是好懿德」見人所秉持之常性，爲此詩者確有道德上的洞見，故能有直下從天則、天道說明人本具之道德內涵，以呈顯出人所本稟之眞性。〔註123〕因此，此詩所言者雖尚未完全是「性善說」之論述，但也隱含「性善說」之要旨與根苗。上述兩詩是《論語》《孟子》《中庸》《易傳》論性所本之源，與後來由「生之謂性」所導出之氣性、才性、氣質之性有所別。

第三，是《左傳成公十三年》云：「劉康公曰：吾聞之，民受天地之中以生，所謂命也。是以有動作禮義威儀之則，以定命也。」

劉康公於此所言之「天地之中」，雖還不是後來《中庸》「天命之謂性」之意義，但卻爲其所預備者，蓋劉康公所言的「命」是生命、性命之命，而不是「維天之命」的命，亦非之「天命之謂性」之命，故此命即是「根命」之命。〔註124〕因此，作爲「天命之謂性」完整的本體論意涵，至《中庸》方得完整的體系論述，然其發展根苗似可在孔子前之典籍中已可尋其蛛絲馬跡，是傳統經典思想進一步所提煉出。最後，由「天命之謂性」的義理脈絡，吾人可以明白《中庸》由超越而內在的論述方式，來發展先秦儒家道德的形上學之軌跡。下文則說明《中庸》天論之內涵，首先是關於「天」與「命」概念的解析，第二，是由超越而內在的說明《中庸》之性論。

一、義理之「天」

《中庸》書中提到「天」的段落共有 25 段，其中有與「命」合言者，亦有與「道」合言，然其基本意涵都指向一個形上實體的意義。如果說孟子是從內在的道德主體來規定「性」，則《中庸》即爲由天命、天道下貫來說性。由內在而超越說人實踐的可能，因此是爲「道德的進路」，由超越而內在說性體之本源則爲存有論式（本體論）的進路。《中庸》書中言「道」皆與「天」合言，由於《中庸》言道體乃通性體、心體，所言之道亦就天道而言，天道是《中庸》思想中的生化原理，是宇宙萬物存在的形上理據，《中庸》第二十

〔註122〕請參見牟宗三：《中國哲學的特質》，頁 34。
〔註123〕請參考牟宗三：《心體與性體》（一），頁 209。
〔註124〕請參考牟宗三：《心體與性體》（一），頁 209。

六章言：「天地之道，可一言而盡也。其爲物不貳，則其生物不測。」可見天道乃天地萬物最終極的根源，《中庸》的天道不是宗教上的人格神而是形上的道體。《中庸》在此所言之天是一個創造生化的天，天命之大化流行使萬物得以存在，因此，是一個超越人知不可測之妙運，傳統原始宗教中人格神的天，於此遂轉化爲本體論意義的實體，中國文化性格之所以沒有向人格神的方向發展，牟宗三認爲乃是此種思想性格所致，因此不成爲宗教性格的文化型態，是以古代中國以來沒有宗教。〔註125〕

《中庸》所言之「天」乃是義理之天，「天」不是氣化意義的天，〔註126〕也不是神性義的天。〔註127〕而「天命之謂性」，也顯示了一種由天道往下貫的本體論進路，蔡仁厚說：

> 《中庸》、《易傳》這一個講法，一方面是呼應孔子以前「天命下貫而爲性」的思想趨勢，一方面是順著孔孟的仁與心性而再向存有方面的伸展，以透顯心性的絕對普遍性（孟子言盡心知性知天，也正表示這一種意向）。經過《中庸》《易傳》這一步發展，道德界與存在界乃通而爲一──講道德有其形上之根據，而形上學依然基於道德。在此，宇宙秩序即是道德秩序，道德秩序即是宇宙秩序，所以是「性命天道通而爲一」的思想。先秦儒家由孔子孟子發展到《中庸》《易傳》，其道德的形上學之基型，便透顯出來了。〔註128〕

《中庸》之言道德可與形上本體相貫通，如果純就分析性的知解形上學來理

〔註125〕請參考牟宗三：《中國哲學的特質》，頁32。

〔註126〕錢穆認爲《中庸》之「性」與「道」爲氣化意義的自然，同《易傳》所言之性一樣是老莊自然主義下之性，請參考錢穆：《中國學術思想史論叢》（二），頁265。錢穆認爲《中庸》的性與道、《易傳》的陰陽思想，都應詮釋成自然主義，因而同于老莊思想，然就《易傳》言，陰陽是爲道生萬物的功能，非純粹只是宇宙論式的意涵，而是本體論之形上意涵，此陰陽的生化意義，也是在本體宇宙論的架構下，來展示生化之道；因此，《中庸》之「天命之謂性」的性乃是義理之性，不是形而下的氣性之性。是故，無論是孟子、庸易，其所言之性體，總是作爲道德實踐的先天根據，是道德的形上實體，以自然主義的氣化的觀點來加以詮釋，實無法充分顯現《中庸》性與道的義理眞貌。

〔註127〕牟宗三說：「基督教的上帝創造萬物是一個意義，以創世紀神話的方式講，上帝從無創造萬物。儒教講天道不已創生萬物又是一個意義，那不是從無而造，而是『妙萬物而爲言』的那運用的創造。」請參見牟宗三：《中國哲學的特質》，頁104。

〔註128〕蔡仁厚：《新儒家的精神方向》，頁140～141。

解中國哲學，則必然有所偏失與扞格。牟宗三表示：

> 近人習於西方概念式的局限之思考，必謂道德自道德，宇宙自宇宙，
> 「心即理」只限於道德之應然，不涉及存在域，此種局限非儒教之
> 本質。心外有物，物交代給何處？古人無道德界，存在界，本體論
> （存有論），宇宙論等名言，然而豈不可相應孔孟之教之本質而有以
> 疏通之，而立一儒教式的（亦即中國式的）道德界、存在界、本體
> 論、宇宙論通而為一之圓教乎？此則繫於「心即理」之絕對普遍性
> 之洞悟，何必依西方式的概念之局限單純把此「心即理」局限於道
> 德而不准涉及存在乎？此種圓教乃儒者所本有。〔註129〕

可見中國哲學自有其獨特之性格，不是西方之哲學範疇所能局限與分割，本
來中國哲學所關心的問題自不是思辨與知解的層面，因此，以思辨與知解的
進路來理解中國哲學，自有不相應之處；無論孔子之仁教、孟子心性之學、《中
庸》《易傳》之道德的形上學，皆必然涵攝一實踐的工夫性格，方得以是完整
的儒家成德之教，因此，儒家成德之教與內聖之學亦可有形上學（本體論）
的建構，只是此本體論與西方所認定之本體論有所不同，是屬於具有實踐意
義的本體論，此實踐意義的形上學即是道德的形上學。因此，《中庸》之「天」
乃是道德的、形上實體義的天，是以天為創生之實體之「於穆不已」的天命
流行之體。〔註130〕

　　《中庸》是以人為中心之道德哲學，此也就有別于以神為中心的基督神
學。以人為中心則為自律的道德主體之實踐，以神為中心則為他律的恩寵與
拯救。另外，杜維明以「天人之間的互動」來解釋《中庸》這種天人關係，
指出「天人之間的互動」主旨在乎人主體的實踐歷程，由此實踐歷程來證成
天道內涵。〔註131〕因此，《中庸》言「天道」、「人道」必不是決然的二分，當
人未得發明本心、自識本然真性，則此天道本體自與人相隔而不得證成；待

〔註129〕牟宗三：《從陸象山到劉蕺山》，頁20。

〔註130〕杜維明說：「《中庸》斷言人性是天命所賦予的，從而認可了古代中國的一條
　　　　信仰，即存在著一個有意願的又眷顧人間事務的最終裁定者。另一方面，《中
　　　　庸》又堅持認為『教』所包含的不是任何別的東西，而是自我實現，而且只
　　　　有通過理解身邊的事務，天的真實意圖才能彰顯出來，從而肯認了古代中的
　　　　另一條信仰，這就是『人能弘道』。」杜維明著，段德智譯：《論儒學的宗教
　　　　性──對《中庸》的現代詮釋》，武漢：武漢大學，1999年，頁6。

〔註131〕請參考杜維明著，段德智譯：《論儒學的宗教性──對《中庸》的現代詮釋》，
　　　　頁6。

人一念醒悟逆覺體證,則天道本體朗朗開顯於整個存在界,是吾心即宇宙、宇宙即吾心之境顯;由此說「天人之間的互動」乃強調人之主動性與實踐性,《中庸》言「天命之謂性」也是肯認此一客觀超越之天道本體的存在,此天道本體既是客觀超越的存在,又是人生命真實之本性與真性,故無形上學的或心性學的分隔,於此道德與存在界則不為矛盾不可談者;因客觀超越的天道本體,不純然只是一宇宙論的物質實體,而是本體論意涵的實體,即使在《易傳》有宇宙論式之表述,其用意在于天道生化功能之展現,究竟還是在道德意義下的本體論所包含,此天人關係所顯示者為「道德的形上學」之模式。〔註132〕因此,《中庸》之天人關係乃相互證成與辯證,人之所以能成就道德,進而與天地相參,實乃性體與道體本相貫通無礙,人透過性體起著工夫實踐,終能體認天道、親證天道本體。

綜上所述,顯見《中庸》之「天」並非是自然義之天、人格義的天或命運義的天,而是一個道德意義上的「天」,是生命圓滿的形上依歸,吾人皆可充盡本性以實踐。因此,是形上道德實體的天,在其生生不已的大化流行中,降命於人而為人之真性、本性。是以《中庸》天之主要意涵,即成為對于一切存在者,提供一道德形上學(存有論式)的根據,以安立此現象世界的價值理序。故《中庸》繼承《詩經》,以「於穆不已」的天命說天道實體,此道體如前所論,為本體論的形上實體。此天道實體之道德理境,待人之盡性工夫方能相應證成,故從天人之應對關係言;天道具有超越又內在的性格,就超越義言,天為人生命價值的根據,就內在義言,則人與天是同質的,有至誠盡性之可能,因此當然可以透過盡心知性而知天,至誠盡性而參贊天地化育。〔註133〕

二、義理之「命」

「命」在《中庸》思想中是一個很重要的觀念,首章「天命之謂性」點出了《中庸》的人性論,是由道體貫通性體來說性與命;再者,在《中庸》「天命」之概念又常與「德」字相連接:

〔註132〕高柏園說:「就天的超越性言,人與天有距離,天有其超越之尊嚴與無限之義,同時為一切存在之根據。就天的內在性而言,人與天根本是一,吾人由此而能有一道德的超越根據,同時此超越根據是人皆有之而遍及一切存有。就天人的同一性,吾人乃能樹立道德的超越根據,而使人的道德實踐有其必然的根源,進而能獲致超越的意義。」請參見高柏園:《中庸形上思想》,頁101。

〔註133〕高柏園:《中庸形上思想》,頁100。

大德者必受命。(〈17 章〉)

武王末受命，周公成文武之德，追王大王、王季。(〈18 章〉)鬼神
之爲德，其盛矣乎！(〈16 章〉)

此處的命乃有承《詩經》、《尚書》帶有宗教色彩的「天命」觀之古義，由「德」
字的義理發展，轉換原本的宗教性爲道德修養，在此，《中庸》雖也是依德論
命，但《中庸》所談的命是由「天命」談起，此命是命令義的命，可見此命
是義理上的「理命」。比較上言，《中庸》所言的「天命」，較之《論語》《孟
子》更著重在「義理之命」的層面來談「命」，所強調的也是「命令義」〔註
134〕的「命」。〔註 135〕

　　故《中庸》言「天命之謂性」與《中庸》解釋《詩經》「維天之命，於穆
不已」章；此處所言之「命」則是「理命」之意義，這是《中庸》從天命流
行的意義下來理解「理命」的意涵；天命遍降于物而成萬物之本性，人亦稟
受天所流注之大命以成其本性，故人先天所稟乃能貫通上下之本質，由此人
方能窮理盡性，以充極仁義之德，由此與天地陰陽乾坤之道感通，而達致于
性命之原，來體證、印證天命。《中庸》、《易傳》中之以「大人與天地合其德」，
進而盡人性物性贊天地之化育，皆是由此出。

　　《中庸》由天命的概念來賦予「天人合德」之可能。回顧前文所論，孔子
對「命」點示出兩層體悟與內涵，孟子則對「命限」義亦有所體認，進而以「盡
心知性」、「存心養性」來充盡「知天」、「事天」，而孟子所言之正命、俟命與立
命，也是一個道德意義上的命。因此，《中庸》所言的「天命」也是一個道德「命」，
還包含了一種天道論式的大化流行之生化意涵，所以《中庸》「天命之謂性」所
呈現的「命」，展現爲一種形上學的意涵，此是「道德的形上學」的內涵。

　　綜而言之，春秋之禮壞樂崩導致周文疲弊，此時代之文化危機也象徵著：
周人在一種完整的禮樂秩序下，首次遭遇一種分崩離析的狀態。外在局勢的
混亂促發人反思自身生命之存在種種問題，由此屬己的命運意義也即成爲體
察與思考之對象；周文疲弊不只是外在禮制的崩壞，而更是時代之整體文化
精神之危機，於此，作爲群己共命結構的「天命」觀與屬己意義的個人生命

〔註134〕從天所受之「天命」乃「命令義」之命。《中庸》言「天命之謂性」如同《詩
　　　　經》言「維天之命，於穆不已」，皆是由「命令義」來言命。

〔註135〕請參考杜維明著，段德智譯：《論儒學的宗教性——對《中庸》的現代詮釋》，
　　　　頁31。

境遇產生了一種斷裂，這是一種生命意義與價值認同的斷裂。諸子百家共同面對此情境，著書立言以求匡世濟危而各出精彩，孔孟稟承回復周文之職志，積極的入世以重揭周文之天命理想，《中庸》、《易傳》隨之進一步納此傳統源流於其形上架構中，而成其道德的形上學之規模，完成先秦儒家「天人合德」思想的體系建構。

三、義理之「性」

《中庸》所言之性，決不是在氣性意義上的性，雖然「性」一字，若依中國造字初始原為「生」字，故此而有即生言性、以生言性之涵義；〔註136〕然「性」之涵義經孔孟之心性之學的開展已有更豐富的意涵；儒家對於性的規定，大體可分兩路，牟宗三說：

> （一）中庸、易傳所代表的一路，中心在「天命之謂性」一語。（二）孟子所代表的一路，中心思想為「仁義內在」，即心說性。孟子堅主仁義內在於人心，可謂「即心見性」，即就心來說性。心就是具有仁、義、禮、智四端之心、這一思路可稱為「道德的進路」（Moral approach）。中庸、易傳代表的一路不從仁義內在的道德心講，而是從天命、天道的下貫講。這一思路的開始已與孟子的不同，但是它終結可與孟子一路相會合。它可以稱為「宇宙論的進路」（Cosmological approach）。〔註137〕

此分別即是孟子「盡心」與中庸「盡性」之論述形式之別。因此，依「率性之謂道」一語來看，若性屬於氣性上之性，則如何由率性而為道；顯示《中庸》所言之性則亦應是義理之性，而「天命之謂性」則以為人之性體必然通天道之創生原理，有其本體論上的根源，因此，「性」乃是義理上之性，由人之道德實踐加以體證，如此之體是為性體，性體也即道體，是人道德實踐先天與超越的根據，也是人一切道德行為的動力根源。如前述所論「天命之謂性」所言乃是一創造之真幾，故《中庸》所言之「天」乃是「為物不貳、生物不測」之生化本體；是具有創生意義的形上實體，而人的本性又是為此天命天道所下貫，此天道在《中庸》又可名之為「誠」，天道是誠體也即性體，因此《中庸》第二十五章云：

> 誠者，非自成己而已也，所以成物也。成己，仁也；成物，知也。

〔註136〕參唐君毅：《中國哲學原論——原性篇》，頁 27～32。
〔註137〕牟宗三：《中國哲學的特質》，頁 73。

性之德也,合內外之道也,故時措之宜也。

可見,性之德也包含了成己的「仁」與成物之「知」,此成己成物之本質即爲誠,可見性體通誠體,一樣都是人存在的道德本質與根源。人透過「誠之」之工夫,可盡性贊天地之化育,故「至誠」則能盡其性、贊化育而與天地參。〔註138〕因此,人內在之道德本性實與超越的天道實體,在其「內容意義」上有同樣的內涵。牟宗三說:

> 如果「天」不是人格神的天,而是「於穆不已」的「實體」義之天,而其所命給吾人而定然如此之性又是以理言的性體之性,即超越面的性,而不是氣性之性,則此「性體」之眞義(內容的意義)必即是一道德創生之「實體」,而此說到最後必與「天命不已」之實體(使宇宙生化可能之實體)爲同一,決不會「天命實體」爲一層,「性體」又爲一層。依《中庸》後半部言「誠」,本是內外不隔,主客觀爲一,而自絕對超然的立場上以言之的,此即「誠體」即同于「於穆不已」之天命實體也。言「天地之道」爲「爲物不貳,生物不測」,則天地之道即是一「於穆不已」之創生實體,而此亦即是「無內外」之誠體也。《中庸》引「維天之命於穆不已」之詩句以證「天之所以爲天」,則「天」非人格神的天可知,是則誠體即性體,亦即天道實體,而性體與實體之實義不能有二亦明矣。〔註139〕

「天命實體」、「誠體」與人之「性體」爲貫通融合,即兩者必爲同一本源;也由兩者之合一獲得相互證成。牟宗三此語,明白說明了《中庸》書中天之爲一道德實體的義涵,人的主觀德性之「性體」本與客觀的天命實體、誠體合而爲一,因此,天道即誠體即性體,道德秩序即宇宙秩序兩者相涵相即,而天之本體論內涵也爲道德意義所充實。

貳、《中庸》「誠」之意涵

「誠」在《中庸》哲學中爲貫通天人之關鍵,也是先秦儒家道德的形上學發展之關鍵。「誠」字的源頭,在春秋之前的典籍中,並沒有如《中庸》書

〔註138〕《中庸》第二十二章即云:「唯天下至誠,爲能盡其性;能盡其性,則能盡人之性;能盡人之性,則能盡物之性;能盡物之性,則可以贊天地之化育;可以贊天地之化育,則可以與天地參矣。」

〔註139〕牟宗三:《心體與性體》(一),頁30。

中所佔的地位，甚至連作助詞亦非常的少見。〔註 140〕吳怡整理「誠」字語義發展，總結認為：〔註 141〕

1. 春秋以前，也只有幾個當作助詞使用的誠字罷了。所以中庸誠字的源頭，只能在戰國時期。

2. 在戰國時期的子書裏，誠字都集中在孟子、莊子、荀子等三書，以及禮記中。而且都和心性的修養有關，所以這個誠字的產生背景，可以說是在於心性問題的成熟。

3. 由易傳，孟子，莊子，荀子，及禮記其他各篇（中庸除外）的誠字看來，不是落實於意上，便是凝聚於心中，都只得到誠字的一面。所以在先秦時論誠的著作中，以中庸一書，最為完備，也最有深度。

可見「誠」實為《中庸》之核心思想，是《中庸》思想之特色，通行本三十三章的《中庸》，第一章是《中庸》的緒論也是總論，第二章至二十章則是《中庸》引證或讖述孔子之思想者，而二十七章之後乃《中庸》境界論之贊嘆辭，唯二十章至二十六章乃專論「誠」之意義，是以若以「誠」代表《中庸》之義理核心亦不為過。〔註 142〕「誠」字的意涵是隨著心性論問題的成熟而發展出來，在孟、荀、莊子皆視其為主體之德，如：

> 反身而誠，樂莫大焉。（《孟子・盡心上》）
>
> 不誠未能有動也。（《孟子・離婁》）
>
> 小人不誠於內，而求之於外。（《荀子・大略》）
>
> 誠心守仁則形，形則神，神則能化矣。（《荀子・不苟》）
>
> 眞者，精誠之至也，不精不誠不能動人。（《莊子・漁父》）
>
> 不見其誠，而已發，每發而不當。（《莊子・庚桑楚》）

上述引文所提到的誠都有工夫義，可見在戰國時代，誠已被視為人主體之工夫與能力。此在《中庸》裡頭更是如此，並且誠與德性相連接；〔註 143〕而誠為性體之內涵。孟子認為「誠」為天道，思誠是人道；《孟子》書中之「誠」，

〔註 140〕請參考吳怡：《中庸誠的哲學》，頁 15。
〔註 141〕吳怡：《中庸誠的哲學》，頁 30。
〔註 142〕請參見吳怡：《中庸誠的哲學》，頁 34～35。
〔註 143〕李正治說：「中庸自二十一章起，以『誠』的體用說首章之義，打通天、性、道、教而為一。其形上架構以誠為本體。」請見李正治，〈從中庸易傳看儒學的發展〉，《孔孟月刊》第 25 卷第 8 期，1981 年 4 月，頁 6。

其實就是仁義禮智等道德的主要德目，思誠即表示人必須透過誠以契合天道，孟子把「誠」作爲天道與人道相統一的關鍵，以誠來貫通天人、聯結道體與性體；而《中庸》謂「天命之謂性」，把天與性聯繫起來，並認爲「誠者，天之道，誠之者，人之道」《中庸》第二十章，因此，「誠」乃是合天人、貫通形上形下之道，「誠」者天之道爲道德實踐之形上基礎，「誠之」者人之道爲人主觀主動的實踐性，人性之可貴與尊嚴也由此「誠之」以建立。牟宗三也認爲「誠」是爲《中庸》之中心觀念，他說：

> 就《中庸》言，「天地之道可一言而盡也。其爲物不二，則其生物不
> 測」。「不二」即專精純壹之意。此即誠也。「誠」本眞實無妄之意，
> 爲形容名詞，其所指目之實體即天道。……天之道以誠爲體，人之
> 道以誠爲工夫。故又曰：「自誠明謂之性，自明誠謂之教。誠者明矣，
> 明則誠矣」。……此皆明示誠爲道德創造之眞幾。〔註144〕

此指出《中庸》所言之天地之道即是誠，誠亦是所謂的形上實體，落在人的主體實踐上即是「誠之」的工夫，這工夫通于孟子所云「萬物皆備於我，反身而誠，樂莫大焉。」的「反身而誠」之逆覺體證的工夫，因此，《中庸》所言乃直承孔孟，以「誠」開展其獨特的天人之學。

然人與天畢竟有所不同，「誠者」是天道本體，「誠之者」之「誠」則是人由實踐中以體認。因此，誠有主客觀之雙重意義。客觀的說誠體即道體，故「誠者，天之道也」；主觀的說誠體又是性體，而有「自誠明，謂之性」、「唯天下之至誠爲能盡其性」。因此，誠即具有客觀的道體即本體論的義涵，另外，由人之主體實踐意義言，則又具有工夫義之內涵。

一、「誠」之本體論意涵

首先，「誠」爲天道本體的實質內容，《中庸》以「誠」規定天道，天道以誠爲體，則誠爲形上的道德實體。誠本爲眞實無妄之天道實體，天道有「生物不測」的功能，所以誠也即是宇宙生化之實體，是天地萬物本體論上的根據。

儒家所肯定的形上實體，是一個客觀實存的超越道體，有生發天地萬物之大用，決定天地萬物之內涵。此一客觀實體固然是超越名言概念之形上本體，因此，它不是言詮論述的形式之體，天道誠體完全是德性的意義，人既秉此天道誠體而得其眞性本性，故人之存在亦是一道德的存在。《中庸》以道

〔註144〕牟宗三：《心體與性體》（三），頁324。

德之意涵來說明天道誠體，其根據是由孔子而來，是《論語》「仁」之意義發揮。〔註145〕

　　儒家學問講究實踐，必須將它落實於生活世界中，反躬篤行以求生命意義的提升，儒家生命理想在於「天人合德」，終以體證天道、貫通天人；因此，《中庸》誠體所發乃存在之體用與境界之體用的結合，是獨特而圓滿的體系。〔註146〕

　　「誠者，物之終始；不誠無物。」《中庸》第十五章，此「誠體」既是道德的基礎，又是天地萬物的生化基礎，依此而論，誠體乃本體宇宙論的意涵。此中之「物」不僅單純為存在上之事事物物，而是具有存在上之真實意義，人存在于天地之間；並依其自身而詮釋著天地萬物；人一方面透過「誠之」工夫，來識取本心之真實「性體」，如此，天地萬物與整個存在界即為人所開顯，開顯其各自的存在意義，此存在意義在儒家來說，則是透過誠體的道德意義來展現；無此道德意義的展現，則天地萬物無以獲得其意義，僅是如同機械般的存在，則吾人之盡性之極致，終能貞定天地萬物存在之意義，無至誠盡性的工夫，則存在界無物以存，此「無物」乃從價值意義上言，不是由自然意義的存在物上言。〔註147〕

　　因此，「不誠無物」之「物」乃指價值世界與意義世界中的「物」，由誠體在萬事萬物中呈現其理，事事物物也就開顯其價值意義。再者，孟子由「即心言性」、「仁義內在」證成性善說，揭顯「本心」即人禽之辨的幾希之處，此是道德意識的充其極，更由「萬物皆備於我矣，反身而誠，樂莫大焉。」來證成誠體之「萬物皆備於我」，此中意涵實同於「不誠無物」；也即陸象山「萬物森然於方寸之中」之意，故誠體實為道德創造之實體，也是事物存在之根據。而誠體不僅是事物的存在根據，也是人成己成物之主客觀的根據，

〔註145〕孔子以「仁」為體。客觀地言之，仁是天地萬物之本體；主觀地言之，孔子之生命全幅是仁體流行，此仁體名之曰道亦可，故曰仁道，亦是「天道」。請參考牟宗三：《才性與玄理》，頁120。

〔註146〕牟宗三說：「大抵儒聖立教及孔門義理必須合存在之體用與境界之體用兩者而觀之，始能盡其蘊而得其實。境界之體用是儒釋道之所同，存在之體用是儒聖之所獨，以存在之體用貫境界之體用，則境界之體用亦隨之而不同，即不可以權假論，亦不可以應跡論。」請參見牟宗三：《才性與玄理》，頁125。「存在上之體用」是肯定一客觀的實存的超越道體，為宇宙萬物生發之總原理。「境界上之體用」則是人主觀心性實踐所呈現之理境。

〔註147〕請參考高柏園：《中庸形上思想》，頁122。

牟宗三也以「四因說」來類比說明：

> 中庸曰：「誠者，物之終始，不誠無物」（第二十五章）。中庸拿「誠」
> 來貫穿這個「成為過程」，易傳從「大哉乾元」那裡講，中庸是從「誠」
> 講，「誠」這個字就涵著「形式因」（formal cause）、「動力因」（efficient
> cause）、「目的因」（final cause）這三者。〔註148〕

因此，「成己成物」、「合內外之道」，在此理解脈絡下也可獲得理解：

> 誠者，非自成己而已也，所以成物也。成己，仁也；成物，知也。
> 性之德也，合內外之道也，故時措之宜也。〔註149〕

其中，「成己」首先是成就自己為一個真實的道德存在，並由實踐所及於「成
物」，而賦予宇宙萬物與生活世界以道德意義，此所呈現之誠體即成為一絕對
普遍的原則，如此由實踐過程所達致之成己成物，便證成《中庸》道德的形
上學的架構，更申言之，「成己」乃內在的工夫，「成物」是推擴的遍潤工夫，
此內外之德則為「仁」與「智」之展現，仁與智是性之德，故誠體實乃圓成
內外、仁智雙彰之道體，無論是成己內在的自我實踐，還是成物的外王事業，
都是誠體本原之一體作用，如此言《中庸》之道德的形上學，是為「無執的
存有論」。〔註150〕

　　因此，「成己」即為《中庸》成德之教，此成己工夫亦包含成物之內涵，
經由成己成物之道德實踐，一切存有皆轉化為道德的存在，完成道德價值之
成就，由此《中庸》誠體所顯發的存有意涵，揭示出宇宙秩序即為道德秩序，
並由此形塑儒家道德形上學之規模，此是《中庸》理事不二的圓滿成就。

二、「誠」之工夫論意涵

　　「誠」之工夫論是說明其實踐之內涵為何，是由人實踐的主觀面來探討。

〔註148〕牟宗三主講，盧雪崑錄音整理：《四因說演講錄》，台北：鵝湖，1997年再版，
頁23。

〔註149〕憨山大師注解「誠者，自成也，而道，自道也」說：「所言誠者何也，乃吾人
性德之全體也。惟此德性，乃天然具足，本自圓成，真實無妄，備在於我而
不假外求也。故曰誠者自成也，此乃天命之性，即所謂天之道也。由聖人
能盡此性，率性而行，以達天下之情，即其所行，皆擴充性德之大用耳，故
曰而道自道也，此乃率性之謂也。」故誠體乃天道本體亦通于性體，誠體貫
通天道性命；此即聖人率性而為，終究全此德性性命而證成天道誠體之意蘊。

〔註150〕「無執的存有論」乃是圓成內外、仁智雙彰的內聖外王之道，《中庸》之道德
的形上學，則不純為一形上的論述，而應為圓滿的「無執的存有論」之性格。
請參考牟宗三：《現象與物自身》，台北：臺灣學生，1996年，頁443。

《中庸》所言「誠者，天之道」是直言「誠體」本質，是本體論的意涵，至於「致中和，天地位焉，萬物育焉」，「唯天下至誠爲能化」則是至誠者之德化體現，是一個實踐意義的工夫論內涵；誠體之實踐終極必然與天地萬物爲一，達致天人合德之理境，《中庸》第三十二章云：

> 唯天下至誠，爲能經綸天下之大經，立天下之大本、知天地之化育，
>
> 夫焉有所倚，肫肫其仁，淵淵其淵，浩浩其天。苟不固聰明聖知達
>
> 天德者，其孰能知之。〔註151〕

透過「誠之」的努力，可以成就《中庸》「天人合德」之理想，由此承接孔孟義理進一步完成「天人合德」之思想體系。「天下至誠」所云實際上乃體道聖人之人格境界，此至誠之體證乃由實踐入路。

由「誠之」實踐工夫可以貫通誠體，是以誠體即爲天道本體，亦即與人之性體相貫通者。《中庸》第二十章云：

> 自誠明，謂之性；自明誠，謂之教。誠則明矣，明則誠矣。

朱注云：

> 所性而有者也，天道也。先明乎善，而後能實其善者，賢人之學。
>
> 由教而入者也，人道也。誠則無不明矣，明則可至於誠矣。

「自誠明，謂之性」〔註152〕即孟子所謂「堯舜性之」的「性之」。「性之」是承體起用安然而行，故得以從容中道，是本天道誠體以見用，實乃聖賢發用本心以證成道體。「自明誠，謂之教」則言由教入道，此即孟子所謂「湯武反之」的「反之」。「反之」是即用見體，是道德主體的反省自覺、克己復禮，是牟宗三所強調的「逆覺體證」，是在工夫實踐中以復其誠。〔註153〕此

〔註151〕朱注云：「惟聖人之德，極誠無妄，故於人倫各盡其當然之實，而皆可以爲天下後世法，所謂經綸之也。其於所性之全體，無一毫人欲之僞以雜之，而天下之道，千變萬化，皆由此出。所謂立之也。其於天地之化育，則亦其極誠無妄者有默契焉。非但聞見之知而已，此皆至誠無妄，自然之功用。」請參見朱熹：《四書章句集註》，頁38～39。聖人之境界由工夫實踐獲得保證，乃「誠之」、盡性工夫之圓滿，故于人倫日用處發用無礙，乃至於參贊化育神通自在，此是「至誠」者之道德理境展現。

〔註152〕張岱年解釋說：「所謂『自誠明』，即是先達到誠的境界，然後才有對於誠的理解。所謂『自明誠』，即是先對於誠有所理解，然後達到誠的境界。即誠且明就能儘量理解自己的本性，儘量理解人的本性，儘量理解物的本性，就可以贊助天地產生萬物的過程，就可以與天地並而爲三了。」請參見張岱年：《中國倫理思想研究》，台北：貫雅，1991年，頁180。

〔註153〕蔡仁厚：《中國哲學史大綱》，頁59～60。

亦即「誠之者，人之道」的「誠之」，是人戮力開發性體使己歸於誠。誠則無不明，明亦可至於誠，故人於當下的至誠盡性中，即能契接道德主體的創生義，而此創生義正所以使天地萬物成為真實者，此即所謂「誠者物之終始，不誠無物。」〔註154〕因此，誠亦是合內外之道、成己成物的；此處所言「性之德」指的是「誠」，誠者之「自成」是從實踐諸德中去完成自己，所成乃是《中庸》內聖的根本，也是儒家外王事業之保證。足見誠乃是由仁而知，由成己而成物，由內聖而外王也。故此「誠」之工夫與孔子之「仁」學「己立立人」本懷相通，最終皆是求其「成己成物」的極成。因此，誠在《中庸》裡為涵攝眾德、為眾德之德。〔註155〕因其含攝眾德，故人由至誠盡性、盡人性乃至於盡物之性，終以天地參者，是為《中庸》工夫義之極致，亦為「天人合德」之證成。《中庸》第二十五章云：「誠則形，形則著，著則明，明則動，動則變，變則化；唯天下至誠為能化。」誠體於此更體現為本體論意義下，天道實體「形、著、明、動、變、化」的種種變化與感通，在此，誠體即具有創生意涵之天道生化實體，此生化意涵是道德意義所充實的本體宇宙論，能作形、著、明、動、變、化的種種妙運變化，並非是氣化意義下的宇宙論意義，也不是一般形上學之動力因描述，而是一種道德意義所顯發的境界義；由此道德的意義所顯發的本體宇宙論，方能建立成己成物的價值世界。〔註156〕因此，誠體由境界義進一步申論，則言「至誠無息」，《中庸》第二十六章云：

> 故至誠無息。不息則久，久則徵，徵則遠，悠遠則博厚，博厚則高明。博厚所以載物也；高明，所以覆物也；悠久，所以成物也。博厚配地，高明配天，悠久無疆。

朱注於此標「言天道也。」〔註157〕天道誠體乃是相續無息的，其造化流行未嘗一日間斷；故言天人合德之實質，乃人之道德實踐亦應自強不息、純亦不已，以盡天道生生不息之意，由此「至誠」以證成天道，即為《中庸》「天人

〔註154〕高柏園：《中庸形上思想》，頁122。

〔註155〕唐君毅說：「誠之所以能統一切德行者，由一切德行，無論如何相差別，然要必純一無間雜而後成，亦要必繼續不已而後成。……而能涵攝一切道之行、德之成，以為其內容之一道一德，而可稱之為一切道之道，一切德之德者也。」請參見唐君毅：《中國哲學原論——原性篇》，頁78。

〔註156〕「誠」為本體論的意涵，故具有動力義與自律義，故誠體為天之道；是道德價值的根源與發端，此與孟子言良知良能同樣具有自律與主動義。

〔註157〕朱熹：《四書章句集註》，頁35。

合德」之眞義。〔註158〕因此，《中庸》通過「誠」以揭示人之內在德性根源，並由此打通天人之道（主觀面與客觀面通而爲一），乃繼孔子仁學之傳承，進一步賦予本體論的論述體系，從而在孔子仁學之義理基礎上，發展出先秦儒家道德的形上學，而深化了先秦儒家天人合德哲學的義理內涵。

第三節　《易傳》天人思想之探究

「天」本爲先秦儒家天道論之核心概念，是形而上的創生實體，具有道德本體論的意義內涵，此在《論語》、《孟子》書中皆然；而《中庸》有「誠」之首出概念以充實其內涵，發展先秦儒家道德的形上學之規模，初步完成儒家天人合德思想的基本論述體系，先秦儒家的天道論至《易傳》有進一步發展；若簡單的只從《易傳》書中所提到之「天」字作分析，則無法窺其全豹，〔註159〕《易傳》之本體宇宙論援用諸多如乾元、易道、神等種種豐富的概念

〔註158〕請參考吳怡：《中庸誠的哲學》，頁62。
〔註159〕僅從《易傳》書中所提到的「天」字，基本上是本體宇宙論的義涵，但亦有部分語句若在用法及意義上孤立來看，僅具一般意義，諸如：
1. 作爲表示一種無主宰義之物理現象的天。
   〈需·象傳〉：「雲上於天，需。君子以飲食宴樂。」
   〈訟·象傳〉：「天與水違行，訟。君子以作事謀始。」
   〈小畜·象傳〉：「風行天上，小畜。君子以懿文德。」
   〈履·象傳〉：「上天下澤，履。君子以辯上下，定民志」
   〈大有·象傳〉：「火在天上，大有。君子以遏惡揚善，順天休命。」
   〈大畜·象傳〉：「天在山中，大畜。君子以多識前言往行，以畜其德。」
   〈夬·象傳〉：「澤上於天，夬。君子以施祿及下，居德則忌。」
   〈離·象傳〉：「日月麗乎天，百穀草木麗乎上。重明以麗乎正，乃化成天下。」
   〈恒·象傳〉：「日月得天而能久照，四時變化而能久成。……觀其所恒，而天地萬物之情可見矣。」
   〈坤·文言〉：「夫玄黃者，天地之雜也，天玄而地黃。」
   〈屯·象傳〉：「雷雨之動滿盈。天造草昧，宜建侯而不寧。」
2. 天代表數。是爲象數易學的意義。
   〈繫辭上傳〉：「天一、地二，天三、地四，天五、地六，天七、地八，天九、地十。天數五，地數五。五位相得，而各有合。天數二十有五，地數三十。」
   〈說卦傳〉：「昔聖人之作《易》也，幽贊於神明而生蓍，參天兩地而倚數。」
   由上整理可知，吾人若欲對《易傳》之天道論有進一步的認識，則必須考察其它相關之概念意義。

詞語，進一步充實與深化其本體宇宙論的內涵，〔註160〕是以《易傳》天道觀實乃借用傳統宇宙論術語，將之深化並賦予儒家道德哲學的深義，建構了先秦儒家道德的形上學的完整體系。

壹、《易傳》天道論之形上系統解析

天道論在先秦儒家哲學是一個重要的思想範疇，一般皆指形而上的創生實體，也是現象世界之形上原理，此在《易傳》有種種名稱，如易道、乾道、乾元、神體、太極等，皆是一形上實體的意涵。

周初的典籍有見于「天」之論述很多，然談到「天道」卻至春秋時代方開始使用；天道論的內涵在《易傳》中有更多豐富的宇宙論建構；進一步將先秦儒家之道德形上學，賦予宇宙論的內涵，使得儒家道德的形上學成為本體宇宙論的內涵，因此，易傳之天道論是道德的形上學初步之完成；故理解《易傳》天道論必要從諸般概念入手，此諸如易、太極、乾元、神體等等。

一、《易傳》「易」之意涵釐析

（一）易之三義

首先，「易」字本身含三義，《易緯乾鑿度》曾提出易的內涵有三義：「孔子曰：易者，易也，變也，不易也。管三成為道德包籥。」鄭康成註曰：「管，統也；德者，得也；道者，理也；籥者，要也。言道統此三事，故能成天下之道德，故云包道之要籥也。」〔註161〕其後，鄭康成依此在其〈易贊、易論〉中再將易之三義改定為易簡、變易、不易等三義：

> 易之為名也，一言而含三義，易簡一也，變易二也，不易三也。故繫辭傳云：乾坤其易之縕邪。又曰：易之門戶邪。又曰：夫乾確然示人簡矣，易則易知，簡則易從。此言易簡之法則也。又曰：為道也屢遷，變動不居，周流六虛，上下無常，剛柔相易，不可典要唯變所適。此言順時變易出入移動者也。又云：天尊地卑，乾坤定矣，卑高以陳，貴賤位矣，動靜有常，剛柔斷矣。此言其張設布列不易者也。據茲三義而說，易之道廣矣大矣。〔註162〕

〔註160〕《易傳》運用卦爻象位對易道作廣泛描述，在人事的啟示、道德形上學方面，較之《中庸》有更大的進展。請參考戴璉璋：《易傳之形成及其思想》，頁55。

〔註161〕鄭康成注：《易緯乾鑿度》卷上，台北：老古文化，1981年，頁1。

〔註162〕《大易類聚初集》（一），《周易鄭康成注》，台北：新文豐，1983年，頁17。

自鄭康成對易之三義之重新擬定，易簡、變易、不易之三義即成定論。此「易之三義」本文簡要說明如下：

1. 易 簡

易簡之義主要見于〈繫辭上傳〉第一章所云：

> 乾知大始，坤作成物，乾以易知，坤以簡能。易以易知，簡則易從。易知則有親，從則有功。有親則可久，有功則可大。可久則賢人之德，可大則賢人之業。易簡而天下之理得矣。

此乾知之知，非知解之「知」，應訓爲「主」之義，意即乾主萬物生化之始，是根源性與創造性的原則，是大易本體生生之道。〔註163〕而此始不是就時間上之起點而言，而是乾元萬物所資以爲始之始，故始乃是具有儒家道德本體論上的價值意義。而「乾以易知，坤以簡能」的易知與簡能皆爲天道的本質內容，易簡所言之善即易道、道德本心的善，此爲《易傳》道德的形上學之內涵。

總之，〈繫辭傳〉此處言乃由「易」與「簡」之義引申至人事德性上說，〈繫辭傳〉首章本先論不易與變易之義，後才續道易簡之義，此由乾坤兩種生化原理以顯妙用，「易簡」之義便是由乾坤生化之作用上言。〔註164〕因此，易簡之義主要還是在論乾坤之生化作用，一般錯將易簡逕解爲簡易、容易等，如鄭氏與孔氏之言是爲粗疏之誤解，故易簡之眞義，應是由乾坤之變化起用上來理解方得適宜。

〔註163〕 牟宗三疏解王龍溪「乾知」之說中提到：「《易傳》說『乾知大始』，是天之乾健之德（即生德）作爲萬物之大始，即由之以創生萬物也。『乾知』之知，字面上的意義，是『主』義，即乾主始也。乾之所以可主萬物之始，以其爲生道也。而生道之所以爲生之實則在『心』也，故歷來皆以『仁』說此生道也，此亦表示仁是道德的，同時亦即是形而上的。此即是仁體仁心之絕對性。」請參見牟宗三：《現象與物自身》，台北：臺灣學生，1996 年，頁 93～94。

〔註164〕 由乾坤之生化作用所呈現的「易簡」之義，見如下文句：
〈繫辭上傳〉第六章云：「夫易廣矣大矣。以言乎遠則不禦，以言乎邇則靜而正，以言乎天地之間則備矣。夫乾，其靜也專，其動也直，是以大生焉；夫坤，其靜也翕，其動也闢，是以廣生焉。廣大配天地，變通配四時，陰陽之義配日月，易簡之善配至德」
〈繫辭下傳〉第一章云：「夫乾，確然示人易矣；夫坤，隤然示人簡矣。」
〈繫辭下傳〉第十二章云：「夫乾，天下之至健也，德行恆易以知險；夫坤，天下之至順也，德行恆簡之知阻。凡易之情，近而不相得則凶；或害之，悔且吝。」

2. 變　易

變易之義在說明乾坤生化的變化往復歷程，無論言陰陽變化、八卦更迭、日月運行，皆由此「變易」揭其常性。〔註165〕〈繫辭上傳〉第一章云：

> 在天成象，在地成形，變化見矣。是故剛柔相摩，八卦相盪，鼓之以雷霆，潤之以風雨，日月運行，一寒一暑，乾道成男，坤道成女。

> 上傳第九章：「如變化之道者，其知神之所爲乎？

變易爲易之三義之一，亦爲易道；即由變易言易，變易是爲易道，故知「變易」爲易道之常性，揭示世界實相之生滅變易、流轉不居之實義，君子仁者能體認易道變易之理，自能與時偕行而得其時中。

3. 不　易

〈繫辭上傳〉第一章云：

> 天尊地卑，乾坤定矣。卑高以陳，貴賤位矣。動靜有常，剛柔斷矣。
> 方以類聚，物以群分，吉凶生矣。在天成象，在地成形，變化見矣。

不易爲乾坤往復變化歷程中不易其常性，有其理路與定理在，故不易爲變中之常。而此不易之理在《易傳》論述中，則由「位」之概念來加以陳述，此陳述方式往往由象上見，蓋易道取象以言其理，誠如熊十力說：

> 此不易義，鄭玄以來皆不得其旨。夫易者象也。象者假彼以明此也。不易之義，概謂本體之流行雖現作萬物，變化不居，而其溫潤諸德終不改易，是謂不易。緯言不易其位云云，蓋以位之不易，象本體之成變化，而恆不改易其德也，夫天上地下、君南面、臣北面、父坐、子伏，古人皆以此爲定位不易。今欲明本體之有長德而不可變易也，故取象於定位以明之，所謂假彼以明此也，取象於位，而意不說位，猶乾之取象於龍，而意不在說龍。〔註166〕

因此，不易乃借天地之位、君臣之位、父子之位來言易道不易之常理，由不易之理，而有天地之位不易之原理，繼言生化之往復，以陳變易之理，蓋易

〔註165〕〈繫辭上傳〉第九章云：「如變化之道者，其知神之所爲乎？」
　　　　〈繫辭上傳〉第十一章云：「是故闔戶謂之坤，闢戶謂之乾。一闔一闢謂之變。」
　　　　〈繫辭上傳〉第十章云：「非天下之至變，其孰能與於此。」
　　　　〈繫辭下傳〉第八章云：「易之爲書也不可遠，爲道也屢遷，變動不居，周流六虛，上下無常，剛柔相易，不可爲典要，唯變所適。」
　　　　以上所列舉之章句皆揭示易之「變易」的意涵。
〔註166〕熊十力：《讀經示要》卷三，台北：廣文1960年，頁53。

道本無「不變之體」，亦有其不變之常性，以變易之理言以往復生化之歷程，方得有易道創生乾坤之用，是以乾知坤能之功，降于人道而有男女、君臣、父子之位，進而揭示人道通貫天道之理，以顯天人合德之義。

總而言之，易道所含易之三義，「易簡」乃在說明以乾坤、陰陽以顯其用之兩種原理與樣態，而「不易」則直指易體（乾元、神體、太極、道亦同論）本身之形上本體，「變易」乃是創生的大化流行，是由本體之作用上而言。由此理解易之三義，則知《易傳》所云之形上本體，本質上皆是即體即用之體用不二，也是即活動即存有之實體，易體由此顯現宇宙本體大化流行之「道」，此易「道」即宇宙之理，亦即存有之理、人事之理。

（二）易道之形上意涵

1. 易道之生生不已

先秦儒家所言的「道」，乃是落在道德主體的生命中去展現，牟宗三指出，儒家的存有論是「實有形態之存有論」，與道家「境界形態之存有論」有所區別，《易傳》之存有論亦是創造實體、實有形態的存有論，是「即存有即活動」的意涵。〔註167〕〈繫辭上傳〉第五章云：

> 生生之謂易。成象之謂乾，效法之謂神，極數知來之謂占，通變之謂事，陰陽不測之謂神。

「生生之謂易」中的「易」是易道，生生不已的「易道」之形上意涵可由以下兩端見之：

（1）首先，「一陰一陽之謂道」此是用「一陰一陽」的分合變化來說明「道」之生化大用，道為宇宙萬有之本源，亦為太極，陰陽是道生化萬物之兩種原理與功能。「陰陽」實聯通於乾坤、剛柔、健順、動靜等意涵，陰陽概念在《易傳》中被提昇為本體宇宙論的意義層次，而非如同期典籍《莊子》、《荀子》等，僅指天地之氣，《易傳》中的陰陽作為易道生化的兩種功能與作用，不能從質料因的面向上來理解（如此是陰陽家、雜家氣化宇宙論中的氣），因此，作為生化萬物大本大原的易道，即在一陰一陽之大用中顯其妙運，故言「一陰一陽之謂道」，由此對偶的妙化作用中，開展易道種種的生化歷程。〔註168〕

〈繫辭上傳〉第十一章云：

〔註167〕請參考牟宗三：《中國哲學十九講》第五講，頁87～109。
〔註168〕請參考戴璉璋：《易傳之形成及其思想》，頁233。

是故，易有太極，是生兩儀，兩儀生四象，四象生八卦，八卦定吉
凶，吉凶生大業。

〈繫辭下傳〉第六章云：

子曰：乾、坤其《易》之門邪！乾，陽物也；坤，陰物也。陰陽合
德，而剛柔有體，以體天地之撰，以通神明之德。

以此爲易道生生之基，該攝于天地人三極中，而成爲萬事萬物之生化歷程，
兩儀即指乾坤言，乾坤爲易之門戶，而陰陽則是與乾坤之同一意義內容，因
此，易道經由「陰陽合德」以生化萬物，此生化並非是形而下器世間之氣化
過程，而是儒家本體宇宙論道德意義下的生化，在此，錢穆認爲《中庸》、《易
傳》的宇宙論近於氣化論的與唯物論，是採取了道家陰陽氣化的自然的宇宙
論，然而吾人考察《中庸》論天道，並無陰陽與氣化之觀念，《易傳》之論述
雖有陰陽氣化等觀念，但其基本是爲本體宇宙論的形態，與秦漢之際的陰陽
家、雜家的氣化宇宙論有所不同，戴璉璋說：

在《易傳》，把陰陽看成天地之氣的是〈象傳〉與〈文言〉。這兩傳
的作者，並未據此而構成一套宇宙論。把陰陽用爲宇宙論詞語的，
是〈繫辭傳〉。〈繫辭傳〉作者是從功能的觀念上來談陰陽，所以說
「陰陽不測」、「陰陽合德」；更值得注意的是，他所謂「一陰一陽之
謂道」，這道內在於人，就是人的善性，即「仁者見之謂之仁，知者
見之謂之知」的仁智之性。性與道是一，仁智的功能與陰陽也是一。
因此陰陽不可能是質實的氣，它是儒家本體宇宙論中的詞語，不是
陰陽家、雜家氣化宇宙論中的詞語，這分際是必須明辨的。把陰陽
用作氣化宇宙論的詞語是由《呂氏春秋》開始，到了《淮南子》作
者手裡，陰陽就成爲氣化宇宙論的中心觀念了。〔註169〕

可見，〈象傳〉與〈文言〉所言的陰陽雖指氣、或天地之氣；然不足以代表《易
傳》陰陽思想之全貌，惟〈繫辭〉由功能上來論陰陽，方能說明陰陽本體宇
宙論的意涵。而陰陽在《易傳》中乃指易道之生化功能，不是由材質或第一
因的面向上，來說天地萬物由陰陽所構成。因此，《易傳》系統所表述的乾坤
健順之德，由此所建立起道德形上學之系統，並非漢儒「陰陽氣化論」之架

〔註169〕戴璉璋：《易傳之形成及其思想》，頁 68。《易傳》固然有陰陽的觀念，卻還
沒有氣化的觀念。氣化的宇宙論，是秦漢之際陰陽家、雜家的論調。請參考
戴璉璋：《易傳之形成及其思想》，頁 48。

構得以詮盡。可見《易傳》「陰陽」一詞不能以一般宇宙論描述性之詞語視之，所以與陰陽家、漢初雜家之氣化宇宙論應有所區分。

（2）對《易傳》「一陰一陽之謂道」之解讀，應與「生生之謂易」與「天地之大德曰生」來共同理解方得適宜，「生生之謂易」是本體論式的說法，在「生生之謂易」的易道脈絡下，「一陰一陽」則表現此「生生」之樣態，是進一步說明易道生化在宇宙論上的意義，是先秦儒家道德創生意義下進一步的描述，可見「一陰一陽之謂道」並不是單純的宇宙論的描述，它是連接著《易傳》道德本體論意涵的形上發揮，與後來氣化宇宙論的陰陽概念應有所別。而「一陰一陽之謂道」在易道本體論的實體意義下方能成立，「一陰一陽」展現了易道動態的生化樣態，也說明了易道本身即是「即存有即活動」的天道實體。因此，「生生之謂易」即為表現易道本體論之真實內涵，即儒家特有的創生實體之意涵，是道德創生的意義內涵，而非一般宇宙論意義上的氣化；此如熊十力所言：「易曰，大生、廣生，又曰生生之謂易，又曰變動不居，不居則困於形容，只好強說活躍。充然者，豐富貌。」〔註170〕熊十力視「生生」為易道活躍、沛然充盈的創生之體，此以動態之形上實體來說明易道「生生」之樣貌，因此，不是氣化宇宙論下機械式的宇宙生成情態；而是「窮則變，變則通，通則久」之易道大化之流。因此，易道即天道本身，易道所顯露的意涵與天道是相同的。

就「天地之大德曰生」言，「天地」一語泛指天，天以創生萬物為德，此天所以為生，是就乾坤造化之大生與廣生言；因此，「天地之大德曰生」之「生」與「生生」之後一個「生」同為一義，生生是易體之妙運大用，為生意盎然的動態之生，此非現象界氣化活動以定，而是以乾坤之大生廣生而言，故「生生」不是現象之「變化」，而是易體之妙運生化。此易之創生是由體用不二上見，亦由一陰一陽、一闔一闢、一來一往等生生不已的歷程中見，更由此生生不已之「幾」復見易道本體。〔註171〕此「幾」乃易體神化之剎那瞬間，為神妙而不可言喻者，故為人智所不及、不測者，故又是「陰陽不測謂之神。」

因此，易道所呈現本體論意涵之易體，要由儒家本體論概念來理解方得適宜，由此本體宇宙論的論述模式下，進一步看「天地設位，而易行乎其中

〔註170〕熊十力：《體用論》，台北：臺灣學生，1987年，頁236。
〔註171〕唐君毅言：「不在一件一件之生生不已之事，以表現其（易體）自身者。」請見唐君毅：《中國哲學原論——原道篇》卷三，頁431。

矣」。〔註172〕則更清楚易道作爲《易傳》本體宇宙論的總體原則，〔註173〕是《易傳》的形上實體，此形上實體不僅是宇宙論式的生化原則，爲天地萬物貞定其定位，也是儒家道德的形上學的內涵，且是以道德意義的實質內涵，充實其本體論的體系。因此，易體本質是一創生性的形上實體，乾坤則是發用之形上原理。

2. 易道之無思無為

〈繫辭上傳〉第十章云：

> 易，無思也，無爲也，寂然不動，感而遂通天下之故。非天下之至神，其孰能與于此。

無思無爲者爲易道之體，由此「寂然不動，感而遂通」乃是易體之神運妙用，是即用見體、體用不二。無思無爲故易無體，易無體乃無以界說，故以「寂然不動」言之，易體雖爲寂然不動之本體，其神用可「感而遂通天下」，就易體之「寂」而言，此乃易之本體，就易體之「感」而言，此乃易之妙用。因此，易體乃體用一如，妙運其用以創生萬物。此易體「寂感」之體用義，分別在〈艮・象傳〉與〈咸・象傳〉表現的更爲明白。首先，此「寂然不動」之「寂」義表現在〈艮・象傳〉中，〈艮・象傳〉云：

> 艮止也。時止則止，時行則行；動靜不失其時，其道光明。艮其止，止其所。上下敵應，不相與也。是以「不獲其身；行其庭，不見其人；無咎也」。

艮卦之「止」猶言「寂然不動」的「寂」，易道本體是寂感一如，相應于艮卦之止行一如，因此，易道本體雖有寂、止；但亦隨事能行能感，是故寂感一如、止行一如，而艮卦所言「時止則止行則行」皆是易體自身樣貌之展現。「不見其身」、「不見其人」同爲「止」義，「不獲其身」即不自見有我，〔註174〕不自見有我亦不見有人，此乃無人我之相對相，爲「止」之眞義，〔註175〕如

〔註172〕〈繫辭上傳〉第七章。

〔註173〕其如：

〈繫辭上傳〉第十二章云：「乾坤其易之縕邪？乾坤成列，而易立乎其中矣。」

〈繫辭下傳〉第六章云：「乾坤其易之門邪？」

〈繫辭下傳〉第十一章云：「其道甚大，百物不廢，懼以終始，其要無咎，此之謂易之道也。」

都說明了「易」是爲本體宇宙論式的創生原則。

〔註174〕請參見牟宗三：《心體與性體》（二），頁241。

〔註175〕請參見范良光：《易傳道德的形上學》，台北：商務，1982年，頁269。

此動靜一如、內外無別、物我同體也，君子於此應物而不累於物，此如「行其庭不見其人，無咎也。」，因此，「寂然不動」非不動，而是「動靜不失其時」、「動如無動、靜如無靜」之妙義。

至於易道之體的「感」義，由〈咸・彖傳〉可知，〈咸・彖傳〉云：

> 咸，感也；柔上而剛下，二氣感應以相與，止而說。……天地感而萬物化生，聖人感人心而天下和平。觀其所感，而天地萬物之情可見矣。

咸卦由剛柔之交感、相應而說感，此與天地交感、乾坤交感以生化萬物是同一意義，乾坤為道體、易道之兩種生化功能，所以其感非宇宙論式之感，而是易道本體之感，是「感而遂通天下」之感，是以「感」是易體的神化妙運之奧義，此為承體起用之意涵。因此，當易體「感」而以應萬物，即遍潤萬物以成其所成，此是創生地妙運萬物之神化作用。

最後，作為無思無為、寂感一如的易道，其本體乃是「即存有即活動」，天地萬物即在此生生大用的易道流行中而有所成，人之存在亦即體認此「生生不已」的易體而確立。

3. 易道之消息盈虛、循環往復

《易傳》除了以傳統儒家之道德哲學為其核心義理外，進一步以《易經》中原有宇宙論體系概念，建構其本體宇宙論的架構，《易經》中的卦爻之變化及其道理，本來是該括《易經》宇宙生化之原理。《易經》哲學認為宇宙萬物無不在變動之中，《易傳》則進一步借此變化思想，展現易道循環往復的原理，說明從宇宙乃至人事種種，無不為種種盈虛、消長、興衰種種過程展現，〈豐・彖傳〉云：

> 豐，大也。明以動，故豐。……日中則昃，月盈則食，天地盈虛，與時消息，而況於人乎，況於鬼神乎。

日中則昃、月盈則食正是說明宇宙萬事萬物有消有長、並無長存不變之理，不僅人事如此，鬼神之事亦如此；而此盈虛的過程又是循環往復不已的，〈復・彖傳〉云：

> 復，亨，剛反，動而以順行。是以出入無疾，朋來無咎。反復其道，七日來復，天行也。利有攸往，剛長也。復，其見天地之心乎。

因此，易道揭示萬事萬物的發展，說明並無永存不變的事物，而事物的發展演變亦不是直線式與單向式的，它是一種物極必反、循環不已的往復歷程，

此應用于人事則教人持盈保泰、持守中道方能不失其正，〈乾・象傳〉云：

> 潛龍勿用，陽在下也。見龍在田，德施普也。終日乾乾，反復道也。
> 或躍在淵，進無咎也。飛龍在天，大人造也。亢龍有悔，盈不可久
> 也。

由初爻至上九，顯現事物向上發展的過程，然事物發展至頂點必然物極必反，故「盈不可久，亢龍有悔」，而應用于人事上，君子聖人居此，即能體會進退存亡之道。如〈文言傳〉所云：

> 亢之爲言也，知進而不知退，知存而不知亡，知得而不知喪。其惟
> 聖人乎，知進退存亡而不失其正者，其唯聖人乎。

聖人於此體認易道天理，知所進退故不失其正，此爲儒家中道思想之一貫立場，由此，易道之理不僅爲君子修身處世之則，也是聖王治世之理，〈繫辭下傳〉第二章亦云：

> 神農氏沒，黃帝、堯、舜氏作，通其變，使民不倦。神而化之，使
> 民宜之。易窮則變，變則通，通鑒久。是以自天祐之，吉無不利。」

可見，黃帝、堯、舜等古聖人即能體會易道變化更迭之理，能與時變革、通達事理故能吉無不利。易道的循環往復的原理，展現爲「易窮則變，變則通，通則久」之不變眞理，現象世界是以流變爲其本性，然事物可以長存之原理，在於「通」其變化之樞機，即合于易道之大化流行，體認易道持盈保泰方能得其中道，進而參贊天地之生化，進一步體會天人合德之意義。

所以，凡《易傳》「易與天地準，故能彌綸天地之道」〈繫辭上傳〉第四章、「冒天下之道」〈繫辭上傳〉第十一章，皆說明《易經》天地之道與宇宙變化之理。此變化之理即以「太極」爲其總原理，〈繫辭上傳〉第十一章即云：

> 是故易有太極，是生兩儀，兩儀生四象，四象生八卦，八卦定吉凶。

易體爲易道生化之總樞紐，而太極作爲變化樞機之總原理。〔註176〕亦展現了「易道」宇宙生化不已的歷程，此正是易道消息盈虛、循環往復之根本原理。而相對於太極的「無極」，則應視爲易道一體之兩面，是一組對易體的表詮（「太極」，正面的詮解）與遮詮（「無極」，反面的呈顯）。〔註177〕

〔註176〕周濂溪於《太極圖說》云：「無極而太極，太極動而生陽，動極而靜，靜而生陰，靜極復動。一動一靜，互爲其根，分陰分陽，兩儀立焉。陽變爲陰合，而生水、火、木、金、土，五氣順布，四時行焉。五行一陰陽也，陰陽一太極也，太極本無極也。」也點出太極作爲生化總原理樞機之意涵

〔註177〕「無極」語《道德經》第二十八章，其云：「知其白，守其黑，爲天下式，常

二、《易傳》乾坤之形上原理

天具創生之意義，此乃承《詩經》、《書經》的系統而來，《易傳》承此概念，進一步以乾坤陰陽之原理來加以說明，乾坤爲《易經》之基礎兩卦，所有衍變與引申皆由此而出，故乾坤爲易之門戶；〔註178〕乾坤爲易之綱領，並由此而衍生群卦，〈繫辭上傳〉第十二章云：

> 乾坤，其易之蘊邪！乾坤成列而易立乎其中矣。乾坤毀，則無以見易；易不可見，則乾坤幾乎息矣。

乾坤二元爲易之大生大用，缺此則易無以展示其生化之妙，亦無以揭顯其神明之德，故乾坤兩卦即爲易道二個基本原則，此是精神性的原則，不是自然哲學氣化宇宙論所講的生化二元。〈繫辭下傳〉第六章進一步說：

> 乾坤，其易之門邪！乾，陽物也；坤，陰物也。陰陽合德，而剛柔有體，以體天地之撰，以通神明之德。

易是以乾坤爲門戶，爲它卦變化之基礎，因此，六十四卦三百八十四爻，無非剛與柔之相摩所成，由此而有種種之變化組合，可見乾坤乃是彰顯易道之兩大原理，是《易傳》道德的形上學的義理支點；是以乾坤實爲《易傳》形上原理的兩個根本原則。《乾鑿度》有云：「乾坤相並俱生，其次第不可序。天地之生萬物，變化無窮，其先後不可序。」乾坤源自太極；乾元資始，其性爲陽爲主動。坤元資生，其性爲陰爲靜。《穀梁傳》也云：「獨陰不生，獨陽不生，獨天不生，三合而後生。」因此，此這六十四卦，就天道論意涵言，乾坤陰陽乃天地之造化功能，就人道而論，乾坤兩卦乃六子之父母，以變化推演至無窮，是以乾坤乃易之門戶，故乾坤兩卦爲眾卦之首。

乾坤二元爲易道生化之原理，並涵蘊大易生化之諸德，乾健坤順展示乾坤之德；〔註179〕並以大生、廣生之妙運以通大化流行。〈繫辭上傳〉第六章云：

> 夫乾，其靜也專，其動也直，是以大生焉。夫坤，其靜也翕，其動也闢，是以廣生焉。廣大配天地，變通配四時，陰陽之義配日月，易簡之善配至德。

乾健坤順爲乾坤之性德，也是易道的兩大生化原則，乾健所代表的是「創造

德不忒，復歸於無極」，表示對道體的遮詮。故「無極」與「太極」也可以相若《老子》「有」「無」之表遮言說方式，都是針對道體本身而發。

〔註178〕請見「闔户謂之坤，闢户謂之乾。」〈繫辭上傳〉

〔註179〕〈繫辭下傳〉第十二章云：「夫乾，天下之至健也，德行恆易以知險。夫坤，天下之至順也，德行恆簡以知阻。」

性原則」，而坤順則是「終成原則」，〔註180〕故乾之大生、坤之廣生，實乃天地創造與終成之總原理，此凡天地日月四時之理序，亦與乾坤生化之理相合不違。故乾坤爲易道之最高原則，故易道之形上原理須賴乾坤以展現，乾坤之原理，在此也呈現爲《易傳》宇宙論之性格，進而成爲形而下器世界的生化原理。因此，吾人可說「乾坤」實爲《易傳》天道論之重要內涵，是先秦儒家本體宇宙論的進一步內涵充實，是首次對生成作用原理作動態之論述。乾坤爲易道之本性，而對于乾坤之德與生化大用，〈繫辭傳上傳〉第一章說：

> 乾以易知，坤以簡能……易簡而天下之理得矣；天下之理得，而成
> 位乎其中矣。

〈繫辭下傳〉第一章又云：

> 夫乾，確然示人易矣。夫坤，隤然示人簡矣。

在此，以簡易說明乾坤之功用，簡易並非簡單、容易之意，而是說明易道之至健至順之義，是《易傳》易道之德的本體論述，作爲「天下至健」之德的乾，乃象徵易道創造之形上精神原理，而「天下至順」之坤，則同是易道終成之形器原理，天生地載是乾坤的創生模式，在易道形上原理上，兩者雖爲由乾而坤之縱貫創造模式，然獨陽不生、孤陰不長，在易道創生萬物的大用中，兩者爲相生相成之並建關係。

可見乾坤爲《易傳》之哲學系統的樞機，亦是詮釋萬物生化變易之根源，故乾坤之理必然涵攝天地生生之理，是以「大哉乾元，萬物資始，乃統天。」〈乾・彖傳〉：「至哉坤元，萬物資生，乃順承天。」〈坤・彖〉，是以「資始」、「資生」皆說明乾坤二元之大生大用，「統天」、「承天」也確立乾坤二元在《易傳》形上系統裡的地位，是爲《易傳》天道論之重要意涵，上述乃乾坤本體論之形上意涵，以下則細論乾坤兩卦及其形上意義。

（一）乾　元

乾卦爲《易》六十四卦之首。《說文》：「從乙，乙，物之達也。」如此，則見乾有動而往上之意。單由乾字分析，則乾也象徵天故言「乾爲天」〈說卦傳〉。乾爲《易傳》天道之形上原理，其體性展現爲「乾剛坤柔」〈雜卦傳〉，剛柔一詞是爲乾坤相對立言，指示乾元的體性是至健的精神性原理。相對于坤元，則乾坤有序列相屬之特性；如果說以坤卦爲首的《歸藏》，反映商人母

〔註180〕請參考牟宗三主講，盧雪崑錄音整理：《周易哲學演講錄》，台北：聯經，2003年，頁19。

系社會的文化傳統，〔註181〕而以乾爲首之《周易》則反映了父系社會的文化傳統；此乾坤二元所顯示的文化深層意義，表徵爲周人在文化精神上的一次轉變，乾卦的精神乃是自強不息，是我命由我不由天的人文情調，與殷商人凡事求之於卜的宿命觀念大異其趣，此也顯示周人理性精神的覺醒。乾元所蘊涵之形上原理，可由〈乾・彖傳〉顯見：

> 大哉乾元，萬物資始，乃統天，雲行雨施，品物流行，大明終始，
> 六位時成，時乘六龍以御天。乾道變化，各正性命，保合太和，乃
> 利貞，首出庶物，萬國咸寧。

「大哉乾元，萬物資始，乃統天。」本句說明乾元爲形上本體之意涵，是乾卦卦辭「元、亨、利、貞」的深義；乾元之德是宇宙萬物之本源，乾即天、坤爲地，天地運動是萬物資始的動力，是萬物生命的基始，有了乾坤交互的運動，大地才產生雲雨氣候，方有四季陰陽盛衰變化，乾陽大德普施光明遍照，萬物由此顯露生機以繁榮，品物方能得其貞正。乾元是萬物所資以爲始生者，其以至健之德爲天地萬物之創生主體，故言「大哉乾元，萬物資始」。〔註182〕此「乾元性海」爲一無限的理性，是一創造性原理，同《中庸》言「天地之道可一言而盡也，其爲物不貳，則其生物不測」，皆是儒家「生生不已」之天道本體創生原理的展現；由此可知，乾元即爲《易傳》天道本體之創生實體，是一個創造性的動態原理。

乾在《易傳》中既象徵天，天乃儒家意義之根源，故乾不唯象徵生化之原則，亦代表天之生生不已的意義，熊十力即說：

> 古之言天，本指彼蒼而目之，即星體也。天一日一夜，過周一度。
> 其行至健。故乾以之取象。然鑿乾者果何物歟。曰：乾，不可以物
> 求之也。乾，非物也。乾之爲言健也。其生生不已之勢能歟。此其
> 運行不息。神化難思。故象之以天，形容其健也。〔註183〕

故《易傳》特獨舉乾之功用，以明乾元之獨特性與唯一性，故乾元與坤元皆

〔註181〕 請參見金景芳，呂紹綱：《周易全解》，台北：韜略，1999 年，頁 24～25。金
　　　　 景芳說：「殷人重母統，所以殷易《歸藏》首坤次乾，周人重父統所以《周易》
　　　　 首乾次坤：周代幾乎所有的制度都反映著首乾次坤的觀念，《周易》把乾坤兩
　　　　 卦放在六十四卦之首，與周人的自然哲學緊密相關。」見《周易全解》，頁 25。
〔註182〕 朱子也說：「元者，乃天地生物之端，乾言大哉乾元，萬物資始，至哉坤元，
　　　　 萬物資生，乃知元者天地生物之端倪也。元者生意，在亨則生意之長，在利
　　　　 則生意之遂，在貞則生意之成若言仁便是這意思。」《朱子語類》卷六十八。
〔註183〕 熊十力：《讀經示要》卷三，頁 62。

表萬物生發之始，其作用則無不以「仁」的呈現爲本質。

至於「雲行雨施，品物流行，大明終始，六位時成，時乘六龍以御天。」則說明乾道之亨；「雲行雨施，品物流行」說明乾道潤澤萬物之狀，是乾元生化之具體表現，也是乾道生化萬物之現象說明。而「大明終始，六位時成，時乘六龍以御天。」前兩句說明乾元之德，「大明」義同乾元，乾元、大明屬于同位辭，後句則指出乾元在《易傳》天道論中之首出意義，六位是指六爻所代表的階段及其時空環境，說明客觀的人事物發展之歷程，「六位時成」即指其間所包含的時空情境，由乾卦六龍來表示其階段。乾卦六爻象徵六龍，以喻天道運化終始之義，六爻、六位、六虛、六龍皆是象徵語，〔註184〕故「六位時成，時成六龍以御天」，是以六位虛說來象徵乾元創生原理之終始歷程，《易傳》中爻位之所在意指變動的歷程情境，故言「道有變動，故曰爻」〈繫辭下傳〉第十章，因此，爻位說明演進之歷程情境，也象徵萬物生成之終始過程，故言「六位時成」。因此，「時成六龍以御天」也即說明乾元「隨時而用」之變化原理，並且也即萬物變化生成之具體原則，是故乾元一義亦總「易」之三義，而成一個創生義的本體宇宙論之意涵。

「乾道變化，各正性命。保合大和，乃利貞。」爲乾元性命論總綱，「各正性命」說明存在事物之本性由乾元所賦與，此所得者爲貞正不移者，貞正不移方使萬物得其意義與分位，而「乾道變化」所貞正之性命，也是正面的、超越的，以理而言的性命。如此，乾元爲萬物性命原理與根據，而萬物性命之本質也通于乾元天道之內容。此亦即天命實體下貫于個體，而成爲個體之本性，實爲《中庸》「天命之謂性」理路的進一步闡明；《中庸》天命雖涵蘊此意涵，然未如〈乾·象傳〉般明白的表示之，萬物在此乾道生化中，得貞正其性命、成其所成，故元亨利貞爲乾道之四德，亦是萬物創生之動態歷程的說明。

綜而言之，乾元乃《易傳》本體宇宙論之創造性原理，是唯一而絕對的形上實體，其本體是如如不動的易體，其變化則是動態創造性之生化，故其所云變化乃是創化性的，非由一而二之機械性的氣化過程；簡言之，則是《易傳》所云之「神化」，故知乾道或乾元作爲萬物變化超越的形上根據，亦可稱乾道爲變化之幾，此「幾」乃如如不動、動而無方，其神化妙運言詮難盡；

〔註184〕牟宗三說：「六爻即用圖書象徵法以象徵乾健之道之健行性與創造性。」請參見《才性與玄理》，頁104。

故乾元之創造不能以「第一因」來理解，若單純尋求第一因的探究，並不能真切掌握乾元的意涵；因此，吾人尋求萬物生成之第一因，則最終必然使探問根源問題陷入無窮後退與循環無路的窘局，[註185] 故《易傳》之乾元、乾道、易道等既非虛設之境界概念，而是形上的實體為生化之本根；因此，不得以「第一因」的理解形式來探究。足見《易傳》與先秦儒家所極力倡言之形上的道德實體，並非空想虛設之形上學第一因，也不是宇宙論式的萬物源起之根源說明，它必然涵攝人為主體關懷的理性道德起點為基石，如此方能透顯儒家學問的真實性與人間性，而非飄邈虛無之不食人間煙火，因此，由人性本然所內具之可能性言，其本即是客觀而絕對的天道本源，而由人戮力躬身以求生命之完善言，則為真實的主客雙泯之圓滿理境，此理境之達致誠如袁保新在反省《老子》之形上性格時所認為：

> 藉海德格「在世存有」（being-in-the-world）觀念，實踐主體的自我是與實踐活動展開的世界密切相連的，自我的理解決定了世界的意義結構，世界的意義結構也反應了實踐主體的自我理解，因此，「存在詮釋」所揭露的自我心境，其實也是一個價值世界的展現，其間原無主、客性質的截然區分。[註186]

因此，就《易傳》之乾元本體言，亦必然涵攝工夫義方得圓滿，此為即工夫即本體、即本體即工夫；就生化萬物之歷程言，乾元則體用不二，即由用見體、由體見用，如此則解消乾元道體為宇宙論式第一因的疑惑，亦說明了乾元道體作為真實客觀而非境界虛說之誤解。

（二）坤　元

　　坤卦為易六十四卦上經三十卦之二，也是六十四卦八純卦之一。[註187]與乾元同為易道之生化原理，坤字表徵為地，故言「坤為地」〈說卦傳〉，其體性為至柔至順「乾剛坤柔」〈雜卦傳〉，與乾元「剛柔相摩」以成大化妙用；

〔註185〕此如莊子在〈齊物論〉中所云：「有始也者，有未始有始也者，有未始有夫未始有始也者。有有也者，有無也者，有未始有無也者，有夫始有夫未始有無也者。俄而有無矣，而未知有無之果孰有孰無也。」又說：「古之人，其知有所至矣。惡乎至？有以為未始有物者，至矣，盡矣，不可加矣。」這種探問具體事物最終根源的問題，實際上其根源是可無窮後退，沒完沒了的；莊子在此並不給予一個明確的界說，只是暫且安之「未始有物」來說明。
〔註186〕袁保新：《老子哲學之詮釋與重建》，台北：文津，1997 年，頁 76。
〔註187〕《周易》上下卦為同一卦，是為純卦，八純卦分別為：乾、坤、坎、離、震、巽、艮、兌。

故知乾坤二元爲相對待原理，故「天尊地卑，乾坤定矣。」〈繫辭上傳〉，坤元與乾卦爲相隸屬之上下關係，在易道之創生原理上，則又是互爲作用之並列原理，故有「乾剛坤柔」、「剛柔相摩」之義。

「坤」之卦名字義，並不如乾字在《說文》可得見其端苗，因此若尋「坤」之字義探究，必不能令人有所理解，因爲「坤」字本未見於現存較文的古文字，如甲骨卜辭與鐘鼎文之記載中，尋諸先秦典籍唯《禮記》、《左傳》二書見其卦名，《禮記‧深衣》有「坤六二之動，直以方也」，《禮記‧禮運》有「吾得坤乾焉」、「坤乾之義……」；另外，《左傳》有四見，其中「遇坤之比」〈昭公十二年〉、「其坤曰……」與「坤之剝曰……」〈昭公二十九年〉僅見卦名並無實義，僅〈莊公二十二年〉有「坤，土也」一文見以坤爲土之義，此乃明顯溯源於「地勢坤……」〈象辭〉之義。由上述引文分析得知在易之前並無坤字，故坤應爲易所援用以表述其形上原理之概念用詞。

《易傳》以乾元爲陽爲剛爲健，相對的坤即爲陰爲柔爲順，乾坤兩儀爲太極所生，故同爲動態之創造性的原理，因此，坤雖爲地道之象徵，然與道的本源仍可相貫通。坤之卦辭有云「坤，元亨利牝馬之貞。君子有攸往，先迷後得主，利西南得朋，東北喪朋，安貞吉。」坤卦同樣具有「元亨利貞」四德，但其貞卻是「牝馬之貞」，元亨仍與乾卦所云者用法同，然爲何用「牝馬之貞」而有別於乾卦者，原來當西周之時多以牡牛供祭祀、牡馬供驅馳，未見牝牛供祭祀、牝馬供馳的；在古籍中亦未見牝馬之記載，如記述《詩‧大雅‧烝民》有「四牡業業，征夫捷捷」，《詩‧周頌》「於薦廣牡，相予肆祀」，顯然西周之時牝牛、牝馬之職，乃在於靜默以安其生育之職，是應宜守其素分方得亨通，故引申用以理解坤卦之意涵，則知在《易傳》本體宇宙論的形上體系裡，其與乾元乃是一上下相屬的創造原理，必依於乾元之精神性的創造原理，以順成能生孕育萬物之用。是以「牝馬之貞」謂宜守其生育後代素分，也隱寓坤卦相屬於乾元之形上地位。〔註188〕因此，乾坤之相續相成並不

〔註188〕在下列註解中皆表達了乾坤相續縱貫創生之意涵：
《周易函書》云：「乾資始，坤資生，非乾坤各一元也，天地未僻。均出此一元而亨，乾坤陰陽耳，故乾象天，而坤象地，其資始則歸其能健運之乾、資生則歸其能與禽受之坤，止此一元，乾坤同有之，……坤既不能違乾，則乾之四德，坤皆受而載之，故曰乃順承天。」
《易內傳》亦云：「坤之順，坤之厚也，厚者順之體惟其堅凝，故能載含弘者，以此也光大而亨物厚之見端也，順而健行者厚也，無疆一本于厚，猶悠久無疆，本乎至誠無息也。」

是表明《易傳》之形上原理爲二元論的，從動態創生歷程言，乾坤乃相續之縱貫創生，故以坤順相屬于乾元而進一步終成萬物，如此方能完成「元、亨、利、貞」的生成過程。〈坤·彖傳〉曰：

> 至哉坤元，萬物資生，乃順承天。坤厚載物，德合無疆，含弘光大，品物咸亨。牝馬地類，行地無疆，柔順利貞，君子攸往。先迷失道，後順得常。西南得朋，乃與類行；東北喪朋，乃終有慶。安貞吉，應地無疆。

「含弘光大」指坤德孕物載物之大用，坤爲地道德宇廣宏，所施之坤德則應物無所窮。「先迷失道，后順得常」指坤爲至陰至柔，孤陰無陽則迷道而無得施其大用，陰得陽之理則化生萬物以啓其神用，坤元作爲萬物生化之基石，乃「含弘光大」，坤元與乾元陰陽相合以生萬物，坤元本性虛懷能受，故能育孕無限生機，使萬物得生於乾坤相合的妙運之中。又因坤性柔順利貞須與乾陽交運感通，始能交感以資生，故坤得乾陽則利貞吉，若失乾陽則迷喪失道，乾元爲創闢性的精神原理，坤元則是順承性的萬物終成原理；天地萬物皆經此乾坤相承妙運方能生生不息。因此，考察乾坤之形上創生原理，則知乾元爲指導性的原則與始生之幾，而坤元則是順成承載以終成萬物之理；無乾元創生之始源，則坤元不得其理而迷喪，無坤元孕育終成之功，則萬物無從實現其真實生命，故在生化萬物之妙用中，乾坤二元互爲運用、缺一不可。關於乾坤之生化原則及其深義，牟宗三分析說：

> 乾元的作用是作爲萬物的開始，與「始」相對的字就是「終」，終的觀念表示在坤卦。物之開始就是生，從始說生，始生連在一起說。始對著終而言，生對著成而言。所以，儒家講始終、生成。通過始生來了解「大哉乾元」，了解天命不已，乾元代表創造原則（principle of creativity）。通過終成了解坤元，坤元代表保聚原則（principle of conservation），保聚原則又叫做「終成原則」。乾元是創造原則、創始原則、創生原則。乾元代表始生，那是開端，開端表示創生。坤元代表終成原則，終成就是目的達到了。所以，中國思想若想貫通到亞里斯多德的「目的因」，便必須正視這「終成」二字。終成靠什麼來完成呢？誰來擔負這個責任呢？靠坤元。所以，坤元就代表終成原則。〔註189〕

〔註189〕牟宗三主講，盧雪崑錄音整理：《四因說演講錄》，頁 22。

乾元為創造原則，相對的坤元則為保聚原則，有乾坤二元方有終始之生化過程，乾元固為生化之始源，在《易傳》中之重要性不言可喻，然不得坤元之保聚終成亦不得圓滿。〈文言〉云：

> 坤至柔而動也剛，至靜而德方。後得主而有常，含萬物而化光。坤
> 道其順乎，承天而時行。

表明坤雖主至柔，但柔中有剛；是所謂體陰柔而氣質剛，故知乾坤陰陽之作用非固定不移者，此即坤德亦是光明昭著，方能妙運不息以孕育萬物。

　　坤卦雖為地為陰為柔，然與乾卦互為運用，故其與乾卦各備元、亨、利、貞四德，而同列為《周易》之首，乾為純陽坤為純陰，乾陽坤陰合德、剛柔相濟以資生萬物。天地乾坤由于具足四德，因此成為生命之源泉與萬物之父母，此即為「有天地然后萬物生焉」《周易·序卦》，乾坤陰陽通過六爻的變化，體現了陰陽變易不息之宇宙樣態，易由太極而兩儀而八卦而六十四卦以至於無窮，此中國文化傳統裡整全周備的宇宙論模式，在《易傳》道德哲學的深化後，成為先秦儒家圓滿的本體宇宙論的體系，因此，在《易傳》之天人合德理境裡，此道德心的充盈遍潤無方即成現實之宇宙，而此宇宙即成道德意義之宇宙，故有陸象山所言「吾心即宇宙，宇宙即吾心」之境，則知《易傳》之較《中庸》道德的形上學進一步發展者，乃在《易傳》特別就先秦儒家之宇宙論部分有所充實，不僅在《中庸》所確立之天道、天命誠體外，使儒家之道德內容包含整個存在界，使個體真實的存在物有其道德意涵的形上分位，此是先秦儒家道德的形上學之完整與圓滿。今人常有以當代先進物理學或數學以詮釋易經哲學者，也似乎有所啟示言之成理；然而這種研究進路其實是本末倒置，運用套套邏輯固可導出許多出人意料之外的種種創見，但殊不知不能以此來詮釋易經哲學之全部，並為之定位評估得失；因為易作為單純的宇宙論原理本可該括當今種種先進思想理論，因為易經本就是人類理性思想的原型，此與當今許多先進物理學道理可以相通本不足為奇，但若就當今理論來認定評估易經哲學則為妄誕不經。

三、《易傳》「神」之意涵

　　「神」的概念在《易傳》中所呈現者最為完整與豐富，是先秦儒家「神」概念的圓滿發展，也是《易傳》天道論的重要內涵，「神」的形上意涵包涵了本體宇宙論、工夫境界論之意涵，本章先論析本體宇宙論部分，工夫境界論部分於第四章再加以說明。

（一）「神」之本體義

《易傳》中凡言神者多見，有單言「神」者，有連言「神明」、「神道」、「神物」、「鬼神」、「神農」〔註190〕等；其中以「神」、「神道」與「神明」爲本文探究重心，「鬼神」、「神物」等所顯示者，爲氣化意義下之天地消息，必須在神體之本體義架構下來加以理解，方能呈顯其在《易傳》中之獨特意義。〔註191〕

《易傳》裡所言的「神」與易體同是形上的實體，〔註192〕「神」在《易傳》中首度提升爲形上本體之義理地位，「神」之本體義主要分別見于《易傳》三段文字；首先，是〈說卦傳〉第六章所云：

> 神也者，妙運萬物而爲言者也。

此章所云總結了《易傳》所論之「神」者，「神」在《易傳》中呈現本體義之

〔註190〕言「神」者凡 16 見，其中〈繫辭傳〉中 15 則、〈說卦傳〉中 1 則；言「神道」者 2 見，言「神明」者 5 見，言「鬼神」者 6 見，言「神物」者 2 見，言「神農」者 2 見。

〔註191〕（按）：鬼神一詞本是中國原始宗教觀念之術語，經孔子將原始宗教人文化的過程中，在《論語》裡將其視爲祭祀的對象，鬼神意義轉爲對死去祖先的感念，此是孝道的擴大；與普通宗教祭祀有別，並非是趨吉避凶、招福納祥的貪求，而是道德仁心的顯露。如《論語·爲政》云：「非其『鬼』而祭之，諂也」與《論語·泰伯》云：「禹，吾無間然矣，菲飲食而致孝乎『鬼神』。」等。《易傳》中所云的鬼神，可以有兩種意涵：其一，由「天道虧盈而益謙，地道變盈而流謙，『鬼神』害盈而福謙，人道惡盈而好謙。」〈謙·彖傳〉、「日中則昃，月盈則食；天地盈虛，與時消息，而況於人乎？況於『鬼神』乎？」〈豐·彖傳〉兩段文字得知「鬼神」主要視同日月天地盈虛消息，是天地消息中的一環而並非人格神的意義，是生化現象之展現；再者，所云：「夫大人者，與天地合德，與日月合其明，與四時合其序，與『鬼神』合其吉凶。」所展現聖人體道理境乃周遍不遺，不僅與天地合德，亦得天地日月之宇宙理序，此體道理境極致處爲天地合德，故與鬼神合吉凶乃當然之理，故「鬼神」也是天地理序、大化消息之一環。聖人所以與天地合德、與日月合明、通鬼神吉凶，也是由主體道德之充極，方得眞確朗現。此爲乾卦〈文言傳〉中「鬼神」之義。其二，在〈繫辭上傳〉第四章云：「精氣爲物，游魂爲變，是故知『鬼神』之情。」則「鬼神」就天道生化消息上言，可以是一氣運行之聚散；也是天地消息的意涵，聯貫〈乾·文言傳〉來看，人透過道德實踐，而達致天人合德之理境，當可與鬼神交通消息，故得以「與鬼神合其吉凶」。因此，《易傳》所言「鬼神」一詞，已然與傳統宗教之神秘的鬼神意涵有所不同，其主要還是落在天地消息這一層意涵上。

〔註192〕張載曾言：「語其推行故曰道，語其不測故曰神，語其生生故曰易；其實一物，指事異名耳。」請見張載《正蒙·乾稱》第十七。是以道、易、神實爲同質異名，爲其不同的論述面向與方式而非有別。

內涵，也展現爲妙運萬物之用言，而神體即是妙運萬物背後之本體，因此，「妙運萬物」之「妙」乃神體之主動作用，「神」即由此展現其本體義。因此，神體是爲《易傳》之形上本體。

　　再者，「神」既爲形上實體，是爲根本原理，即不爲時空所範限、亦不可言詮得盡者，〈繫辭上傳〉第四章云：

　　　　神無方而易無體。

「易無體」言易爲不定體者，是生化之原則、原理，故不爲聚散所拘，不定於一形體，故無所拘應變無窮也；「無方」意指沒有方所不爲時空所限，故人智難以釐測其神化之玄妙，因此，「神體」乃動而無動、是靜非靜之動靜樞機，是以圓應無方、妙運無窮；簡言之，「神體」即「易體」，也是天道本體。周濂溪言「動而無動，靜而無靜」之神、橫渠的「兼體不累、參和不偏」與〈繫辭傳〉中所呈現之「神」，皆就道體圓用無方而言神，則「易無體」亦是道德的無限圓用之妙用。

　　申而言之，「神」既爲創生義之形上原理，此原理爲根本之形上實體，故其創生即非人格的創生與主宰，此神體是爲道體，承認人有「智的直覺」之可能。〈繫辭上傳〉第十章云：

　　　　易無思也，無爲也，寂然不動，感而遂通天下之故。非天下之至神，
　　　　其孰能與於此。夫易，聖人之所以極深而研幾也。唯深也，故能通
　　　　天下之志；唯幾也，故能成天下之務；唯神也，故不疾而速，不行
　　　　而至。

「無思」、「無爲」乃是指無人爲造作之義，「寂然不動」言良知本具的虛靈明覺，乃隨時能寂能感之體，故易之寂則不是死寂不動，是能感之寂、生機盎然蓄勢待發之寂，此寂能感通於天下，故是易體寂感一如之妙用，此妙用亦是「神體」之展現，故易體即神體，是萬物妙運之道。〔註193〕〈繫辭上傳〉第九章亦云：「知變化之道者，其知神之所爲乎。」再者，由於此神體雖是超越的道體，亦承認人有智的直覺之可能，聖人由此極深而研幾，發明本心以體證天道，進而直透易道神體妙蘊，由此更得內外圓滿，其終極處則能通天

〔註193〕易體乃動態（dynamic）之活體；是寂感一如之眞幾，感即咸卦之「咸」。〈咸
　　　卦・象傳〉曰：「天地感而萬物生，聖人感人心而天下太平。觀其所感，而天
　　　地萬之情可見矣。」此寂感眞幾之形上實體，亦即「神」，也通《中庸》之誠
　　　體。

下之志、成天下之務，而「不疾而速，不行而至」則展現爲神體即寂即感、寂感一如之意義。〔註194〕因此，「天下之至神」乃指「聖人以此心」的主體仁心，主體仁心可以感通神化妙運之神體（亦是妙運萬物之道，此即天道），由主體仁心言「至神」，則可顯見神體妙運無方之意涵。

最後，由神體所進一步揭示的「神道」教化理想，乃言聖人順承天道實理以應世，故能應化無方而天下服矣。〈觀・象傳〉云：

> 大觀在上，順而巽中正以觀天下。「觀盥而不薦，有孚顒若」，下觀而化也。觀天地之「神道」，四時不忒；聖人以神道設教，而天下服矣。

《易傳》認爲日月天體的運行與四季之更迭，皆是天地神道的展現；此「神道」亦是盈虛消息的天地生化之道，故也是以本體宇宙論爲內涵之天道實體，故知《易傳》所言之「神道」實乃天道之意涵，此神妙之道施乎生化、人事而無所不成，此神妙之道之妙運作用在《易傳》中表現爲「神而明之」，在〈繫辭上傳〉第十二章有云：

> 極天下之賾者存乎卦；鼓天下之動者存乎辭；化而裁之存乎變；推而行之存乎通；「神而明之」存乎其人、默而成之，不言而信，存乎德行。

此中所言之「神明」同是指神妙而靈明之道，此皆言形上實體而言的。

因此，在《易傳》「神道」、「神明」一詞並不是宗教的神秘意涵，而是《易傳》道德哲學所呈現之理境，故知「神道」、「神明」所提示出「神」之概念，可爲《易傳》形上本體論之核心之一，爲萬物生化之本源，同易道、太極與乾元是同一理趣；其所展示的是儒家本體宇宙論的意義，是屬于先秦儒家道德的形上學的內涵。

總的而言，《易傳》所言神、神道、神明已然轉化成妙運萬物的形上實體意涵，並不是純粹的宇宙論內涵，而是包含著本體論與宇宙論之形上學內涵，此形上學特別又是以道德的實體義爲其底蘊，在《易傳》裡特以「即用見體」、「體用不二」來見其眞義。《易傳》之天道論所涵攝的宇宙論部分，非如勞思光所言

〔註194〕張載言：「神，譬之人神，四體皆一物，故觸之而無不覺，不待心使而後覺也。此所謂『感而遂通，不行而至，不疾而速』也。物形有小大精粗，神則無精粗，神則神而已，不必言作用。」請見《張載集》，台北：漢京，1983 年，頁200。

不爲儒家之嫡傳，而是儒家道德的形上學體系之完整建構；在《易傳》裡所闡明的進一步是道德秩序與宇宙秩序的相應，此相應又不是單純的天人感應的模式，此是道德心的推擴與道德實踐的極成；故《禮記》孔子閒拘篇載孔子語言：「天有四時，春夏秋冬，風雨霜露，無非教也。地載神氣，神氣風霆，風霆流行，庶物露生，無非教也」因此，《易傳》中雖盡是乾坤、天地、陰陽、剛柔、動靜等之語，其意乃在藉此架構儒家道德的形上學之體系，不能簡單的以氣化宇宙論看之，熊十力即說：「孔子作易，雖採卜辭，其辭皆象。而取象之意自別，只假象以顯此理而已。」又說：「正以設卦觀象，雖設言詮，而畢竟不落言詮，以方便顯示神無方易無體之妙。」〔註195〕是以《易傳》之天道論內涵，雖爲易、乾元、神等核心概念所構築，此三者實際上同質而異名，只是在詮釋的角度上有所側重與選擇，「易體」是《易傳》天道論之總原理，以三義包含其體用論整體，由「生生」以顯其動態之創生義，而乾元則實爲易體創生原理之進一步發揮，進一步該括工夫義之內涵，至於「神」，同樣是形上之本體，亦是有體有用，然就詮釋面向上言，則較傾向于神化妙運之發揮，以其妙用來顯發本體，但亦涵有工夫境界義，下文論「神」之妙運義。

（二）「神」之妙運義

神體爲《易傳》之形上實體，此形上實體特別即用以顯體，此即神體之「體用相即」、「即用即體」之意涵；儒家哲學乃體用一如、即用見體，「神」體所示乃儒家哲學體用論之真諦。即用以顯體是爲「神」之妙運義，在《易傳》中分別表述在〈繫辭上傳〉的兩段文字中：「陰陽不測之謂神」、「知變化之道者，其知神之所爲乎。」

首先，「陰陽不測之謂神」〈繫辭上傳〉第五章，「陰陽不測之謂神」同「一陰一陽之謂道」、「生生之謂易」對照來看，易、道、神實爲同質異名之形上實體；「陰陽不測」表示由神體所作用之陰陽變化之微妙，陰陽變化不可測度，無窮複雜非人智所能解，此是造化之妙，此造化之妙並非是上帝超越的創生義；神體所顯露之妙用，特別以「陰陽不測謂之神」來展現，陰陽不測實爲神體生化之妙運。因此，神體與「道體」、「易體」乃異名同質，一樣是以陰陽乾坤之「即用見體」的方式來展現易道之圓用神妙。

再者，「知變化之道者，其知神之所爲乎。」此中所言變化亦是指「陰陽

〔註195〕請見熊十力：《讀經示要》卷三，頁 19、44。

變化」，由此變化之妙來言此「神」，同「陰陽不測之謂神」一般，皆是以陰陽變化的造化之妙，來呈顯「神」之妙運義，因此，「神之所爲」即變化之道，也是易體、天道生化妙運之道；最後，「神也者，妙萬物而爲言也。」一句中，「神」展現爲超越之本體義，亦由「妙萬物而爲言」來顯示其妙運義，此是由生化作用之妙來了解「神」，此「神」之大用妙運義，實乃遠承《詩經》「維天之命，於穆不已」的古義，是「天命不已」之作用義，透過《孟子》、《中庸》的進一步發展與引申。

　　總而言之，神體之神化妙運，是儒家哲學體用一如之奧義，此爲陰陽乾坤之動態創生的呈現，如此，《易傳》本體論方不爲一靜態的形上論述。神體故涵攝本體宇宙論之意涵，若無由其生化萬物之妙運功用，亦不得其完整而圓滿的意涵，萬物生化固是因著神體、易道、乾元等種種形上根據，然若無妙運生化之動態創生歷程，此形上實體亦不成其體而僅只爲虛說假想，故由神體之作用面言，妙萬物之「陰陽不測」，即爲神體之大用展現，故神即是存有即活動，亦言即本體即作用、或體用不二。天地生化萬物之生並不是人格神的創造，也不是形而下之氣化過程，不僅是宇宙論的創生意義，此「神」乃是涵蘊著道德本體論意義的形上之道，是「形而上者謂之道」的道，與朱子在其《本義》、《語類》中對「神」的分析，以氣來作說明與界定是有極大的分別，其《語類》有云：

> 「神化」二字，雖程子說得亦不甚分明，惟是橫渠推出來。推行有漸爲化，合一不測爲神。……
>
> 神是氣之至妙處，所以管攝動靜。十年前，曾聞先生說，神亦只是形而下者。賀孫問：神既是管攝此身，則心又安在？曰：神即是心之至妙處，滾在氣裡說，又只是氣，然神又是氣之精妙處，到得氣，又是粗了。精又粗。至於說魂說魄，皆是說到粗處。

依朱子的解釋，則神化不指造化之跡而只是妙而不測，其釋「神」與鬼神、魂魄、形俱屬於氣，都不是形而上的道，〔註196〕此則悖於神體本體義之眞實內涵，也不能透顯出神體妙運義之精彩。

〔註196〕鬼神之爲物，非感官理智所能察與掌握，鬼神所以存在亦表示其爲天地消息之一環，人透過心誠感通，亦可交通其消息，因此，由氣化上可論其存在，由理道上言則無特殊意義，故與日月同明之聖人，自然能感通鬼神吉凶，此與交通天地消息並無二致。

貳、《易傳》之性命論

由上論述可知《易傳》中道體、乾道、易道、神體等皆是指天道本體，是先秦儒家天論的進一步發揮與引申，也是先秦儒家道德的形上學的初步發展，然儒家學問重在工夫實踐，注重人主體的道德證成，人之能經由實踐以成就德業，在於人有內在的「性體」根源，使道德實踐成爲可能；《易傳》在天道論與本體宇宙論上精彩紛呈，在人性論方面亦有所論述。

一、《易傳》「仁」之意涵

《易傳》傳承孔、孟、《中庸》思想之發展，而爲先秦儒家道德的形上學之圓滿發展，《易傳》言性之進路與《中庸》是同一理路，即由天道說下來，首先是以道言仁，在《易傳》中「仁」分別出現過 9 次，在〈繫辭傳〉中有五次，其它在〈文言傳〉中兩次，在〈小象傳〉與〈說卦傳〉中各一次；〔註197〕〈繫辭上傳〉第五章云：

> 一陰一陽之謂道。繼之者善也，成之者性也。仁者見之謂之仁，知者見之謂之知，百姓日用而不知，故君子之道鮮矣。顯諸仁，藏諸用，鼓萬物而不與聖人同憂。

「顯諸仁，藏諸用」言天道顯之於仁德，而藏之於生化的大用中；由此天道之客觀性意義轉爲「仁」之主體性意義，而「仁」也即是天道之意義內涵，是將天道歸攝于仁道本心，天道與仁心本是同一創造之眞幾。天道之「顯諸仁」同聖人憂患之仁心，是遍施潤澤無方，「仁心」所顯在天道與聖人身上，皆是一本所發，皆是道德創化之眞幾。故「顯諸仁」的仁，也可以是道德的形上實體意義，〈乾‧文言傳〉：

> 元者，善之長也；亨者，嘉之會也；利者，義之和也；貞者，事之幹也。君子體仁足以長人，嘉會足以合禮，利物足以和義，貞固足以幹事。君子行此四德者，故曰乾，元、亨、利、貞。

君子所行的四德「元、亨、利、貞」，實即仁體之展現。仁德君子，除了「體仁」以「長人」，還須「嘉會」以「合禮」，「利物」以「和義」，「貞固」以「幹事」。據此也可看出仁是眾德之根、德性之源，〈乾‧文言傳〉云：「君子學以聚之，問以辯之，寬以居之，仁以行之。」此更指出學、問、寬也須由「仁」以行之，足見仁是成就一切德性的根本，亦是問學處世之行則。

〔註197〕詳見《十三經引得》（一），頁 181。

「仁」在《易傳》不僅爲諸德之源，亦是人立身處世之道；是《易傳》道德哲學之重要意涵。〈繫辭下傳〉第五章云：

> 子曰：小人不恥不仁，不畏不義，不見利不勸，不威不懲。小懲而
> 大戒，此小人之福也，《易》曰：「履校滅趾，無咎。」此之謂也。

可見，「仁」不僅爲孔學之義理核心，也是《易傳》哲學之重要內涵，此在〈說卦傳〉第二章更詳細的提到「仁」的地位，基本上「仁」與「義」合論，顯見《易傳》哲學始終不離孔孟眞傳：

> 昔者聖人之作《易》也，將以順性命之理。是以立天之道曰陰與陽，
> 立地之道曰柔與剛，立人之道曰仁與義。兼三才而兩之，故《易》
> 六畫而成卦；分陰分陽，迭用柔剛，故《易》六位而成章。

此言易道即性命之道，然易道爲儒家義理進一步的形上建構，必有其形上系統建構之要求，天道、地道與人道本爲易道所共涵，即天地人之道本相貫通而無礙，今說天道陰陽、地道柔剛與人道仁義；則揭示易道之道德形上體系論述的完備，論三才以全天地人，合六德以成六位，如此，《易傳》本體宇宙論臻於完善而週遍，天地人神皆得其位、皆得其理；故由易道之根源性言人道與天地之道同一，皆是易道性命之理所展示的義理樣貌。此三道的重要性及其關係，誠如戴璉璋所言：

> 根據第二章可知，理，就是「性命之理」，性命之理要從天道、地道、
> 人道，即陰陽、柔剛與仁義這裡來印證。說性命之理是人道，是仁
> 義，這無可置疑；爲甚麼還要牽涉到天地之道陰陽與剛柔呢？這表
> 示人道與天地之道是相通的。天地之道必須具體而落實，它內在於
> 人就是人的性命。天地之道並不侷限於人物個體，它爲萬物所共具，
> 因此它又有超越性及普遍性。經由仁義可以體證性命之理的具體、
> 內在性；經由陰陽剛柔，可以了悟性命之理的超越、普遍性。人必
> 須在「和順於道德而理於義」的實踐中，才能證悟性命之理具體而
> 普遍、超越而內在的特性。〔註198〕

天地人三才之道乃同一之價值根源，仁義與剛柔陰陽同有內在、普遍及超越之性，仁義爲道德語詞，陰陽剛柔雖爲宇宙論形上學的詞語，但在《易傳》特殊的形上學性格下，也就成爲一道德的形上原理之意涵，再者，仁義本爲儒家共同之心法，在《易傳》之形上體系裡，也即成爲貫通天地之道的內在

〔註198〕戴璉璋：《易傳之形成及其思想》，頁178～179。

性命根源。「仁」作為人主體道德的主要內容，在《易傳》理亦隨處可見：

> 與天地相似，故不違。知周乎萬物，而道濟天下，故不過。旁行而不流，樂天知命，故不憂。安土敦乎仁，故能愛。（〈繫辭上傳〉第四章）
>
> 天地之大德曰稱，聖人之大寶曰位。何以守位？曰仁。（〈繫辭下傳〉第一章）

因此，在《易傳》中之仁與孔孟之仁，同一意涵而並無分別，是以天德、天道相貫通而證成，聖人體「仁」而繼其「位」（德位），聖人體仁不僅要求內聖，且推而擴之以成就「外王」事業，在《易傳》裡，道德心性不僅要求立己亦重立人，此同於孔子「修己以安人、修己以安百姓」、孟子之「親親而仁民，仁民而愛物」，為儒家一貫強調聖人修德愛民的理想，因此，聖人以體仁自成其德性，必能開物成務、博施濟物，進而能通人我、物我，終以參贊天地之化育，成就「所過者化，所存者神」的道德理境。

　　綜上所言，《易傳》所言的「仁」，亦如其天道、易道所言者，皆具形上的實體的意涵，並且是人心本具之德。而《易傳》所言之「仁」，為孔子仁說之繼承，也進一步貫通仁體與形上道體之關係，仁體是客觀普遍的形上本體，但也是人內在之主體本性。

二、《易傳》「性」之意涵

　　在《易傳》之前的先秦文獻裡，言性如前文所述主要有兩個傳統，一是即生言性，另一則是即心言性，而先秦儒家主要以「即心言性」來談「性」的概念，《易傳》亦由此路入手，然《易傳》言性的路向與《中庸》同樣是由天道下貫以說性。故《易傳》所言之「性」也是本體宇宙論的特性。

　　《易傳》言性首見「乾道變化，各正性命」句。〔註199〕乾元象徵創造的真幾，是萬物資始的生化原則，也是展示生化萬物具體內容之創造原則，「乾道變化，各正性命」所言的變化乃易道自然流行之妙化，由此生化萬物之歷程中，而賦予各個時空萬物之本性。乾道乃是一創造性的原理，具有生化之大用，是萬物變化的根據，所以言「乾道變化」，由乾道之妙運大用而有萬物之生化，此「乾道變化」又以「動而無動，靜而無靜」之「神化」妙運來呈現，由此，在乾道變化的生化過程中，萬物各自正其性命而成之，此與《中

〔註199〕〈乾卦‧象傳〉云：「大哉乾元，萬物資始，乃統天。雲行雨施，品物流行。大明終始，六位時出，時乘六龍以御天。乾道變化，各正性命，保合太和，乃利貞。首出庶物，萬國咸寧。」

庸》所言「天命之謂性」乃同一理路，是「維天之命，於穆不已」的乾道所
貫通於萬物者，人之天真本性亦由此所賦予，此亦是人道德價值的形上根源，
徐復觀說：

> 傳易的人，目的不僅在以變化來說明宇宙生化的情形。而是要在宇
> 宙生化的大法則中，發現人生價值的根源。〈繫辭〉上說「生生之謂
> 易」；又說「顯諸仁，藏諸用」；所以在傳易者的心目中，覺得「與
> 天地準」的易，它的內容，只是生而又生，此乃天的仁德的顯露。
> 人的生命的根源，既由此仁德而來，則人即秉此仁德以成性。因而
> 人之性「即與天地連結在一起」。〔註200〕

可見《易傳》的性命論同《中庸》「天命之謂性」，一樣是由超越而內在的論述
脈絡，同為本體宇宙論式的直貫順成模式。〔註201〕在儒家哲學裡道、性、命往
往是同一層次上的意涵，「命」在《易傳》中的意義，是從「理命」的層次上來
說明，「理命」即命令義的命，是關于天命流行的道而言。因此「性」即乾道變
化流行于萬物者，而「命」亦乾道賦予個體者，是以言「各正性命」，《易傳》
言性命乃由天道直貫順成說下來，與《中庸》言「天命之謂性」是同一理路，
然而，《易傳》進一步以「乾道變化」來說明「各正性命」，更以卦爻之「六位」
變化的歷程，來進一步完成本體宇宙論的論述模式。另外，「保合大和，乃利貞」
乃是順「各正性命」說下來，萬物「各正性命」得其貞正，各安其位故處天地
間必得其和，又不失其自性；故云「保合太和，乃利貞」。因此，「保合大和，
乃利貞」即是就乾道縱貫的創生義言。此外，〈乾·文言傳〉也云：

> 乾元者，始而亨者也。利貞者，性情也。乾始能以美利利天下，不
> 言所利，大矣哉。大哉乾乎，剛健中正，純粹精也。六爻發揮，旁
> 通情也。

此處所言與「乾道變化」文為同一義理，元亨為乾道變化之始，而利貞為變
化之終，故言「利貞者性情」，乾道之德形容為「剛健中正」、「純粹精也」，

〔註200〕徐復觀：《中國人性論史——先秦篇》，頁206。
〔註201〕「分于道謂之命」意指每一個體皆得天之所命，此天所「命」者，是從道之
「流命」言，是命令義、理命義之「命」，而不是生命強度的「根命」，也不
是命限、命遇之「氣命」，「氣命」所指乃是個體生命與宇宙氣化乃至歷史氣
運間的順逆，由此不能談「分于道」之「命」，「分于道謂之命」是就理上而
言的，此「命」乃理上之必然有其定命定向，此同于「乾道變化，各正性命」，
同是本體宇宙論之直貫模式。請參考牟宗三：《心體與性體》（二），頁147。

由此乾道賦予萬物之各自性情，故凡「性命」、「性情」皆上通于乾道，以乾道爲其形上之根據，此處「性情」連言，則所謂情則是由道德本心之仁體、性體所湧現，故性與情在此實同爲一義，非一般氣質性意義上所言之情（才情等），此處《孟子》書中亦見其義，此如：

> 夫物之不齊，物之情也。（〈滕文公上〉）

> 乃若其情，則可以爲善矣。（〈告子上〉）

> 人見其禽獸也，而以爲未嘗有才焉者，是豈人之情也矣。（〈告子上〉）

上述引文皆可以印證「情」字之用法，實與「性」具有同樣之意義表詮運用。

總而言之，《易傳》言本體宇宙論之形上實體意涵，實以乾元爲首出，因此進一步說明道體之意義，凡「乾道變化，各正性命」、「利貞者，性情」都是由天道直貫以說性，此乃《易傳》「道德創生之實體」的乾道、神體、道體、易體，由此爲道德實體之形上根源；此根源下貫於人生命中，即成爲人生命主體之本性、眞性，此成爲人之本性、眞性者，爲人所特別獨具而其它萬物不得分有；因此，人有向上提昇的動力與根源，此性體根源也使得人與天地三才鼎立，獲得其獨特的存在分位；此乃人在天地宇宙間之獨特性，其它萬物個體卻無此特性；因此，《易傳》所言之「性」就人而言，就乾元之形上實體言，乃是直貫順成人之本性，是人之眞性與本性，也是傳統天之古義所引申，再者，人既有與道體同一眞性，則人必有一實踐的可能，以臻天人合德之理想，故性之另外一端亦涵攝實踐之義，更由此實踐義顯出人的可貴性。

三、《易傳》「命」之意涵〔註202〕

在孔子以前，命首先以「天命」觀之義涵呈現，此時「天命」乃「命隨德定」，與王朝政權之更替有關；簡言之，有德之人君方獲天命所佑，而天命永固亦由人王敬謹修德之憂患意識而來。迨自孔子論命才賦予其更豐富的獨特義涵，命於此也涵攝了「氣命」（命限義）與「理命」（命令義、義理之命）之雙重意義。孟子論命亦有這兩層意義呈現，而在《中庸》裡，「命」則常呈現爲天命（理命、義理之命）之內涵，且《中庸》論命常關聯著天道論之本體義來作貫通鋪陳，在《易傳》裡亦復如是。因此，《易傳》中所言之「命」，

〔註202〕本段部分內容摘錄筆者拙著：〈《易傳》命論之研究〉，《東方人文學誌》第 6 卷第 2 期，2007 年，頁 1〜14。

傳承孔子對「命」的點示，並貫通《中庸》「天命之謂性」所論者，然亦有其殊異處；「命」的地位在《易傳》有所轉變、提升，其中尤以「窮理盡性，以至於命」為《易傳》性命論之終極處，《易傳》之成德工夫由「成性存存」、「窮理盡性」等為起始，而以「以至於命」為結穴。《易傳》所言之「命」，在義理內涵上，較之孔子「知命」與孟子「立命、正命與俟命」，則純就義理之命而立言；在實質內涵上，則為孔孟命令義之「命」（理命義）的進一步引申。在《易傳》裡，性與命二者本為一非二，是與《中庸》言「天命之謂性」同一理路，皆是由天命下貫來說人性，然與《中庸》所言之「天命」亦有些許出入。再者，命論在《易傳》義理架構裡，相較于先秦儒家《論語》、《孟子》與《中庸》，在義理位階上有所不同。

　　周易屢言「命」，其間或連言為「性命」、「天命」或單獨言「命」者，其中之意義並不全然一致；其屬于哲學內涵呈現為天命、性命、命令等義涵，乃屬於「理命」之意義層次，筆者將周易提及「命」之文字分列如下，以資比較。

1. 〈乾彖〉：「乾道變化，各正性命。」
2. 〈訟九四〉：「不克訟，復即命，渝、安吉。」〈象〉：「復即命，渝，安貞，不失也。」（按：命為正理之義）
3. 〈師九二〉：「九二，在師中，吉無咎，王三錫命。」〈師九二象〉：「王三錫命，懷萬邦也。」（按：錫命，頒賜爵也。）《周禮》曰：「一命受職，再命受服，三命受位。」
4. 〈師上六〉：「大君有命，開國承家」。〈象〉：「大君有命，以正功也。」
5. 〈泰上六〉：「城復于隍，其命亂也。」〈象〉：「城復于隍，其命亂也」。（按：城復于隍，言護城的水池乾涸，有傾覆之危險，意指時命由盛而衰、由治而亂，只宜自保，不可對外用兵。）
6. 〈否九四〉：「有命無咎。」〈象〉曰：「有命無咎，其志行也。」
7. 〈大有象〉：「火在天上，大有。君子以遏惡揚善，順天休命。」
8. 〈無妄象〉：「剛中而應，大亨以正，天之命也。……天命不祐，行矣哉？」
9. 〈晉初六象〉：「裕，無咎，未受命也。」
10. 〈姤象〉：「后以施命誥四方。」
11. 〈姤九五象〉：「九五含章，中正也。有隕自天，志不舍命也。」

12. 〈萃彖〉：「利有攸往，順天命也。」

13. 〈困彖〉：「澤無水，君子以致命遂志。」

14. 〈革彖〉：「天地革而四時成，湯、武革命，順乎天而應乎人，革之時義大矣哉！」

15. 〈革九四〉：「悔亡有孚，改命吉。象：改命吉，信志也。」

16. 〈鼎彖〉：「木上有火，鼎。君子以正位凝命。」

17. 〈旅五〉：「終以譽命。象：終以譽命，上逮也。」

18. 〈巽彖〉：「重巽以申命。」

19. 〈巽彖〉：「隨風，巽。君子以申命行事。」

20. 〈繫辭上〉：「樂天知命，故不憂。」

21. 〈繫辭上〉：「其受命也如響。」

22. 〈繫辭下〉：「繫辭焉而命之，動在其中矣。」

23. 〈說卦〉：「窮理盡性以至於命。」

24. 〈說卦〉：「昔者聖人之作也，將以順性命之理。」

由上引諸文可見，在《易經》的部分除〈否九四〉：「有命無咎。」之命表天命之義外，其餘諸引文所出現之「命」，皆非義理之命的內涵；在《易傳》部分所出現之「命」，（除第 9、10、16、18、19 引文表君王之命令「亦可衍生出天命義之內涵」、第 14 引文表革命、第 21 引文表氣命感應之意、第 22 引文表命名之意），則大致上為「理命」（義理之命）之義涵；《易傳》「理命」之內涵尤其見諸下列章句，〈乾彖〉：「乾道變化，各正性命。」、〈說卦〉：「窮理盡性以至於命。」、〈說卦〉：「昔者聖人之作也，將以順性命之理。」此三段論述所表述者，具備《易傳》命論完整豐富之哲學義涵。以下分別論述之：

（一）「乾道變化，各正性命」

「命」在《易傳》中為本體論之意涵，常見于與「性」連言之論述句式，此如：〈乾彖〉：「乾道變化，各正性命。」、〈說卦〉：「昔者聖人之作也，將以順性命之理。」，此「性命」往往表現為義理之「命」，與《中庸》性命論相貫通；在「乾道變化，各正性命」章句中表現最完整的內涵，〈乾卦・彖傳〉云：

> 大哉乾元，萬物資始，乃統天。雲行雨施，品物流行。大明終始，六位時出，時乘六龍以御天。乾道變化，各正性命，保合太和，乃利貞。首出庶物，萬國咸寧。

「乾道變化，各正性命。」其中，「正」是動詞，所正者乃萬物之性命；此「命」乃命令之命，即天道流行之命。而天道生生不已之作用，亦即所謂「天命流行」，人之本體乃從天道分得而來，亦即順天命流行而分得。乾元本具天道論本體義，但就天道生生不已而言，乾元亦具宇宙論式之生化義，故乾元實乃本體宇宙論式之內涵；是先秦儒家天道論之圓滿發展。因此，在乾道變化之中，萬物各自貞正其性命，此與《中庸》「天命之謂性」乃同一理路，與「維天之命，於穆不已」之古義相通。

（二）「昔者聖人之作《易》也，將以順性命之理」

「乾道變化，各正性命」乃《易傳》命論本體義之基本內涵，在《易傳》另一處「性命」連言者，即「昔者聖人之作《易》也，將以順性命之理。」〈說卦傳〉，此處亦顯現出命論本體義之內涵，〈說卦傳〉所云：

> 昔者聖人之作《易》也，將以順性命之理，是以立天之道曰陰與陽，
> 立地之道曰柔與剛，立人之道曰仁與義。

此章指出人如何順性命之情，以陰陽、剛柔、仁義印證「性命之理」，陰陽、剛柔在此本為一義，因為天地本是一道，此道總為生化之道，乃道德意義上的生化，就人而言，仁義即人之本性，「順性命之理」在人而言即仁義，是人內在的道德本性，故言「立人之道曰仁曰義」，此人內在性體之命，亦是命令義的「理命」。人能順其內在之道德性體而行，即能成就仁義之道德理想；聖人作易乃闡明天道性命之理，其理本易道生生不已之奧妙，人本自可順通此性命以充極於天，故易道所揭顯者不外性命之理，此性命之理涵攝天地人三才，人更由此參贊天地之化育，進而確立人之為人的尊嚴，故人可透過道德實踐以「天人合德」。

綜而言之，「乾道變化，各正性命」與「順性命之理」所開顯之義蘊，乃《易傳》性命論之內涵（此性命論包涵易道本體義與生化義），此亦即《易傳》命論本體義（此乃本體宇宙論式）之內涵，《易傳》道德哲學本質即本體工夫相即，故其境界亦必由工夫實踐方得證成之。

（三）「窮理盡性以至於命」

如前述所論，《易傳》中所言之「命」可關聯性論來作考察，由此論述面相看來，可以貫通《中庸》「天命之謂性」；然亦有其殊異處，「命」在《易傳》中單獨提出，其義理層次等同于「天」，其中尤以「窮理盡性，以至於命」為《易傳》性命論之終極處，《易傳》之成德工夫由「成性存存」、「窮理盡性」

爲起始，而以「至於命」爲結穴。〈說卦傳〉云：

> 昔者聖人之作《易》也，幽贊于神明而生著，參天兩地而倚數，觀
> 變于陰陽而立卦，發揮于剛柔而生爻，和順于道德而理于義，窮理
> 盡性以至於命。

「窮理盡性」爲命論之關鍵工夫，〈說卦〉此章所論即《易傳》命論工夫義之
精要處，此內涵筆者分段論述如下：

1.「窮理盡性」之工夫

窮理盡性爲《易傳》內聖工夫之一體兩面，窮理之「理」非僅就外在事
物之知解性的窮究，而是對於天道、易道之理的探問，此種探問源自人道德
主體的內在要求；故對於人而言，「窮理」則是體會道德意義上的「理」，其
終極所窮乃易道之理；易道之理亦即道德之理，道德之理以仁義爲主要內涵
（此亦即道德的形上學之內涵）。窮理以體現人之眞心本性，窮理盡性即爲道
德工夫，聖人透過此實踐工夫以體現性體。（對照上句「和順於道德而理於
義」，「道德」所言乃仁與義，亦即天道本體之內容；「理於義」則表示易道所
明之事理，此理以天道本體爲本原）故此「理」亦是天道、易道之「理」，是
易道本體論義涵的「理」；故窮理所窮之「理」實即「天命不已」之理，亦即
「和順於道德而理於義」之理，此理爲「立人之道曰仁與義」之仁義內涵。
而「窮理」明言天道生化之理，故「窮理」所言實通于「順性命之理」之理，
聖人作易以順通性命之理，此即「窮理」。

「盡性」則盡此道德創造之眞幾，《易傳》言「盡性」乃一復性之工夫歷
程，性既爲道德創造的眞幾，故凡人能充盡此本性，則能透過道德實踐之努
力以體證天道。再者，「和順於道德而理於義」及「順性命之理」皆意指實踐
義之「盡性」言；「窮理盡性以至於命」，盡性之「盡」則是擴充至極之義，
是充盡道德本性，以體證道德創生之實體，則窮理非知解之窮盡，而是盡性
之窮，〔註203〕是德性之知的窮盡；程明道說：「『窮理盡性以至於命』，三事一

〔註203〕朱子《語類》即持此種觀點，而以泛認知主義的平置內外事物爲認知對象，
對於朱子之「窮在物之理」，蔡仁厚則認爲：「性體中之仁義禮智，通過氣變
之化或情變之事的元亨利貞、春夏秋冬、陰陽動靜，而遍顯於一切處，故『萬
事萬物皆不出此四者之內』。這是將性體只平置而爲一普遍之理，故可以置於
其格物窮理之原則下，以徹底完成他的順取之路與靜攝之系統。當朱子說『萬
事萬物皆不出此四者之內』他的意思並不是本體創生直貫型的『一體之所貫』
義，並不是『萬物皆備於我』義，亦非明道之『一本』義；而是平置而爲一

時並了，元無次序，不可將窮理作知之事」〔註204〕因此窮理本不是窮究知解之理，故窮理亦即與盡性互爲表裡，蓋窮理乃窮盡性分中之理而使之呈現，故「窮理」亦即「盡性」。〔註205〕

　　故「窮理盡性」乃工夫實踐義，經由道德工夫之歷程中呈顯眞理，是以「窮理盡性」爲易道之工夫義，透過不斷的實踐過程，來充分（窮盡地）體認與領會天道所呈顯之理。申言之，人之窮理盡性，乃人之窮性命之理，以求完成上天所交付的使命；完成天之使命至於究竟，即「至於命」也。人之窮理盡性亦個體生命之自強不息；個體生命之自強不息，相應於天道流行之健行不息，亦「天行健，君子以自強不息」〔註206〕剛健不息之實踐工夫。

　　2.「至於命」之「命」

　　人與萬物之本性皆分于道，然唯聖人能與天地合其德，乃在聖人能自覺地窮其性命之理，盡其性分之所具，以達於「命」，故曰「至於命」也。在此，牟宗三先生認爲「命」可以有兩種講法；〔註207〕一則如張橫渠的講法，將它視爲天命不已之命，將命作爲向上提昇之究竟，故其義理層次與孟子之「盡心知性知天」相通；二則由消極面講命，視命爲命限、命運等氣命意涵，如孟子「殀壽不貳，修身以俟之，所以立命」，或《中庸》「君子居易以俟命」，此即孟子性命對揚義之「命」。故言窮理盡性乃說道德實踐之無止盡義，人有命限不可超脫之範限，人仍需戮力道德實踐，求其道德實踐之充其極，故專就人道德實踐之可貴性言。因此，「至於命」之命乃天命之「命」，亦即「理命」之命；「理命」乃孟子所說之「大行不加，窮居不損，分定故也」所示之命。此「命」不再以理、氣二分以說命，在《易傳》易道的生化妙運中並不特別突顯命限義，故「命」昇進爲義理之命的形上實體，此是由「窮理」以

　　普遍之理，而爲泛知主義之所對、泛格物窮理之所對。這普遍之理，普遍到其極處，便是『太極』。而心知之明的認知作用（涵攝作用），因其明而益明之、以盡其全體大用，到『眾物之表裡精粗無不到，而吾心之全體大用無不明』，則心之管攝作用，乃管攝至其極而攝至『太極』，而『心』亦遂認知地含具萬理而無遺矣。」請參見蔡仁厚著：《宋明理學——南宋篇》，台北：臺灣學生，1999年，頁128。

〔註204〕宋·程顥，程頤撰：《二程集》，台北：漢京文化，1983年，頁15。
〔註205〕戴璉璋先生說：「窮理即在盡性中窮，盡性即在窮理中盡。」請見戴璉璋著，《易傳之形成及其思想》，頁179。
〔註206〕請見〈乾卦·象傳〉。
〔註207〕牟宗三主講，盧雪崑錄音整理，《周易哲學演講錄》，頁156～160。

順通性命之理，「盡性」以盡道德創造之幾所充極。

申言之，《易傳》「至於命」之「命」亦即表詮天道實體之本源，爲天道實體之「命」，人由充盡本然善性充其極至於無限者，亦即體證天道實體之命者，進而完成先天所賦予的道德使命；雖人皆有其各自「氣命」拘限不同，此如先天形軀、歷史時代、與社會文化的種種曲折錯綜之限制，然人稟賦天之所命，人性與天性本爲一源而發，故人有率性體道之可能。但在現實生活中，人又往往因習性而障蔽其善性，不能積極去作擴而充之的實踐，如此則斷喪其天眞本性，忘卻天所賦予之本眞善性，因而「日用而不知」，故人亦必摒除形軀習性之私，由清明之心地逆返以求，體察仁心所蘊涵之主體道德本心。因此，「窮理盡性」所言之工夫亦須落實生活日用之中，來作存之又存的不間斷實踐。

再者，對比《論語》、《孟子》、《中庸》命論而言，《易傳》所言之「命」，在義理層次上，較之孔子「知命」與孟子「立命、正命與俟命」，則傾向以義理之命而立言；在實質內涵上，則爲孔孟命令義之「命」（理命義）的進一步引申。在《易傳》裡，性與命二者本爲一非二，相通于《中庸》「天命之謂性」之論述進路，皆是由天命下貫來說人性，然與《中庸》所言之「天命」亦有些許出入。「窮理盡性以至於命」乃《易傳》命論之結穴；孟子言「盡心知性知天」、「存心養性事天」皆以心性論爲主軸，最後尤以「知天」、「事天」爲終極安立，對於「命」則言俟命、正命、立命，因此，孟子所言之「命」可有兩層意義之昇進；可見在孟子義理中「天」較之「命」的位階爲高。至《中庸》則天命連言，完全是命令義內涵之「命」，《易傳》論「命」，已不是神秘色彩之「宿命論」或「氣命」概念；其義理內涵則有所提昇，天、命、性三者同質異名，皆由道體義涵所顯發者。因此，「窮理盡性」乃同孟子「盡心知性」爲向上昇進之實踐工夫，由道德工夫以明性體終證天道，則「窮理盡性以至於命」之「命」可類比孟子「盡心知性知天」之「天」，兩者爲相當之義理分位。〔註208〕可見，「命」之義理層次在《易傳》哲學中有所提昇，成爲天道實體之義理內涵。在《易傳》天道論裡有豐富的形上詞語，可以靈活架構

〔註208〕請參考牟宗三主講，盧雪崑錄音整理，《周易哲學演講錄》，頁155～158。牟先生對照《孟子・盡心》與《中庸》指出「至於命」可以有兩層說法，這兩層說法也是就命令義、命限義的分別所發，筆者以爲如單就《易傳》本身義理發展言，則「至於命」如張載所言可爲「天命不已」之「命」。

其本體宇宙論的體系，故《易傳》義理體系中「天」之地位並不特別突出與首要，轉而以易、乾坤、神等爲論述重心，此乃《易傳》在本體宇宙論上的進一步發展，是先秦儒家心、性、天、命等義理體系的演進。《易傳》雖以易、乾坤爲義理主軸，然天、性、命至《易傳》亦有所發展與演進，只是《易傳》在運用一些《周易》原有的概念語詞，建構其道德的形上學時，已不覺將「命」之概念加以提升，由「窮理盡性以至於命」以顯其義。

綜而言之，《易傳》所言之命，除顯其本體論之意義外（乾〈象傳〉、〈文言傳〉所言者），另顯其工夫之「盡性」義（〈繫辭傳〉、〈說卦傳〉所引申者），此即「即本體即工夫」、「即工夫即本體」之深刻意義。最後，由「窮理盡性」工夫所極成之「至於命」，也開出《易傳》天道本體論的特殊意義，此即《易傳》「天人合德」哲學的另一個面相。

小　結

綜而言之，《中庸》、《易傳》天人思想的主要發展，是孔門義理天道論層面的引申與發展；《中庸》、《易傳》的發展有兩層意義：

其一，爲先秦儒家義理發展在形上論述建構上的內在要求──《中庸》、《易傳》之發展爲圓滿而充其極的發展（牟先生語），在義理發展的內部理路上，則孔子首揭「以仁定性」之道德哲學，孟子繼而完成儒家心性論之規模，《中庸》在本體宇宙論方面進一步發展，而《易傳》同《中庸》之本體宇宙論的理路，一本戰國儒者論易之傳統，將原本周易古經中豐富的宇宙論概念詞語，賦予道德價值之意涵，進一步豐富了先秦儒學在宇宙論論述上的內涵；再者，《中庸》《易傳》天道論之發展意義也正好與「天人合德」哲學之發展相互印證。

其二，在義理內涵的傳承發展上──傳統的「天」在孟學中成爲形上實體，也成爲道德價值之本原。孔子論「命」之兩層意義，在《中庸》、《易傳》中成爲義理之命。《中庸》、《易傳》論「性」則由天道下貫來顯現，孟子言「心之官則思，思則得之，不思則不得也，此天之所與我者」，「此天之所與我者」乃孟學之心體，此是孟子心體中之超越義；而《中庸》言「天命之謂性」，其中性體也就天道下貫而言，實可貫通於孟子之「天之所與我者」的義理（其分別僅在孟子言「心」，特重「心」之內在義與主動義，《中庸》言「性」，則闡明性體之超越義），其後，《易傳》言「乾道變化，各正性命」與《中庸》

之「天命之謂性」，同爲天道論之形上理路發展。再者，孟子言誠爲天道，強調「思誠」爲人之道，與《中庸》誠體哲學之「誠者，天之道；誠之者，人之道」有義理上的聯結，《中庸》言「不誠無物」則通於孟子「萬物皆備於我矣，反身而誠，樂莫大焉。」誠體哲學在《中庸》有完整的發展，成爲《中庸》天人哲學之主要特色，誠體也是貫通天人、以人德合天德之道；《易傳》豐富的天道論述，諸如易、乾元、神等皆同質異名，同爲本體宇宙論之形上道體，易體之生化妙運即易道之寂感一如，此寂感一如通神體之神化妙運，亦通于《中庸》誠體「形、著、明、動、變、化」，可見《中庸》《易傳》之本體宇宙論乃同質之形上發展與要求。由上對天、命、心、性之義理發展的考察，可顯見《論語》《孟子》《中庸》《易傳》天人之學的發展軌跡。

　　本章所言主要由對《中庸》、《易傳》本體宇宙論的考察，來描繪先秦儒家道德的形上學之體系，因此，《中庸》、《易傳》之天道論的發展，也顯發《中庸》、《易傳》「天人合德」哲學發展之眞實內涵，此即「天人合德」之學由天而人之形上建構的完成；至於「天人合德」工夫論之探究，容於下章說明分析。

第四章　「天人合德」工夫論之探究

　　「天人合一」一詞本爲張載批判佛教時所首先提出的；〔註1〕張載肯定天性與人性同爲實性，有同樣的意義內容，因此，他在《正蒙・誠明》裡提到：

　　　　天人異用，不足以言誠；天人異知，不足以盡明。所謂誠明者，性
　　　　與天道不見乎小大之別也。

「天人合一」即天人相通，由天道以下貫人事，由人德以合天德，「天人合一」爲中國哲學之重要特色，而儒家「天人合一」又以「德」爲其實質內容，故又可稱之爲「天人合德」，此「德」之內涵根源於周初之敬德思想，周初之敬德與敬天，爲中國文化不走宗教路數的主因，由此，儒家若欲稱之爲儒教，則必然是人文宗教或道德宗教。周初天命觀的創見，在於「德」之意義充實，《尚書・蔡仲之命》：「皇天無親，惟德是輔」，是以「天人合德」本即是周人之人文理想，先秦儒家繼承此一人文精神而有所開創，蔡仁厚說：

〔註1〕　張載言：「釋氏語實際，乃知道者所謂誠也，天德也。其語道實際，則以人生爲幻妄，以有爲爲疣贅，意世界爲陰濁遂厭而不有，遺而弗存。就使得之，乃誠而務明者也。儒者則因明致誠，因誠致明，故天人合一，致而可以成聖，得天而未始遺人。」請見《正蒙・乾稱》。張岱年認爲：「這裡所謂『釋氏語實際』，指佛家講所謂眞如，亦稱實相，實性，指超越現實世界的本體。佛家認爲現實世界是虛幻的，追求所謂眞如而又宣揚輪迴，張載認爲這些都是錯誤的，所謂實際與現實生活不能割裂爲二。實際就是天，天和人是合一的」請參見張岱年：《中國倫理思想研究》，頁185。「天人合一」爲張載批判佛教所提出，然張載對佛教的批判，與對眞如、輪迴觀的論斷是否的當，仍有待商榷。以「天人異用」、「天人異知」來評論佛儒得失，亦失客觀公允；尤其，中國佛教諸宗之發展，尤不能視爲「實際與現實生活割裂爲二」。

儒家之義，由超越而內在（天命之謂性），由內在而超越（盡心之性知天），乃是一個圓圈之來回，是即所謂「即超越即內在，即內在即超越」，故「天人合德」、「天道性命相貫通」之義，實自古有之。〔註2〕

「天人合德」是儒家哲學之特質與精彩，無論是由內在而超越之人學面向，或是由超越而內在之天論面向，「天人合德」之極成皆不離工夫論而成立，「天人合德」之工夫論所顯發者，亦是儒家內聖之學的真義；此章即專就「天人合德」之工夫論作說明。

第一節　孔子「天人合德」工夫之探究

儒家工夫實踐皆由人之主體而發，以呈顯人之主動性。是以，儒家學問由孔子仁學啓其端，孟子十字打開心學架構，無不是由道德主體而發，此主體實乃人開展無限性的可能基點，是人成就道德理境之根源。

孔子以「仁」立教，「仁」作爲總德之目，亦爲人之真實主體，是人生命無限向上提升的可能，仁的實踐對孔子而言，乃是生命歷程中純亦不已的努力。〔註3〕「仁」既爲人先天稟賦之本性，具有向上無限發展之可能，可以貫通性命天道。性與天道上下貫通，這是天道下貫於人的生命中，由人的本性中去識取道德本心，此道德本心也成爲人之道德使命，是人所不可逃而必然面對的天命。人在實踐仁的過程中，即不斷體認本心真性，終得以體證天道無邊義蘊；仁是自我積極主動的實踐，仁之所以能貫通性體與道體，乃在性體與道體，在踐仁的實踐中獲得證成。〔註4〕可見，「仁」乃是生命本性的完成與實踐，孔子以「仁」爲生而有之，是人由有限通向無限可能，故仁體實通於天道，天道於此即爲「仁」先天性、超越性之展現，人當下發明自心仁體，從而充盡此本心善性，更由此終能成就「天人合德」之理想。

因此，「仁」是孔子天人合德思想之內容，是人貫通天道性體之本心本源；

〔註2〕　蔡仁厚：《哲學史與儒學論評──世紀之交的回顧與前瞻》，台北：臺灣學生，2001 年，頁 223。

〔註3〕　「仁」是人生命中純亦不已的努力，孔子不以仁自居，亦不輕易許人以仁，因仁乃生命存在的目的與使命，是一個無限性的實踐過程，必須以全副的努力來極成。

〔註4〕　此即「性與天道的貫通合一，實際是仁在自我實現中所達到的一種境界。」請見徐復觀：《中國人性論史──先秦篇》，頁 99。

孔子道德理想之實現乃在於「踐仁」之實踐，「踐仁」即聖人體道工夫，從此天人不再相隔，天道生化所呈現的森羅萬象，皆得主體所體認與默會。〔註5〕

　　「仁」是心性主體，也是工夫主體，故有「踐仁」之工夫要求；在境界義方面則展現為生命之最高理境；孔子一生行誼所顯現的，即是「仁者」生命之展現。《朱子語類33卷》即云：「仁者如水，有一杯水，有一溪水，有一江水；仁及天下，聖人便是大海水。」程明道亦云：「仁者渾然與物同體」《二程遺書·識仁篇》「仁者」所展現者為人生命之極致，是道德理性的圓滿；其所體現的道德的理想，無論是「仁者不憂，知者不惑，勇者不懼」〔註6〕之仁知勇三達德，還是「仁者安仁，知者利仁」〔註7〕、「知者動，仁者靜。知者樂，仁者壽。」〔註8〕所論，都是以「仁」為最高境界，是以「仁」即為德性之充其極，也是貫通天道與人道之關鍵，此是「天人合德」思想的端緒，而由踐仁之工夫加以證成，因此，「踐仁」可說是孔子工夫論之綱要，其實質內涵可有如下諸端。

壹、下學上達

　　「仁」是孔子成德之教的中心思想，成德是有限生命的無限提昇，是以主體的踐仁工夫來達成，此實踐的終極即是以「天人合德」為極致。《孟子·公孫丑上》云：

　　　　昔者子貢問於孔子曰：「夫子聖矣乎？」孔子曰：「聖則吾不能，我
　　　　學不厭而教不倦也。」子貢曰：「學不厭，智也；教不倦，仁也。仁
　　　　且智，夫子既聖矣！」

可見孔子亦不以仁者與聖者自居，僅謙虛的以「學不厭教不倦」自許，然孔子「學不厭教不倦」正是「仁且智」的表現，「仁且智」是聖者的生命特徵，而「智」又是由勤學而來，能輔佐仁德以成就仁德，故《論語》載子夏言：「博學而篤志，切問而近思，仁在其中矣。」可見由「學」所產生的「智」可以

〔註5〕 「仁」作為人以遙契天道之內在根據，非僅是知識論上之設施，而是由孔子
　　　　對真實生命之體悟而得，也是究竟得以體證天道、天命之內在本根。牟先生
　　　　認為：孔子的「仁」，實為天命、天道的一個「印證」。清楚的揭舉「仁」作
　　　　為生命體證天道之內在本根意涵。請參考牟宗三：《中國哲學的特質》，頁44。
〔註6〕 《論語·憲問》。
〔註7〕 《論語·里仁》。
〔註8〕 《論語·雍也》。

成就仁，此「智」為德智而非知解、智識上之「智」，簡言之，是「德性之知」而非「見聞之知」，是關於「生命的學問」的「智」，此「智」在《中庸》所展現者為「自明誠」之教，是「由教而入者也，人道也」。「德性之知」為中國哲學之特色，也是儒家生命的學問之特點；相對于西方哲學所論述者大抵為「見聞之知」，或僅止於知解與分析之途，對于人切身之生命問題並無真切的指點；是以並沒有形成一套完整的工夫境界論，沒有工夫境界論其學問即無法真切與完整，孔子以仁立教，並由此發展出克己復禮之實踐工夫；孔子自身生命之體現，也是此成德之教的展示，從「十有五而志於學」，到「三十而立，四十而不惑，五十而知天命，六十而耳順，七十而從心所欲不踰矩」《論語・為政》是一個仁者生命從自覺到圓融境界的升進歷程。這是仁德的一步步實現，仁德的實現也即智德的成就。可見，儒家的聖人乃以「仁智相彰」為其生命特徵，是由「生命的學問」上入手。〔註9〕

　　孔子很重視「下學」的工夫，他曾說：「不怨天，不尤人。下學而上達，知我者其天乎！」「下學」即是「踐仁」工夫之起始。故孔子回答弟子「問仁」，皆由「下學」之道始，故知下學是工夫入手處，由此入門工夫起始，是孔門真切之道德實踐。〔註10〕徐復觀說：

> 仁之方，也即是某一層級的仁。而孔子教學生，主要便是告訴他們
> 以「仁之方」。學生的程度、氣質，各有不同；孔子常針對每一學生
> 自身的問題，只就此精神的一個方面，乃至一個方面中的某一點，
> 加以指點，使其作為實現仁的起步工夫、方法。〔註11〕

「下學」雖無階段然亦有路可尋，可以漸次階進於圓滿，故「下學」是「踐仁」之始，是「仁之方」，可見，人欲「踐仁」以上應天德，「下學」乃工夫

〔註9〕孔子論學主要以工夫實踐為緊要，故不在天道論方面表現智測，而是以「下學」、「踐仁」之工夫指示，來指點生命之路向，凡能真誠實踐道德工夫，即能體證「仁」之義蘊，而證知天道本性，此皆由工夫實踐方能證知，故雖窮智測亦不能領會，因此，天道論種種內涵也就不是孔子所首要關心；孔子之創舉主要在仁體之揭露，至於天道論之建構，基於應機之方便施設與要求，至《中庸》、《易傳》才有進一步之發展。

〔註10〕徐復觀說：「凡孔子所答門弟子之問，都是從下學處說，尤其是對於問仁；不如此，便無切實下手、入門之處，會離開了道德的實踐性，結果將變為觀念遊戲的空談。這種下學本身，便含有上達的可能性在裡面。」請參見徐復觀：《中國人性論史 —— 先秦篇》，頁74。

〔註11〕徐復觀：《中國人性論史 —— 先秦篇》，頁91。

之入手處，此「下學」本質是成聖成賢之學，是生命人格完善之學，必須臻至「天人合德」方為極致，故「踐仁」最終以「知天」、「證天」為圓成。

貳、踐仁知天

「踐仁」為孔學「天人合德」之關鍵工夫，是「為仁由己」的實踐，此實踐根據在於「仁」之內在性，故乃「欲仁得仁」；人只要一念覺醒，逆返本心以求「仁」行「仁」，則能作「踐仁」之實踐。「踐仁知天」中的「天」如前文所論，乃有承於《詩》、《書》中的天、周人的「天命」而來，然「天命」所指僅是人君之敬德保命，尚不能建立普遍的道德價值，以人為主體挺立起主體道德之尊貴性，乃孔子所首先揭示之「仁」學，「踐仁」所強調的完全是由人自作主宰，由人主體道德的實踐體證天道，此由人而天、由內在而超越的實踐過程，實與後來《中庸》、《易傳》天道論內涵相印證；申言之，周人「天命」思想由孔子開發傳承，一轉為道德意義之「天」，一轉而為道德意義之「理命」，「理命」所蘊含的是一普存而必然的「道德天命」，此道德「天命」是人必然的存在使命與目的，若非此則人無異於禽獸，是人禽幾希之處，故道德「天命」亦就是人之「性體」、本心，人有「踐仁」之要求，此亦即道德天命之要求。

因此，在孔子哲學中，「天」是與人整個的生命存在相貫通，雖然孔子罕言天道，未對此作獨立說明與指示，而是透過「踐仁」的證知天道，由「踐仁」的實踐工夫來肯定天道本體之價值意義。因此，「踐仁」完全是由主動的道德實踐以成就，並不是被動的、消極的接受天的外在規定，與一般宗教所強調者有所不同，因為天道理境之神妙展現，必須透過人的道德工夫方得證知。所以「踐仁」的主體實踐，可以證知天命、上達天德，蔡仁厚說：

> 從「理」方面說，天道即是形上實體，孔子所謂「天何言哉？四時行焉，百物生焉，天何言哉？」在此，天即是「於穆不已」的生生之道（創生實體）。〔註12〕

可見，孔子對「天」不作一純屬宇宙論式的描述，〔註13〕「天」作為道德價

〔註12〕 蔡仁厚：《孔孟荀哲學》，頁113。
〔註13〕 傅佩榮說：「孔子總是以『相關性』的語氣談到天；亦即，他對與人隔絕的天並無興趣，更不曾對天作過純屬宇宙論的描述。」請參見傅佩榮：《儒道天論發微》，台北：臺灣學生，1988年，頁108。

質之所在，同時也是人內在道德主體的超越根源，是以孔子談論「天」並不離開人性本身。人德與天德本有內在而超越的呼應，因而「踐仁」方成為人實踐道德價值之可能；故能經由人有限的存在，以奮發「知其不可為而為之」的精神。在此，天展現了兩種層次的義蘊，其一，即由人「下學上達」所貫通的超越之「天」，其二，則是由天道下貫於人成為人之性體，作為道德實體的「天」，兩者其實是二而一、一而二的，誠如牟宗三所認為，孔子由「踐仁」所上契的天有兩層義涵，一方面是超越的（Transcedent）遙契，即孔子在與天遙契的精神境界中，並無將天拉下來，而保持了天的超越性，為人所敬畏尊崇，此是種遙契近於宗教意識，而宗教意識本為超越意識，其超越意識是由人對天敬畏之情而言；另一方面，是內在的（Immanent）遙契，則是將天拉下來於人的本性中，使天內化為人之道德本性，由此轉出本體論意義的形上實體，《中庸》首章「天命之謂性」就表現出這樣的思想性格，這兩種遙契，儘管路徑似乎不同，其實則為一天德與人德之相互驗證，由人所敬畏之天之於人內在德性之形上實體，是互為主體的相互辯證，是道德秩序主客內外的統一，統一的關鍵乃由「踐仁」來加以實踐。〔註14〕故所謂的「遙契」，本質上自非由智思上來企求，而是由主體道德來顯發。因此，若由智思來臆測天人關係，則容易引出如同傅佩榮所論析者，劃分孔子的天為「造生者」、「載行者」與「主宰者」等等不同意涵，〔註15〕而使得孔子「天」之意涵流於瑣碎與支離，無法呈顯出孔子「天」論之精要與重點，雖然孔子於《論語》中並無對「天」有所定論，然而「天」之意義在孔子義理中，也並不只是一分析的對象，吾人對於孔子「天」論之考察，應該尋求具有強度詮釋效力者。

總而言之，「天」在孔子的學說中，除了為具有道德價值意義的形上實體，也含有一種類近宗教意識的敬畏之情。〔註16〕可見，「天」於孔學中本具有兩重意涵，孔子對此常有一種類近宗教性的情緒，這是一種詩性的感嘆與興發，如上文所分析，牟宗三稱此為「超越的遙契」，是宗教意識的敬畏虔敬之情，另一層「內在的遙契」的意涵，則透過《中庸》誠的概念將天命、天道的概念，轉

〔註14〕請參見牟宗三：《中國哲學的特質》，頁45～56。
〔註15〕請參考傅佩榮：《儒道天論發微》第五章第四節。
〔註16〕孔子在「踐仁」過程中，其所遙契之天可有兩種意涵，由「知我其天」言，則孔子對「天」仍保有崇敬的超越意識，亦即類近宗教情懷的敬畏之情，由「天」作為形上實體言，此為後來《中庸》、《易傳》天道論內涵所源。請參考牟宗三：《中國哲學的特質》，頁48～49。

化成本體論中形上實體的意義，而將此天道、天命賦予「生化原理」或「創生原理」，使「天」成為「天命流行之體」，此即「內在的遙契」。〔註17〕牟宗三說：

> 孔子對天的超越的遙契，是比較富有宗教意味的；而發展至《中庸》，講內在的遙契，消除了宗教意味，而透顯了濃烈的哲學意味。超越的遙契是嚴肅的、渾沌的、神聖的宗教意味，而內在的遙契則是親切的'明朗的哲學意味。〔註18〕

雖然這兩種遙契方式的內容重點有所不同，但其實是一種自然的發展過程，〔註19〕「超越的遙契」重在客體的天命、天道，「內在的遙契」重在人主體的誠之工夫。吾人在先秦儒家的發展可以看出這一條軌跡。

　　由此可見，雖然孔子學問中心在「仁」學，但論及天命天道意涵時，則仍對天透露出宗教意味的興嘆，並由此對「命」有兩層新的認識，孟子繼承孔子對命的兩層反省，對「天」的思考，則比較上是一個終極價值的安頓，賦與一絕對純然的形上地位。至於《中庸》首揭「天命之謂性」，天道、天命則進一步轉化為本體論的形上實體，此形上實體其內涵為「天命不已」的道體，其大化之用則顯露為「為物不貳，生物不測」的生化原理，由此發展為先秦儒家道德形上學的初步架構。因此，「踐仁知天」乃孔子「天人合德」思想之工夫要義，也是先秦儒家「天人合德」思想之發端，孔子透過「下學上達」、「踐仁知天」以證知天道，所強調皆是由人而天之道德主體的實踐，因此，凡孔子成德之內聖工夫，本質上皆是「天人合德」之實踐工夫；其中又以「忠恕」、「盡義知命」兩者為關鍵。

一、「忠恕」之道的推擴義

　　儒家內聖成德之教以「天人合德」為極致，「踐仁知天」必要歷經種種工夫實踐，並非一蹴可及，是以必得由具體生活世界來下工夫；廣義上言，所

〔註17〕請參參見牟宗三：《中國哲學的特質》，頁54。

〔註18〕牟宗三：《中國哲學的特質》，頁50。

〔註19〕此自然的發展過程，可由文明發展的角度言，初始人最先對高高在上、深不可測的「天」產生敬畏與驚奇；在天災深重的地區（如中亞）更由此「畏懼」，而進一步產生恐怖意識，由此凝鑄出一個至高無上的天帝，宗教即由此產生；若在天災不過分深重，而以農作為主要生活方式的地區（如中國），則人往往由農作的四時有序循環，體悟天地生生不息的理序，經年累月、進而沖淡了對「天」的恐懼之情，由敬畏之情漸漸肯定自身主體性；更進一步要求與天道融通印證，此種轉化即為宗教意識（對比於西方一神信仰而言）向人文、哲學的轉化。請參考牟宗三：《中國哲學的特質》，頁54～55。

有成就「仁德」之工夫實踐，皆是極成「天人合德」之實踐工夫。因此，由個人心性之成德工夫言，落實在具體生活層面，以貫徹「忠恕」之道爲起始，「夫子之道，忠恕而已矣」，〔註20〕可見「忠恕」在孔子仁學中的地位與重要性。仲弓問仁，孔子說：「仲弓問仁，子曰：出門如見大賓，使民如承大祭。己所不欲，勿施於人。」〔註21〕「出門如見大賓，使民如承大祭。」是就道德主體之自我涵養處講，主體之自我涵養即是盡己，盡己即是忠，盡己爲忠故能誠內形外，而「己所不欲，勿施於人」則是就人我之分際言，是消極面的推己之恕道。由人我互動關係之修養工夫下手，本即著眼於「仁」之人間性與推擴性而發，「仁」之本義即爲人我之友好親愛，故「仁」之德目顯然不離眞實生活而成立，是強調道德生活的人間性，故「仁」之所以爲「仁」，可以說是在世存有，是不離世間以成其德，不棄世間以施其德，不離不棄方能顯其「仁」德遍潤無方之特性；故面對生活世界之他人，即能由「忠恕」之道以體顯「仁心」。《論語‧雍也》云：「夫仁者，己欲立而立人，己欲達而達人」「忠恕」所強調之忠是指盡己，是眞誠面對自我的道德修鍊，「恕」道則指推己，人能盡己方能及於達人，「己所不欲，勿施於人」是恕道最基本的修養，也是恕道消極面的展現，此是仁者慈愛心的擴充，因此，恕道的積極表現，是爲「己欲立而立人，己欲達而達人」，基於一種「仁者」之虛懷若谷、雍容大度的修養，以謙恭自守之中道爲原則，故是以無私利益他人之本懷爲起點，此是「仁者」情懷之展現。「己欲立而立人，己欲達而達人」也是以德感召他人，是風行草偃、所過而化之敬慕景從；故能由「修己立己」而「立人達人」，君子行「忠恕」之道，透過內聖的圓滿而能「修己以安百姓」，此是儒家內聖外王之道。「忠恕」之道不是強迫威逼式的，將自我的價值強加於他人身上，在西方常有因宗教而戰者，或以船堅砲利以爲傳教之前導，回教徒佈教亦以「要劍或可蘭經」相脅，皆是不能體會「己欲立而立人，己欲達而達人」之眞實意涵，此是霸道的展現，不是儒家王道的作風。尤有進者，就「忠恕」的究竟理境言，亦是「天人合德」理想的完成，因爲「推己」必要「及人」、「及物」，「忠恕」之道爲實踐推擴之道，此實踐推擴之工夫歷程無有窮盡，最終必如《中庸》之「盡己、盡人、盡物」之性而後方得成就，因此，「忠恕」之道推而廣之，必要使天地萬物皆得圓滿，方可謂之推擴至極，

〔註20〕《論語‧里仁》。
〔註21〕《論語‧顏淵》。

此種圓滿是「天地位、萬物育」的體現，進而萬物各得其所、各適其性、各遂其生。如此，言「忠恕」之道，方能體現儒家「內聖外王」之理想，亦可上達「天人合德」之理境。

二、盡義知命

　　「忠恕」關注於現實生活之道德實踐，是孔子仁學人間德性之完成，而「盡義以知命」則是體現生命內在眞實之所在。〔註22〕孔子由知天命的過程中，不斷的體認仁德之無限性以證知天道、體證天道，最終證成天人合德；故「知我其天」是人透過仁體的顯發，以感通默契天人，〔註23〕是天道與人道的相互證成。

　　總的而言，孔子仁教證成了「知天」之可能；「天」由原始宗教信仰中與人相隔的存在，成爲人的內在本性；「天」之原始宗教意義，在孔子思想中已然人文化、道德化，是人文與道德意義之深化，簡言之，「天」由原始宗教概念轉化爲一道德宗教的意涵，「天」的意涵在孔子言，可說是有傳承也有轉化，傳承的是周文乃至整個文化的精神資糧，轉化的是道德意義的深化與充實。孔子「踐仁」所開展的實踐之道，也轉化了原始宗教的「天」，使其成爲由敬畏之情所轉化出的崇高感受，這是原始宗教成熟之表徵。這種敬畏之情，在周初成爲人王敬德之天命，在孔子則成爲「天人合德」的內聖之學，因此，以「天人合德」思想爲核心，孔子「踐仁」工夫所展現者，是爲道德、宗教、主客的合一。這也是中國儒家人文宗教、道德宗教之重要特色，因此，「天」在孔子已脫離了一智識與理性上的探討與描述，是一個道德、人文的向度，與西方文化自始即由宇宙論入路、或印度由宗教入路有別者；其所關注特爲生命的人間性，故能與人眞實的生命情境相貼近。故「天」是人終極意義之安所，融通生命內在本然之性，人由此「不容已」之性分而發，生起不斷完善生命之動力，以極成道德之理想。雖然，性與天道在孔子言論中難以得聞。此乃孔子實以仁來指點人性，其云「仁，遠乎哉？我欲仁，斯仁至矣！」，即是說明「仁」作爲人之眞實本性，只待人一念醒覺體察，便得朗現道德本心，

〔註22〕人由盡義乃能觸及「命」之眞義，進而突破生命的有限性，而由此有限性，進一步興起冀求超越提昇之決心。

〔註23〕牟宗三說：「『知我其天』表示如果人能由踐仁而喩解天道的時候，天反過來亦喩解人，此時天人的生命互相感通，而致產生相當程度的互相了解。這樣的契接方式，我們可以名之爲『默契』。」請參見牟宗三：《中國哲學的特質》，頁47。

而能突破命限所拘、形氣所限，透顯出人的主體性與主動性。依此主動的實踐工夫，進一步「盡義知命」貫通天人，此即天人合德之關鍵；由此，仁德之展現，在縱貫面上言乃踐仁以知天，此是透過下學上達而提昇，從橫面向言則是仁者之感通人我、物我，表現爲濟眾博施的潤澤之德，並以此具體展現在生活日用中；即使「飯疏食、飲水，曲肱而枕之」也樂在其中；因此，顏淵讚嘆說：「仰之彌高，鑽之彌堅，瞻之在前，忽焉在後！……欲罷不能，既竭吾才，如有所立卓爾，雖欲從之，末由也已！」孔子充分展現這兩層意義，故能體現仁者「天人合德」圓滿之境界。

第二節　孟子「天人合德」工夫之探究

壹、孟子之心性工夫

　　繼孔子之後，孟子進一步將孔子義理展現開來，一方面以「仁義內在」、「即心言性」開顯心性論的理論架構，〔註24〕一方面以「盡心知性知天」的實踐進路，爲儒家「天人合德」的天人思想啓其開端，完成其基本的架構。

　　孟子的「盡心知性知天」包含本體與工夫兩面，本體是道德實踐所可能的客觀根據，工夫是道德實踐的主觀根據，儒家成德之教本來重視工夫問題，重視道德主體之親證，並不是如西方只將道德問題視爲哲學問題來研究，重視其理論的分析與理解，雖有其理論上的精彩，卻不能提供一套眞實的成德工夫，這是中國哲學與西方哲學最大的區別。孔孟之教乃工夫本體相涵，亦即由工夫體證本體，由本體啓示工夫所在，故工夫本體兩者非分解的理論，若無工夫以印證本體，則本體所言終成戲論，而若無本體以定位工夫；則不見終極理想所在，因此，工夫本體實相涵相即無所分別。

　　儒家成德之教乃重在道德實踐本身，是由人之本心性體的呈顯以達致人格的完善；如何能使本心得以呈現，牟宗三認爲在於「逆覺體證」的工夫，逆覺體證是一工夫論上的意義，是人本心覺醒的工夫，是透過孔子的「踐仁知天」，孟子的反身而誠、求放心、盡心知性知天、存心養性事天，《中庸》之愼獨、致中和、誠等等工夫而成立。牟宗三說：

〔註24〕《象山全集》卷三十四，〈語錄〉：「夫子以仁發明斯道，其言渾無罅縫。孟子十字打開，更無隱遁。蓋時不同也。」

　　良心發現之端雖有種種不同，然從其溺而警覺之，則一也。此即是「逆
　　覺」之工夫。言「逆覺」之根據即孟子所謂「湯武反之也」之「反」
　　字。胡氏雖未明言此詞，然吾人可就其實意並根據孟子之「反」字而
　　建立此詞。此詞是最恰當者，亦是孟子本有之義，並無附會。人若非
　　「堯舜性之」，皆無不是逆而覺之。「覺」亦是孟子之所言，如「先知
　　覺後知，先覺覺後覺」，此言覺雖不必即是覺本心，然依孟子教義，
　　最後終歸于是覺本心，先知先覺即是覺此，亦無不可。象山即如此言。
　　故「逆覺」一詞實恰當也，亦是孟子本有之義也。〔註25〕

牟先生指出「逆覺」的根據在「湯武反之」的「反」，反即是復也，乃是針對
人於日常生活中，由於俗務利欲之紛擾、自身嗜欲習性縈繫，往往隨此滾落
而不得清明警醒，欲得澄明本心、復得清明心田，則須反身內省、逆覺認取
本心，此是道德實踐的本質工夫，因此，「逆覺體證」所以成立之關鍵，也在
本心先天之真性善性上，同時，「逆覺體證」又可分為「超越的體證」與「內
在的體證」，此僅是形態之差異，本質上並無差別，牟宗三說：

　　「內在的體證」者，言即就現實生活中良心發見處直下體證而肯認
　　之以為體之謂也。不必隔絕限實生活，單在靜中閉關以求之。此所
　　謂「當下即是」是也。李延平之靜坐以觀喜怒哀樂未發前大本氣象
　　為如何，此亦是逆覺也。但此逆覺，吾名「超越的體證」。「超越」
　　者閉關（「先王以至日閉關」之閉關）靜坐之謂也。此則須與現實生
　　活暫隔一下，隔即超越，不隔即內在。此兩者同是逆覺工夫，亦可
　　曰逆覺之兩形態。〔註26〕

故逆覺體證在型態上有隔與不隔之別，不隔者名之為「內在的逆覺體證」，內
在的體證於生活中時刻體現本心仁德，《孟子・離婁下》云：

〔註25〕牟宗三：《心體與性體》（一），頁476。「逆覺」與「反之」皆是一種內在工夫，
　　　　「反」可視為「返」；返者為何，則是內返本心、本性自覺以得，本心本性從
　　　　不用向外疲弄精神以求索，僅僅當下覺察本心、返心自照即可朗現；如同宋代
　　　　廓庵禪師在〈十牛圖〉「尋牛」序所云：「從來不失，何用追尋。由背覺以成疏，
　　　　在向塵而遂失。家山漸遠，岐路俄差。得失熾然，是非鋒起。」學人初始追尋
　　　　真心、本性猶如尋牛一般，往往背覺向塵而失，是以家山日遠、岐路俄差；若
　　　　不逆覺返心則無以得見心牛，體認真心、本性；因此，〈十牛圖〉首圖的「尋
　　　　牛」，首先明確的標誌本心佛性之內在性、逆覺性。此處所引〈十牛圖〉之文
　　　　字參照佛光山《佛光大藏經——禪藏》以及藍吉富所編纂之《禪宗全書》以定。
〔註26〕牟宗三：《心體與性體》（一），頁476。

> 人之所以異於禽獸者，幾希。庶民去之，君子存之；舜明於庶物，
> 察於人倫，由仁義行，非行仁義也。

所謂「由仁義行」表示道德本心內具不假外求，故聖人體道於日常生活中亦得其理，因此「明於庶物，察於人倫」，而仁義故不假外求，人於心地直下體悟起用。故曰「由仁義行，非行仁義」，聖人君子即能時刻自覺體認，凡此「由仁義行」之直下於生活中體現者，是爲「內在的逆覺體證」的工夫。〔註 27〕在宋明理學中胡五峰可爲代表，與五峰同時的李延平，則採取「超越的逆覺體證」。〔註 28〕儒家「超越的逆覺體證」與「內在的逆覺體證」工夫其並無本質上的不同，其分別僅在方式上，其內涵皆是以發「仁義本心」爲本懷，故儒家之成德工夫，本質上乃爲逆覺體證者，此逆覺體證工夫亦僅屬中國哲學所獨有。

關於孟子之心性工夫，本質上皆屬於「內在的逆覺體證」，直接就內在本心發用而落實於生活日用中；談孟子「天人合德」之工夫，「盡心知性知天」與「存心養性事天」，是直接就孟子「天人合德」思想之工夫表述，然而「天人合德」乃儒家內聖理想之極致，凡一切成就德性之心性工夫，亦應爲達致「天人合德」之實踐工夫，因此是「盡心知性知天」之根基，申言之，「天人合德」之極成實乃德性之圓滿，心性工夫之純熟方得證通天道實體；凡此孟子所論之成德工夫，本文參酌蔡仁厚在《孔孟荀哲學》中所論述之要目，概要分述如下。

〔註27〕由孟子「仁義內在」，「由仁義行」等義理內涵，可見道德的律則並不是由外在而來，而是來自人的自由意志本身，因此道德律則乃內在之自我立法，是內在本心的自律活動。可見道德的法乃是來自內在的本心眞性，此是自律道德之眞義，而非是外在律則所能強加者。

〔註28〕所謂超越，是採取「靜坐」以超越現實生活，也即與現實生活隔離一下：是從現實的日常生活暫時抽離來澄淨本心，用以觀喜怒哀樂未發前之大本氣象，循此超越的逆覺體證之方式，先行澄清本心，待至本心清明無礙再來應世接物。朱子說李延平「危坐終日，以驗夫未發前氣象爲何如，而求所謂中」及「學問之道不在多言，默坐澄心，體認天理」（朱子《文集，延平行狀》），以此逐漸的體驗到「天理流行之理」；可見人於日常生活中無以自我把持，更隨著日常習性漂流，自然迷途日遠而不返，而「超越的逆覺體證」能使人暫隔於物欲外。牟宗三說：「延平不著書，不講解，亦不出仕，只切身涵養，自身受用。後得一朱子之扣問，遂有答問。據其答問之表示，其工夫入路之義理間架亦顯是屬于『逆覺體證』者，吾在此日『超越的逆覺體證』。此是經過龜山之傳承而開出者」請參見牟宗三：《心體與性體》（二），頁 430。

一、尙　志

尙志〔註29〕是君子修身立德之首要認識，唯尙志故能「居仁由義」，故尙志是爲君子立德修身之始：

> 王子墊問曰：士何事？孟子曰：尙志。曰：何謂尙志？曰：仁義而已矣。殺一無罪，非仁也。非其有而取之，非義也。居惡在？仁是也；路惡在？義是也。居仁由義，大人之事備矣。（《孟子·盡心上》）

> 孟子曰：自暴者，不可與有言矣；自棄者，不可與有爲也。言非禮義，謂之自暴也；吾身不能居仁由義，謂之自棄也。仁、人之安宅也；義、人之正路也。曠安宅而弗居，舍正路而不由，哀哉！（《孟子·離婁上》）

志是人的行動根源，志於仁義是人的本分內事，故人「居仁」乃是本於道德的本心，是爲人生命的「安宅」，並由義來展現仁的道德的顯現，此爲人之正路。此安宅與正路是本於人道德主體的自我實現。因此，對于君子而言，「尙志」更形重要。《孟子·滕文公下》云：

> 居天下之廣居，立天下之正位，行天下之達道。得志，與民由之，不得志，獨行其道。富貴不能淫，貧賤不能移，威武不能屈，此之謂大丈夫。

君子達則不離其道、兼善天下；不達則獨善其身貧賤不移、威武不屈，故大丈夫乃是廣居（居仁）以行；故其能窮則獨善其身（修己、成己），達則（行義）兼善天下（治人、成物），有守有爲。其能做到不淫、不移、不屈；不淫即不因富貴而蕩其心，不移即不因貧賤而變其節，不屈即不因威武而挫其志，如此方爲大丈夫之典範。《孟子·盡心上》亦云：

> 尊德樂義，則可囂囂矣。故士窮不失義，達不離道。窮不失義，故士得己焉。達不離道，故民不失望焉。古之人，得志，澤加於民；不得志，修身見於世。窮則獨善其身，達則兼善天下。

戰國之世乃功利掛帥之時代，一般遊士說客莫不以富貴爲念，並無經國濟民之懷，無論達與不達皆進退失據，既不能兼善天下又無以獨善其身，唯孔孟

〔註29〕蔡仁厚說：「儒家所謂志有二義。一是嚮往義。志者，心之所之也。《尚書大傳》，二是存主義。心所存主曰志。（王船山）存主，是心不放失，中有所主，以志帥氣，以理馭欲。嚮往，是志氣內充，外擴上達，希聖希賢淑世濟民。」請參見蔡仁厚：《孔孟荀哲學》，頁242。

特懷抱濟世之志，以儒家的道德理想周遊天下，雖不獲重用亦流芳萬世爲後人景範，皆是其具有高尚之懷抱方能窮不失義、達不離道。

二、存養與擴充之工夫

存養與擴充爲孟子主體道德的涵養工夫，是心性實踐歷程中的必要工夫。《孟子・告子上》篇云：

> 故苟得其養，無物不長；苟失其養，無物不消。孔子曰，操則存，
> 舍則亡；出入無時，莫知其鄉，惟心之謂與！

「心」乃一可上可下之活體，君子修身當善加體察，「操則存，舍則亡；出入無時，莫知其鄉」，若君子不能時刻體察則本心放失即不可復得，朱注云：

> 孔子言心，操之則在此，舍之則失去，其出入無定時，亦無定處如
> 此。孟子引之，以明心之神明不測，得失之易，而保守之難，不可
> 傾刻失其養。學者當無時而不用其力，使神清氣定，常如平旦之時，
> 則此心常存，無適而非仁義也。

是以存養乃孟子一重要工夫，若君子於道德實踐中失其所養，便容易如牛山之木一般，日銷夜亡而放失其心，則「其違禽獸不遠矣」。可見，人於日常生活若不能時刻警覺省察，「心」之活體乃「出入無時，莫知其鄉」，一旦於朝夕間懈怠放逸，則放失易而留守難，故君子當時時用力敬謹操持，不可頃刻失其所養，因此，日常生活的存養是君子成德之重要工夫。而「存養」所存養者爲何，此是人本具的仁心善性，是人禽之辨的關鍵；《孟子・離婁下》有云：

> 君子所以異於人者，以其存心也。君子以仁存心，以禮存心。

在此，君子所以成其爲君子，除了體認人根本與禽獸相別的仁心本性外，進一步還能肯認、存養與踐履，若無此自覺即是凡夫俗人，自不能有本心善性之體悟而得超越。因此，存心養心實爲一事，由存心養性可通達天德，養心言君子盡己之工夫，存心則言君子不忘仁義本根，凡行爲動作皆依「仁禮」而行，故能愛人敬人。君子存養工夫之重要，孟子以牛山之喻說明，凡人順平旦之氣（夜氣），所顯發的好善惡惡之心（良心），必須操存、保持之，若人無能細心照料本心善性，加以操持之存養之，則輾轉相害以至於仁義之心不存，每下愈況、日漸沉淪，則人墮落爲禽獸不遠矣。由此，存養之道乃無可止息，是人生命歷程中不間斷的實踐。

存養本心善性爲君子成德工夫所必要，行之於日常生活間，則須配合欲望之合理節制，《孟子・盡心下》云：

養心莫善於寡欲。其爲人也寡欲，雖有不存焉者，寡矣。其爲人也
多欲，雖有存焉者，寡矣。

通過寡欲與節制的工夫，使良知本心脫離日常生活中「物交物」的沉淪，止息心猿意馬的混亂狀態，以重返本心清澈明朗之田地，因此，當「心」在放失的狀態，人須先透過「寡欲」之工夫來復得本心。最後，人透過存養工夫以覺察本心田地，時刻警覺操持而不懈怠，則不爲外在物欲所牽引，臨到艱難困頓亦能秉志不移，此堅毅由日常操持涵養而得，故君子面對外在客觀環境之試煉，必然視爲行道場域所必然之氣命考驗，進而能安之、守之更能甘之如飴，則此磨煉砥礪道德實踐的困境，即成爲人實現價值的特殊契機。

《孟子・盡心上》有云：

人之有德慧術知者，恆存乎疢疾。獨孤臣孽子，其操心也危，其慮
患也深，故達。

《孟子・告子下》亦云：

故天將降大任於是人也，必先苦其心志，勞其筋骨，餓其體膚，空
乏其身，行拂亂其所爲；所以動心忍性，曾益其所不能。人恆過，
然後能改。困於心，衡於慮，而後作。徵於色，發於聲，而後喻。
入則無法家拂士，出則無敵國外患者，國恆亡。然後知生於憂患，
而死於安樂也。

可見艱難的現實處境也正得以考驗人道德的勇氣與決心，是磨練心志的良好時機；由此困境考驗正也呈顯人性之莊嚴與可貴處，固是建立人道德主體之價值所在，也是人實現道德價值的最佳契機。是以人處於憂患的環境中，往往足以激勵其生命的潛能，進而實現其人格道德的成就與圓滿。故存養工夫之重要已如上述，其實質內涵有如下數端：

（一）求放心

心既是道德主體之根源，故人之爲善爲不善，蓋由此心所發，故對于「心」體之操持把握乃孟子成德工夫之關鍵，亦是問學處世之正道，《孟子・告子上》云：

孟子曰：仁，人心也；義，人路也。舍其路而弗由，放其心而不知
求，哀哉！人有雞犬放，則知求之，有放心而不知求！學問之道無
他，求其放心而已矣。

人於日常生活中放失其心而不存，其弊病如上文所論，然而人應如何時刻警

覺以自反自求，方能使心不陷溺、不放失，孟子教人「求放心」，所謂「求放心」是教人直下警覺此放溺之心，當下醒悟迷途知返，則此本心豁然清明，本心呈現以自作主宰，即能由仁義行，此即孟子為學之道，惟如此亦方得以真實的作「下學上達」之工夫。

故人不知尋回放失之本心，則不能識其本來面目，故「求放心」所求者，乃告誡人直下警覺以復其本心，復其本心則仁義本性方能呈顯。透過「求放心」之認識，則進一步知其所當求者，無非仁義之道矣。《孟子‧盡心上》云：

> 孟子曰：求則得之，舍則失之，是求有益於得也，求在我者也。求之有道，得之有命，是求無益於得也，求在外者也。

求在我者實有益於得者（天爵、良貴），是透過「求之有道」的為仁、盡心、盡分等實踐工夫。求在外者指富貴利達，即是無益於得的「人爵」，這些求在外者乃是得之有命，人於此只能知命、安分、守分。孟子所論，則知君子所求者當是仁義本心，至於外在之富貴利達則是「得之有命」，是「求無益於得也」，那些外在的福德資糧，不應為君子所掛礙操心。

（二）養其大體

人之生命中有其自然生命之欲望，為人性自然之習性，「飲食男女，人之大欲存焉。」〔註30〕人要滿足其口腹男女之欲本屬自然之性，只要求得其正、適得其度亦無可厚非，然而較之心性涵養，則不可不分輕重、主從，若因欲望之陷溺致使心性工夫有所阻礙，實為不可取者，此則必須以「養心」與「寡欲」來節制，知所先後、得其輕重，故此申言「養其大體」，《孟子‧告子上》言：

> 人之於身也，兼所愛。兼所愛，則兼所養也。無尺寸之膚不愛焉，則無尺寸之膚不養也。所以考其善不善者，豈有他哉？於己取之而已矣。體有貴賤，有小大，無以小害大，無以賤害貴。養其小者為小人，養其大者為大人。今有場師，舍其梧檟，養其樲棘，則為賤場師焉。養其一指而失其肩背，而不知也，則為狼疾人也。飲食之人，則人賤之矣，為其養小以失大也。

孟子以治無名小指、只知養物如桐梓之喻，來說明只知養小體而不貴大體之失。雖然孟子強調養大體之重要，卻也不因此而全然否定小體之生理生命，

〔註30〕《禮記‧禮運》。

只是孟子認爲「先立乎其大者，則其小者不能奪也。」「大體」則是仁義禮智
四端之心，透過養氣之踐形工夫，使人之道德生命「充內形外」而無所偏失。
此由內而外的擴充工夫，是孟子所倡言從其大體的心性而發，此爲人所以異
于禽獸之幾希處，人有此心性大體故能提振人之存在尊嚴，若人順其耳目之
官的「小體」，則淪于禽獸無異。

　　孟子以大體「心」爲貴，養心即養仁；而小體「身」爲賤，是耳目口鼻
的口體之養，凡心性工夫必先立其大，則小者弗能奪也，人必寡欲方能養其
心；欲寡則求之于外者日少，人之精力少有浪費，則能存心養性以開發道德
動源，如此養心則存乎內者日多而義理充盈于心，因此，從其大體，乃從其
先天心體以開工夫。因爲，人所普遍內具之良知本心，非因賢愚窮達而有所
不同，故人之有君子與小人之別，在孟子而言，實乃人是否不放失其心，而
以仁存心、以禮存心，故《孟子・離婁下》：

　　　　孟子曰：「君子所以異於人者，以其存心也。君子以仁存心，以禮存
　　　　心。」

又說：

　　　　孟子曰：「大人者，不失其赤子之心者也。」

故「大人」乃在於能保持其以良善的本心，此即「赤子之心」，孟子以大體小
體劃分人所欲求之抉擇先后，指出從大體之優位性，此在與公都子的對話中
展現，《孟子・告子篇上》云：

　　　　公都子問曰：「鈞是人也，或爲大人，或爲小人，何也？」孟子曰：
　　　　「從其大體爲大人，從其小體爲小人。」曰：「鈞是人也，或從其
　　　　大體，或從其小體，何也？」曰：「耳目之官不思，而蔽於物。物
　　　　交物，則引之而已矣。心之官則思；思則得之，不思則不得也。此
　　　　天之所與我者，先立乎其大者，則其小者不能奪也。此爲大人而已
　　　　矣。」

朱熹《四書章句集釋》云：

　　　　官之爲言司也。耳司聽，目司視，各有所職而不能思，是以蔽於外
　　　　物。既不能思而蔽於外物，則亦一物而已，又以外物交於此物，其
　　　　引之而去不難矣。心則能思，而以思爲職。凡事物之來，心得其職，
　　　　則得其理，而物不能蔽；失其職，則不得其理，而物來蔽之。此三
　　　　者，皆天之所以與我者，而心爲大若能有以立之，則事無不思，而

耳目之欲不能奪之矣，此所以爲大人也。〔註31〕

「小體」指的是耳目之感官，「大體」即就心而言，耳目的感官只能作爲感性經驗的接受管道，故不能思，心之官則能思，思則能讓仁義禮智之德性朗現，故此思非知解上之思，而是如牟宗三所言之實踐理性的思，〔註32〕是從道德工夫的面向上言。

因此，從其大體乃是以心作主宰；是以「心之官則思」，「心之官則思」之「心」是具有主體性，主體性來自於「思」與「不思」，是爲一種主體性之「心」所掌握，因此，「大體」具有其優位性，不如「小體」會逐物不返，「大體」亦具有自作生命主宰之功能，故凡人能立此大體，則能成爲大人、君子。

然而，孟子並未因此而視身心爲斷然的兩橛，乃是從道德的價值上，當人面臨道德的抉擇時所應有的認知。故存養其心，乃君子「從其大體」之工夫抉擇，《孟子·公孫丑上》云：

志壹則動氣也，氣壹則動志也。今夫蹶者趨者，是氣也，而反動其心。

則「心」爲人之主導機制其理甚明。人雖有自然生理之物質欲望需求，然只要知其先後、輕重，即能在道德與欲望間作適當的抉擇，能夠「志壹動氣」不因形軀欲求而「放失其心」、「陷溺其心」。因此，孟子透過「大體」與「小體」之別，來說明以「心」爲主體之道德抉擇的優先性。

由此知大體是「天之所與我者」，是仁義禮智的本然善性，無時不活躍于生命之中，一念體察即能朗現其光輝，一念放逸迷失，便隨順習性而陷溺昏昧。故曰：「操則存，舍則亡，出入無時，莫知其鄉，唯心之謂與！」《孟子·告子上》故作爲大體之心，即是能思能得其理的心。而「從其大體」就是能「以大體帥小體」、與「以理帥氣」，化掉由器質之性所帶來的陷溺，以擴充四端朗現其道德生命的光輝。

（三）擴充四端

「求放心」與「擴充四端」等皆是孟子之心性工夫，「擴充四端」是由人仁義本心所發，爲「求放心」之進一步推己己人的工夫，故此「擴充四端」是由內而外的，孟子以「惻隱之心、羞惡之心、辭讓之心、是非之心」爲四端之心，然此仁、義、禮、智等德性端源，尚需要擴而充之，方能成就道德

〔註31〕朱熹：《四書章句集註》，頁335。
〔註32〕請參考牟宗三：《圓善論》，頁52。

理想；故擴充惻隱之心──仁（由不害人之心，擴充而成），擴充羞惡之心─
─義（由不忍偷盜之心擴充而成），擴充恭敬之心──禮（由辭讓敬長之心
擴充而成），擴充是非之心──智（由辯察善惡之心擴充而成），是爲「擴充
四端」之內涵，此擴充是由內而外、由心而發，故也是「由仁義行，非行仁
義」，蓋由於四端之擴充以「充內形外」，則君子之德誠中形外、滿心而發，
是以理居中而得其正，施之外則沛然莫禦。如《孟子・公孫丑上》云：「凡有
四端於我者，知皆擴而充之矣，若火之始然、泉之始達。苟能充之，足以保
四海；苟不充之，不足以事父母。」四端之擴充，爲人修身、齊家乃至治國
之端，此是人存在必然之；孟子堅信此仁義禮智之體現，小則可以事父母，
大則能保四海以博施濟眾。

（四）反求諸己

「反求諸己」所求者爲人之仁義本心，本心爲一切道德行爲之根源，學
問之道乃在心上下功夫，「求放心」是一種「逆覺」的工夫，是人回復陷溺之
心，以使本心清明醒覺者；而人於外境種種遭遇，如有不慊於心者必然得「反
求諸己」，由清明之心地來自我省察。

《孟子・公孫丑上》：

　仁者如射，射者正己而後發，發而不中，不怨勝己者，反求諸己而
　已矣。

《孟子・離婁下》：

　有人於此，其待我以橫逆，則君子必自反也，我必不仁也，必無禮
　也，此物奚宜至哉！其自反而仁矣，自反而有禮矣，其橫逆由是也，
　君子必自反也。我必不忠，自反而忠矣，其橫逆尤是也，君子曰：
　此亦妄人也已矣，如此則與禽獸奚擇哉，於禽獸又何難焉。

人於世間雖勉力躬行仁義，然因氣命、命限所拘不免遭受橫逆磨難，人待我
如何種種，非吾人所能掌握逆料；孟子肯認人有命限之拘，然君子自省仁義
而無愧於心，則視他人橫加之不仁與無禮，即能受之、安之而無怨，此因君
子所自存自許者以仁義爲心，故本心清明以自照朗朗，是以波瀾不生、月明
風清，從容中道、反身而誠，自得道德仁心之無限喜樂，故云「萬物皆備於
我矣，反身而誠，樂莫大焉」。

（五）養　氣

孟子言養氣者，乃是所謂氣由心生，故必須識得本末，以心養氣、以志

帥氣，故氣所云者，非神秘主義所言之氣〔註33〕（此爲氣化意義下之氣，僅具有宇宙論上之生化意涵），而是以道爲本集義而生。《孟子・公孫丑上》云：

> 夫志，氣之帥也。氣，體之充也。夫志，至焉。氣，次焉。故曰：「持其志，無暴其氣。」既曰：「志至焉，氣次焉。」又曰：「持其志，無暴其氣」者，何也？曰：「志壹則動氣，氣壹則動志也。今夫蹶者，趨者，是氣也；而反動其心。敢問夫子惡乎長？曰：我知言；我善養吾浩然之氣。」敢問何謂浩然之氣？曰：「難言也，其爲氣也，至大至剛，以直養而無害，則塞于天地之間。其爲氣也，配義與道，無是餒也。是集義所生者，非義襲而取之也。行有勿慊於心，則餒矣。我故曰：告子未嘗知義，以其外之也。必有事焉而勿正、心勿忘、勿助長也。」

「持志」言持其志，內心堅定不移而有所主宰，如此則氣愈充盛（志壹則氣動，氣壹則志動），勿暴其氣乃能不恣意放縱于外。「直養」言養之以義，不以邪慝害之，則能成其至大至剛之氣，充塞於天地之間。「集義」言必有事焉，此是不間斷的實踐工夫。浩然之氣乃集義所生（表現內心本有之義）並非向外襲取，因此，孟子「養氣」所養者，乃是「集義所生」而顯發的浩然之氣。朱注云：「養氣一章，在不動心，不動心在勇，勇在氣，氣在集義。」因此，「無暴」、「不動心」是養氣的最高準則，使人能免受外來之擾亂而致駁雜不能專心致志，故須涵養持守以使之清明，能「無暴」其氣者，自能免於心馳外物而爲之所役。至於「集義」，王陽明《傳習錄・中》曾說：

> 孟子言「必有事焉」則君子之學只是「集義」一事。義者，宜也，
> 心得其宜之謂義。能致良知則心得其宜矣，故集義只是致良知。

此即「配義與道」，孟子心性之工夫本由盡心、知性、知天一路調適而上，此心性工夫本不假外物，由內而發、由人道而天道，故曰「以直養而無害」。

綜上所論，君子透過上述之修養工夫，則因內在充盈著「仁、義、禮、智」四德，顯現於外者則能「晬然見於面，盎於背，施於四體，四體不言而

〔註33〕漢儒常以陰陽五行釋仁義，則恰是以氣化宇宙論之角度談道德問題；近代新興宗教或新時代（new age）思潮，對氣（能量）多所著墨發揮，大致上皆本于古印度之瑜伽身心觀，強調由身體脈輪的開發來提昇靈性層次，故亦藉由身心的鍛鍊來達致近似佛家開悟之理想；但其言氣或能量（aura）皆不具道德之意涵，有別于孟子之養氣說。

喻」。〔註34〕

（六）明善誠身踐形成聖

　　此是存養擴充工夫之昇進，透過明善誠身、思誠以至於至誠，至誠者乃聖賢人格的完成，《孟子・離婁上》云：

> 孟子曰：居下位而不獲於上，民不渴得而治也。獲於上有道：不信
> 於友，弗獲於上矣。信於友有道：事親弗悅，弗信於友矣。悅親有
> 道：反身不誠，不悅於親矣。誠身有道：不明乎善，不誠於身矣。
> 是故，誠者，天之道也；思誠者，人之道也。至誠而不動者，未之
> 有也；不誠，未有能動者也。

君子由彰明心性之善，透過悅親、信友之實際工夫，進一步反身而誠（思誠），此乃是反己以誠其身，故能一誠天下無難事，盡性則充盡心性之善，而形之于人倫日用之中。君子體現此境界，故能「形色，天性也。惟聖人然後可以踐形。」〈盡心上〉，「踐形」是將仁義心性實現於形色動靜之間（形體活動之間）。此是孟子道德工夫所朗現之境界，故能「所過者化，所存者神」，此即孟子「天人合德」之聖人體道境界。

貳、孟子「心──性──天」之工夫進路

　　「心性之學」是孟子的「成德之教」，透過此「內聖之學」以完成人格道德的完善，此內聖之學本於人之內在道德本性，爲人自覺自發的道德實踐，然而就先秦儒家的內聖之學而言，人之道德實踐並不只停留在有限個體完成，亦在人有限個體生命裡，尋求充其極之無限可能，因爲內在德性與天道創化之德性本爲同源，〔註35〕可以創造出意義的無盡藏，因此，由人內在道德主體所發，可以透過「純亦不已」的工夫加以體證，並進一步驗證天道、天德，參贊天地之化育者，確立人的眞正價值，此乃儒家「天人合德」之理想，「天人合德」是爲道德生命的最大可能，在孟子以盡心知性知天」、「存心養性事天」之實踐進路加以證成。

〔註34〕《孟子・盡心上》。
〔註35〕牟宗三說：「天命不已（天地或天之生德）即是本心眞性之客觀而絕對地說，本心眞性即是天命不已之主觀而實踐地說（只就人或一切理性的存有之實踐說），就其爲體言，其實一也。天命不已是天之體（天之所以爲天），本心眞性是人或一切理性的存有之體。」請參見牟宗三：《圓善論》，頁139。

關於孟子之「盡心知性知天」，簡單的說是由道德主體之實踐言，充盡道德本心之四端，可以證知人的真實本性為何，故孟子云「盡其心者知其性，知其性者則知天」，人能「知其性」進一步方能「知天」，「知天」則體證「於穆不已」的天道內涵，「天」的意義是道德內涵的形上實體。由此所呈現出道德的內在性與自律性，若非此，依人格神或宇宙論意義下的天道觀言，則人的道德僅為一種他律道德的性質，〔註36〕因此，當人之內在真性可藉實踐以呈現其絕對價值時，則能體悟本心本性進而證知天道的無邊義蘊。

一、「盡心知性以知天」

孟子由「心──性──天」所點示出「天人合德」思想之體系，可以在〈盡心〉章所論見其綱要：

> 盡其心者，知其性也；知其性，則知天矣。存其心，養其性，所以
> 事天也；殀壽不貳，修身以俟之，所以立命也。

此段話總括了孟子「天人合德」哲學之本體論、工夫論與境界論的綱要，而此段話在論述上可分成三個段落說明。

首先，就「盡心知性知天」言，「盡心知性知天」乃是透過道德實踐而證成道德理境，是道德主體不斷擴充之「純亦不已」的歷程說明，此由內在而超越的擴充，正足以印證天道「於穆不已」，終證知天道與心性貫通之理，人由道德本心的推擴以體證天道，是人由內在識取其本然之真性、正性，故「盡心」所以能知性，而知性之「知」是肯認、識取或體悟之意，不是知識上的理解。人能識得本然之仁心善性，方能進一步體會天道之無邊義蘊。可知孟子的心性論，其進路不以天道來規定人道，而是以人道來證成天道，來顯現天道與心性不二之真義，故心即性即天融通為一，「盡心知性知天」工夫所揭示者，特為孟子心性哲學之充極表現。〔註37〕因此，「盡其心者，知其性也；知其性，則知天矣。」則強調人必須透過「盡心」方能「知性」，經由「知性」

〔註36〕西方宗教傳統視上帝為一切之主宰，亦為道德善惡之裁定者，由此所表現的道德律則，是為他律道德，不是由人自心本性之主體所發，故無法作道德的創造與實踐，以證成天地萬物之價值意義；如此亦不能由「盡心知性知天」因此，人必有一真心本性，可以貫通天人，更由此透過心性工夫之實踐，得以貫通「心──性──天」，此即為人之主體所發的自律道德。

〔註37〕唐君毅說：「盡其心者，充盡其心之表現，知其性者，由此表現，而知此心能興起生長之性也。知天者，知為我之此心性之本原天也。」請參見唐君毅：《中國哲學原論──原道篇》卷一，頁246。

則能「知天」，盡心乃人充盡道德之本心善性，是以終能證知天道；然而此「知」其意涵為何，牟宗三先生以為「知」有如下二義，一、則是盡中知，亦即在實踐中以證之，是印證義、在實踐中證知，〔註38〕二、則是一種反身的體證，是「逆覺的體證」，〔註39〕所以孟子「知性知天」中的「知」，其意義即在盡中的實踐過程中以證知，也是人逆覺識取本心、體悟本心的「知」，而這種「知」又是超越主客認識論意義的知，並無真實的能、所義之分，故不能簡單的以知識對象視之。〔註40〕

　　因此，「盡心知性知天」者所強調的並不是能所之間的辯證關係，而是強調道德本心的親證與證知，由道德實踐以成工夫境界，當君子體認自我道德本心，乃能證知天道之真實內涵，故「盡心」工夫境界所體現者，無非是其真性正性之朗現。故「盡心」之知能由此證知四端之德，使其清明朗現為吾人所認取，此種識取體認為本心沛然莫之能禦的當下直面，故人真能由盡心體悟其本性，必不能輕易迴避其內在本心的召喚，此良心的召喚，為人本然的四端之心所發，是人親切直接而無可遁逃的本心，人縱能無視於本心善性的呼喚，甘作道德良知的聾啞者，始終仍無以逃此本心（因不願肯認本心而加以漠視、忽視者，欲另覓它心，自已肯認本心善性之所存），因為人只有此心別無他心，若放棄此心則人將行屍走肉與禽獸無異；透過「盡心」以擴充四端的工夫，則能朗現人之真實本性，體現人之道德本心，此「盡心」之證知工夫，為人由內在而超越之擴充，亦是人逆覺體證以證知者，由此證知之實踐工夫，則方能澄明天道心性之義蘊，由「盡心」以證知天道，乃孟子「天人合德」之根本內涵。

二、「存心養性以事天」

　　孟子「盡心知性知天」之教已能充盡展現道德本心，證立人之真性與天

〔註38〕牟宗三：《圓善論》，頁132。因此，「知天」之「知」，就不是測知、知解之知，而是透過實踐以證知，孔子「踐仁知天」即是由實踐中以證知，孟子的盡心知性知天，也是由工夫實踐說起，所孔子「踐仁知天」、「知天命」等皆是由工夫實踐以證成，故知天必須經過一段道德的實踐工夫。

〔註39〕牟宗三：《心體與性體》（三），頁334～336。

〔註40〕牟宗三說：「是以它（心）明其自己為明，實仍是它自己，仍只是這一明了活動之心之自己，並未歧為二心。是自知：並不是他知（由他而知）。既是自知，則此知之為『能』即消融于心之呈現之所是自己中而為一，而泯失其『能』義，故不是另一個心也。『能』義既泯，『所』義亦泯，還是那『呈現之所是』之自己。」請參見牟宗三：《心體與性體》（三），頁334～336。

道創生之無邊義蘊，此就人個體之道德實踐的「逆覺體證」言，然而人於體悟心性與天道貫通之理後，仍須操存保任道德本心而不令放逸，使之能於日常生活中體現，故孟子續道：「存其心，養其性，所以事天也」，以揭示「存心養性事天」之敬謹工夫；「盡心知性知天」是為道德實踐天人合德之教，「存心養性事天」則亦是道德實踐操存保任的工夫，﹝註41﹞因此，「存心養性事天」重在人之「存心」，乃是人於充盡道德本心而有所體悟後，落實於生活日用中以切實起用，「存心」者意謂證知天道性命之理的成德君子，於俗世塵囂中仍不隨俗情而沉淪，其心志清明燭照內外，乃是以「仁義之心」存心，時刻體認無所違逆，故其行為動作所發必符節度，無有任何放失與散亂之片刻，而君子肯切以「仁義存心」體現於應事接物，故涵養其道德本性之不遺，如此則應世如理不違天道；朱注云：「存，謂操而不舍；養，謂順而不害。事，則奉承不違也。」所說即此，而人於日常間之操持或有所放失其心，則為感性物欲之引而失其涵養之真性，故「盡心」以證知性命天道，仍須在生活日用中時刻警覺省察；時刻操存不捨終能無害本性之涵養，如此方是真知天而不違天者，所以說仰不愧于天、俯不怍於人。因此，「存養」特別就人日常的操持涵養言，因為人本為感性的存在，有七情六欲的感性欲望，感性的欲望要獲得適當的舒發，但不能流於放縱，使之蒙蔽本心真性而沉淪之，「盡心知性知天」是道德生命的理想，「存心養性」則是道德生命的現實礪練，為人在有限的感性生命裡實現無限的理想。「存其心」是體認人仁義本心所在，真誠的識取此本心良心，「養性」則抉擇價值之輕重不為物欲所惑，進而喪失本心真性，淪為獸性、物性。

　　無論「存心養性」相對於「盡心知性知天」是否為積極工夫或消極工夫，其差別只在工夫之類型與性質之差異，並無難易先后之分，蓋存養至極亦必是充盡之義，而充盡之終必得存養之道，兩者之工夫入路可有相互驗證與證成的，究其實質都是屬於從實踐工夫之層面。最後，談到「事天」，此「天」

───────────

﹝註41﹞人於道德實踐之過程中，常有一欲成就德性之急切，於此同時則能體認道德實踐過程中，由道德本心所流露之不安感，此不安感於人心地清明時更加明晰而不可迴避，此乃道德本心的自我警覺，在於勗勉學人當時刻精進勿喪失道德本心，若自逃於道德本心不安之情，由此隨順習性沉淪、墮落，隨順習性雖較輕鬆愉悅，此實乃理智之昏沉，時光荏苒忽焉已過，則光陰虛度一事無成，徒留感嘆；唯時刻警醒、面對道德真心自我焠礪，方得於直面道德真心而肯認識取之。於此，人已識取道德真心，則更應由此操持保任、時刻涵養融通，如此道德真心常在而得體現，終能體證「天人合德」之境。

之涵意亦即周初對天崇敬之心所生的憂患意識所來，是一種涵蘊宗教情懷的崇敬與戒慎恐懼，此由崇敬與戒慎恐懼所引申之「敬德」義蘊，爲孟子「事天」之義所涵攝，人能體證「天」之價質意義與崇高，自能迴向領會自身道德心性之無邊莊嚴與崇高性，此無邊莊嚴與崇高實乃與「天」無二致者，故孟子言「存心養性事天」，所事之「天」，不惟是莊嚴崇高之天道本體，也是對自性本心之崇高道德體性的識取與肯認；因此，由此「事天」所生之崇敬心與敬謹心，則不必是宗教上出于恐懼責罰之懼。牟宗三曾說：

> 「事」字，字面上的意義，即如「事父母」之事。在此，雖用類比的方式借用此事字，但卻並不因此即停在這類比上把天人格化，完全被動地聽祂的吩咐，亦不是因著此類比而即如事父母那樣事天，因爲事天與事父母所依據的原則是完全不同的。在事天上，「事」字之意義須完全轉化爲自道德實踐上體證天之所以爲天，而即如其所體證，而自絕對價值上尊奉之。〔註42〕

「事天」乃是一種絕對價值的安立，孟子之教以心性學爲首出，對于道德價值的形上論述，以「天」作爲其本源與意義實體。因此，「存心養性」所事之「天」不爲人格神者其義甚明，筆者前述所論者亦持此說，並認爲「事天」所事者，無寧是對自身道德本心之純然不疑的踐履。由此，孟子「天人合德」之義蘊，亦需仰賴「存心養性事天」而證成，「存心養性」爲「事天」之進路，透過「存心養性」可以顯發道德的創造性，體證天道之無邊義蘊，終證成天道與人道之一貫。可見，人透過「存心養性」所事的「天」乃是一種道德秩序的天，也是道德意義上的天，它不是人格神意義上的天，而是人透過感受道德本心真性所顯發之自律道德法則，此天心真性所發之道德本體即是超越之天道本體，人領悟此理自然證知道德本心與天道本體之無二無別，油然便生一種無邊莊嚴與崇敬之心，也經此確立人之爲人的真正高貴處，人真能由此確立道德自信，自知道德本心之崇高及其莊嚴性，便能由「敬德」護持此一道德真心不敢妄自菲薄，並真誠自覺的面對道德自我，進能自作主宰、承負起道德天命；以如此存養心性即是真切之「事天」。理解「事天」之真義，則進一步探問此「事天」與「知天」之別，必然發現原來「知天」與「事天」爲一事之兩面，〔註43〕然其間除「知」與「行」之別外，尚有人

〔註42〕牟宗三：《圓善論》，頁136。
〔註43〕「盡心知性」與「存心養性」爲一體兩面；「盡心知性知天」故是由充盡本心

因後天之感性氣化之限，〔註44〕致不能充盡道德本心而貫通「心——性——天」為一者，故須涵養操持道德心性，為此孟子方續道：「存其心，養其性，所以事天也。殀壽不貳，修身以俟之，所以立命也。」因此，「存心養性」除了是人為求充盡道德本心，於生活日用中落實之涵養工夫外，亦是人面對後天之感性氣質所拘時，所應具備的存養工夫。因此，「盡心知性知天」、「存心養性事天」不啻為道德工夫之一體兩面，不可視為兩種異路來看；再者，欲得本章所論之完整意涵，仍必需另行考察孟子之「命」論，下節進而論孟子之「立命」。

三、「修身不貳以立命」

　　人透過「盡心知性知天」、「存心養性事天」工夫以達致「從其大體」、「以志帥氣」的道德實踐。然人本為有限之生命存在，必有其受限於個體生命氣質資稟之所拘，於諸般境遇中有不得順遂者，對於此無可奈何之生命境遇，姑稱之為「命定」與「命限」，此「命限」義之「命」，是道德實踐中的限制概念，命限義的命是道德實踐工夫的消極意義，積極意義則是「理命」義之命，是本心道德實踐的必然性與要求，也可稱為道德的天命。言「命限」義為道德實踐中之限制義，僅是就生命境遇言，本質上並無所謂真正限制者，「命限」所言僅是方便權說，其作用乃在「以理化情」；《莊子・德充符》：「知其不可奈何而安之若命，德之至也。」其中，「若命」所言，則表示「若命」所說明的對象，並不具有存有論上的實然，也就是「若命」僅是一個虛擬的對象，是天道氣化意義下的「命」，個體生命與氣化流行之遭遇，其中的順逆、得失與否乃複雜萬端，非吾人所能智測與掌握，故僅能言「若命」，實際上，此「氣命」之有無則仍難以確定，人所確定之富貴窮通，由此而來所

之實踐工夫以得，「存心養性事天」則操持保任之工夫亦是實踐的面向，盡心與存心則從工夫實踐言，本質上是工夫義的：盡心充盡推擴的精進工夫，養心則是識取本心後而能操持涵養的保任工夫，故「盡心」、「養心」當可互為表裡與印證，有「盡心知性」、「存心養性」之工夫，則方能「知天」、「事天」：「知天」如前論所言，是道德實踐中之證知，「事天」則進一步肯認體證天道妙蘊，滿心而發的生命情境。

〔註44〕相對於感性氣化的層面，就「心、性、理」的層面而言，人的「德命」（德性生命、理性生命）可以通過人之自覺，而「保存之、培養之、擴大之、充實之」的。孟子講「存心養性」，講「擴充四端」，都是指點這方面的工夫。通過人的自覺實踐，可以充分證現生命的意義和價值；由此呈顯生命的超越性、普遍性與永恆性。請參見蔡仁厚：《中國哲學的反省與新生》，頁214。

生的好惡之情，往往便以此認定爲「氣命」之種種內涵，簡言之，人是以習性上好惡之情來認定「氣命」之存在，實際上，若以天道氣化流行以言「氣命」，必不是人主觀情識所認定之氣命，也本非人所能智測與掌握；此「命」故非人所能掌握，則人所能掌握者實乃義理上必然之「命」，人能充盡本心善性，於道德完成的理境下，命限、氣命終化爲虛無者（此是由人主觀之情所認定之氣命），嚴格來說，對此「若命」之命限，吾人實不可眞認其爲限制義或消極義；牟宗三所說的限制概念與消極面，則把命關聯著性作分析，孟子的「性命對揚」是由此而發，若由「性命對揚」的角度切入，則「命」表現爲限制消極義，此是「氣命」的另一種意涵，故牟宗三說：「消極負面地說是克制動物性之氾濫以使從其理。在此兩面的工夫中都有命之觀念之出現，因此命亦須關聯著這兩面說。」〔註45〕此是由「性命對揚」的意義脈絡下來談命，也進一步關聯著孟子「養其大體」的工夫，「大體」指仁義道德之心體、性體，「小體」則生理習性的官能，是「氣性」上意義，由此說「氣命」之「命」；因此，氣質之性雖爲限制原則，但人正本於氣質生命中以顯發性體，故其所顯露光輝特爲可貴者，此便又是氣質之性的積極意義，而這種限制與超克之意義，在生命體之提昇過程中臻於完善，故當人臨到「氣命」之所拘，亦即仍須持守道德實踐之初衷，方能確立道德價值之無疑，「盡心知性知天」是道德生命的理想義、先天義，「存心養性事天」與「殀壽不貳，脩身以俟，所以立命」是道德生命實踐的現實義、後天義，〔註46〕人認清己身之習性盲點，即無由怨天尤人、可以盡其在我。因此，「殀壽不貳，修身以俟之，所以立命也。」〔註47〕乃於客觀之境遇順逆不縈繫於心，進而超克習性氣命之所拘，顯發道德正命、眞命，完成先天道德之要求，以全上天所賦之道德天命；如此所立之命，則爲人之眞命、正命。《孟子・盡心

〔註45〕請見牟宗三：《圓善論》，頁150～155。因此，儒家之「命」論涵蘊道德實踐之意義，此乃儒家命論之突出特色，故並非是宿命論之立場。然由，儒家亦正視與認知由命限、氣命所成之現實客觀限制；由此，勗勉君子「進德修業之不可以已」，來體現道德生命之可貴。

〔註46〕請參考牟宗三：《心體與性體》（一），頁527～528。

〔註47〕牟宗三說：「命是道德實踐中一個嚴肅的觀念。只彼有道德實踐、于道德生活有存在的體驗的人始能凸顯出這個觀念，其凸顯之也即如凸顯罪惡之意識與無明之意識一樣。西方道德哲學家不曾有這個觀念，因爲他們只是哲學地分析道德之基本概念，而不曾注意個人存在的實踐之工夫。」參見牟宗三：《圓善論》，頁150。

下》云：

> 動容周旋中禮者，盛德之至也；哭死而哀，非爲生者也；經德不回，
> 非以干祿也；言語必信，非以正行也。君子行法，以俟命而已矣。

也說明君子行事僅依天理之當然者，而不希冀祿命之有無，祿命之有無本不定而不可測知者，此若前定必不可增減其分，故爲人力所不能爲者；且關於此先天命分所定爲何，本無以蠡測，此即是莊子「若命」〈德充符〉之意，「若」僅表示一種彷彿、似乎的意思，如上文所論，用「若」來說明所要說明的對象，實際上是一種「存而不論」的作法，眞正的用意是在「以理化情」；也就是對于外在之窮通禍福、貧賤富貴者，逕以「命」爲一個虛擬對象而標誌之。〔註48〕一般人所認定的宿命，其實皆需就這層關係上理解，只是常人僅認取「宿命」以之爲命，故不能洞澈「氣命」之迷思，故「君子行法，以俟命而已矣」，乃君子行天理之當然而不著意氣命之順逆，進而化解習性氣命之干擾，由此以顯君子「純亦不已」的道德實踐，終以正命、立命者。

故知孟子之生命價值理想的實踐，乃是以「盡心知性知天」爲貫通之道，而以「存心養性事天」爲存養保任之功，進而切身體認人有限存有之氣命境遇，「脩身以俟之」以立人之「正命」。此由「心、性、天」通而爲一，以盡心、知性、知天來充盡四端之心，極成仁極仁、義極義、禮極禮、智極智的道德理境，如此天德昭顯、天理流行，進而「心——性——天——命」相通無礙，此是圓融理事無礙、德福雙兼之境界，展現爲「夫君子所過者化，所存者神，上下與天地同流，豈曰小補之哉！」〔註49〕之境界，此是孟子「天人合德」境界的進一步描述，是透過「所存者神」的心性工夫，展現「所過者化」的道德理境。故知「萬物皆備於我矣，反身而誠，樂莫大焉。」「反身」即指人必要透過逆覺之內在體證工夫，如此，方能體證如程明道所言「仁者渾然與物同體」之理境。因此，君子「所過者化，所存者神」、「上下與天地同流」，爲孟子「天人合德」理境的開展與完成。

第三節　《中庸》「天人合德」工夫之探究

《中庸》首章「天命之謂性」所揭示者爲義理之總綱，是本體論之論述

〔註48〕「若命」說明對於人生境遇中之無可奈何，只能安之受之而無須怨天尤人。
〔註49〕《孟子・盡心》。

形式。至於「率性之謂道，修道之謂教」則直截了當的指陳工夫論之綱要，茲分爲「率性」與「至誠盡性」兩節，考察如下。

壹、「率性」之工夫

《中庸》由天道、天命下貫而說性，此是道德形上學的進路，是儒家特有的本體宇宙論的進路，故由道體說性體揭露人實踐上之客觀理據，人欲成就道德理想，則必需順承性體來率性與盡性。

首先，依《中庸》「天命之謂性」言，天、命、性皆以理而說的，是依人而立言；故「率性之謂道」亦應是專就人立言；朱子注解此句說：「率，循也。道，猶路也。人物各循其性之自然，則其日用事物之間，莫不各有當行之路，是則所謂道也。」朱子此解將率性義推擴至萬物全體存在之理；然而，「率性」於此所論，僅就人而言即可，「率性之謂道」此句特別是要突顯人之地位；所以，「率性」所率之性乃與天命實體同源；人能順承「於穆不已」之眞幾，而識取以之爲內在眞性，由此方能盡性、率性，故「率性」乃順承此「於穆不已」之眞幾的道體；若言萬物之性，故則其所「率性」者，僅能順「生之謂性」而言，此自然氣化意義下的「性」，爲萬物所「率性」者，與人獨稟所「率性」者雖同源於道，然人與萬物各率其所「率性」之性；獨人得率道德之性、義理之性，此所率之性，是道德意義所充實之眞性、正性，亦惟此眞性、正性方得以印證天道、體現天道，故人在天地間有一獨特地位，亦有一責無旁貸之存在使命，必要去實踐之、證成之；此是生命存在的使命與眞義，〔註50〕因此，依人而立言方顯「率性之謂道」之眞義。

再者，率性、盡性都是工夫義，都是朗現性體之本質工夫，「率性」所率之性爲本然之性，故「率性」涵有一工夫義的內涵。〔註51〕孟子之「盡心知性知天」爲工夫實踐義，盡心由逆覺體證自心本性，「盡」字即是由工夫義來理解。「率性」之率應視同「盡性」之「盡」，皆應視作工夫義；若朱子訓以「循」，則並無工夫義可言，因爲朱子解天命之性是通人物而言，他認爲率字如有工夫意涵，則在物處是講不通的，因此只能說「率性非人率之也」、「此

〔註50〕請參考牟宗三：《心體與性體》（二），頁159～160。
〔註51〕雖然人于現實生活中或不能自誠體朗現以成道德，然不可否認「率性」所由，必然地根源由天命之性。因此，人有此充盡天命本性之可能，必能化除形軀、氣命而臻至道德的完善。故知人所率之性，爲本然眞性、天心本性，是道德工夫的本根，人若疑此而不能識取、肯認，則人之道德實踐以證天道亦爲妄誕者。

率字不是用力字」，這是朱說的必然歸結。

因此，人所率之性乃道德之眞性、正性，故人能由「率性」而得實踐道德理想；故「率性之謂道」明言率性之工夫實踐，乃人學行的必然之路；「天命之謂性」由客觀超越的天道實體以明性體內涵；「率性之謂道」則由人主觀實踐層面言，強調人依循天命之性而行，如此循性而行，於視聽言動中自然能夠如理如法；是以人識得本心、率其本性，由此所展現的道德行爲，即是天道之體證與朗現，此是人爲學成聖之道，「道」即依人率性而行所成之道，自應是人之所以爲人之道；人之所以爲人之道即是「仁」、「義」、「禮」、「智」之道，孟子言「仁也者人也，合而言之道也」〈盡心下〉，「率性之謂道」所言之道實同於孟子所言者，簡言之，「率性之謂道」所率之道實即「仁道」。

貳、至誠盡性

「盡性」所云乃《中庸》工夫之要義，盡性方能極成與天地參之理境，「盡性」義的極致表現在《中庸》第二十二章云：

> 唯天下至誠，爲能盡其性；能盡其性，則能盡人之性；能盡人之性，則能盡物之性；能盡物之性，則可以贊天地之化育；可以贊天地之化育，則可以與天地參矣。

「至誠」指體道之聖人，是《中庸》誠體哲學的境界義（《易傳・繫辭》所云「非天下之至神，其孰能與於此。」亦是《易傳》神體哲學之境界義），至誠的聖人能夠盡性，由「盡己、盡人、盡物」之工夫昇進，是「盡性」的推擴義，由盡己以推擴至同胞萬物，由內在之完成以至贊天地之化育，表示至誠之聖人上達天德，故可以與天地參矣。《中庸》第三十二章又云：

> 唯天下至誠，爲能經綸天下之大本，知天地之化育，夫焉有所倚？肫肫其仁！淵淵其淵！浩浩其天！苟不固聰明聖知達天德者，其能孰知之？

聖人爲天下立人極，本是透過主體之道德實踐以天人合德，此一體現關鍵則在於「誠」。然而誠的工夫內容爲何，此即「誠者，天之道；誠之者，人之道也」所揭示者，在此，誠的意涵有兩層；此中人之道乃「誠之者」，誠之是實踐的工夫。雖然聖人材質是「不思而中，不勉而得」的至誠之誠，而一般學人則必然是「思而得，勉而中」，故是「誠之」之實踐工夫，亦即以工夫復本體，天道誠體本與人無區隔，故聖人一念至誠、當下即是，一般學人亦可戮

力「誠之」終有所成。因爲聖人生命能當下朗現其誠體、道體，是「自誠明謂之性」，也即孟子所謂「堯舜性之也」之「性之」。本體工夫一時朗現無分別，蓋必聖人材質方能至此，故曰「唯天下至誠爲能化」。一般學人凡夫亦有成聖成賢之可能，但必須由「修道」、「自明誠」來誠之以合天德，是以「誠之者，人之道也」，此人之道於明善之後必須擇善而固執之，「誠之」即是《中庸》「修道」之工夫發用，亦即孟子所謂「湯武反之」的「反之」，「反之」即復性之功夫，是以逆覺體證之方式而成立，其實質乃在恢復吾人天賦之性體，復性的工夫即是「誠之」工夫，是《中庸》「自明誠」之教，至於「誠之」工夫之內涵，可以《中庸》第二十二章所言來作理解：

> 其次致曲，曲能有誠，誠則形，形則著，著則明，明則動，動則變，變則化，唯天下至誠爲能化。

「致曲」是先在一事一節上達到眞實無妄，再由一念之誠而擴充推致，進而發揮誠者自成的動力，乃至形著變化、成己成物。尤有進者，由於人必然以生死向度之生命體在世存有，因此，此「致曲」工夫亦必純亦不已，此即終身之「致曲」，死而後已。〔註52〕故作爲「誠之」工夫言，「致曲」乃是一種推致以充盡的工夫。故「致曲」爲「誠之」工夫實踐之動態說明。《中庸》於「誠之」工夫有如下具體說明，此具體工夫若強爲區分可有內外之別，內在爲君子逆覺體證之心性工夫，外在爲問學處世之方，其內在工夫是爲「愼獨」、「致中和」，而問學處世之方則是「博學之，審問之，愼思之，明辨之，篤行之」，其實質意涵分析如下：

一、愼 獨

「愼獨」工夫乃《中庸》特爲標舉，爲儒家逆覺體證之工夫，「愼獨」不僅是人獨處時之躬身自省，也是進一步在心性上下工夫，故亦即是君子最緊要的成德工夫，《中庸》首章言：

> 道也者，不可須臾離也，可離非道也。故君子戒愼乎其所不睹，恐懼乎其所不聞，莫見乎隱，莫顯乎微，故君子愼其獨也。

朱注云：

> 隱，暗處也。微，細事也。獨者，人所不知而己所獨知之地也。言幽暗之中，細微之事，跡雖未形而幾則已動，人雖不知而己獨知之，

〔註52〕請參見高柏園：《中庸形上思想》，頁135。

> 則是天下之事無有著見明顯而過於此者。是以君子既常戒懼，而於
> 此尤加謹焉，所以遏人欲於將萌，而不使其滋長於隱微之中，以至
> 離道之遠也。

朱子的解釋，特就意念發動之微，指出慎獨的工夫，此與《大學》所言：「所謂誠其意者，毋自欺也，如惡惡臭，如好好色，此之謂自慊（音欠），故君子必慎其獨也」並無不同，然《中庸》所言慎獨者，又不僅只是大學所講之「誠其意」者，在《中庸》第三十二章云：

> 故君子內省不疚，無惡於志，君子之所不可及者，其唯人之所不見
> 乎。

此句所言對照上述《中庸》之「慎獨」所言，則更由強調個人閒居時，對「爲人所不見」自我直面的觀照之「慎獨」，乃喻示君子「道」之無所不在，申言之，人獨處時雖無他人與之照面，然此時亦是眞誠面對自我之契機，故亦當戒慎恐懼以對治之，人生命個體實爲社會性之存在，亦在社會性的互動中以確認自我、定位自我，故於人前必然展露如理如法之舉措，另外，即使人之行爲與外界有所齟齬，亦容易有對錯商量斟酌處，非必然肯向自身內省反求者；故人面對他人時則往往錯認、迷失自我本性，則眞實的自我亦往往由此頓逃，逕以他人之鏡爲自我頓逃之推託藉口，再者，人對外在生活世界本易特持偏見以看待之，尤易順此以細察苛究他人爲能事，君子若此即失去自我體察觀照之能力，與道體錯身而過，因此，君子當「其所不睹、其所不聞」隱微處、「人之所不見」處；更當謹慎以待，作眞誠的自我體察與觀照，致使心念思惟、言語動作莫不由誠而發，如此則「不愧屋漏」，「不愧屋漏」者方能眞誠體認識取自心性體，可以體認識取自心性體，進而能擴充開發之，終即能貫通天道本體成就道德；故《中庸》所言乃先揭「道也者，不可須臾離也，可離非道也」之理。而《中庸》的「慎獨」是由此而發，比較上《大學》之慎獨由「誠其意」所發，屬於澄明思慮，並在意念上保持觀照，類似于息妄歸眞之工夫。而《中庸》的慎獨除要求澄明本心之外，更在性體上下工夫，進一步上接於天道性體。〔註 53〕透過此「慎獨」之具體工夫的轉化，君子之動作語默可爲天下道、天下法與天下則；故「是故君子動而爲天下道，行而世爲天下法，言而世爲天下則。」《中庸》第二十九章。總此，「慎獨」可說

〔註 53〕也就是說《中庸》的慎獨，較之大學者更注重心性工夫。請參考吳怡：《中庸誠的哲學》，頁 42〜43。

是「誠之」在主體內聖工夫上之用力，同時人又必然是現實的存在於世，須以現實的生命歷程以致誠，故慎獨亦必在現實生命裡用功，〔註54〕在具體的生活中實踐，《中庸》第十四章即云：

> 君子素其位而行，不願乎其外。素富貴行乎富貴，素貧賤行乎貧賤，素夷狄行乎夷狄，素患難行乎患難，君子無入而不自得焉。在上位不陵下，在下位不援上，正己而不求於人，則無怨。上不怨天，下勿尤人，故君子居易以俟命，小人行險以徼幸。子曰，射有似乎君子，失諸正鵠，反求諸其身。

「慎獨」也不僅只是人孤離個體的一種精神訓練，故其本意並不以私己的出離為目的，故不僅僅只是一種私人的、主觀的行為，或者遺世而獨立狀態；而應該說是一種藉由「超越的逆覺體證」方式，以先行澄明人之心靈思緒，由此能燭照內外人我，體驗天地消息盈虛，故能領會天道大化之神妙，因此，「慎獨」工夫乃是個人心靈對外的開放。〔註55〕

總之，慎獨乃是通過「天命之謂性」而來，慎獨所體證的性體亦即孟子之本心，陽明之良知。「慎」為性體工夫義，即由性體下工夫，「獨」是就人真誠的面對自己言，故能時刻心地清明朗現自心本體，亦能向生活世界敞開而有真實的體會，此乃是道德主體在時刻警覺體察中以復見性體，並不只是個體於靜默中之體察與警覺。

二、致中和

「慎獨」為《中庸》本體論意涵之體證，其入手處即在人感性之情的覺察，此即「致中和」之道，故《中庸》首章又說：

> 喜怒哀樂之未發，謂之中；發而皆中節，謂之和。中也者，天下之大本也，和也者，天下之達道也。致中和，天地位焉，萬物育焉。

意即慎獨之下手處，即在喜怒哀樂之情上，亦即在吾人具體生命之有限性上。基於人的有限性，人必然地有喜怒哀樂的種種表現，而此種種表現在

〔註54〕請參見高柏園：《中庸形上思想》，頁134～135。

〔註55〕牟宗三對於《中庸》「慎獨」工夫其本質，也進一步論析說：「《中庸》之言慎獨則正是在不睹不聞之中自覺地要面對森然之性體而體證之。『莫見乎隱，莫顯乎微』正是雖在不睹不聞，喜怒哀樂未發，而無有可觀可察之時，仍然昭然若揭，屹立于吾人之面前，而有可體可驗之氣象，此即在戒懼涵養之中而有一種察識體證之工夫在，此即是本體論的體證。」請參見牟宗三：《心體與性體》（三），頁183。

現實中可中節亦可不中節，此即吾人所以用工夫以「致中和」所在。「中」為天下之大本是價值的意義，而「和」為天下之達道，亦是價值上的意義。錢穆曾說：

> 《中庸》曰：「中也者，天下之大本也。和也者，天下之達道也。致中和，天地位焉，萬物育焉。」……故知中和者，即萬物各盡其性之所到達之一種恰好的境界或狀態也。〔註56〕

如此解「致中和」之「中」，則「中」成為一情境形容語詞，非具有道德形上實體的意涵，如此何得以為「天下之大本」。因此，探究「中」之實義，實為通于天命之性體，而不僅是喜怒哀樂之未發的情境而言，而是就喜怒哀樂情境之超越根源言，若「中」僅就喜怒哀樂之未發的情境而言，則「中」不能顯其天下之大本之意，故「中」應直透本然超越之性體言，如此喜怒哀樂發得皆中節。《中庸》言「喜怒哀樂之未發」時不僅純就人之感性的情意上言，而是就「天下之大本」之中體而言，「中」為天下之大本的形上實體，如此方是與「天命之謂性」相通之性體，由性體所發乃能中節之和，由此說「中」不屬于感性之情。因此，此「中」之「大本」即成為天地萬物存在之本體論的根據；《中庸》由「致中和」以呈現道體之理，得此「致中和」之理故能「天地位焉，萬物育焉。」所以，《中庸》講「致中和」也是由「天命之謂性」說下來的，所以中體也即「天命之謂性」之道體、性體，是一個本體宇宙論的創生實體，而不應是就喜怒哀樂之情言；〔註57〕而「和」者也為中體呈顯所達致。

可見「致中和」之「中」實通於道體、性體、心體、仁體，中體於此只是此同質異名之不同表述，「致」是達到「和」之達道理想的工夫，也是以逆覺體證的實踐方式來實踐，人通過逆覺體證以體證中體、性體。在此道德實踐所涵攝之本體論意義，即是所謂的「道德的形上學」。

三、「博學、審問、慎思、明辨、篤行」

此乃「誠之」之五要目，為「致曲」推求學問事理具體修道之方，「誠之」

〔註56〕錢穆：《中國學術思想史論叢》，頁283。
〔註57〕「中體」為本體宇宙論的、即活動即存有的實體；請參考牟宗三：《心體與性體》（三），頁61～62；另參考《圓善論》，頁17。由喜怒哀樂之情而言「中」，則是由「情」意上而言，不足以為「天下之大本」；故「中」體必然通于「天命之謂性」之性體，方得言其為「天下之大本」，作為「天下之大本」的中體，即是性體、誠體，同樣是本體宇宙論之創生實體，此創生實體亦得與主體道德工夫相貫通。

之工夫仍必要落在具體事物上作修練；故雖人有材質上之高下，然人肯發心作「誠之」之工夫努力，自然終究得成就圓滿；《中庸》第二十章云：

> 有弗學，學之弗能弗措也；有弗問，問之弗知弗措也；有弗思，思之弗得弗措也；有弗辨，辨之弗明弗措也；有弗行，行之弗篤弗措也。人一能之，己百之；人一能之；己千之。果能此道矣，雖愚必明，雖柔必強。

此言雖勉力而行然終必工夫純熟，而終至於有成者，是所謂鐵杵成針的擇善固執工夫；凡此正由於人之資質有高下，悟性有遲速，故《中庸》有此方便法門，以示「人一能之，己百之」的勉力推致之方，於此《中庸》不唯對人氣稟上之差異有了解與體會，更周備地揭示內外之方、頓漸之法，是為圓滿周備的成德之教。

《中庸》言：「君子尊德性而道問學，致廣大而盡精微，極高明而道中庸」一般論者多視「尊德性」與「道問學」為兩端，此在《中庸》視「尊德性」與「道問學」為一體工夫，此無孰輕孰重之別，皆為「致廣大而盡精微，極高明而道中庸」之道，故「尊德性」與「道問學」在《中庸》為一體之實踐工夫，其所云「道問學」亦需放在心性工夫上來論。

再者，透過《中庸》種種工夫實踐，其所展現為聖人之理境，為一道德意義的周備與圓滿，《中庸》第十七章云：

> 舜其大孝也與！德為聖人，尊為天子，富有四海之內。宗廟饗之，子孫保之。故大德，必得其位，必得其祿，必得其名，必得其壽

由此，歸結出「大德者必受命」，此章所論乃《中庸》進一步對福德一致問題作了詮釋，「大德者必受命」所受之「命」是道德天命，而非「氣命」、「祿命」之意義，故其「位、祿、名、壽」乃是針對以舜之「德為聖人，尊為天子，富有四海之內。宗廟饗之，子孫保之」之圓滿德行而贊歎之，是對君子道德實踐的勗勉之詞，並不可單獨來解讀說明，而逕視《中庸》樂觀認為凡有德者必有「位、祿、名、壽」等祿命，蓋人為有限之生命體，雖天所賦與之本然性體不因賢愚而有異，然而因人客觀材質與氣命本有殊異者，加之個體生命所處之時空環境有異，故「位、祿、名、壽」所得，仍須視道德實踐者之個人福德資糧而定，然而《中庸》所論並不強調祿命之有無，而其關懷重心只在道德天命之踐履與否，反過來說，人因先天命分、氣命之短薄，不代表其無法實踐道德理想，至於能否展現德福一致，乃由其它客觀因素與形勢所成，是關連著其時族群共命

之歷史的、氣化的客觀情境，此遇與不遇、順逆與否爲個體生命無以掌控與運轉，爲個體生命所能掌控與運轉者僅爲個體之道德天命，然而客觀之時空環境雖不爲有德者能掌控者，但必爲有德者所透徹體認醒察，蓋有德者透過自身之道德努力，已然清明在心、洞燭內外，仍願迴向現實人間甘於承擔教化之責，乃基於其入世不棄的「仁德」之懷；如此，則孔孟之聖賢大德者之不遇於當世，亦必是心下了然而有所體認醒察者，蓋時值禮崩樂壞之周文危局，時人若不汲汲於見世所用，即純爲保身利己一毛不拔，無人能如孔孟一肩負承文化傳承之重責，以「知其不可爲而爲之」之精神應世；是以有德者於現實世界適值氣化相應之順，則能得其祿命之「位、祿、名、壽」，此如古聖王堯舜之世有之，然此現實客觀機緣殊爲難遇者，故盛世難得，大德者亦難值客觀現實「位、祿、名、壽」之時局，故大德者必得其「位、祿、名、壽」所言，主要還是對君子道德實踐的勗勉之詞；再者，若由精神世界或意義世界而言，則得「位、祿、名、壽」之大德者；吾人以孔聖爲例，由孔子受千秋萬世之景仰，其爲後世尊爲「至聖先師」是謂得其「位」，爲後世恭謹奉祀不斷是謂得其「祿」，爲後世師教之典範是謂得其「名」，爲後世景仰、其精神長存爲人緬懷是謂得其「壽」，故實乃精神世界之「位、祿、名、壽」周備者，反觀現實世界得大寶、大位、大名、大壽者不必然有德，此爲少有人間帝王爲後人所奉祀景仰之因，且其最終往往留爲千秋罵名者。

因此，「大德者必受命」所肯定者乃德命意義下之「天爵」，至於「人爵」所得與否，僅可視爲嘉勉進德修身之詞。《孟子‧告子上》云：

> 有天爵者，有人爵者。仁義忠信。樂善不倦，此天爵也，公卿大夫，此人爵也。古之人修其天爵，而人爵從之。今之人修其天爵，既得人爵，而棄其天爵，則或之甚者也，終亦必亡而已矣。

孟子強調「天爵」之可貴，因爲「天爵」乃仁義忠信之道德本分，進德修身以契「天爵」是生命理想之達致，故「人爵」得失則無關緊要，若以求「人爵」之心修「天爵」，則其初發心已迷惑不正，終亦不得「天爵」，因爲得其「天爵」，人爵僅可能相從，而非必然相從，故「人爵」並不是生命的主體。是以《中庸》所言之「位、祿、名、壽」，乃是強調大德者由工夫實踐所得之「天爵」的可貴，並非由此肯斷「位、祿、名、壽」必得之福德相應，福德相應僅能視爲道德實踐歷程中之嘉勉，而不可認作道德實踐之目的。

最後，《中庸》聖人境界義所體現者，乃大德者之體證天道、朗現、參贊

天道生化妙運之理境。

《中庸》第三十章云：

> 譬如天地之無不持載，無不覆幬，譬如四時之錯行，如日月之代明。

《中庸》第二十七章云：

> 大哉！聖人之道，洋洋乎發育萬物，峻極于天。

此是《中庸》「天人合德」的展現，亦是《中庸》哲學「天人合德」思想的最高理境，也是《中庸》道德哲學之境界論的內涵。

總之，《中庸》標舉誠道為天人合德之理想，以盡性開顯生命之極致可能；此至誠盡性乃是道德理想之高度體現，是內聖外王之最圓融展現。在此，《中庸》之道德形上學，當是孔門義理必然而圓滿的發展。

第四節　《易傳》「天人合德」工夫之探究

壹、《易傳》工夫論之解析

一、《易傳》之成性工夫

《易傳》講存養工夫亦由「性命」處下手，此存養工夫亦即「孟子」所言之存養，是存養由天道下貫于人之「性」，其實踐工夫亦如《中庸》由「盡性」義發端，由此盡性所發，乃肯認人有上天所賦與的真性與善性，《中庸》以「率性之謂道」稱之，《易傳》談性的章句，除〈乾・象〉所云「各正性命」外，另有：

〈繫辭上傳〉第七章云：

> 子曰：易其至矣乎！夫易聖人所以崇德而廣業也。知崇禮卑，崇法天，卑法地，天地設位，而易行乎其中矣。成性存存，道義之門。

〈繫辭上傳〉第五章云：

> 一陰一陽之謂道，繼之者善也，成之者性也。

上述兩處所言之「性」與「各正性命」之「性」是同一意涵，「成性存存」之成性即成之者性，此性為內在之道德性，「存存」則僅就人而言，其意義涵攝盡性與復性之實踐義。故此「成性存存」首先是一內在的工夫，人能透過內在本心的省察，即能體認本心真性與天道本源無二無別，故言經由自心省察的工夫，即能體現由性而出的「道義之門」。「道」指易道之生化流行，「義」

言一般之行事合宜；〔註58〕合而言之，則此處所言之「道義」則爲合乎易道天理人事；而「易行忽其中」即爲「乾道變化」，此易道大化流行中自然涵蘊常理、常道。

因此，「成性存存」不僅爲自省自覺的內在工夫，進而也是天人合德的根本，是由天道之下貫義以言「成性」。《論語·爲政》云：「吾十有五，而志於學，三十而立，四十而不惑，五十而知天命，六十而耳順，七十從心所欲，不踰矩。」孔子五十體證天命，而證知人德與天命的關聯，此即人德與天德相應，《易傳》此所承，亦是稟先秦儒家天人合德之終極理想，因此，對於人本心善性的操存，《易傳》認爲需要人透過內在的「存存」工夫以把握，此操持把握之工夫，必須依於人本然之性而持之以「誠」，故《易傳》也重視由誠所開顯之工夫意義，〈乾卦·文言〉云：「閑邪存其誠。」可見「成性存存」之內在功夫，必須以戒愼專誠之心以對。

再者，「一陰一陽之謂道，繼之者善也，成之者性也。」此「道」即易道生生不息之道，是動態縱貫的創生義，一陰一陽是天道變化的樣態，陰陽消息循環不已，以成生化萬物之功用，故一陰一陽的變化是爲易道的作用，並由此展現生化萬物之成效。「繼之者善也，成之者性也」，言在陰陽消息往復下萬物生育，起現生生不息的妙用，此生生不息即展露天地大德（仁德），故言「天地之大德曰生」〈繫辭下傳〉，此生生是天地仁德的展露，乃承陰陽消息而有所成，故續言「繼之者善也」，也即生化萬物爲其根據者的乾元即爲其善者，是以〈乾·文言〉有云：「元者，善之長也」，此善所云者蓋是乾元也。再者，善作爲本性而實現于萬物之中，使其成爲萬物生命中所賦予的本性，故言「成之者性也」，此「性」乃是「繼之者善也」之善的展現，故言其性則亦是善的；「成之者性也」之所成乃是彰著者、內具者，涵攝本有內具且得彰著之義；因此，《易傳》此所言「成之者性也」與孟子所言之「性」皆屬本有與先天之意涵，一貫是儒家天道性命相貫通的眞義。因此，「成性存存」在《易傳》不僅爲內在醒察之工夫，亦與《中庸》之工夫相通，也包含了《大學》所講的「愼獨」。而〈復·象傳〉云：

> 復，其見天地之心乎？〈象曰〉：雷在地中，復。先王以至日閉關，
> 商旅不行，后不省方。

其中所言之「天地之心」即「天地之大德曰生」〈繫辭下傳〉中所言之「天」，

〔註58〕《中庸》第二十章：「仁者人也，親親爲大。義者宜也，尊賢爲大。」

也是《論語‧陽貨》中「天何言哉？四時行焉，百物生焉，天何言哉？」中所提到的「天」，上述所言的「天」是同一意涵，同樣是指天道之創生性而言；程明道有云：「天地以生物爲心」。天地生化萬物，即是天地之心，生德通天與人，此是儒家很根本的義理；牟宗三對此認爲：

> 復卦〈象傳〉說此語是象徵的意義。由此一陽來復、生于下，見天
> 命誠體之於穆不已也。即由此言天地之心，非是著跡于陽之動本身
> 而說天地之心。大抵濂溪、橫渠、明道、皆如此體會道體，故天地
> 之心亦是直通於穆不已之天命誠體而爲一實體性的心也。就陽動
> 言，實並無實體性的心意。而就一陽來復生于下之象徵，象徵於穆
> 不已之天命誠體，則天地之心乃是實說，即直通于「於穆不已」之
> 天命誠體而爲一實體性之天。天命誠體不只是理，亦是心，亦是神。
> 天命誠體是實，則心、神亦是實，故曰心體、神體。此雖是本體宇
> 宙論地說，尚不是孔子之道德地說仁，孟子之道德地說本心，然天
> 心之爲實體義卻能提得住而不散失。〔註59〕

因此，天地之心乃是實體性的心。以生物爲心之天道與人固有之道德本心乃直貫順成，故人由〈復卦〉之逆覺體證工夫，即能由此如孟子所謂「先立其大，小者不能奪」，由人之靜復的工夫中，即能體認天道生化不已之無邊義蘊。

　　此外，〈晉‧象傳〉云：「明出地上，晉。君子以自昭明德。」此「明德」是指仁體與性體言，與〈乾‧象傳〉所云之「大明」是同一義，然與大學所言之「明德」又有不同，《大學》所言「明德」乃指德行行爲而言，《易傳》所言者則通仁體、道體，是一道德形上實體義，是天所與我之固有的仁體、性體，故「自昭明德」是說君子使「明德」之內在性體，昭明彰顯的呈現出來，因此「自昭明德」即涵著道德實踐工夫義。總之，「復見其天地之心」與「自昭明德」都是逆覺體證之工夫實踐。

二、窮理盡性

　　〈說卦傳〉云：

> 昔者聖人之作《易》也，幽贊于神明而生著，參天兩地而倚數，觀
> 變于陰陽而立卦，發揮于剛柔而生爻，和順于道德而理于義，窮理

〔註59〕牟宗三：《心體與性體》（三），頁237～238。

　　盡性以致于命。

此「窮理盡性」之意涵，朱子在《周易本義》云：「理隨事得其條理，析言之也。窮天下之理，盡人物之性，而合於天道。此聖人作易之極功也。」窮理盡性爲《易傳》內聖工夫之一體兩面，窮理之「理」非對外在事物之知解性的窮究，而是對於天道、易道之理的探問，此種探問源自人主體道德的內在要求；故對於人而言，「窮理」則是對道德意義上「理」的體會，此「理」乃天道、易道之「理」，是易道本體論意涵的「理」，故此「窮理」亦是工夫實踐義，經由道德工夫之歷程中呈顯眞理，是以「窮理」爲實踐之工夫義，透過不斷的實踐過程，來充分（窮盡地）體認與領會天道所呈顯之理。

　　《易傳》言「盡性」則是一復性之工夫歷程，性既爲道德創造的眞幾，故凡人能充盡此本性，則能透過道德實踐之努力以體證天道。因此，「成之者性」乃指由盡性之道德實踐以言性。

　　〈說卦傳〉第一章云：

　　　昔者聖人之作《易》也，幽贊於神明而生蓍，參天兩地而倚數，觀變於陰陽而立卦，發揮於剛柔而生爻，和順於道德而理於義，窮理盡性以至於命。

　　〈說卦傳〉第二章又云：

　　　昔者聖人之作《易》也，將以順性命之理。是以立天之道曰陰與陽，立地之道曰柔與剛，立人之道曰仁與義。兼三才而兩之，故易六畫成卦。分陰分陽，迭用柔剛，故易六位而成章。

此兩章指出人如何順性命之情，以陰陽、剛柔、仁義印證「性命之理」，陰陽、剛柔在此本爲一義，因爲天地本是一道，此一道總爲生化之道，它是道德意義上的生化，就人而言，仁義即是人之本性，「順性命之理」在人而言即仁義，是人內在的道德本性，故言「立人之道曰仁曰義」，此人內在性體之命，亦是命令義的「理命」意涵。人能順其內在之道德性而行，即能成就仁義之道德理想。故「和順於道德而理於義」及「順性命之理」皆意指實踐義之「盡性」言；再者，「窮理盡性以至於命」，盡性之「盡」則是擴充至極之義，是充盡道德本性，以體證道德創生之實體，則窮理非知解之窮盡，而是盡性之窮，而是德性之知的窮盡；程明道說：「『窮理盡性以至於命』，三事一時並了，元無次序，不可將窮理作知之事」〔註60〕因此窮理本不是窮究知解之理，故窮理亦即與盡性互爲

────────────

〔註60〕宋・程顥，程頤撰：《二程集》，台北：漢京文化，1983年，頁15。

表裡，蓋窮理乃窮盡性分中之理而使之呈現，故「窮理」亦即「盡性」。〔註61〕
「窮理盡性，以至於命」進一步說明性與命二者本一非二，是與《中庸》言「天
命之謂性」同一理路，皆是由天命下貫來說人性，因此「窮理盡性，以至於命」
其「命」乃天命之命，是命令義的「理命」意義，徐復觀說：

> 性之根源是命，但性的拘限於形體之中，與命不能無所限隔，便突
> 破了形體之限隔，而使性體完全呈露，此時之性，即與性所自來之
> 命，一而非二，這即是「至於命」。「至於命」的人生境界，乃是與
> 天地合其德的境界；剋就孔門而言，亦即是涵融萬有，「天下歸仁」
> 的極其仁之量的境界。似神秘而非神秘。〔註62〕

因此，人經由一念透澈其本心仁體，由窮理盡性之努力，可以正其性命以感
通天德，完成先天所賦予的道德使命。孟子有「知天、事天、立命」之貫通
工夫，《易傳》亦有相近的貫通之道，而《易傳》所揭示之道德理境「大人與
天地合德，與日月合明，與鬼神合吉凶，先天而天弗違」，說明《易傳》「天
人合德」思想之極致。總而言之，《中庸》合言「天命」表示創生道體之實體
義，《易傳》言「窮理盡性以至於命」，進一步將「命」概念提昇至道體意義
層次，而為《易傳》性命論、工夫論之結穴；在此，先秦儒家天人思想中的
「天」、「心」、「性」、「命」皆融通無礙，進一步取得崇高的義理地位；此亦
是《易傳》「天人合德」之體系的完成，故《易傳》體系所示為天人思想的圓
滿與完整。〔註63〕

〔註61〕 戴璉璋說：「窮理即在盡性中窮，盡性即在窮理中盡。」請參見《易傳之形成
及其思想》，頁179。

〔註62〕 徐復觀：《中國人性論史》，頁211～212。

〔註63〕 牟宗三認為大人之德與天地之德是合一的；不但是合一的，而且就只是一。
請參見牟宗三：《圓善論》，頁139～141。在此，朱子是以伊川之「動而見天
地之心」來說明「復見天地之心」，此解釋是就著「心氣」上而言復並不是實
體本心上的「復」，對此，牟宗三先生也說：「朱子處處緊守伊川而不違，亦
根據其『動而見天地之』之義而『以復為靜中之動』。靜是就『閉關』說，動
是就『一陽生于下』說。『至靜之中蓋有動之端焉，是乃所以見天地之心者』。
夫既言『動之端』，則所呈露之生機自身雖不泯不昧而非動進之動亦明矣。焉
得以『靜中之動』為復耶?彼（朱子）復根據伊川此義而有時亦曲解伊川『凡
言心者皆指已發而言』為指『心體流行』而說。夫『心體流行』，根據朱子自
己之解說，只是就靜時之『知覺不昧』說與『已發』之動截然不同，焉可如
此附會耶?此見伊川之不明透所牽連于朱子者多矣。朱子雖能予釐清而確定
之，然因其緊守伊川而不違，即不能不受其牽累而增加理解者之困難也。」
請參見牟宗三：《心體與性體》（二），頁378～379。

三、窮神知化

　　窮理盡性可以盡其性而感通天德，是《中庸》性命論之同一理路發展；而「窮神知化」則是《易傳》神體工夫境界的進一步引申；關于「神」之本體宇宙論與體用論的意涵在前章已揭，此處專論「神」之工夫境界義。這個「神」的概念落在人之道德主體上，即是人本然的性體、仁體所呈現者；是人透過工夫過程所呈現出來的極致境界。此為先秦儒家即工夫即本體的深義；如〈繫辭下傳〉第五章云：

> 精義入神，以致用也；利用安身，以崇德也。過此以往，未之或知也；窮神知化，德之盛也。

引文之「知」並非知解、見聞之知，乃是德性之知，故「知化」者知天道生化之德，「窮神」者則窮究生化不測之神，因此知化即窮神、而窮神即知化。〔註64〕此乃德性生命之圓滿與體悟，此為「德之盛也」，「德之盛」進一步方能「神而化之，使民宜之」〈繫辭下傳〉第二章，「神而化之」是聖人德行充盈圓滿，故能所過者化而成己成人，此同孟子之「君子所存者神，所過者化，上下與天地同流」〈盡心上〉，聖人的生命情境臻於此，即全幅是天理仁心之展露，而「神而化之」正是說明了仁心主體的道德理境。

　　再者，《易傳》乃以「寂然不動，感而遂通天下之故」與「不疾而速，不行而至」言「神」，足見此神不僅是妙運萬物之無限妙用，也是聖人之工夫境界所呈現，亦是一形上意義的實體。牟宗三云：

> 此超越實體，在《易經》即以生化不測之神當之，或以易簡之理當之。首先，由著卦之布算而悟到其無思無為知幾如神之感應，由此為象徵而悟到天道無思為之生化，再由此而歸於主體悟到「聖人以此洗心、退藏於密，吉凶與民同患」，以及「聖人以此齋戒以神明其德」。類而通之，無論在天道之生化，或在聖心之神明，皆可以「無思無為，寂然不動，感而遂通」形容之。而此總之，即曰「寂感真幾」。故超越實體即此「寂感真幾」之謂也神化與易簡皆其本質之屬性。此皆由精誠之德性生命、精神生命之升進之所徹悟者。〔註65〕

因此，《易傳》所云「神」者乃本體宇宙論之意義，是存有即活動的形上實體，

〔註64〕請參考牟宗三：《心體與性體》（一），頁301。
〔註65〕牟宗三：《心體與性體》（一），頁307～308。

亦是易道之本體，亦是人主體道德生命之眞幾。聖人歸於主體而體悟到「聖人以此洗心、退藏於密，吉凶與民同患」、「聖人以此齋戒以神明其德」，則知聖人雖知俗情吉凶之理，然不昧吉凶之象，更以此藉吉凶悔吝以神道設教，故爲《易傳》作者本懷乃以易佈教，此是對傳統卜筮文化之提煉，由單純之宇宙式的符號系統，進一步充實了儒家道德的形上學之架構，並使儒家義理吸納易學文化之有機養分而完整其體系，朱子以形而下的理路方式去理解「神」，則不能對其形上實體之意涵作出適當的解釋，而不能體認《易傳》工夫本體之不二義。

最後，「神」之工夫境界義所顯發的純是儒家理境，至於其境界妙用如〈繫辭下傳〉第五章所云：

> 子曰：知幾其神乎？君子上交不諂，下交不瀆，其知幾乎！幾者，
> 動之微，吉之先見者也。君子見幾而作，不俟終日。

說明君子透過人理性思維的運用，可以洞燭機先、見微知著，而知所進退，此「知幾」爲君子自律澄心之修煉實踐，方能有此神妙默會之觀照，此「知幾」之神妙默會也是《易傳》天人理境之展現，不由此道德工夫不得呈顯。故此「知」必然以德性之知爲其底蘊；此方能展現《易傳》神體之道德的形上學之內涵。

綜上所述，是以《易傳》「窮神知化」之工夫境界義，其終極乃「窮至生物不測之神，契知陰陽妙合之化」的理境，如此則是《易傳》天人合德之義蘊。因此，《易傳》之實踐工夫成性、盡性與知化，其所達致的理境也是易體、仁體與神體之展現，終究是本體與工夫之相涵相即，其義理體系充分展現爲圓滿的道德的形上學。

貳、《易傳》卦理之修養工夫

《易傳》六十四卦主要以乾卦之「天行健，君子以自強不息」、坤卦「地勢坤，君子以厚德載物」爲德性工夫之提示外，乾坤之德亦爲它卦之元德，故六十二卦所含工夫義理皆以乾坤二德所演繹與衍生，本文試舉乾坤爲綱要以論述《易傳》卦理所提示之修養工夫，並引《論語》等儒家典籍作對比之理解，來整理出其間的義理脈絡關係。

一、乾元之自強不息

〈乾・象傳〉云：「天行健，君子以自強不息。」作爲形上本體之天道恆

存且不息的創生萬物，其剛健天行之德亦爲人內在之德性，《易傳》肯定天人合德的之可能與理想，提示經過工夫以彰著仁德，因此，君子透過存養工夫體認天道生生之意涵，皆由工夫以呈顯，而此工夫歷程乃無有盡期，雖人有完美良善之本質，然現實上各有其種種不完善，因而必然面對個別的諸多磨難與歷煉，此障礙艱難所顯示的：正是剛健不已的儒家精神之可貴，雖人所遭遇之現實考驗，有其難易輕重之不同，然積極樂觀的奮鬥精神則一，此爲乾健樂觀之主動精神展現，乾健樂觀之精神亦見諸《論語》篇章，諸如：

《論語・子罕》：

　　子曰：語之而不惰者，其回也與。

《論語・子罕》：

　　子謂顏淵曰：惜乎！吾見其進也，未見其止也。

《論語・子張》：

　　日知其所亡，月無忘其所能，可謂好學也已矣。

顏回雖一簞食、一瓢飲，也不因外境而增減其志，是孔子所贊賞的進德修業之表率，《易傳》的人生態度，也與先秦儒家正面積極的人生態度一貫，在面對人生困境時，能夠由此鍛鍊出人性之堅毅與韌性，是以〈困・象傳〉云：「困而不失其亨，其爲君子乎！」與《論語・子罕》：「子曰：歲寒然後知松柏之後凋也」也有異曲同工之妙。

　　乾九三爻辭「君子終日乾乾」，表示人於眞實生活中不斷地一念警覺，體認天道所展現的剛健不已，並以此虔敬涵存，以成就奮發不已的道德決心與毅力，「乾乾」即剛健不已之意，君子終日不忘進德修業，以自強不息的精神實踐之、貫徹之，故〈乾・大象〉云：「終日乾乾，反復道也。」反復意指終日不懈怠、不終止的實踐仁道。

　　乾卦六龍暗示了天地事物的演變的六個進程，說明君子的處世之道；此六龍分別爲潛龍、見龍、惕龍、躍龍、飛龍、亢龍等階段；君子處世能體會乾卦六龍之精神，則得中道而知所進退。今分述六龍涵義如下：

　　　　初九，潛龍勿用。

初九爲六畫卦最下一畫之陽爻，故謂之初，九則代表陽爻，易陽爻有一百九十二爻，皆謂之九。此陽爻謂之「九」乃根據筮法而來，〔註66〕初九爲乾卦

〔註66〕「人們爲了求得一卦，需要行筮，筮的時候用四十九根筮草，經過分二、掛

之最下位，《說文》：「潛，藏也。」乾卦為天，乃至大無方所，乾龍亦象徵至大之物。故潛龍是陽氣之伊始，其位宜藏不宜用、宜蓄不宜泄。在此，以潛龍喻君子之宜藏不宜出，宜靜處不以妄動之意。

說明了潛龍修養之道，是以宜隱不宜出為進退之方。〈文言〉有云：

> 初九曰，潛龍勿用，何謂也？子曰，龍德而隱者也。不易乎世，不成乎名，遯世無悶，不見是而無悶，樂則行之，憂則違之，確乎其不可拔，潛龍也。

文言以人事釋爻辭。潛龍勿用表示了君子穩健自持，出入得宜的泰然自若，故當隱則隱、能忍則忍，涵蓄積厚以待發用，故能逆境奮發、逢苦不憂。《論語・衛靈公》：

> 君子哉蘧伯玉，邦有道則仕，邦無道則可卷而懷之。

故賢者逢此，則體察「賢者辟世，其次辟地」之意，故「邦有道則仕」，得遇明主、時逢治世，則應世為世所用；「邦無道則可卷而懷之」，如若昏君臨世、世衰道微時局之不可圖，則退而修身以俟，以堅守德性待世而出。

> 《論語・學而》：「人不知而不慍，不亦君子乎？」
>
> 《論語・學而》：「不患人之不己知，患不知人也。」
>
> 《論語・里仁》：「不患莫己知，求為可知也。」
>
> 《論語・憲問》：「不患人之不己知，患其不能也。」

以上所選《論語》諸例，都在說明君子於行道天下未得志前，應潛隱養德，並且能安忍此潛隱時節。

> 九二，見龍在田，利見大人。

見龍在田，其當潛龍出地，以類象旭日初出、光輝始現之時，此時萬物生機初現。利見大人，指九二雖非君位而有君德，大人是指有大德之人。故九二，為陽龍現跡應世，乾始用事而乾陽昭明，表徵大德之人已然出世，並將行惠於天下，因而天下人樂見之。《周易注》有云：

> 出潛離隱故曰見，龍處于地上故曰在田，德施周普，居中不不偏，雖非君位，君之德也。

一、揲四、歸奇四個步驟，最後得出或七或八或九或六等四個數中的一個數。七、九是奇數即陽數，若得其或得九，就畫一個陽爻。六、八是偶數即陰數，若得六或八，就畫一個陰爻。《周易》一百九十二個陽爻皆書九而不屋七，一九二個陰爻皆書六而不書八，這是因為九、六變，七、八不變，而《周易》占變爻緣故。」請參見金景芳，呂紹綱：《周易全解》，頁27～28。

《易解心燈》云：

> 以剛中之德當出潛離隱之時，是以聖人而值仕進之候，翊運飛龍澤
> 沛寰區，如龍之見于田，而霖雨及于物也。

〈文言〉云：

> 九二曰，見龍在田，利見大人，何謂也？子曰，龍德而正中者也。
> 善世而不伐，德博而化。《易》曰見龍在田，利見大人，君德也。

二爻居下卦之中，故曰中正，庸言庸行是謂中也，中者則言必信、行必謹矣。閑邪使不入則中不亂，存誠使不出則得以守中，此為善世中也。若善世而伐則偏而不中，不伐若己無所與者，則得時中矣。人能如是其德必博而廣施，二雖謂升五為君子，然君德已具，終必升轉為五。因九二中正之德亦如《中庸》之「誠者，不勉而中，不思而得，從容中道，聖人也。」故九二之德也即是「庸言之信，庸行之謹」的「誠之」工夫方能達致。

> 九三，君子終日乾乾，夕惕若，厲，無咎。

意指君子旦夕辛勞，時時戒慎恐懼以處世，則雖處於險地也無恙。象曰：「終日乾乾，反復道也」即言君子處世當日夕警惕一往直前，君子行正道日夕警惕則雖危無災，若行反道邪道則有咎。〈文言〉有云：

> 九三，君子，厲無咎，何謂也？子曰，君子進德修業。忠信所以進
> 德也。修辭立其誠所以居業也。知至至之，可與幾也，知終終之，
> 可與義也。是故居上位而不驕，在下位而不憂，故乾乾因其時而惕，
> 雖危無咎矣。

此言九三居下卦與上卦之交界，有不寧不安的潛在危險，因此，必須以戒慎恐懼之心處之，方進退得宜、有始有終，不可驕縱、躁進，如此方能化險為夷。因此，君子居九三當戒慎以對、忠信自持，方可無咎。

訟卦之卦理可與九三互為理解印證，其云：「有孚，窒惕中，吉」皆是說明內省之功用，是以「憂悔吝者，存乎介」〈繫辭上傳〉第三章，此所憂者即君子「終日乾乾，夕惕若」之內省工夫，由此君子于生活場域中時刻警覺而內省，自然能夠見事物之「幾」，〈繫辭下傳〉第五章亦云：

> 幾者，動之微，吉之先見者也。君子見幾而作，不俟終日。

此能見幾乃是君子平日怵惕醒覺，透過平日之怵惕醒覺乃能得內心清明，內心清明自然照物無遺，於內外無隔故應事接物皆了然於心，故能「吉之先見也」，此「知幾」必然也是通過君子之內省、操持、存誠等工夫所能體現，而

能知幾故能通天下之志、成天下之務；故〈繫辭上傳〉第十章云：

> 夫易，聖人之所以極深而研幾也。唯深也，故能通天下之志！唯幾
> 也，故能成天下之務！唯神也，故不疾而速，不行而至。

另外，〈蹇卦‧大象〉亦云：

> 山上有水，蹇，君子以反身修德。

蹇卦所示君子逢蹇難窒礙難行，正是反身修德之良機，是以逆境並非全面負面，而是提示君子當先潛忍與返身自省，內省或返身自我體察是儒家一貫的修身工夫；此反身之工夫乃孔孟工夫之傳承。

《論語‧學而》：

> 曾子曰：吾日三省吾身，為人謀而不忠乎？與朋友交而不信乎？傳，
> 不息乎？

《論語‧里仁》：

> 子曰：見賢思齊焉，見不賢而內自省也。

《孟子‧離婁》：

> 愛人勿親，反其仁；治人不治，反其智；禮人不答，反其敬；行有
> 不得者，皆反求諸己。

上引諸文，同樣強調君子反身修德與自省自覺的重要。皆都注重主體的內省工夫，以怵惕警覺來面對內在本心。

最後，由此卦爻亦顯現《易傳》之憂患意識，這在〈師‧彖傳〉也可找到同樣的意涵。〔註67〕

> 九四，或躍於淵，無咎。

九四為上卦之下，不居天亦不在地，如九三亦處於交界之地。故或躍而出水、或潛而入淵，應隨世之出入、經權變通才得無咎。〈文言〉有云：

> 九四曰，或躍在淵，無咎，何謂也？子曰，上下無常，非為邪也；
> 進退無恆，非離群也。君子進德修業，欲及時也，故無咎。

九四為上卦之初爻，居上下卦之際，故有進退變動之虞，君子應應隨時應變、能屈能伸，則出入得宜方能無患。

> 九五，飛龍在天，利見大人。

〔註67〕〈師‧彖傳〉云：「能以眾正，可以王矣。剛中而應，行險而順，以此毒天下，而民從之，吉，又何咎矣。」

九五，表陽氣已盛于天，萬物興茂，故曰飛龍在天，人得天時之助，故曰利見大人。表示德高位高，已臻入聖境，可以利益天下並爲天下人所利見。《論語·爲政》有云：

> 爲政以德，譬如北辰，居其所而眾星拱之。

都是說明九五之德當居其位，是功德圓滿飛龍于天之時，此乃天時地利人和之盛時，當振奮進取果敢向前，如此方能成其業。

〈文言〉有云：

> 九五曰，飛龍在天，利見大人，何謂也？子曰，同聲相應，同氣相求，水流濕，火就燥，雲從龍，風從虎，聖人作而萬物睹。本乎天者親上，本乎地者親下，則各從其類也。

聖人與萬人是同類，聖人出乎其類而興起，則萬人必親而從之，其道理如同「本乎天者上」一樣，是「各從其類」的。

> 上九，亢龍有悔

九爲老陽之數，上九爲乾陽之至極，則必有悔，乃指物極必反，全句指盛陽至極必轉于陰，事物大盛之後必漸趨衰，所謂盈則虧、滿則損之義。另外，高者易危，須有知過能改之心方能免禍。〈文言〉有云：

> 上九曰，亢龍有悔，何謂也？子曰，貴而無位，高而無民，賢人在下位而無輔，是以動而有悔也。

上九爲至高之位，爲陽極必衰，象徵人事物，若居高不謙必至孤立，所謂「貴而無位，高而無民。」是也，易道言物極必反之理在〈泰卦〉、《中庸》、《書經》都可見其理。

> 無平不陂，無往不復。（〈泰卦九三〉）

> 天地之大，人猶有所憾。（《中庸》第十二章）

> 滿招損，謙受益。（《書經·大禹謨》）

都在說明故君子躬逢此際，當效謙卦所示秉守天道之謙，方能亨吉，君子持盈保泰得其時而知進退，則終能「乘龍御天」而化成天下。

上述六龍爲卦理工夫之提示，可謂《易傳》六龍所示，無一非君子處世修身之方，是易教處世智慧之展現。《易傳·象傳》進一步有言：

> 潛龍勿用，陽在下也，見龍在田，德施普也，終日乾乾，反復道也，或躍在淵，進無咎也，飛龍在天，大人造也，亢龍有悔，盈不可久也。

此六句爲〈小象〉，《易傳》之象傳中，凡解卦辭之象曰大象，解六爻辭之爲小象。此六小象說明六爻辭意，乾卦六爻反映了宇宙事物由微至盛、由盛極衰的發展規律。六爻自下而上，從初九至上九皆反映了這一眞理，即物衰必盛、物盛必衰，亢極必返、盈極必虧的自然規律，在《易傳》言無論宇宙秩序與人事歷程無不如此。故君子體會易道盈虛消長之幾，故能得其中道而從容自得。《乾卦・文言》有云：

> 文言曰：元者善之長也，亨者嘉之會也，利者義之和也，貞者事之幹也。君子體仁，足以長人，嘉會足以合禮，利物足以和義，貞固足以幹事，君子行此四德者，故曰乾元亨利貞。

以體仁、合禮、和義、幹事爲君子實踐乾道之工夫入路。另外，乾元之境界義也展現爲〈文言〉所云：

> 夫大人者，與天地合其德，與日月合其明，與四時合其序，與鬼神合其吉凶。先天而天弗違，後天而奉天時，天且弗違，而況於人乎！
> 況於鬼神乎！
> 亢之爲言也，知進而不知退。知存而不知亡，知得而不知喪。其唯聖人乎，知進退存亡不失其正者，其唯聖人乎。

大人即儒家道德理想中之完人，孔子爲人格之完善者，〔註68〕是《易傳》所言「大人」者，而大人所呈顯的道德理界，正是《易傳》境界論所顯發者，《易傳》之境界論由〈文言〉章句見其總綱，可以三個段落來呈顯，首先是「與天地合其德，與日月合其明，與四時合其序，與鬼神合其吉凶。」、第二是「先天而天弗違，後天而奉天時」、最後是「知進退存亡而不失其正者，其聖人乎！」這三句話說明了《易傳》道德哲學之境界義。第一句前論已有論述，第二句話中「先天」言大人所體現之生命理境，自然即能合乎常理常道，此是所謂天德；然而大人亦有現實生命之局限，是以仍必須奉天地之化，奉天地之化實乃奉其本原之化，故大人行事處世，乃率性而爲、順乎天道，終得天時、地利人和而有所成就；先天之常理常道並非懸空、抽象的存在，而是與現實生命通潤爲一。第三句話，則須與文言中所言：「亢之爲言也，知進而不知退，知存而不知亡，知得而不知喪」一同理解，亢龍處極致之頂，它必要以退爲進、以喪而得，因此，聖人處世之極致必知進退、存亡、得喪，在進、存、

〔註68〕請見《論語・子張》篇云：「仲尼，日月也，無得而踰焉。」

得之時不忘退、亡、喪之理，方能出入自得無所窒礙；得此進退之理則「天且弗違，而況於人乎，況於鬼神乎」，則最終天地、日月、四時、鬼神皆在聖人之道德理境中，呈顯其各自的價值意義。

　　總之，乾卦所呈顯之易教工夫，及其所顯發的聖人理境，是先秦儒家「天人合德」境界義之最完整的義理內涵。

二、坤元之順成能受

　　　坤，元亨利牝馬之貞，君子有攸往，先迷而後得主，利西南得朋，
　　　東北喪朋，安貞吉。

坤所講既為地道，也通於易體、道體，所以「元」仍作「始」義，而亨作通義，然為何說利牝馬之貞。蓋西周之時，牡牛多供祭祀，牡馬供驅馳。然未見牝牛供祭祀，牝馬供馳驅的記述，則牝牛、牝馬之職乃在於靜默以安其生育之責而已。以西周對牝牛之詮釋，應是宜守其素分，如能像所畜之母牛，靜默以安其生育之素分，不事炫耀光顯於廟堂致成供獻之牲品則吉。「牝馬之貞」謂宜守其生育後代素分，而不求如公馬奔馳驅騁於道上。宋儒伊川先生據《象辭》說：「牝馬地類，行地無疆」云：「柔順而健行」，實則言其柔順可矣，健行則非卦辭本義，此意即君子處是非不明、公理沉淪之時節，無原則可依之時，實應如牝馬之靜默自守為宜。

　　　君子有攸往，先迷而後得主

君子所往自然是從道而行，然此時必須如牝馬守柔順之德。「先迷而後得主」謂以坤之君子，有至柔至順之品德，則自可有所往也。然坤道以順為正，遇事不可為其先，先則迷而失道；寧取其後，後則得其所主也。

　　　利西南得朋，東北喪朋

「朋」有兩義，朋友或貨財；然其實義則坤為至陰，陰應得陽，西（坤兌）南（巽離）為陽，得西南為陽故吉。東（艮震）北（乾坎）為陰，得東北為陰逢陰故喪。然以坤之至柔至順之人，則得朋喪朋，皆無往而不利。

　　因此，坤為陰，為柔順為地，坤陰元亨始能利貞，乾為陽，為剛健，為天，乾陽坤陰相交，萬物方能資生。坤道厚載，純陰渾厚，然氣不可純陰，須與乾陽剛健之氣相交，方能氣化道開，品物咸章。天道如此，人事當然也應效之。其〈象傳〉云：

　　　至哉坤元，萬物資生，乃順承天。坤厚載物，德合無疆，含弘光大，
　　　品物咸亨。牝馬地類，行地無疆，柔順利貞，君子攸往。先迷失道，

後順得常。西南得朋，乃與類行；東北喪朋，乃終有慶。安貞之吉，
應地無疆。

〈象傳〉言「至哉坤元」，不言「大哉乾元」，是因坤元乃效法乾元，故坤元
之生化大用乃「萬物資生，乃順承天」，是順乾元之「萬物資始」之創造眞幾，
以順成之而終成生命，故乾爲始爲主之理，坤爲順成爲終成之理，「坤厚載物，
德合無疆，含弘光大，品物咸亨」乃是坤配乾陽之天，故曰其德合無疆，故
坤元能提供萬物，以寬博的時空之孕育萬物，「牝馬地類，行地無疆，柔順利
貞，君子攸往」則以牝馬寓君子之德當順行正道，此正道則以乾元所示之精
神原理爲依。故「先迷失道，後順得常。西南得朋，乃與類行；東北喪朋，
乃終有慶。安貞之吉，應地無疆。」乃依行乾元正道，不妄自躁動則能得其
常道、正道；並依此爲行事之準則，則可如坤德之安定與妥穩。

〈文言〉又云：

坤至柔而動也剛，至靜而德方。後得主而有常，含萬物而化光。坤
道其順乎，承天而時行。

坤元之本性爲「順」，而乾元之本性爲「健」，無論坤之「至柔」、「至靜」、「後
得主」皆是說明坤之「順」；其所順者乃乾元，是與乾元時行，故天動地隨相
偕以時行，故其一主一順、一剛一柔非有兩樣，乃是無所先後之分。坤德本
光明昭著，其隨順天道終始故其孕萬物亦不息。

積善之家，必有餘慶；積不善之家，必有餘殃。臣弑其君，子弑其
父非一朝一夕之故，其所由來者漸矣，由辨之不早辨也。《易》曰「履
霜堅冰至」，蓋言順也。

「履霜堅冰至」，以寓言人善惡所以漸積而成其大者，非一朝一夕之故，實乃
冰凍三尺非一日寒，主要意義在于突出善、惡皆由漸積而致，故君子體察此
意當應時刻修身警覺，以免隨順積習以成不可改正者，如此則病入膏肓，君
子於處世之道當須如此，於自身修養砥礪則更當若此，故常言防微杜漸方能
防患于未然。

直其正也，方其義也，君子敬以直內，義以方外，敬義立而德不孤。
直方大，不習無不利，則不疑其所行也。

指坤元本質正直，妙用廣大，君子效坤道之德，知「敬以直內，義以方外，
敬義立而德不孤」蓋君子以誠充內、義以接物，內外洞然專一而無雜緒，故
寰宇中凡善者莫不與之相應，故而德不孤得道多助，況直方大一任天性使然，

不假造設，當然直道而行無所惑。

> 陰雖有美含之，以從王事，弗敢成也，地道也，妻道也，臣道也。
>
> 地道無成而代有終也。

坤卦爲陰卦雖有伏陽但隱藏不顯。乃因其順承乾元之始生，不強爲出頭，以終成乾元爲己務，非冀名位乃能作物無方、潤澤無疆，〈繫辭上傳〉云：「乾知大始，坤作成物」亦即此意。

> 天地變化，草木蕃；天地閉，賢人隱。《易》曰「括囊無咎無譽」，
>
> 蓋言謹也。

言天地氣交則茂，天地不交則凋閉，之于人事則當藏則藏，則君子僅言慎行修身以待。

> 君子黃中通理，正位居體，美在其中，而暢於四支，發於事業，美
>
> 之至也。

六五爻居坤卦上卦之中，凡易卦第五爻皆屬正位、君位，於坤元言乃坤德知盛，知守其柔、守其靜、處順而無作，故坤德乃充容內外、及於四體，並能才堪大用，此如伊尹、周公之德，能輔佐成就君王之大業。

總之，乾坤相續相成而妙運生化，乾龍坤馬爲易道生化的二大原理；展現易道神化妙運之大用。乾坤二卦列爲《周易》之首，各備元、亨、利貞四德，陰陽合德所具備的生機，天地乾坤由于具備四德，因此成爲萬物之父母、生命之源泉。乾坤二卦雖爲生化之理，然其實質皆然皆以其動態表徵爲生化之用，如乾卦之潛、見、惕、躍、飛、亢六龍，坤卦之牝馬、括囊、龍戰，都說明乾坤無盡之運轉與生化。《易傳》以乾坤生化之理，藉動態生化之觀點，進一步說明道德實踐之能動性與主動性，其實質意涵仍爲儒家的道德工夫之內涵。

參、《易傳》「天人合德」之聖人觀

《易傳》所提到的「聖人」是以天人合德之理境而言，所展現者是天道的全幅朗現，天人合德哲學發展至《易傳》成爲完整圓滿的體系，是以《易傳》「聖人」觀所顯示者，爲「天人合德」境界義最完整的說明，其中的義蘊有如下幾點：

1. 聖人是天道的體現者

聖人是天道的體現者，聖人之德即天德；此《易傳》之天人合德意涵在〈文言〉中展現的最爲完整：

夫大人者，與天地合其德，與日月合其明，與四時合其序，與鬼神
合其吉凶。先天而天弗違，後天而奉天時，天且弗違，而況於人乎！
況於鬼神乎！

「大人」即聖人，與天地合德之大人，自然參贊天地生化之妙運，亦及於鬼神消息；然聖人之所以為聖，乃是體道之聖人順乎天道，故天亦弗違；聖人之所以為人，乃聖人仍是人，故須奉天時。總之，大人行事處世，乃率性而為、順乎天道，終得天時、地利、人和而成辦一切事業。

〈觀卦·彖傳〉云：

觀天之神道而四時不忒。聖人以神道設教而天下服矣。

天道神化妙運萬物，四時更迭循環無端，聖人觀此以默契天道之化育，以此神道設教，使民而民莫不景從戴服。

〈恆卦·彖傳〉云：

日月得天而能久照。四時變化而能久成。聖人久於其道而天下化成。

聖人乃體證自性與天道貫通之理，知天道體用一如之妙，故能贊之、參之，聖人是體悟易道之人。

〈繫辭上傳〉第十章云：

夫易，開物成務，冒天下之道，如斯而已者也。是故聖人以通天下
之志，以定天下之業，以斷天下之疑。

蓋聖人智慧清明，已體證天道，故能「通、定、斷」，其本性與「冒天下之道」之易道本體融通無礙，簡言之，聖人所證之道即易道所展現者，聖人所默會之妙用實乃神體之妙，聖人所體現者為乾元之剛健不已。故《易傳》聖人之德實貫通易體、神體與乾元之天道實體，因此，聖人之道即為終極天道本體之證成，為先秦儒家道德價值之極致。〈繫辭上傳〉第十二章云：「書不盡言，言不盡意。然則聖人之意，其不可見乎！」聖人體證天道為不可言詮知解者，實乃天道廣渺言語道斷，言有所窮、意有未盡，故聖人設卦觀象以明其辭、明其象，藉以開示天道神妙之一二。

2. 聖人為人格之典範

至於聖人之德性人格，如〈乾卦·文言傳〉云：「龍德而中正者也。庸言之信，庸行之謹，閑邪存其誠，善世而不伐，德博而化。」其中，庸言之行、庸言之信，言君子恆常警覺其言行，持中守正以誠存心，敬謹寬仁而心常持謙下；故其德廣而能遍施天下、朗照四方，是故「大人以繼明照于四方」〈離

卦・象傳〉。因此,《易傳》體道之聖人乃是知進退存亡,通天地消息之成德
者;〈乾卦・文言傳〉:

> 知進不知退,知存而不知亡,知得而不知喪,其唯聖人乎!知進退
> 存王得喪而不失其正者,其唯聖人乎!

亢龍有悔、盛極而衰,乃客觀時勢所然,人處極處往往得意忘形,而不知進
退。進而知退、存而知亡、得而知喪,能掌握進退存亡之分際;乃體道之聖
人方能為之;此體道聖人乃內心清明、洞燭機先,故能順應易道大化之消息。
再者;聖人由於德行圓滿,堪為當世典範,而得以天地參、化民成俗。〈繫辭
下傳〉第一章:「天地之大德曰生,聖人之大寶曰位。」聖人乃仁德的充其極
者,故能進而備物致用,以為天下之大利。

因此,聖人乃是體證天道者,是人格的完美德性的充分展現。聖人所展
現的即是《易傳》「天人合德」之工夫境界,而此天人合德亦即先秦儒家「天
人合德」發展之總結,故《易傳》之「天人合德」思想為完善圓滿者,境界
義之描述也相當豐富。而〈乾卦・文言傳〉所描述者,為《易傳》「天人合德」
思想境界義之總綱,聖人成德之究竟,則成「與天地合其德,與日月合其明,
與四時合其序,與鬼神合其吉凶」由此,聖人之德等同天地之德,聖人所體
證之道即天地之道,而宇宙秩序亦與道德秩無二無別,彼此相應證成與體現;
由「天人合德」之境界義言,《易傳》天人思想為「天人合德」發展之極致,
此亦是《易傳》哲學之終極理想。

小 結

綜而言之,《論語》、《孟子》、《中庸》、《易傳》言「天人合德」之理雖有
論述進路之不同;然而達致「天人合德」之理境莫不由工夫實踐,工夫內涵
皆是道德的實踐,亦皆是由人而天之實踐進路。孔子之「踐仁知天」首揭其
意,孟子言「盡心知性知天」、「存心養性事天」皆是此實踐工夫。進一步申
論,凡由孔孟心性義所發之內聖成德工夫,當皆視為「天人合德」之內聖成
德工夫,「天人合德」是內聖之學的圓滿,依人而立之心性成德工夫,最終也
是以「天人合德」為極致。孔孟言「踐仁」、「盡心」,最終要求「知天」,此
「知」是證知之知、體證之知,簡言之,即是以人德體證天德;孟子〈盡心〉
章所揭示的工夫,正是先秦儒家「天人合德」哲學的基本架構。

　　《中庸》、《易傳》皆順道體以言性體，《中庸》言率性、盡性也是由人而發的實踐進路，並特別標舉誠體哲學，強調「誠之」的實踐工夫；《易傳》亦言成性、窮理盡性、窮神知化，乃至乾坤卦理所提示之工夫，皆是由人而發之道德工夫，故探究《中庸》、《易傳》之工夫進路，本質上亦是「由內而外」之推擴（盡其性、人性、物性、乃至贊天地化育）與「由下而上」的昇進。因此，《論語》、《孟子》、《中庸》、《易傳》之「天人合德」工夫皆是由人而發的道德實踐。至於，經由工夫實踐所呈現之理境，如《論語》言「仁者不憂，知者不惑，勇者不懼」，〔註69〕《孟子》言「所過者化，所存者神」、「萬物皆備於我」，《中庸》進一步言「至誠盡性」、「與天地參」，乃至《易傳》明言「大人者與天地合其德」，則是先秦儒家「天人合德」哲學境界義之展現。

　　最後，關於先秦儒家「天人合德」哲學之演進與發展，與其所涵攝「道德的形上學」之架構，請見下章安排。

〔註69〕《論語‧里仁》

第五章 「天人合德」之演進與發展

　　本章接著探析先秦儒家「天人合德」哲學之發展軌跡，理解先秦儒家「天人合德」之演進及其發展；由前述章節所論，可以證成《中庸》《易傳》與《論語》《孟子》義理體系之內在傳承的親緣性關係，故「天人合德」之「演進」與「發展」乃立足於：《論語》《孟子》《中庸》《易傳》義理之一脈相承，此一脈相承之理特別由「天人合德」的發展得以顯見，其中所透顯的意義有兩端，本章分為兩部分加以說明：第一部分，說明先秦儒家「天人合德」哲學發展之歷程，指出「天人合德」之發展意涵，即是先秦儒家由心性論向天道論的發展；接著說明道德形上學之特質與內涵，點出儒家學問「智的直覺」之特質；第二部分藉著探討儒家思想對當代宗教的反思，評估儒家思想對治當代宗教怪象之可能，及儒家「天人合德」哲學所蘊含的道德宗教之意涵，並藉此對照西方宗教之異同，以顯示儒家道德宗教之勝場所在。

　　首先，先秦儒家「天人合德」哲學的發展歷程，是以孔子「踐仁知天」、孟子「盡心知性知天」來開其端，而《中庸》「天命之謂性」與《易傳》「窮理盡性，以至於命」則是天人思想的進一步發展，此發展的意義，在於先秦儒家「天人合德」哲學的圓成，此種圓成的歷程也是先秦儒家道德的形上學的初步發展。《論語》《孟子》《中庸》《易傳》「天人合德」哲學乃儒家內聖之學的圓滿體系，是先秦儒家道德哲學的完整內涵。其後，儒學經魏晉玄學、隋唐佛學的遮抑，至宋明理學之興方得再現光華；然此儒學復興的軌跡，則是由《中庸》《易傳》之天道論終歸於孟子學，此由濂溪循庸易啓其開端，及至象山純為孟子學而陽明光大之，可知宋明之恢復先秦儒學之歷程，是由《中庸》《易傳》返歸孔孟心法，與先秦儒家「天人合德」哲學發展的歷程成對比；

宋明儒學的宗旨在恢復以《論語》《孟子》《中庸》《易傳》的儒家主位，其間雖有程朱另以《大學》爲重心發揮引申，新成一橫攝體系，總的而言，宋明儒學的發展，結果仍以確立《論語》《孟子》《中庸》《易傳》爲儒家傳承主軸；〔註1〕再者，先秦儒家「天人合德」哲學所蘊涵的道德的形上學之發展，在宋明儒學中進一步完成，此即「天道性命相貫通」〔註2〕之義蘊揭示，張載在〈正蒙〉裡講得最清楚：

> 天所性者通極於道，氣之昏明不足以蔽之；天所命者通極於性，遇
> 之吉凶不足以戕之。

「天所性者通極於道」表示不從氣稟上言性，故「氣之昏明不足以蔽之」；「天所命者通極於性」不從個體的命限上言命，故「遇之吉凶不足以戕之」；此言性體通於道體，而命則是「理命」之命，因此天道性命貫通而爲一。張載此言點出「天道性命相貫通」之精要，〔註3〕而明道云：「只心便是天，盡之便知性，知性便知天，當下便認取，更不可外求。」也進一步引申呼應了孟子「盡心知性知天」之意義；〔註4〕因此，「天道性命相貫通」即是先秦「天人合德」哲學之必然演進，是先秦道德的形上學進一步的完成。約言之，先秦儒家「天人合德」之天人貫通思想，在宋明儒學裡明確呈顯爲「天道性命相貫通」之意涵，此乃天道性命通而爲一，甚或心、性、天爲一，這是宋明儒

〔註1〕 請參考牟宗三：《心體與性體》（一），頁 19～20。

〔註2〕 「天道性命相貫通」爲宋明儒共同之意識，亦是先秦儒家天人合德所顯發之內涵，此內涵至宋明儒學進一步朗明。請參考牟宗三：《心體與性體》（一），頁 417。

〔註3〕 言性體通於道體，是正宗儒家所言之「通於道之性」，此是孟子言性善、《中庸》言「天命之謂性」的理路，與一般「以氣言性」有所分別。言「命」通極於「性」，則由「理命」上言命，非是「命運、命限、氣命」之「命」，進一步可說是「窮理盡性，以至於命」的發揮，因此「天」、「性」、「命」三者貫通無礙爲一圓論，請參考蔡仁厚：《宋明理學——北宋篇》，臺灣，學生，2002 年，頁 79。牟宗三對張載所言亦加稱道說：「正蒙沉雄弘偉，思參造化。他人思理零星散見，或出語輕鬆簡約。惟橫渠持論成篇，自鑄偉辭；誠關河之雄傑，儒家之法匠也。然思深理微，表之爲難，亦不蒙無滯辭。」請參見牟宗三：《心體與性體》（一），頁 417。

〔註4〕 程明道所體悟的「天理」，融通先秦儒家天道、天命、乾元等意涵，故言「只心便是天」，即進一步將「天、性、理」通而爲一，在先秦儒家中，孟子之「盡心知性知天」、庸易之「天人合德」，雖有心性天相貫通、天人合德之意蘊；然並未直言「心、性、天」爲一，明道承此貫通義有所發展，進一步轉換爲「心、性、理」通而爲一；此亦是「天道性命相貫通」之實質內涵與意義，此意義亦是宋明儒之共同意識，也是宋明儒天人之學的發展。

家在「天人合德」哲學上的進一步演進。〔註5〕明白宋明儒學對先秦儒家《論語》《孟子》《中庸》《易傳》之傳承及其演進意義，下文進一步要說明先秦儒家天人之學發展的實質內容，與其相續傳承的演變軌跡，藉以勾勒先秦「天人合德」思想之發展面貌。

第一節　先秦儒家「天人合德」哲學之圓成

壹、孔孟心性之學的建立

由前述幾章的論述與分析，可知孔子天人思想對中國思想的貢獻主要有兩方面：第一、孔子既是傳承周人天命思想而有所創新，將人君之「敬德保民」之天命思想轉化爲個人道德修養之「天命」思想，此中「天命」之意義，特重道德主體之「理命」向度，並揭示道德主體普存而具體的「仁」。第二、是孔子將周末以來普遍對「天命」思想的懷疑，重新加以詮釋與價值的安立，將人力不可爲之「命限」等命定義與作爲價值實體的「天」予以區隔，使得原先具有原始信仰的「天」，轉化爲具有道德意義的「天」，並將道德實踐之終極理想與「天」關聯起來，進一步開發後來孟子「心──性──天」之道德進程；也作爲《中庸》「天命之謂性」性命論內涵之先導。

雖然子貢嘆孔子之言性與天道之不可聞也，並不表示孔子對超越的天道無所思考，孔子晚年對《周易》有所探索，所以在《論語・述而》記載：「加我數年，五十以學《易》，可以無大過矣。」《史記》亦載：「讀《易》，韋編三絕。」可見孔子對天道本體（形上）之問題亦有所思索，只是孔子論學之要旨在人主體的道德實踐，以此來朗現與體驗此客觀的形上實體（天道），而不是在知解上與論述上來加以智測，因爲孔子關心的是仁、智、聖等心性問題，所以不如希臘先哲專就存有下工夫，〔註6〕故有令人「不可得而聞」之嘆。

〔註5〕 請參考牟宗三：《心體與性體》（一），頁17。先秦後期儒家通過《中庸》之性體與道體貫通爲一，其論述進路由天道下貫來說性體，《易傳》亦作如此的發展而達致圓滿；其後宋明儒乃先由此論述進路而呼應先秦儒家有所發展。

〔註6〕 孔子甚少言及性與天道，即使晚年有讀易、論易，亦無自覺的要形成一套天道論的論述；況且孔學重心乃在仁學之開展，故不在客觀存有層面作智測，這是與西方哲學的開端相異，孔子對周人「天命」觀有所體認，將原屬人君的「天命」轉化爲普遍內在的道德「天命」，從此中國哲學重心則由客觀存有面轉爲人文的、道德的關懷。因此，孔子甚少言性與天道；孔子甚少言性，

孔子爲人格完善成德之聖者，仁教所強調乃在于實踐的指歸，強調人挺立其道德主體以完成人格的圓滿，並進一步感通人我以潤澤萬物，終能由踐仁以知天。因此，不把天道之形上實體視爲客觀的知識對象加以解析，乃是儒家的天道觀不走西方認識論的路徑，而對超越的天道本體也不採取宇宙論式的理解進路，由《論語》一書看孔子所重視者，乃在人如何實踐仁之眞生命，甚至有「志士仁人，無求生以害仁，有殺身以成仁。」的氣概；因此，對於超越的形上問題，也就強調以人之道德實踐去體驗、呈現與證成，故不常論及存有等超越的形上問題，而以「仁」作爲人生命的眞正依歸。所以仁者的極致，能達於「與天地合德、與日月合明、與四時合序、與鬼神合吉凶」之理境，因爲仁本爲人之眞實生命，也是吾人的德性主體，故「仁」是人內在的眞性、本性。

仁這個眞實的生命本體要能有所展現與發用，就必須透過「踐仁」的實踐工夫，由道德主體的內在層面向外推擴，由個體生命及於萬事萬物，來取得眞正的圓滿。此圓滿正如程明道所言「仁者與天地萬物爲一體。」是故「踐仁」的道德工夫即是生命主體由內而外，由內在而超越的的工夫所在，其眞實意涵如蔡仁厚所說：

> 「踐仁」，不只是（1）表現主觀精神（成德性、成仁者，成聖人）；而且，（2）表現客觀精神（己立立人、己達達人、修己以安百姓，皆表示由主觀面通向客觀面，聯屬家國天下而爲一身）；同時，（3）並透顯絕對精神（下學而上達、踐仁以知天，以臻於天人合德、與物無對之境界）。〔註7〕

孔子仁學所揭示的意涵不僅是主觀道德的完成，也進一步是「己立立人、己達達人、修己以安百姓」的推擴，這是儒家外王理想的初始；而仁學所顯發的踐仁工夫，其極致必以「天人合德」爲依歸；此是孔子內聖之學的圓滿。

傳承孔子「踐仁知天」的天人思想，孟子透過「心──性──天」的實踐模式，完成先秦儒家「天人合德」的初步型式（也是先秦儒家道德的形上學之根苗發端），孟子的「天人合德」主要由〈盡心〉章所揭露，具體內容如

是對照一般言性往往是從「氣性」上言，由「氣性」上言性則顯示氣性之複雜多端，西方哲學人性論往往由此入路，由「氣性」上言性，可以有論述上之精彩，但總不能提綱契領，進而顯發人存在之眞正意義，故由「氣性」上言性總無窮無盡，終成戲論。

〔註7〕蔡仁厚：《孔孟荀哲學》，頁72。

前文所論（4～2～2）。由「盡心知性知天」的脈絡來看，則此盡心則先由擴充四端來，是立足于孟子的心性之學，由此擴充、提昇，由內在而超越的實踐。「凡有四端於我者，知皆擴而充之矣」《孟子‧公孫丑》擴充四端為「盡心」，此為人道德實踐之起點，由此起點擴充之、充盡之，充其極即天人合德理境的完成，故孟子之「知其性」並不是客觀的認知義，因性並不離於心，此知是經由道德實踐的證知，是人擴充四端，透過心性工夫之充其極而有的。又性本「天之所與我者」，人透過道德實踐之實際工夫，以貫通天道性命證成「天人合德」，此天道本體便清明朗現，自不外於人之道德本性。而孟子之「天」本也是轉化了原始神性義的天，而成為道德意義的天，在孟子「心——性——天」之思想系統中，「天」的形上意義，成為純然、絕對的道德價值意義之依歸，此是道德形上學意義下的「天」。此「盡心知性知天」之進路，為孔子「踐仁知天」理路的進一步闡發，牟宗三說：

> 孔子踐仁以知天，孟子盡心知性知天，而由仁與性以通澈「於穆不已」之天命，是則天道天命與仁、性打成一片，貫通而為一，此則吾亦名曰天道性命相貫通，故道德主體頓時即須普而為絕對之大主，非只主宰吾人之生命，實亦主宰宇宙之生命，故必涵蓋乾坤，妙萬物而為言，遂亦必有對于天道天命之澈悟，此若以今語言之，即由道德的主體而透至其形而上的與宇宙論的意義。〔註8〕

如上所論，則「心——性——天」模式實為孟子天人思想之綱要，亦是其「天人合德」思想之大要，近代學者有疑慮孟子〈盡心〉章所揭示的天人思想，進而排斥否認孟子「天人合德」思想；其中以勞思光、馮友蘭為主，前者懷疑〈盡心〉章「盡心知性知天」之義理內涵，後者錯認孟子「天人合德」思想有神秘主義之嫌疑，本文分別論述說明如下。

（一）勞思光認為孟子〈盡心〉章所揭示之天人思想，否定「天」在孟子思想中的地位，並進一步否認此章之價值，認定孟子學說不應具有形上學之意涵，其在《新編中國哲學史》一書提到：

> 先就「知性」與「知天」說，通常習用解釋，是以此說與《中庸》之「天命之謂性」合看，謂兩者相通。就字面看，此種傳統說法亦似甚為自然；蓋「性」若自「天」來，則由「性」反溯亦似可以知「天」也。但稍一深求，則從哲學史或哲學問題看，皆大有困難。

〔註8〕　牟宗三：《心體與性體》（一），頁 322。

蓋從哲學史的角度看，則《中庸》乃晚出之書，則舊說所假定之《中庸》與孟子之傳承，顯然已不能成立。孟子自謂承孔子之學，而孔子思想之特色即在於強調自覺心之主宰地位，孟子之心性論分明承此立場而建立。先秦北方思想傳統向無形上學旨趣，則孟子何以忽採取後世之形上學觀點（爲《中庸》所代表），實不近情理。……其次專就哲學問題看，則此中之理論困難，亦甚明顯。蓋若以爲「性」出於「天」，則「性」比「天」小；換言之，以「天」爲一形上實體，則「性」只能爲此實體之部分顯現；由「天」出者，不只是「性」。如此，則何以能說「知其性」則「知天」乎？「其」字自是指「人」講，「知其性」縱能反溯至對「天」之「知」，亦只是「天」或「天道」之部分，人不能由知人之性即全知「天」也。總之，如「性」出於「天」，則「知其性」不能充足地決定「知天」。〔註9〕

勞先生認爲「天」在《中庸》書中爲最高的「形上實體」，但孟子「盡心知性知天」章卻不能與之相通，因爲勞先生認定孟學純然只是心性之學，而斷定盡心章不能代表孟子思想，甚或懷疑其真實性，他論述「知天」義也是先從這樣的預設而發。此凡孟子「盡心知性知天」本可以溝通《中庸》「天命之謂性」，勞思光否認孟子〈盡心〉章之地位，實乃否認孟子心性論通向《中庸》天道論發展之可能。因此，其釋「天」亦僅能以「本然理序」解之，「本然理序」之天並無法透顯道德意涵，無法作價值的本源實體，由此他進一步認爲：

此處之「天」字，不重在「限定義」，而有「本然理序」之義。「天」作爲「本然理序」看，則即泛指萬事萬物之理。說「知其性，則知天矣」，意即肯定「性」爲萬理之源而已。此解與「此天之所與我者」一語合看，即可知文中之「此」字指上文「思」字而言，換言之，即指「心」之能力而言，「我」字則轉與「心」字相應。明此語即是說，「心」有「思」之能力，此能力乃心本然具有。亦即是說「思」是心之「本然之理」。因此處「天」字亦取「本然理序」之義，故與「知天」之說互通。總之，孟子是以「天」說「思」，非說「心」出於「天」。〔註10〕

首先，而勞先生斷《中庸》爲漢儒之作，其論述得失已在第二章論述，今不

〔註 9〕 勞思光：《新編中國哲學史》（一），頁 185～186。
〔註 10〕 勞思光：《新編中國哲學史》（一），頁 187。

贅述；再者，他哲學史的詮釋立場與認定標準不無疑義，判定孔孟爲心性論式，認定《中庸》、《易傳》爲天道論式的，並以心性論的義理模式爲儒學之正統，而涵蘊天道論之《中庸》、《易傳》不爲儒學正宗者；因此，認定《孟子》書中與《中庸》思想互通之〈盡心〉章，判定爲孟子思想中不近情理處而排斥之，此論斷結果仍有待商榷。而通過對性與天之「大」、「小」、「相等」之分析方式，亦造成勞先生對孟子「盡心知性知天」章之詮釋結果；「性」與「天」無法以「大」、「小」、「相等」方式來分析，而僅能以貫通與否來論述；蓋作爲道德實體之「性」與「天」，並不是現行世界現實存在之可見物；用量化的類比方式有待商榷，如此將過度簡化了孟子義理的豐富性。其次，孔孟本繼承周文理想之立場，對《詩》、《書》之傳統必有所繼承與發揮，尤其是關於天命觀、天道觀的承繼與轉化部分，而不應以單一的詮釋角度來看待孔孟義理之全貌，進而否定其思想中之形上思想部分，並由此否定形上思想在孔孟思想中存在的可能；如此，實無法呈現出孔孟天論思想的原貌，也放棄了孔孟「天」論中，有別於傳統西方形上學之精彩處。儒家對道德問題的探問屬應然層面的問題，並不從實然的面向來下手；西方哲學討論存有往往由實然面下手，由此檢視孟子「心——性——天」的義理架構自然不得其解，且容易產生鉅大的隔閡，孟學所揭示的乃成聖之工夫，是必須落實于工夫下方得體悟，若單就隻字片面則不能領會孟學的奧妙；這種分析解剖的方式也不是周全的詮釋進路。由此孟子言「知天」之「知」故不爲「思」明矣；因爲就心性言，心性爲人主體的、實踐的內涵，天道則是客觀的、本體宇宙論的內涵，人如何知天，非單以人之理性之思可得，而是透過人主體的實踐工夫方得親證、體悟；故「知」是「證知」之知；蓋仁者體道乃如人飲水冷暖自知，由此可說是主觀而無以言傳，故只能由生命主體親證方能默會；孔子指點門徒也常是應機施教，少有以下定義方式將道德實踐的問題說死，是以關於「性與天道」等問題孔子即不積極加以談論，並非天道問題不可談；而是天道的豐富內涵，在主體的親證實踐下方能開顯與朗現，在言說的方式下總有其侷限。因此，孟子言「盡心知性知天」，他並沒有分割的講心、性、天，而是用一種工夫實踐的歷程來貫通，吾人談「天人合一」的「一」，並不是簡單的說一個「人」、或說一個「天」，來加以衡量其是否相等；因爲「天」字的意涵在文化的歷史傳承中，已然不斷豐富其本身內涵，而無法用任何一種定義加以規範，有人說「天」與「人」不相等，是否必先定義「天」之內涵

為何，方能說明天與人是否能為「一」之問題，可是吾人發現由此知解路向尋「天」之意涵必然的是一條死胡同，「天」終究只能成為吾人不可知、不可識的「物自體」；因此，「天」不必然由吾人之智思來加以理解，而是透過人主體主觀的實踐來加以開顯與體悟，人的主體道德實踐工夫愈深刻，其所體悟者即更加深刻，主體道德工夫愈透澈，則對天道的體悟也更形透澈。故「天人合一」的「一」乃仁者體道理境下所開顯的無邊義蘊。〔註11〕

因此，在孟子言「天」之內涵，亦就人之「盡心知性」工夫面強調，此是意義的呈現，是道德意義的呈現，故是屬於「道德的形上學」的範疇，則「天」是為「形上實體」，與西方傳統中之「第一因」、「超越實體」有所不同。在此道德的形上學中，強調的都是主體的實踐與親證，如此說明「天」之客觀價值，《中庸》、《易傳》中所言的天亦是此形上實體的意義，只是在論述的進路上有所不同，孔孟是由內在而超越，強調人主體實踐與擴充的重要，而《中庸》《易傳》則進一步建構儒家道德形上學之規模，由超越而內在說明人之可能，此兩者在論述上雖有不同，但從天人合德的角度上言乃殊途同歸。

第二，再則，若僅以智測之知來理解「知天」之知，然而孟子所云之「知」乃證知之知，不是知解分析的認識意義，而是由實踐中所體證之「知」。因此，若單以個別文字意涵來解析孟子原義，自然不易呈現《孟子》一書完整的義理內涵。對此，牟宗三即說：

> 所謂「知天」之知也只是消極的意義，而盡性踐仁則是積極的。「知天」只是在盡性踐仁之無限過程中可以遙契天。故《中庸》云：「肫肫其仁，淵淵其淵，浩浩其天。」並非人的意識可以確定地知之而盡掌握於手中。故孔子「五十而知天命」是積極超越的意義的。又，所謂體現天道也只是把天道之可以透露於性中、仁中、即道德性中者而體現之，並不是說能把天道的全幅意義或無限的神秘全部體現出來。故《中庸》云：「及其至也，雖聖人亦有所勿知，有所不能」。儘管如此，還是要在盡性踐仁之無限過程仍以遙契之並體現之。故孟子曰：「聖人之於天道也，命也，有性焉，君子不謂命也」。〔註12〕

〔註11〕孟子「心——性——天」的工夫進程，雖表示「盡心知性知天」，然並未明指「心、性、天」為一，只是說明人德合天德，心性與天道可相貫通之理。明白指出性體與道體通而為一，為《中庸》之重要義理性格。

〔註12〕牟宗三：《中國哲學的特質》，頁 137～138。

孟子的「盡心知性知天」認為內在道德心性的實踐，終能貫通超越的天道實體。心、性、天在境界上無分際，可以透過人主體的道德實踐來加以證成，吾人並無法在此比較其大小，若心、性、天在本質有所區別，則人之道德實踐即成為痴心妄想，當然，吾人在道德實踐之生命歷程中，難免有命限與氣命之拘，但不能因此否認本有之真心本性，《中庸》言「天命之謂性」只是由超越而言內在，進一步確立道體與性體之貫通性。

（二）亦有學者認為孟子之「天人合德」有神秘主義的成分，「萬物皆備於我」是孟子天人合一理想的極致表現，是透過「反身而誠」、「盡心、知性、知天」等工夫而完成。持此種說法者以馮友蘭為代表，他曾判《孟子》書某些語句為神秘主義說：

> 「萬物皆備於我」、「上下與天地同流」等語，頗有神密主義之傾向。
> 其本意如何，孟子所言簡略，不能詳也。〔註13〕

又說：

> 所謂神密主義，乃專指一種哲學承認有所謂「萬物一體」之境界。
> 在此境界中，個人與「全」（宇宙之全）合而為一，所謂人我內外之
> 分，俱已不存。……孟子派之儒家及莊子派之道家，皆以神秘境界
> 為最高境界，以神秘經驗為個人修養之最高成就。〔註14〕

馮友蘭以割裂孤離孟子言論，來單獨分析與理解「萬物皆備於我」一詞，致有「不能詳也」之疑，而不察此語僅是一種道德實踐之境界語，人達致此道德境界前，亦先透過種種道德實踐之修煉工夫，方得證知如上述所言之境界，若非經此工夫實踐，則決無可能有此體認；「萬物皆備於我」是道德理境之興發，是從果地上、境界上言。〔註15〕基於此種誤解，馮友蘭進一步認為：

> 孟軻認為「性」是「天之所與我者」。《告子・上》照他看來，天的

〔註13〕馮友蘭：《中國哲學史》上冊，台北：宜文，頁150。

〔註14〕馮友蘭：《中國哲學史》上冊，頁164～165。

〔註15〕「萬物皆備於我矣，反身而誠，樂莫大焉」是境界義之展現，由此顯現孟子「天人合德」之理趣；再者，雖莊子亦有「天地與我並生，萬物與我為一」之語，不表示儒道所體證者為同一理趣，「天地與我並生，萬物與我為一」可以是體道之人各自的讚嘆之語，其證道內涵可以有所差異，工夫進路亦應有所不同，故不能視「天地與我並生，萬物與我為一」一語為某家專有，甚或視其為神秘主義者，此如同誤解象山為禪，實乃因象山論學中不免於禪家語彙；語言的使用有其時代性與區域性，況且語言如同文化資產一般，同為公共財；不得視為某家某宗專用，若此則易錯解孟子或象山等人之言。

　　本質有「仁」、「義」、「禮」、「智」等道德屬性，所以說：「知其性則

　　知天矣。」他這裡所說的「天」是道德之天。〔註16〕

此「天」當為超越意義的天，是實位字，而不是如天爵之「天」只是個虛位

的形容詞，故此天為「固而有之」之固有義，非外力所加，故合言之「天」

即為一形上的天道實體，馮友蘭以分析進路來理解孟子哲學，此進路只能理

解他律道德，而不能對自律道德有所掌握。〔註17〕因此，由西方知解進路來

理解孟子的天德流行之道德境界，自然的以此為實然可理解與可分析之客觀

實在，自不能體會儒家生生之德、民胞物與、天地同流之真義；又不察孟子

道德實踐之基石，乃為人普遍而具體之善性，從普遍上言人皆有之，從具體

性上言，則於生活日用中體現；此先驗地可以透過由己之「擴而充之」的努

力來成就德性，是簡易直捷了當的工夫，故由此所開出之「萬物皆備於我」「上

下與天地同流」境界，完全是親切可證知之體道證悟。而不是透過一種特殊

的宗教形式、宗教方法的操作，所獲得的一種若有似無、不能言喻的特殊體

驗，一般所謂特殊的神秘體驗往往都是私己性，更是人言言殊無得客觀實境

可依；其所強調的入路與體證方式，並不是孟子所言「人皆有之」的四端之

心，並且也不是能踏實的作用於生活日用中。

　　誠然個人體道境界得與天地合而為一，達致物我雙泯、萬物一體與天地

同生，此種境界自然是「不可思議底亦是不可了解底」。〔註18〕西方宗教學者

所言的神秘主義（mysticism）一詞源自希臘語 mysterion，在希臘文中 myein

的原意是閉起眼睛，由此而來德文 Mystik 與英文 Mysticism 其字面意思特別

是指宗教領域中深刻而神秘的體驗。廣義的神秘主義指內心與神結合的任何

形式，狹義而言則僅指超乎尋常的與神結合。〔註19〕在西方哲學史上，則可

以溯源於古希臘宇宙論時期中的畢達哥拉斯學派，藉由戒律、禁忌以及種淨

化儀式，來穫得神人合一的神秘體驗。〔註20〕這種神秘主義的特徵：不外認

為終極的真理無法透過日常經驗與理智獲得，而只有通過一種神秘經驗

（mystical experience）或神秘直觀（mystical intuition）才能獲得，其次，並

〔註16〕馮友蘭：《中國哲學史新編》（二），北京：人民，1992 年，頁 88～89。

〔註17〕請參考牟宗三：《圓善論》，頁 131～134。

〔註18〕馮友蘭：《新原人》，頁 183。

〔註19〕請參考布魯格編著，項退結編譯：《西洋哲學辭典》，台北：華香園，1992 年
　　　　增訂二版，頁 355。

〔註20〕請參考傅偉勳：《西洋哲學史》，台北：三民，2000 年，頁 20～24。

透過此一神秘經驗，人由此被融入萬物存在根源的實在中。〔註21〕因此，這種神秘的經驗與神秘的直觀，都不是日常的或者是一般的生活經驗中所能體會，它必須是經由各個宗教特殊的體驗方式來加以契合。例如基督教的透過禱告來領受聖恩，佛教透過禪修、出離及念佛等種種方便施設，來洞澈本來面目，都具有其超出一般日常經驗之外的實踐方式，並藉此來提升自我的精神境界；因此，神秘主義即是以神秘經驗與神秘直觀爲主要性格，威廉‧詹姆士（William James）在其《宗教經驗之種種》（Varieties of Religious Experiences）一書中提到神秘主義是以不可言喻的、直覺的、瞬間獲得的、受動的爲普遍特徵。〔註22〕

　　因此，依上述看來，孟子心學與神秘主義所言者有如下幾點不同：

1. 孔孟道德實踐之可能性，乃人皆有之、此心同此理同的，而孟子以擴充四端來盡心知性知天，其本質內涵是以道德意義爲主，本與神秘主義的諸多特質並不相容。

2. 孔孟之學基本上是入世、平實的，與神秘主義的特殊的體驗模式不同。孔孟之學落實於生活日用中，是生活性、人間性，是群己相屬共榮的入世哲學、人間哲學，故由工夫論的進路言，是一種內在的逆覺體驗，而非僅是一種隔離的、私己的感受與認識，亦非一種與超驗實在冥合的體驗。

3. 最後，由境界論之意義上言，「萬物皆備於我」一語也可出自道家眞人體道逍遙之贊嘆語，〈莊子‧齊物論〉不云：「天地與我並生，而萬物與我爲一」，佛家亦有相似之贊嘆語；若僅割裂孟子言論之隻字片語來單獨的進行分析，而忽略其眞正的內涵眞義，不能作通盤的體會與理解，就武斷的認定其爲神秘主義，似乎並不客觀。

　　如此，吾人決不能用神秘主義的描述，來簡單的評斷孟子經道德實踐所興發之境界語。筆者在此無意對神秘主義作價值判斷，只是說明孟學心學本與神秘主義本質相左；況且就中國哲學之基本問題言境界論，皆必要與其工夫論之內涵相貫通，方能獲得適當與全盤的理解。專以邏輯知識的分析進路爲依準，並未能如實呈現中國哲學的全貌；至於由此而來的判斷與建構的理

〔註21〕請參考彼得.A.安傑利斯著，段德智等譯：《哲學辭典》，台北：貓頭鷹，1999年，頁284。
〔註22〕請參考陳來：《有無之境》，北京：人民，1991年，頁391。

解脈絡，當然不能說明孔孟之學的眞實意涵。

然而「萬物皆備於我」此句話應如何理解，朱注云：「此言理之本然也。大則君臣父子，小則事物細微，其當然之理，無一不具於性分之內也。」朱子認爲孟子此言天下萬物之理皆爲我本性中所有，即是仁義禮智之理，其實是指一切事物皆與我本心（道德主體）涵攝；是必須透過實踐理性予以完成，是以此言「萬物皆備於我」並非神秘主義，而是在道德主體之工夫體證。故「萬物皆備於我」語必然的是成德聖人所興發之境界語，程明道曾說：「仁者渾然與物同體」即是天地萬物與我爲一體，渾然無物我內外之別，陸象山《象山全集》也說：「萬物森然於方寸之中，滿心而發，充塞宇宙，無非斯理。孟子就四端上指示人，豈是人心只有這四端而已。」人經由「滿心而發」之道德實踐，使道德本心臻至絕對理境時，便能領會「萬物森然於方寸之中」的妙悟。王陽明在〈大學問〉中亦云：

> 大人者，以天地萬物爲一體者也。其視天下猶一家，中國猶一人焉。若夫間形骸而非爾我者，小人矣。大人之能以天地萬物爲一體也，非意之也；其心之仁，本若是其與天地萬物而爲一也。豈惟大人，雖小人心亦莫不然。彼顧自小之耳。是故見孺子之入井，而必有怵惕惻隱之心焉，是其心之與孺子而爲一體也。孺子猶同類者也；見鳥獸之哀鳴觳觫，而必有不忍之心焉，是其仁之與鳥獸而爲一體也。鳥獸猶有知覺者也；見草木之摧折，而必有憫恤之心焉，是其仁之與草木而爲一體也。草木猶有生意者也；見瓦石之毀壞，而必有顧惜之心焉，是其仁之與瓦石而爲一體也。是其一體之仁也，雖小人之心亦必有之，是乃根於天命之性而自然靈昭不昧者也。是故謂之明德。

可見大人者乃能充盡本心而覺潤無礙，眞誠的感受人我、鳥獸、草木、瓦石，此是人道德心的感通，由此方能體會道通人我、物我無別的理境，皆是體證天道之境界語，而不能以實然問題的方式來理解。

綜而言之，勞思光否認孟子思想中天道論之部分，與馮友蘭錯認孟子天人思想之境界義，解讀爲神秘主義，皆是忽略孟子「天人合德」哲學之面向，孟子義理核心雖專就成德之心性工夫著眼，然就先秦儒家內聖之學的極致，乃在證成「天人合德」之理想，其發展必然歸趨於庸易本體宇宙論之天道論的建構，論孟庸易成德之教、內聖之學在本質上並無差別，僅在論述強調的側面上有所不同，因此會有不同的論述發展；其道德哲學的終極發展也即是

「天人合德」所顯發之意義，孟子天人思想的面向雖不是其義理論述核心；但由「天人合德」發展的角度來審察孟子〈盡心〉章，則「盡心知性知天」、「存心養性事天」正與《中庸》「天命之謂性」有內在的義理聯結，再者，孟子言「思誠」也與《中庸》誠體哲學相關，可見在〈盡心〉章中已初步形成的「天人合德」體系；至庸易進一步加以完成（此亦是儒家道德的形上學之初步發展）；最後，孔子「踐仁知天」也作為孟子「盡心知性知天」之根源，而成為「天人合德」哲學的原型意義。

貳、《中庸》、《易傳》「道德的形上學」之建立

孔孟心性之學為先秦儒家建立道德哲學之內在價值，此內在價值實乃綜攝主客觀兩個層面之內涵；故孔孟心性之學亦可涵攝客觀性層面之形上旨趣，此形上內涵由其天人思想所充實；故不能簡單的否認與排斥孔孟思想中之形上內涵，而僅認取孔孟思想為一「心性論中心之哲學」。〔註23〕孔孟立教之方向雖由道德主體之實踐面向言，對道德主體實踐的重視，由主體以臻至完善進而融攝客體，終至主客合一、天道性命相貫通；此即為儒家天人合德之要義與宗旨，因此，牟宗三認為儒家道德哲學須涵有「道德的形上學」，始能使其道德哲學有一圓滿的發展；〔註24〕道德哲學的圓滿即「天人合德」之極成，因此庸易道德的形上學之建構，亦即庸易在先秦儒家「天人合德」哲學上的演進與發展。

孟子對於心性論的開展具有決定性的影響，肯定了本心善性的存在，進一步在〈盡心〉提到「盡心知性知天」、「存心養性事天」，在這裡已透顯出「心──性──天」的實踐進路，在本質上孟子心學仍是由人而天、由內在而超越，但其中的「天人合德」思想已成架構，「心──性──天」與孔子「下學而上達」或「踐仁知天」，同樣是道德工夫的證知，也承認孔孟天道論的存

〔註23〕勞思光說：「我們確知孔子至孟子一系的先秦儒學，確以道德主體性為中心，並不以『形上天』為最高觀念；而且孔孟說中，就理論結構看，亦完全無此需要。因此，我們亦不可說『形上天』是孔孟哲學的觀念。」請參見勞思光：《新編中國哲學史》，頁7。又云：「孟子之心性論，全建立在『主體性』觀念上，無論其論證強弱如何，處處皆可以離開『形上天』之假定而獨立。則『天』觀念在孟子思想中并無重要地位，只是一輔助觀念；倘除去此觀念，孟子之主要理論并不受影響」請參見勞思光：《新編中國哲學史》（一），頁193。

〔註24〕請參見牟宗三：《心體與性體》（一），頁34～36。

在，此是先秦儒家道德的形上學的根苗。

可見孟子之「盡心知性知天」本身即含有以道德進路而證現「天人合德」之理想，此乃承孔子「下學上達」之教而來，若孔孟之教未有道德形上學之意涵，則孔子之「踐仁以知天」，孟子之「盡心知性知天」、「存心養性以事天」、「萬物皆備於我矣」、「上下與天地同流」等等表述則無以理解。如前文所論，牟先生認為若吾人僅視「心性論」為儒家學問正傳，而不容許「天道論」之存在，則孔孟之學的超越面、客觀面便被抹殺了，則孔孟之教只能剩下「孔、孟、陸、王」四家，孔孟之教便被窄化縮小，儒家「心性與天道通而為一」的義理規模也被割裂而拆散。〔註25〕因此，將儒學之義理內涵僅限定在「心性論」，而排斥其它可能的哲學範疇，只能得出一偏之管見，無法對儒家作出整全的了解。雖然孔子罕言性與天道，並不代表孔子之仁教無此旨趣，道德實踐本是工夫上的親證，難以言詮來加以表明，猶如人飲水冷暖自知，非一特定的言語所能詮盡之。

可見儒家之道德學問本質乃重在親證，方能由道德實踐工夫，以體會天道的無邊義蘊，這由孔子天命觀中之「知命」便可窺見，孟子承孔子之教而開展，進一步說「盡心知性知天」、「存心養性事天」、「俟命、正命與立命」，已顯露出儒家道德形上學的雛型，道德與價值本於客觀之自然宇宙本不相隔，仁者已識得其本心性體，故能視整體存在界為道德的存在，而此道德的存在之道體，也在仁者之體悟與極成中展露其生生不息的創造真幾。再者，人由體證天道之無窮過程中，自顯其莊嚴與崇高之意義，由此確立人在天地的獨特性與尊貴，也揭示了人之所以為人的意義所在。

因此，《孟子·盡心》章所論之義理正與《中庸》「天命之謂性」可以貫通。陳榮華在〈從《孟子》和《中庸》揭露一新的詮模型〉一文中認為孟學義理為「本天」之立場，提到孟學中以人為自主自足的道德心與形上學的困難，他參照《中庸》「天命之謂性」之論性模式認為《孟子》與《中庸》該當由以天為主體的詮釋路線方得圓滿。首先，他以「道德的降臨」來駁斥四端之心的「直下肯定」，認為四端之心的呈現並非由人主體之道德心所能掌握，而是人被動由外在置入人心中以呈現，故道德源于天非源于心；況且以「存心養性，所以事天」章言，則道德根源來自於天甚明；再者，《中庸》所言「天命之謂性」已明言道德根源來自外在的天道，故陳榮華認為《孟子》、《中庸》

〔註25〕請參考蔡仁厚：《新儒家的精神方向》，頁 141。

之解釋進路，應由以天爲主體的存有學路向方得圓滿解決。〔註26〕從論述之邏輯理路上分析，陳榮華論理深刻、細膩有其論述上的合理性；然而，首先吾人須知，孟子與《中庸》本從不同路向來說明人之道德心性，雖有由超越而內在、由內在而超越之差異，然並不能由此斷定孟子由人主體道德顯發之詮釋面向不能成立，須知儒家言心言性皆是立足於工夫實踐之實質而言，無眞實的道德實踐只是一形上的道德主義，而非眞實生命的道德的形上學，故無論由內而外、由外而內皆不能否定人爲道德的主體，此道德的主體意涵是指道德實踐的可能，雖人因其各自習性而有所陷溺，然只要人一念醒覺，體認人內在自主自足之道德本性，自可朗現道德本心而實踐道德，故因人本有此道德眞心眞性，於人面對「孺子將入於井」的特殊情境，自然能喚醒人內在之惻隱之心，而非如陳先生所言只在此時，心才生起仁、義、禮、智四端，故由此說明道德心只在它自己，是一個外於人心之具體；然若人無此四端，惻隱之心如何生起，人之所以特別於特殊情境感受本然四端之心；乃是由於人陷溺於日常生活中而習焉不察，只在人當下無所回避的道德情境中朗現，使人當下覺察而肯認之，並非道德本心不存於人自身。再者，《中庸》雖言「天命之謂性」，是以「天命」下貫說人之本性，而以天爲主體來詮釋人之道德可能，似乎與孟子所論者不盡相同；其實儒家天命、天道皆指一形上之實體，此形上實體皆須經道德實踐方得證知；因此，《中庸》「天命之謂性」之本體論眞實意涵，實乃儒家「即工夫即本體」、「即本體即工夫」之不二眞義。陳榮華雖肯定孟子天人思想之內涵而承認之。然而以西方思維邏輯標準裁決孟子義理性格，容易忽略在孟子思想中，不將道德問題與本體論等形上問題作截然二分之關鍵，截然二分的分析方法，或許無法適當的整全理解或定位儒家學問。孟子〈盡心〉章雖論及天道內涵，此內涵可與《中庸》「天命之謂性」相印證發明，然兩者畢竟爲不同的論述進路，「盡心知性知天」是由人而天的實踐，此與「擴充四端」由內而外是同一進路，因此，孟子「心學」仍是由人而天、由內在而超越的進路，〈盡心〉章所發在於「天人合德」思想的揭顯；所以孟子「盡心知性知天」與《中庸》「天命」哲學有義理上之貫通，而《中庸》特別於孔門道德哲學發展的脈絡裡，進一步回應了形上天道論體系建構之要求。因此，孔孟「天人合德」之教即可由此成立，而《中庸》、《易傳》

〔註26〕請參考陳榮華：《葛達瑪詮釋學與中國哲學詮釋》，台北：明文，1998 年，頁249～278。

所相續發展「道德的形上學」，使「天人合德」的內涵在論述上更爲完整，本文由以下三個面向分別來加以考察，這三個面向的行文安排，以對照勞思光與牟宗三兩位先生的說法來安排。

一、《中庸》、《易傳》爲先秦儒學之發展

《中庸》一書在先秦儒家思想發展中具有關鍵之地位，其上承孔門心性論而有所發展，下則建構儒家道德形上學之體系，並爲往後宋明儒學回應佛老形上思想之重要依據。然而，勞思光認爲：

> 《中庸》思想就內容言，乃漢儒型之理論——即以「天」與「人」爲基本觀念，又以「天」爲價值根源之混合學說。其中混有形上學，宇宙論及心性問題種種成分。其時代當晚於孟荀，其方向則是欲通過「天人之說」以重心解釋「心性」及「價值」，實與孔孟之學有異。但其作者之態度，則並非欲離孔孟而另樹一幟，故處處仍以上承孔子之姿態說話。然其說既不能建立「主體性」，則不能視爲孟子一支之學說。且以「人」配「天」，將價值根源悉歸於「天」，亦大悖孔子立說之本旨。故《中庸》之說，可視爲漢儒型理論中最成熟、最完整者，但就儒學心性論而言，則《中庸》是一旁支，不能作爲主流之一部。〔註27〕

勞思光所論如前論一般只承認孔孟心性之學，而將《中庸》、《易傳》之天道論加以拋棄。牟宗三則認爲先秦儒學的發展至《中庸》、《易傳》，方有客觀的天道性體思想之出現，《中庸》、《易傳》是先秦儒學之進一步發展，他說：

> 《中庸》言盡己性、盡人性、盡物性，以至參天地贊化育，乃至由誠以言形著明動變化，乃至由誠以言「天地之道爲物不貳，生物不測」，此更是孟子後而更切近于孟子，自主體以言心性天道相貫通而爲一者，即貫通而成爲一本體宇宙論的實體之創生直貫義，成爲此一實體之創生直貫之「一本」者。假定對此天道性命通而爲一之實體，或心性天通而爲一只是一誠之實體，有透澈之體悟，則性體是此實體，由之以言慎獨，（心體亦即此實體，亦可由之以言慎獨），而作爲「天下之大本」之「中」亦即是此實體。〔註28〕

牟宗三認爲先秦儒家之義理發展，乃先有心性論之發展後，方有天道論形上之

〔註27〕勞思光：《新編中國哲學史》（二），頁71～72。
〔註28〕牟宗三：《心體與性體》（三），頁46。

進一步推進，《中庸》《易傳》所建立者，即是以天道下貫以說性體之義理進路。

再者，《中庸》以「天命之謂性」之本體論進路來開展其人性論，其思想路向固與孟子之心性論進路不同，但兩者其實可以通而爲一；「天命之謂性」本特別就「人」而立言，以突顯人於天地間之特殊地位，人透過道德實踐以呈現人存在之價值，以顯現人生命主體有別於其他萬物之存在價值者，因人獨具自覺之「心」，是以能推己及人、乃及於萬物。〔註29〕「天命之謂性」爲普存事物之根源，而人之所以「獨得」而受命者，乃在於「心」之理性自覺的能力，此「心」是人與萬物之區別，人與萬物雖同體，亦受天之所命，〔註30〕然唯人有此「心」，故能突顯人之爲人之價值，這也是孟子云「人之異於禽獸者幾希」的「幾希」之處。因此，《中庸》之「天命」所云，承孔門義理之命一脈而來；首先，由孔子「即義見命」而論，則《中庸》以「誠」加以擴充之，以「誠」來通貫天道性命、橫通內聖外王，並由此呈現天人合德之理境。再者，《中庸》之天命觀已爲道德的形上學之重要內涵，成爲「天命流行、創生不已」的形上實體，此天命流行之天命觀，由孔子「仁心」之普及推擴，擴展至對天地萬物一切生命的關懷，故由盡己、盡人性乃至盡物之性，終得以擔綱與天地參、贊天地化育之功，充極道德實踐之最大可能。

綜而言之，《中庸》《易傳》本源於詩經「維天之命於穆不已」的傳統智慧，表面上與孔孟之學有進路上的差異，然其實是一通契不隔之圓滿發展。孔孟之道由《中庸》、《易傳》的形上開展而趨向圓滿；此一圓滿之發展，不應視爲與孔孟異路或誤入歧途。〔註31〕故知《中庸》所提出「天命之謂性」乃直承孟子心性之學而有所進展。孔子言「忠恕」，孟子言「仁民愛物」、「萬物皆備於我」、「上下與天地同流」，都包含了道德主體的成己成物。〔註32〕儒

〔註29〕天命流行下貫於人，成爲人之「性」，流行下貫於物，及成爲物之「性」；凡人與物無不由「天命」以受之，其差別僅在人有理性的自覺之心，有理性的自覺之心則能知善惡惡，推擴本心善性，此爲人禽之辨，能自覺以推而廣之，則天命即爲超越而內在的道體，道體與性體貫通成爲具真實意義者，不能推擴則「天命」僅是超越之道體，而無由證成其意義。請參考牟宗三：《心體與性體》（一），頁234。

〔註30〕徐復觀說：「以『天命』即是人之所以爲人的性，是由孔子的下學而上達中所證驗出來的。……確定每個人都是來自最高價質實體——天——的共同根源；每個人都稟賦了同質的價值。」請參見徐復觀：《中國人性論史——先秦篇》，頁116～118。

〔註31〕請參考牟宗三：《心體與性體》（一），台北：正中，1999年，頁507～508。

〔註32〕道德主體的「成己成物」，乃德性人格之圓滿而兼善天下，深層內涵則顯發爲儒

家道德哲學除了強調主體之成就外，亦必然要普遍的成就他人與萬事萬物，如此方能透顯道德實踐的圓滿與周備。成己成物雖有事與物之分，成己是就事言（道德實踐）、成物是就物言（形上學的），然而其根據是一，都必須透過道德實踐加以貫通，也是合內外之道的實踐。因此，成己成物所開顯的的也是「道德的形上學」的內涵。〔註33〕可見以「成己成物」爲特徵之儒家面向世界的關懷模式，可以說明《中庸》《易傳》之性格與屬性，足見庸易確爲先秦儒學之發展。

另外，楊慧傑不認爲《易傳》爲對先秦儒家孔孟義理之繼承，他認爲周易的核心概念乾、坤、時、位，乾、坤等，是屬于一套自然宇宙觀，欲將此自然宇宙觀與《孟子》、《中庸》發展出來的天人合德相結合，會在儒學內部引起嚴重的問題。〔註34〕關於這個嚴重的問題，他從兩方面來談這個問題：〔註35〕

1. 神的概念

對於「神」的概念，楊書舉《孟子》、《中庸》以下兩段文字來加以分析。此分別是：

《孟子》云：

充實之謂美，充實而有光輝之謂大，大而化之之謂聖，聖而不可知之謂神。

《中庸》第二十四章云：

至誠之道，可以前知。國家將興，必有禎祥，國家將亡，必有妖孽。

見乎蓍龜，動乎四體，禍福將至，善，必先知之，不善，必先知之。

故至誠如神

楊慧傑認爲《孟子》書所指之「神」爲其道德哲學之最高理境，而對比〈繫辭上傳〉所云：「陰陽不測之謂神。」則以爲是指陰陽變化而言，與《孟子》、《中庸》之道德哲學完全無涉。

2. 天道的概念

楊慧傑認爲《孟子·盡心》：「聖人之於天道也，命也，有性焉，君子不

儒家內聖外王之理想，此在《中庸》哲學理得到闡發；《中庸》第 25 章云：「誠者，非自成己而已也，所以成物也。成己，仁也；成物，知也。性之德也，合內外之道也。」

〔註33〕請參考牟宗三：《從陸象山到劉蕺山》，頁241。

〔註34〕請參考楊慧傑：《天人關係論》，台北：水牛，1994年再版，頁178。

〔註35〕請參考楊慧傑：《天人關係論》，頁 178～182

謂命。」《中庸》:「誠者,天之道」是同一種意義,而〈繫辭上傳〉:「一陰一陽之謂道」是從陰陽變化說天道,與《孟子》、《中庸》所論者實有區別,認爲《易傳》主要以陰陽變化之自然意義的天道觀念,並雜揉孔孟、老莊之天道觀所特有之天道觀,又因其陰陽之變化概念可以講萬物之演化與生成,並不能由此而賦予萬物以善性,更由此講道德或價值意義的天人合德,是故造成易傳理論之本身內部的困難,因此,易傳不能講天人合德。再者,他也認爲中庸、孟子的天人合德之理境乃須藉由工夫實踐之完成,而易傳並不講這種工夫,故易傳實不由心性工夫而是由感應以法天。如「天生神物,聖人則之;天地變化,聖人效之。」如此主位在天而不在人,在精神上有重回古老的宗教傳統。

關於上述之種種看法,應是忽略儒家道體與性體相互證成、即存有即活動的辯證模式。因爲,儒家從孔孟中以來,所謂的道體都是指創生性的道德實體,無論其天道、天命、天理、太極、易道、乾元、誠體,都是生生之道的創造實體。《易傳》之「神」不單是陰陽變化之妙運,其實質也是形上實體,是道德哲學的內涵,至於「一陰一陽」並非以自然意義的天道觀爲內涵,陰陽其實包含乾坤、剛柔、健順、動靜之內涵,故陰陽並不是質料因之內涵,而爲本體論之內涵,儒家本體宇宙論之內涵,不離道德價值以建構,是故陰陽亦是以道德哲學爲內涵來談其神化妙運。再者,「天命之謂性」天道流行下貫於個體而爲性體,性體也是創生性的道德實體。故道體、性體,既是形上的實有,又能起著生生不已的生化大用。此如牟先生所稱的「即存有即活動」。存有是指形上的實體言,活動是指天道能妙運氣化而生生不息,兩者同時互爲證成其自身。〔註36〕簡言之,《易傳》在《中庸》天道的本體論外,進一步以傳統文化中之宇宙論符碼來豐富儒家道德的形上學的架構,使道德的形上學在論述上更爲豐富與靈活,所以《易傳》納太極、乾坤、陰陽、神等觀念入儒家道德哲學之體系,不能被視爲是一種歧出,而應視爲一種積極的義理建構。然而,此種建構都基於《易傳》在根本上,是一種儒家道德哲學的性格。

因此,由上述所論《中庸》《易傳》爲孔門之正傳。〔註37〕《中庸》《易

〔註36〕請參考蔡仁厚:《哲學史與儒學論評:世紀之交的回顧與前瞻》,頁356。
〔註37〕吾人詮釋《易傳》所持之詮釋態度,最忌「迂、巫、妖、妄」者,迂者指愚痴無以解者,巫者指以象數易爲主幹,妖者指以近人之附會如相對論等,妄者指以宇宙論或存有論面向談易者,而不由道德價值面向入手;因易乃道德的形上學,而非形上的道德學。請參考范良光:《易傳道德的形上學》,台北:

傳》所進一步開顯的「道德的形上學」體系，也豐富了先秦儒家「天人合德」哲學的內涵。

二、《中庸》、《易傳》為先秦儒家調適上遂之圓滿發展

《中庸》、《易傳》為先秦儒家進一步調適上遂之圓滿的發展；孔孟之教本有一客觀超越的義理之天，並以道德主體之「踐仁知天」、「盡心知性知天」來證成形上之天道本體，以極成「天道性命相貫通」的理境；《中庸》、《易傳》則進一步採取本體宇宙論之進路，由形上實體來說人之性體，其兩者雖有進路上之不同，然實乃一殊途同歸之相通貫的圓滿發展。《中庸》、《易傳》之天道性命觀本與孔孟之相承發展，有其相同的內容意義，其所表現為先秦儒家「道德的形上學」之重要特色；因此，《中庸》、《易傳》所論決不是憑空而起，是根源于傳統天命思想的進一步提煉。〔註38〕《中庸》、《易傳》之義理實為孔門義理的進一步發展，為先秦儒家後期發展出性體與道體貫通之意涵，這從《中庸》之義理中可以看出，故必然進一步有《易傳》本體宇宙論的成立，此與西漢的氣化宇宙論固然不同，天道之形上本體亦不成為人格神義涵者，轉而為道德意識之充其極，此是先秦儒家獨特的形上本體之真義，〔註39〕此亦即先秦儒家道德哲學之形上本體的建立。再者，牟宗三所謂之道德的形上學，並不是割裂的單獨以形上學的論述，來對儒家成德之教作分析解剖式的研究，而是關聯著整個先秦儒家完整的成德之教而言，由此，道德的形上學方可成立。至於《中庸》、《易傳》之儒家道德哲學形上體系的建立，亦是主要以儒家成德之工夫為其主軸。故「道德的形上學」，即不由形上學的進路以證成道德，而是由道德的進路以證成形上學。

其次，勞思光並不認同《中庸》、《易傳》是為先秦儒學之發展，也不贊同其為先秦儒學的圓滿發展，他的說法如下：

> 學者有明知孔孟之說與《易傳》《中庸》不同，而欲以「發展」觀點，
> 解消其差異，以維持「道統承傳」之意象者。其說大意謂，《易傳》
> 《中庸》之「天道觀」，直至宋儒之說，乃孔孟之學之「發展」，換

台灣商務，1982年，牟先生序頁。

〔註38〕《詩》、《書》中的帝、天、天命及其後來的「天道」，最終皆向形上的實體義發展，此形上實體非人格神之意涵；《中庸》、《易傳》承此而圓滿發展，乃傳統慧命之延續提煉。

〔註39〕請參考牟宗三：《心體與性體》（一），頁18～36。

言之，孔孟之學至「天道觀」中方能完成。此說如成立，似可一面承認孔孟之說與後世之說不同，另一面又仍可維持一「道統」意象。……孔孟之說，本屬「心性論」，「立體性」爲第一序，自甚明白。《中庸》《易傳》及宋儒之說，則並非先以「主體性」爲基礎以展開而建立「客觀化」觀念。故孔孟之學與《易傳》《中庸》之「天道觀」之差異，……是代表「主體性」之「心性論」與強調「存有原則」之「天道觀」間之差異。此不可以「發展」說之。

又說：

> 若就歷史的標準言之，則一切講「天道觀」之文件，自《易傳》《中庸》至於宋儒諸說，並非視「天道」爲次級觀念而繫歸於「心性」者；反之，言「天道」者無不以此「天道」爲最高級之觀念，而以「心性」爲次級觀念；換言之，《易傳》《中庸》之本旨，並非發展「心性論」以解釋「存有」之價值問題，宋儒承此說者亦不是如此講「天道」。故今日學者倘謂，「心性論」發展出「天道」觀念，乃成爲「圓滿狀態」，則此自是另一說。講哲學史時不可以爲此說即《易傳》《中庸》之說，亦不可認爲宋儒講「天道」是從此角度立說。〔註40〕

勞先生只承認「心性論」爲儒家之正宗義理內涵，而否定天道論的可能，故不承認《中庸》《易傳》爲先秦儒學之發展者，更不認爲其爲先秦儒學之圓滿發展者，乃至否定後來宋明儒學之合法繼承性；然而，吾人由孔子「踐仁以知天」、孟子「盡心知性知天」，皆已含有由內在通向超越，而呈顯出道德之心性論可與本體論之客觀存在問題相融通，此融通的關鍵在于道德心性的實踐，只是《中庸》《易傳》之言說入路不同，然此亦是孔門之教的必然發展與圓成，都在揭示人生命的一種可能，此可能在儒家而言，乃是一德性的完成，此德性理想的完成則充分表現在「天人合德」理想上。所以《中庸》《易傳》皆是以道德實踐爲首出，而向本體論發展的儒學正宗，牟宗三先生更認爲《中庸》是承孔學而來之「充其極」而「圓滿」的發展，對於「充其極」之意涵，牟宗三說：

> 所謂「充其極」，是通過孔子踐仁以知天，孟子盡心知性以知天，而由仁與性以通澈「於穆不已」之天命，是則天道天命與仁、性打成一片，貫通而爲一，此則吾亦名曰天道性命相貫通，故道德主體頓

―――――――――――
〔註40〕勞思光：《中國哲學史》（三）上冊，頁77～78。

時即須普而絕對之大主，非只主宰吾人之生，實亦主宰宇宙之生命，
故必涵蓋乾坤，妙萬物而爲言，遂亦必有對于天道天命之澈悟，此
若以今語言之，即由道德的主體而透至其形而上的與宇宙論的意
義。〔註41〕

對於「圓滿」之意涵，牟宗三說：

圓滿者聖人踐仁知天圓教之境也。此圓教之境，中庸易傳盛發之，
北宋諸儒即契接此境而立言。故其澈悟天道天命而有形上學的意義
與宇宙論的意義，是圓教義，非是空頭的外在的形上學，亦非泛宇
宙論中心也。……圓教者亦相應聖人境界而言也。故儒家道德哲學
之有形上的意義與宇宙論的意義必依踐仁知天之圓教而理解始不
誤，一離乎此，則迷茫泗亂矣。〔註42〕

可見《中庸》所表現者不僅爲先秦儒學之嫡傳，亦爲「充其極」、「圓滿」之
發展，因爲《中庸》、《易傳》所呈現之道德的形上學，其基本內涵必須透過
道德實踐來加以證成，其本體論建構方面只是在形上實體意義上之深化；使
儒家成德之教的形上架構更爲細緻與周全，因此，吾人也就無須強分天道論
與心性論而予取捨分別，故而認爲兩者互斥而無法相融。孔子仁學實以工夫
實踐爲優先性格，《中庸》亦循此而建立道德的形上學，《中庸》的天道實體
透過工夫實踐來體證，因此天地萬有亦皆在吾人工夫實踐中，呈顯其價值意
義，是故存在世界之眞實意義亦即道德意義，由道德價值所決定，《中庸》言
「誠者，物之終始，不誠無物」即是進一步擴充孔孟心性之說，不僅要求個
體生命臻至完美，也要求天地萬物皆一歸圓滿，此種圓滿是道德價值的圓滿，
必須通過道德實踐來達致。

　　如上所論，天道實體端賴人的道德價值以證立，則此天道實體爲一價值
意義、道德意義的形上內涵。因此，《中庸》、《易傳》所發展者，其根本立論
也必不離先秦儒家本懷。所以，無論是以「形而上學的道德學」〔註43〕來定
位《中庸》、《易傳》，或者是以「自然主義」〔註44〕詮釋《中庸》、《易傳》，
皆無法周備的相應其義理性格。

〔註41〕牟宗三：《心體與性體》（一），頁322。
〔註42〕牟宗三：《心體與性體》（一），頁322。
〔註43〕以勞思光先生所持之論述立場爲代表。
〔註44〕以錢穆先生所持之論述立場爲代表。

總而言之，《中庸》、《易傳》自本體宇宙論的立場言性，雖論述入路的開端與孟子有所不同，其究竟與孟子心性論工夫殊途同歸，一是由內在而超越的「盡心知性知天」來談，一則是「天命之謂性」由超越而內在說下來，說人內在的真實性體。論其工夫進路則都是強調主體的道德實踐，儒家內聖之學的極致──「天人合德」，也端賴主體的親證體悟方能朗現。是故，《中庸》、《易傳》並不是一異質的發展，而是一同質而圓滿的實現；尤其是《中庸》以「誠」來繼承孟子「思誠」之義，以「誠」作為天人合德之一貫之道，「誠者」是天之道、生物不測的，「誠之者」是人之道、是道德主體的實踐，也是孟子所言「盡心」之義，可見《中庸》以誠來貫通天人，誠即具有主體工夫義，亦有天道本體之超越意義。

三、《中庸》、《易傳》為「道德的形上學」之建立

儒家的「天」是道德的本體宇宙論意涵，舉凡天命、天道、易道皆然，由人之主體性講性善與道德實踐，由超越的形上實體講大化的創造，此主客能相互成立證成即為「天人合德」，「天人合德」是先秦儒家成德之教的終極理境，也是「道德的形上學」之重要內涵，是以儒家學問本質自始即未將道德心性問題自外於本體論，簡言之，在儒家義理性格裡道德秩序即宇宙之秩序，宇宙秩序亦即道德秩序。〔註45〕意即透過主體的道德工夫，天道生化之妙運默會于心，故此是依道德的實踐性格所建立的形上學，非由形上論述所建構的形上學，儒家學問本重工夫實踐，只要人能確實發明本心肯認此真心善性，便能當下即是；何須如此費心遶道說理，蓋凡人或因習性、或困於成見而有所計較商量，疑此真心善性總不願輕易肯認，道德的形上學的建立亦是開其方便法門，使學人能由此脫落層層迷障，進而真誠體認此生命主體的仁心善性。因此，道德的形上學立意初衷即不同于形上的道德學，形上的道德學僅同一般知識論述，不會有真實的生命與感動，亦不令人由此真心嚮往，而生起道德主體的信心，決定主體無悔的道德使命。〔註46〕

〔註45〕 象山言：「宇宙便是吾心，吾心即是宇宙。」與此義相合。

〔註46〕 儒家言天道創生萬物，實則以道德內涵賦予了天地萬物之意義內涵；並不僅對道德價值作一形上的解釋，或者如西方作一神學上的解釋。因此，是由道德的內涵出發來談形上學，而不是以形上學的內涵來規定道德意義，孟子之「心──性──天」之實踐進路亦由此確立。相關「道德的形上學」之內涵，牟宗三先生亦強調：「康德只承認有一道德的神學，而不承認有一神學的道德學。依儒家，只承認有一道德的形上學，而不承認有一形而上的道德學。」

可見就儒家的道德形上學言，道德之心性與客觀之天道本體爲互通、互相證成，《中庸》、《易傳》則進一步說明道德的秩序即宇宙的秩序這一重要義涵。因此，孟子由心性論所調適上遂之主體工夫進路，終必體證天道本體的形上學義蘊；先秦儒家發展到《中庸》必然以天道貫通人道，充極人德以合天德，此即道德秩序貫通存在秩序。人透過踐仁以證天道，天道本體在此即爲一價值的存在，是意義的無盡藏，而天道實體的豐富意涵也由「踐仁」來加以開顯，故由實踐來貫通道體與性體，因此，實踐是「天人合一」的關鍵之道。〔註 47〕道德心性與天道本體可以相通互證，爲儒家嫡傳之心法，也是儒家道德哲學之精彩處，由道德所涵蘊的眞心眞性，特爲人所獨具，此乃人能體證呈顯道德之創造性，道德之創造性可以貫通天道本體，天道本體爲一客觀的形上實體，有其超越性、普遍性與無限性。此是傳統「天」論所涵蓋之精義，「天」在其自己呈現爲「天命不已」，是「生物不測」的大化妙運，此在《易傳》天道論述中最爲透徹，而《中庸》言「天命之謂性」，則人獨得此道德純亦不已之價值意義，可以由道德實踐來貫通天人，融通道體與性體，由此建立生命之眞正價值，若由天地萬物自身言，則天所命者，則爲「即生言性」者，無法由此建立道德價值意義，故人尊列三才之位，祇要一念醒覺，體證本心自性，即得由道德實踐朗現天道無邊意蘊；如若逐物不返、隨順習性沉淪，則日喪其本心眞性，終無得朗現其內在道德光輝，得以體證天道（此亦通孟子人禽之辨）；是以人在天地間有一特殊意義；此意義在于人奮起道德實踐之決心，終能洞徹天道無邊義蘊，並由此體證賦予天地萬物之價值意義，此意義是爲道德的意義，故由道德實踐所證悟下的天地萬物，即爲道德秩序下之天地萬物，申言之，「道德秩序即宇宙秩序，宇宙秩序即道德秩序」，亦即「吾心即宇宙，宇宙即吾心」之意涵。〔註48〕

因此，無論是孔子之踐仁知天、孟子之盡心知性知天，《中庸》《易傳》的天道性命論，都在開顯性體與道體相貫通之義，及宋明儒明道、象山及陽

請參見牟宗三：《圓善論》，頁 133～134。

〔註47〕天之所以爲天，完全由心之道德創造性而顯，孟子「盡心知性知天」之實義即此，《中庸》言至誠盡性，乃至於《易傳》「窮理盡性，以至於命」，莫不由此而出。及至宋明儒程明道更云：「只心便是天，盡之便知性，知性便知天。更不可外求。」爲更加透徹之究竟語。

〔註48〕《中庸》所謂「誠者物之終始，不誠無物」，王陽明所謂「有心俱是實，無心俱是幻」，皆是說明人由發明本心誠體，以體證天道之價值意義。

明所倡言的心性體證，也是依著道德主體的實踐來加以證成，因此，基于道德實踐所建立的形上學，牟先生特稱之爲「道德的形上學」，﹝註49﹞乃有別于康德的「道德底形上學」，康德所言者僅初步證明了先天道德原則之可能，不若儒家有依道德工夫之進路，眞正建立起其道德的本體論意涵。﹝註50﹞

參、「道德的形上學」之內涵

一、「道德的形上學」乃「實踐的形上學」

　　《中庸》與《易傳》所顯發者爲「道德的形上學」之內涵；「道德的形上學」非如一般的形上論述，乃是一建立在實踐的工夫前提下，實踐的形上學特爲中國哲學之特色，儒釋道皆有其主觀的實踐工夫，依此而建立的形上學，特與西方哲學由客觀對象上談形上學者有所不同。儒釋道三家的學問根本都是實踐的性格，其差別只是路向的不同，而其相同處則皆強調生命主體的修養與實踐，強調由內在而超越的實踐路向，故皆是主觀的個體工夫；也正是儒釋道由於這種生命學問的特質，始終不是在知識層面費思量，因此，吾人很難以西方學術的客觀標準來加以檢別，﹝註51﹞因爲關於生命學問的發展，它並不是定義式的論述，而是活潑生動的因時因地因人的啓示，經典本文的意義也在這種不斷豐富其自身的意義下獲得傳頌。尤其，儒家之「道德的形上學」的內涵，特別的以道德價值爲全部內容；因此，是道德實踐的進路，

﹝註49﹞　雖然沈清松認爲牟先生將人的主體性予以無限與絕對化，有陷入人類中心主義的危險，他說：「混同了人性論與存有學，構成了人類中心主義的存在觀與價值觀。須知踐仁雖能體天，但天不即是仁，仁與天兩者並非一個無限的主體說法和客觀說法之別而已。人類中心主義畢竟會失去恰當的存有學與宇宙論基礎」，請參見沈清松，臺大哲學系主編：《中國人性論》，〈老子的人性論初探〉，台北：東大，1990 年，頁 3。「踐仁知天」乃就人之可能性而言，並不是由認識論上來認知仁與天之關係，「踐仁知天」所強調的在於主體的實踐，是道理想的提出，實際上道德實踐乃須親證親知，並非言詮即能充盡，然基於論述之方便施設，若有所論僅能是道德的形上學。

﹝註50﹞　牟宗三：《心體與道體》（一），頁 134～137。

﹝註51﹞　牟宗三說：「儒釋道三教都從修養上講，就是廣義的實踐的。……。這種形而上學因爲從主觀講，不從存在上講，所以我給它個名詞叫『境界形態的形而上學』；客觀地從存在上講就叫『實有形態的形而上學』，這是大分類。中國的形而上學——道家、佛教、儒家——都有境界形態的形上學的意味。但儒家不只是個境界，它也有實有的意義，道家就只是境界形態。」請見牟宗三：《中國哲學十九講》，頁 103。

這也是儒家與佛道之間的最大差別。

足見中國哲學之重要特質乃在實踐，牟先生認爲儒家道德的形上學，它有境界形上學的意味，亦有實有形態之意義，境界形態的形上學爲儒釋道三家之學問特色，也是中國生命學問的特色；特別的是儒家的形上實體爲一創生之實體，不同於西方哲學中知解的實有形態，因爲儒家的實有型態的天道，必須透過主觀道德的工夫實踐方得領會，是以儒家之實有形態的形上學即是一種道德的形上學；此種形上學透過道德的實踐獲得保證，透過實踐以證成其眞實性，則此道德的形上學必爲眞實不虛，進而成爲一圓教範式，此圓滿的學問體系非西方智測的形上學所能企及。〔註52〕

二、「道德的形上學」承認人有「智的直覺」〔註53〕

「道德的形上學」是爲實踐的形上學，其最可貴處，乃在「道德的形上學」承認人有智的直覺，這是康德哲學所無法建構的，「智的直覺」雖爲康德所提出，然康德哲學本身卻無法將之證成，「智的直覺」的證成有賴儒釋道三家生命的學問。傳統的西方哲學並沒有彰顯出智的直覺，康德哲學本身也認爲以人有限的存有，不可能獲得此「智的直覺」，因爲這種「智的直覺」只有上帝才有；然而在中國哲學裡，人主體生命機能則含有「智的直覺」之可能，此爲人由有限而無限之根本所在，此根本在儒家哲學裡決定在主體道德，透過道德的實踐工夫，可以呈顯本心眞性；此本心眞性由道德的實踐以上通天道；如此本心的呈現即爲「智的直覺」，「智的直覺」標誌了道德的形上學之可能。〔註54〕

牟宗三認爲所謂「智的直覺」是本心仁體的明覺活動之自明自證，是本心仁體的自己呈現，牟宗三稱爲「逆覺體證」。〔註55〕儒家談道德實踐皆不離逆覺

〔註52〕牟宗三說：「從實踐過程而達到最高境界，便含有一道德的形上學，由實踐而使仁與良知達到心外無物之境地，到這時由實踐所呈現之本體（仁、良知）便成爲一絕對普遍之原則，這不是憑空說的，是以圓教下的實踐成現而說的，不是離開實踐而憑空想像出來的。……這種猜測的形上學，在西方哲學言，是康德以前的形上學，都是猜測，獨斷，而無必然性；這些形上學，我們稱之爲觀解的形上學。」請見牟宗三，唐君毅等著：《寂寞的新儒家》，台北：鵝湖，1992年，頁7。

〔註53〕康德的直覺，本意是直接看到，由此引申，康德認爲人類所有的直覺統統發自感性，由五官而發，這五種感性感官所覺識到的，即爲佛教所說的前五識：眼耳鼻舌身。請參考牟宗三主講，盧雪崑錄音整理：《四因說演講錄》，頁194～196。

〔註54〕請參考牟宗三：《智的直覺與中國哲學》，頁346。

〔註55〕牟宗三：《智的直覺與中國哲學》，頁196。

體證，逆覺體證也即「智的直覺」，是道德實踐之本原及其根據，此乃人雖有限而可無限之根據，中國哲學若非具此智之直覺，便無法成立其獨特的教導，而成為一玄虛的形上論述，而不能在生命問題上起著作用。〔註56〕故形上學經西方哲學傳統之長期探索，至康德之批判哲學出現，才得發見實踐的形上學之可能，此乃中國哲學之重要特色，而儒家道德的形上學即屬此形態者。

牟宗三根據中國哲學的傳統，證成被康德視為惟上帝方有可能的「智的直覺」，關於「智的直覺」乃中國哲學的特質，其基本認為人人皆有開展無限價值之可能，不惟僅上帝獨具此「智的直覺」，因此，儒家學問「智的直覺」之肯認，也是儒家天人合德的關鍵所在，對於「智的直覺」，牟宗三說：

> 如果吾人不承認人類這有限存在可有智的直覺，則依康德所說的這
> 種直覺之意義與作用，不但全部中國哲學不可能，即康德本人所講
> 的全部道德哲學亦全成空話。這非吾人之能安。智的直覺之所以可
> 能，須依中國哲學的傳統來建立。西方無此傳統，所以雖以康德之
> 智思猶無法覺其為可能。吾以為這影響太大，所以本書極力就中國
> 哲學抉發其所含的智的直覺之意義，而即在其含有中以明此種直覺
> 之可能。〔註57〕

關於康德「智的直覺」一說關聯著「物自身」的概念，首先，現象與物自身之形上區分是康德所提出之創見，在此，康德認為上帝是天地一切的創造者，是存在界從無到有、由始而終所以成立的唯一原因，故祂乃是超越時空之唯一真實存在者，而上帝所創造之萬物為「物之在其自己」或「物自身」，此物自身只有上帝能知，康德稱此能知「物自身」之特性稱為「智的直覺」，故上帝之所以為上帝者，其實就是有此「智的直覺」，上帝以此智的直覺去創造萬物，更由此直覺以成為無限者。因此，相對於上帝的無限言，人是有限的存在，且是上帝所創造物之一，是一個被造物，更重要的是人沒有智的直覺。人若對萬物有所理解，一定要通過感性和知性，此即康德所云的認識形式，此形式又分為直觀形式（時空感）和思維形式（十二範疇，可以統一知覺），而這些認識形式來自理性的作用是先驗的，但「物自身」則是不帶時空相的，

〔註56〕 請參考牟宗三，唐君毅等著：《寂寞的新儒家》，頁13。

〔註57〕 《智的直覺與中國哲學》，自序頁2～3。而牟先生自承其學問與康德的差別，說：「我與康德的差別，只在他不承認人有智的直覺，因而只能承認『物自身』一詞之消極的意義，而我則承認人可有智的直覺，因而亦承認『物自身』一詞之積極的意義。」請見牟宗三：《智的直覺與中國哲學》，頁123。

非是人認識形式所能認知的，然而具時空相的萬物乃是具生滅變異之現象，故物自身與現象本身有其超越之區分。

牟宗三雖肯定康德所提出之超越的區分，但他卻認為中國哲學能夠肯定人生命之無限性，適得超克康德所面臨的困境與局限；因為，若智的直覺為上帝之所以無限的充分條件，則「智的直覺」當僅為上帝所專屬，依中國儒釋道三教的義理，認為人的生命有無限之可能，因此，人雖有限卻可無限，可在有限的生命歷程中作努力與實踐，所以，人亦應有實現「智的直覺」之潛在能力。中國哲學儒釋道三家，都肯認了人有「智的直覺」之可能，西方哲學傳統由於受其宗教神學所影響，人斷不可能有「智的直覺」，唯有儒釋道三家所建構之生命的學問方有此殊勝處，此殊勝處即在肯認人有無限的可能，承認人有「智的直覺」，「智的直覺」由工夫義的實踐所顯發；牟宗三的創見讓現象與物自身之超越區分，由主觀區分加以確立其意義，同時也使其成為中國哲學中特有之價值區分；這是生命的學問所以存在，可以憾動人心直入生命底層的原因。〔註58〕

人的由有限可無限之所在，在儒家言即是建立在人的超越本心上，牟先生之創見讓現象與物自身之超越區分，由主觀區分加以確立其意義的本質更加豁朗，同時也使其成為中國哲學中特有之價值區分。

再者，存有論（本體論）的本旨所在，乃是說明宇宙萬有之根源為何。牟先生從中國哲學的立場，預設人有如上帝般具智的直覺，此智的直覺是由工夫義的實踐所顯發，由此工夫所顯發之境界與成就自能體物不遺，因此，對於康德之現象與物自身的超越區分，牟宗三提出「無執的存有論」與「執的存有論」之分。牟先生清楚說明了以上的意思：

> 意即先由吾人的道德意識顯露一自由的無限心，由此說智的直覺。自由的無限心既是道德的實體，由此開道德界，又是形而上的實體，由此開存在界。存在界的存在物即是「物之在其自己」之存在，因為自由的無限心無執無著故。「物之在其自己」之概念是一個有價值意味的概念，不是一個事實之概念；它亦就是物之本來面目，物之實相。我們由自由的無限心之開存在界成立一本體界的存有論，亦曰無執的存有論。〔註59〕

〔註58〕請參考牟宗三：《現象與物自身》，頁3～4。
〔註59〕牟宗三：《現象與自物身》，頁6。

上述所論由人之道德意識可以顯露一自由的無限心，此自由的無限心實爲「智的直覺」之內涵，自由的無限心「一心開兩門」，一面開出道德界，一面開出本體論的存有界，此存有界特爲價值的內涵；因此，此本體界所開顯的亦稱爲無執的存有論。肯定自由無限心之兩重性，牟宗三進一步說：

> 自由無限心既朗現，我們進而即由自由無限心開「知性」。這一步開顯名曰知性之辯證的開顯。知性，認知主體，是自由無限心之自我坎陷而成，它本身本質上就是一種「執」。它執持它自己而靜處一邊，成爲認知主體，它同時亦把「物之在其自己」之物推出去而視它的對象，因而亦成爲現象。現象根本是由知性之執而執成的：就物之在其自己而縐起或挑起的。知性之執，我們隨佛家名之曰識心之執。識心是通名，知性是識心之一形態。知性、想像，以及感性所發的感觸直覺，此三者俱是識心之型態。識心之執是一執執到底的：從其知性形態之執執起，直執至感性而後止，我們由此成立一現象界的存有論，亦曰執的存有論，現象之所以爲現象，在此得一確定的規定。〔註60〕

牟先生的兩層存有論既安頓了本體界亦安頓了現象知識界，此即牟宗三所主張的一心開二門之本懷。

《道德經》第四十八章云：「爲學日益，爲道日損。損之又損，以至無爲，無爲而無不爲。」老子認爲學是在求知解，正是現象世界識性之執，現象世界本生滅變異之雜多，故日見其繁所以說日「益」。雖然「爲道日損」乃有滌清生命之功固然可貴，而「爲學日益」卻亦非毫無意義，儒家於此則兩面兼顧，依儒家所謂「知」有德行之知和聞見之知，其「誠者，物之終始，不誠則無物」即是德行之知，德行之知即智的直覺，其爲「無執的存有論」；聞見之知則爲良知坎陷以有執之識心而成，於此則是「執的存有論」，再者，聞見之知乃德行之知權變之用，故聞見之知雖亦是知，然終究得依德行之知爲經綸根本，故牟先生乃說：

> 如果識心與現象俱是眞心之權用，則它們皆因依止於眞心而得到其歸宿以成其必然性。分別言之，只無執的存有論方是眞正的形上學，執的存有論不可言形上學。統而爲一言之，視識心與現象爲眞心之權用，則亦可說是一個「道德的形上學」而含有兩層存有論，道德

的形上學不但上通本體界，下亦開現象界，此方是全體大用之學。
〔註61〕

牟先生在《現象與物自身》中所提出的執的存有論與無執的存有論，此存有論（本體論）非是西方式的存有論，乃是依著人之主體性以立言，只是透過西方人的哲學思維形式詮表出來，故這種中國哲學意義下化的存有論和純西方式的存有論是不同的，在《中國哲學十九講》中，牟先生即做了清楚的區分。本來，西方人講形上學、存有論時，所關心的重點是"on to be"，重點是討論 "being"（存有），把「在」也只當做事實之一般，並不涉及價值，而且向來是憑藉理性的思維，用認知的態度來看待與推敲；因此，雖然在西方哲學史上儘管有種種不同形式之形上學或存有論，即使其具有縝密之論述過程與完備之邏輯演繹，仍不能解決如海德格所反省的形上學困境；海德格繼承了胡塞爾（Husserl）現象學的方法，而發展出別異於胡氏的存有學理論，胡塞爾認為現象（真相）為意識的純化，〔註62〕而海德格認為現象（真相）為此有的現象學（主客合一）。海德格批評傳統形上學混淆了存有者（seiendes）與存有（Sein），而傳統形上學只追問存有者而遺忘了「存有」，是一種無根的存有學；根據這個批判性的看法，海德格認為整個西方形上學史乃不外是哲學的「主觀性」日益突出強化的發展過程。這在近代哲學形成了主體性原則，即把思維的主體當作存有者的根據，笛卡爾的「我思故我在」為其開端，而

〔註61〕 牟宗三：《現象與物自身》，頁 40。
〔註62〕 胡塞爾著重意識之探討，認為將意識轉為純粹（pure）意識，才能了解事物的真象，進而能夠將主客二分的困境予以取消。其主要主張有：（1）Epoche 存而不論、中止判斷：源自希臘懷疑論者用詞，指吾人理解事物的方式不能以先入為主的方式來看待，即不能以先前的假設作為前提，要打破主客二分的認識態度。（2）邏輯研究：胡認為心理學的缺失在把邏輯的規則和因果的規則（要以實際的事物為背景）混為一談。（3）先驗現象學：強調透過直覺（Nature intuition）、本質的直觀（Eidetic intuition）、超驗的直觀（transcendental intuition）、互為主體性（Inter-subjectivity）來達致意識純化的過程。
另外，康德把意識與表象分開（主客對立），胡塞爾於此則不分（主客合一）；胡乃以 noesis 指意識作用代替（subject）主體，以 noema 指意識內容替代客體（object），由此將主客體消融在意識當中。此消融過程乃是把意識轉為超驗的意識，從意識的純化過程中將意識轉為超驗的。此時，自我則成為（transcendental ego），如此方能了解事物的真象，此意識純化後的超驗意識（即王陽明所謂的「心即理」，受禪宗清淨心、如來藏的影響）即能打破主客的對立，故胡塞爾把西方哲學的二分性格打破。因此，胡塞爾從人意識的純化來談存有論，而海德格則從人的存在來談 ontology（基本存有論）。

尼采的「權力意志」論便是形上學的「主觀性」在近代歐洲日益強化的最佳說明，〔註63〕傅偉勳先生也認為尼采為西方傳統的最後形上學家，故海德格認為尼采之後原先建立在「主觀性」（亦即「權力意志」）的整個形上學必須解體。依海德格的觀點，形上學既構成了西方哲學傳統的核心或奠基理論，形上學的解體等於宣告了哲學的終結。〔註64〕

因此，海德格認為西方傳統的形上學，乃是對存有與思考的原初意義的偏離，而此種偏離即是由柏拉圖開始，笛卡爾哲學是一個重大的轉折點，而尼采哲學則是這個偏離的完成。〔註65〕綜而言之，海德格認為：傳統西方哲學對存有的理解皆是有所偏離的，都是落在主客二分的分位上來思考，如此的思考進路，不啻造成了人與萬物之間的緊張；也促使得人無以領會存有之真理，而海德格所提出的基本存有論正是試圖消解此一偏離所作的嘗試。但牟宗三先生認為海德格的努力並沒有全然實現，其所提出的基本存有學，其本質上還是一種形上學的誤置。〔註66〕

因此，牟先生稱此西方以理性與智測所建構的形上學體系，其進路與本質是為「觀解的形上學」（theoretical metaphysics）。相對而言，中國哲學則是重生命的反省與實踐，實踐的義涵在真實之呈現，所以中國人比較是以價值的角度來看待存在物，表現在形上學上就是重生成義（becoming）、重視其實現原理，這種形上學性質顯然不是認知性的建構，也不是由理智的好奇所引發，而是由生命本身的價值意義的探問所顯明，因此，價值的認取與肯定即成為識取世界之詮識角度，由此所建構的宇宙觀即必然涵攝著道德之意義，此種由實踐之價值所呈現之形上學型態特稱為「實踐的形上學」。

依據牟先生對中西哲學的不同進路和特性，形上學之本質上可有觀解的和實踐的兩種型態。所謂境界即是「心境視界」的簡稱，亦即是心靈面對外在世界所能產生一種越乎一般有限人之存在的感受與認知，此認是與體會可

〔註63〕 請參考陳榮華：《海德格哲學 —— 思考與存有》，台北：輔仁大學，1992年，頁90～104。

〔註64〕 請參考傅偉勳：《學問的生命與生命的學問》，台北：正中，1993年，頁93。

〔註65〕 請參考陳榮華：《海德格哲學 —— 思考與存有》，頁90～104。

〔註66〕 牟宗三先生說：「今海德格捨棄他的自由意志與物自身等而不講，割截了這個領域，而把存有論置于時間所籠罩的範圍內，這就叫做形上學之誤置。我此書乃歸于康德，順他的『超絕形上學』之領域以開『道德的形上學』，完成其所嚮往而未能充分建立起者。能否充分建立起底關鍵是在『智的直覺』之有無。」請參見《智的直覺與中國哲學》，序頁4。

說是主觀的。人之主觀心境能成就其無限之理境，乃是人有智之直覺的實現潛能，由此親證天地萬物的存在，體會天地萬物的創造原理或實現原理，故儒家哲學有贊天地化育之體認。這種境界型態的形上學和牟先生先前在《現象與物自身》說的「無執的存有論」意義是相通的。此無執的存有論乃是依實踐的智慧而證成。境界型態的形上學亦是靠實踐的工夫，換言之，其主要重心是在智慧的圓熟而非知識的建構。

至於其對外物的貞定，則是以日見其新的生趣盎然上說，萬物如此乃主觀心境之展現，而非一定性的界說而成之，因此天地萬物的何所是乃決定在實踐者之工夫修養。總之，由主觀修養言萬物存在是不定，其意義由人之工夫理境以詮定，知性所面對的現象世界表面看是定性的，但是此定性現象在主觀心靈的觀照下，則必然被昇華揚棄，所以反倒是不定的。

另外，儒家學問所顯非主觀境界之型態，而是客觀實有之型態，因為它除了有內在的性體、心體做為實踐的根據外，還從超越處肯定一個客觀的天命實體。關於儒道「主觀境界」與「客觀實有」之性格區分，牟宗三更申論「縱貫」與「橫列」之不同；牟先生用「縱貫」來形容生命境界的貫通與證成。相對於「縱貫」就是「橫列」，牟先生認為認知的活動是建立在主客對立之下，在此，主客二者乃平行對待的，凡知識的發明或發現莫不在此對待中進行，這就是橫列的表現。牟先生認為儒道有所不同，這種不同除了一是主觀境界、一是客觀實有外，牟先生又提出「縱貫縱講」和「縱貫橫講」這對新的概念來說明對比。「縱貫縱講」和「縱貫橫講」之區隔，此是牟先生先有了「智的直覺」與「物自身」等概念後，進一步的表述，牟宗三分析說：

> 當主觀虛一而靜的心境朗現出來，則大地平寂，萬物各在其位、各適其性、各遂其生、各正其正的境界，就是逍遙齊物的境界。萬物之此種存在用康德的話來說就是「存在之在其自己」，所謂的逍遙、自得、無待，就是在其自己。只有如此，萬物才能保住自己，才是真正的存在：就只有在無限心（道心）的觀照之下才能呈現。無限心底玄覽、觀照也是一種智的直覺，但這種智的直覺並不創造，而是不生之生，與物一體呈現，因此還是縱貫橫講，是靜觀的態度。程明道說的「萬物靜觀皆自得」，就帶有些道家的意味，也是縱貫橫講。〔註67〕

───────────────

〔註67〕牟宗三：《中國哲學十九講》，頁 122～123。

牟先生則認為人在無限心證成時（儒家曰德行之知，道家曰玄智，佛教曰空慧）即同時具有智的直覺，故直覺之即創造之，因而儒釋道三家都是縱貫的，但是具真正創造的本義卻只能從儒家顯。此在《中庸》說：「其為物不貳，則其生物不測。」儒家的這種創造又叫神化妙運的創造，它在客觀上肯定有一超越實體為宇宙創造之真幾，此乃「體物而不遺」「妙萬物而為言」的，故其形上學為境界型態沒有錯，然其有神化不測的天道做為萬有之本，所以又應屬於客觀實有型，亦惟其如此才能真正講創造故牟先生肯定儒家，所以說它是「縱貫縱講」。

　　總的而言，中國哲學之形上學內涵，包含了完整的本體論、宇宙論、工夫境界論等部分，凡中國哲學儒釋道三家，學問重點皆在工夫義的實踐與證成，先秦儒家由《論語》、《孟子》、《中庸》、《易傳》所傳承者莫不如此，雖在義理發展脈絡裡呈現不同之型態，並非基本義理內涵有所不同，《孟子》哲學為孔子仁學之進一步推擴，《中庸》則在儒家道德哲學的基軸上，初步建立「誠者，天之道」道德的形上學之體系，是儒家「天人合德」哲學體系的完成，至於《易傳》則援用傳統文化已有的文化符碼，並以先秦儒家道德哲學之內涵為骨肉，進一步充實道德的形上學的內涵，至此，先秦儒家論孟庸易的內聖之學確立其完整體系，〔註68〕而先秦儒家「天人合德」哲學的體系也由之圓滿。

三、「道德的形上學」與海德格基本存有論之差異

　　對於牟宗三的「道德的形上學」的內涵，如前文所論具有「實踐的形上學」、「智的直覺」之特性，這裡要進一步申論的是與海德格「基本存有論」的異同；以指出儒家「道德的形上學」之特殊處；在說明其間的異同前，本文根據前節的討論，依陳榮灼在《「現代」與「後現代」之間》一書的研究，整理「道德的形上學」幾個特性，以茲下文研究之對照：〔註69〕

　　（一）道德實踐是構成「人之所以為人」的根源。即「道德心」是構成人之本質，是屬於存有論的結構（ontological structure）。人在從事道德實踐時，一方面把「人之所以為人」的人性彰顯出來，另一方面也使「天道」彰顯出來，此由內在而超越的實踐，即孟子「盡

〔註68〕請參考杜保瑞，〈易傳中的基本哲學問題〉，《中華易學》第20卷7、8、9期，1999年7月，頁38～41。
〔註69〕請參考陳榮灼：《「現代」與「後現代」之間》，台北：時報文化，1992年，頁124～125。

心知性知天」的實踐，此是天人合德的眞義

（二）人與其他萬物有的一個重要的區別，即透過道德實踐可以彰顯天道。此所謂「人能弘道」，因此，由於人作爲一「道德存在」，在萬物中是有一種特殊性、單一性。故「實踐道德」和「彰顯天道」是同一回事，道德於此有其存有論的、宇宙論的意義，在此意義下，儒家哲學不只是道德哲學，同時也是「道德的形上學」。

（三）人的存在是一個「道德存在」（moral being）。人性只有從道德實踐來看，而且要彰顯天道也只有通過道德實踐，方得貫通天人而相互證成。

以上是「道德的形上學」的特性，本文以下論述其間異同。牟宗三本人認爲海德格借用「存在的入路」與胡塞爾之「現象學方法」所建立的「基本存有論」〔註70〕進路，捨棄了康德之自由意志與物自身領域，此並不是正確的入路而得以重建其形上學，因此，牟宗三認爲有必要再作「形上學引論」，這也是牟宗三作《智的直覺與中國哲學》一書之初衷；牟先生建構「道德的形上學」是由康德之「超絕形上學」領域所開出，並由此確立中國哲學「智的直覺」之內涵與本質，並不是如海德格將其「基本存有論」放在康德的「內在的形上學」來談的；〔註71〕其次，除了研究入路之不同外，在其兩者之基本內涵上亦有所不同，其中最根本的不同是在于對「道德」的看法，儒家認爲道德實踐是構成人之所以爲人的部分，換句話說是人存有的部分。然在海氏的基本存有學中，卻認爲道德對於人成爲一本眞存有並沒有本質上的貢獻（essential constribution）。因此，對於人性儒家肯認其道德的本質，而海德格在了解人性時，僅是通過此有（Dasein）的存有活動（Ontological movement）

〔註70〕「基本存有論」（fundamental ontology）是海德格早期代表作《存在與時間》的思想。它是通過「此有」（Dasein）的存在分析來揭露存有的意義。其「存有」、「存有物」、「此有」三者在基本存有論中的關係，在海德格《存在與時間》中的關係如下：1. 存有做爲我們所探問者，必須依照其自身的方式展示出來，而這種方式在本質上有別於存有物被揭示的方式。2. 對於作爲存有物之吾人自身，亦是吾人探問對象之一，此即「此有」，探問者（此有）之於自身存有首先必要清澈可見（亦即首先要明心見性）3. 對存有的領會正是此有存有的一項確定特微（亦人能弘道）。此有在存在物層次上，其與眾不同處即在於：他「是」存有論的。請參考 Martain Heidegger, being and time, tr.John Macquarrire and Edward Robinson, Hatrper and Row, New York, p25～32。

〔註71〕請參考牟宗三：《智的直覺與中國哲學》，頁 4。

來考察人性，完全把道德的問題置之一旁，此即不由道德的面向來看人性。而且在論及天道或存有時，儒家天道和道德（性體）的同一性，扣緊道德價值來討論天道（或存有）的本性。海德格卻把道德價值與存有二分。

尤有進者，儒家在從道德的進路來顯發人之真心本性時，由此透顯出「聖人」（ideal personality）這個境界概念。而海德格則將存有與價值截然二分，是以海氏並沒有「聖人」這個境界概念，而是以人不斷在其本質化的過程中還其本來面目（如此說來，海德格哲學在本質上，更近似於道家哲學之返樸歸真，也同通于禪宗之明心見性，特別是「基本存有學」之晚年發展，強調原初思考或本質思考，〔註72〕此本質思考是就「大道」Ereignis 而言，〔註73〕因此，後期海德格哲學強調人透過反省工夫來領受存有之光照。詳見下文。）

還有一個不同點：海德格在闡述存有的本質時，是透過「時間」來彰顯存有的動性，而他把這種動性看作是存有的本質。儒家在闡釋天道內涵時，雖然藉用「天命之謂性」，或乾坤、陰陽等觀觀念來彰顯天道的創生妙運作用，特別是《易傳》的「乾」、「坤」，一則是實現原理、一則是順成原理，這是儒家的「道德的形上學」與海德格的「基本存有論」之基本分別所在。因此，儒家的「道德形上學」是既可通過康德式「批判」，也超越海德格所要「克服」的對象。〔註74〕

陳榮灼從本質上、境界論與體用論來釐清兩者之間的基本分別，可見儒家「道德的形上學」其本質與中心關懷是與海德格的「基本存有論」有所區別；然而最重要的則是儒家「道德的形上學」確立了道德的價質地位，由此以詮釋人之存有，使得人的存在以道德的內涵來說明，故人的道德價值確立亦必然由實踐來保證，以證成人道德主體之價值與意義。

另外，海德格晚期的存有思想亦不同于前期者，吾人皆知《存有與時間》代表著海德格早期的思想，然三十年代後，海德格的思想發生了一個轉向。這個轉向即是所謂的原初思考或本質思考的出現。原來 Dasein 此有，其瞭解的結構是設計而投出的，則 Dasein 的原初的瞭解、原初的設計——即對存有的瞭解，是不可能的。因為這種預設會造成無限後退。換言之，若要肯定

〔註72〕 請參考陳榮華：《海德格哲學——思考與存有》，台北：輔仁大學，1992 年，頁 59。

〔註73〕 請參考海德格，孫周興選編：《海德格爾選集》，上海：上海三聯，1996 年，頁 681～685。

〔註74〕 請參考陳榮灼：《「現代」與「後現代」之間》，頁 130～132。

Dasein 底存有者瞭解存有，但又僅藉著追溯至 Dasein 的存有之原初構成狀態，以解答對存有的瞭解如何可能的問題，那是不可能的。若要合理的回答這個問題，必須「跨過」Dasein 的存有之構成狀態。換言之，存有成爲直接的課題。另一方面，對存有的瞭解若是一事實，則這種瞭解不能在設計而投出的結構上，因爲這會做成無限後退。那麼 Dasein 必須尙有另一種瞭解存有的方式。海德格後來稱之爲思考，或原初思考（anfangliches Denken，originative thinking），本質思考（wesentliches Denken，essential thinking）。〔註 75〕此本質思考所謂何云？在海德格後期思想即〈時間與存有〉一文中曾說：「歸定存有與時間兩者入於其本己之中即入於共屬一體之中的那個東西，我們稱之爲『大道』（Ereignis）」〔註 76〕又說：「只要在居有中有存有和時間，居有就具有這樣的一終標準，即把人本身帶到它的本眞之境，只要人站在本眞的時間中，它就能審聽存有。通過這一居有，人就被歸屬到大道（本有 Ereignis）之中。」〔註 77〕因此，推致存有的本源，則本有可說是較有優位性的，但本有此一概念又是無以名之的。因此，如上所論，若前期之海德格哲學是以「人」Dasein 爲主體以其本眞生活實踐證成存有者，此就實踐面言亦如儒家之「道德的形上學」強調以人爲主位的實踐之優位性，至於海德格後期思想則強調本有之「以道觀道」，此種「本有」之內涵相當于《老子》首章所云：「無，名天地之始」。再者，作爲有限性存在的「此有」，則須透過種種反省的工夫，才能接受存有的光照與牽引。而且正緣於此，故存有才能把自己和存有者照亮，人才能領受它與思考它。對照于禪宗要典《信心銘》所云：「歸根得旨，隨照失宗」此意即歸返根本才能領悟至道的深旨，隨心追逐萬境，則生出種種分別，於是就失去了至道的宗旨。此歸返根本即是歸返人存有之根，在《老子》十六章亦云：「復歸其根」在《莊子・齊物論》則言：「天地與我並生，而萬物與我爲一」其基本關懷是可以相互作理解的。

海德格「基本存有學」晚年之發展，根本上在於一個中心性的概念爲（Abgrund），翻成英文爲「non-ground」。（Abgrund）是地下之意，是「根據」、「本」之意義；也可說是「理由」，海德格晚期哲學認爲一切存在物、世界本身，若尋其「根源」，則爲「無本」；然而傳統西方哲學一個首要問題，如萊

〔註 75〕 請參見陳榮華：《海德格哲學 —— 思考與存有》，頁 59。
〔註 76〕 海德格，孫周興選編：《海德格爾選集》，頁 681。
〔註 77〕 海德格，孫周興選編：《海德格爾選集》，頁 685。

布尼茲所提出來的問題：「爲何世界是有而非無？」（Why is there something rather than nothing？），這是整個西方形上學的基本問題，整個西方傳統哲學乃至近代科學都要解決這個問題。但海德格所提出來的基本存有論則超克這個侷限。他不認爲世界有「本」、「根據」或「存在理由」。因爲，這種作法剛好妨礙我們瞭解世界的「本來面目」。海德格把人的「思維方式」分爲兩種：一種爲「默想式思維」（meditative thinking）；另一種爲「計算式思維」（calculative thinking），這是一般科學和傳統形上學思維的方式。「計算式思維」無法認識世界的本來面目。〔註78〕

中國哲學儒釋道三家對存有本根，皆不是以「計算式思維」來領會，而是以「默想式思維」來親證。筆者，在此借用陳榮灼先生對海德格的理解，頗能令人對海德格晚期思想的面貌有一個概略的掌握。因此，若欲對比海德格之基本存有論哲學，用來幫助理解中國哲學者，可以說海德格晚期思想約略透露出，一種可以會通於莊子哲學與禪宗式妙悟的特性。因此，儒家之「道德的形上學」與海德格之「基本存有學」，若以人「在世存有」的實存面向上言實踐意義，可以發現兩者皆強調以人爲實踐主體之工夫性格，然而，海德格存有學所預設的基本內涵與「道德的形上學」所強調者，在本質內容上是有差別的，簡言之，此差別即在道德價值強調之有無，「道德的形上學」其核心價值是道德，而海德格的存有學則無此道德價值，此是其間最明顯也是最根本的差異。再者，海德格存有思想發展之後期，其思想特性較類似於老莊與禪宗者，而與「道德的形上學」所言者較遠。因此，關於儒家「道德的形上學」之較西方哲學之勝處，蔡仁厚分析說：

> 「道德的形上學」，意即由道德的進路來接近形上學。或者說，形上學是由道德的進路來證成，所以它的重點在形上學。（這和重點道德，重在說明道德之先驗本性的「道德底形上學」有所不同。）西哲康德建立起一個「道德的神學」，而並沒有提出「道德的形上學」這個名稱。（道德的形上學，是相應於儒家「道德的宗教」而成立。）但康德由意志之自由自律來接近「物自身」，並由美學判斷來溝通道德界與自然界（存在界），這一套規劃卻正是「道德的形上學」之內容。只是他沒有充分做得成。因爲（1）意志自由自律，是道德所以可能的先天根據（本體），這並不錯。但這個本體是否能達到「無外」

〔註78〕請參考陳榮灼：《「現代」與「後現代」之間》，頁229～233。

的絕對的普遍性？康德沒有明確的態度。(2)「物自身」這個概念是就一切存在，並不專限於人類（或有理性的存在）。但自由自律之意志是否能普遍地相應於「物自身」這個概念？康德亦沒有明確的態度。(3) 以美學判斷來溝通道德界與自然界，只是旁通曲徑，而不是康莊大道；只能作輔助的指點，而不足以作為擔綱。所以兩界合一的問題，康德並沒有充分的解決。〔註79〕

最後，儒家「道德的形上學」強調人有「智的直覺」，也即肯認了人有由「有限而無限」之可能，此一歷程則必然以工夫實踐為主動而動態的貫通，而人的存在價值在此實踐歷程中以呈顯，而人之終極價值亦由道德之內涵與理想所安立，故人最終可與終極的道德價值相契合，而不致成為無以名之的虛無者；此即是先秦儒家之以人為主體本位之立場，開發有限的個體生命之本心善性，以實現體證天道本體之無限意義價值，故由此「天人合德」理想所揭示著，正也是儒家「道德的形上學」之真義，也是儒家視人性即天性、人德即天德之勝義。

綜而言之，「道德的形上學」乃由道德的進路所成立之形上學；康德雖建立了「道德的神學」，然而並沒有證成「道德的形上學」，此因康德並不承認人有「智的直覺」，故與「物自身」相隔而不得領會。儒家「道德的形上學」強調人有「智的直覺」，也即肯認了人有由「有限而無限」之可能，此一歷程則必然以工夫實踐來完成，人的存在價值也在此實踐歷程中得以呈顯、安立；強調生命主體的可能性，為儒家哲學對生命的肯定，是以「天人合德」所揭示者，也是「道德的形上學」之核心價值，而顯發為生命的學問之真義。

第二節 先秦儒家道德宗教意涵之探析〔註80〕

二十世紀新儒學的一個發展面相，除了深化對先秦儒學、宋明儒學的承繼；也進一步藉由與西方哲學、科學、基督教之對話，從而反思儒學作為生命的學問，乃至宗教之內涵；〔註81〕當代新儒家學者中，除了熊十力嚴格劃

〔註79〕 蔡仁厚：《孔子的生命境界——儒學的反思與開展》，頁 263～264。
〔註80〕 本節部分內容摘錄筆者拙著：〈先秦儒學「道德宗教」之內涵探析〉，《宗教哲學》第 44 期，2008 年 6 月，頁 113～128。
〔註81〕 請參考郭齊勇，〈當代新儒家對儒學宗教性問題的反思〉，《儒學與儒學史新論》，台北：臺灣學生，2002 年，頁 247。

清儒學與宗教、儒學與佛學的界限，而認爲儒學不是宗教外。〔註82〕牟宗三與唐君毅，則由省思作爲西方文化底蘊之宗教內涵入路，反思儒學內在所蘊涵之宗教精神；並由「天人」思想的面相，指出儒學所具備「道德宗教」的內涵。劉述先、杜維明則進一步與世界各宗教之回應與對話，突破一元宗教以「外在超越」來貞定宗教的觀點，由順承儒學「內在的超越」之內涵，以此抉發儒學在凡俗世界中之神聖特質。〔註83〕前輩先生們建構儒學爲宗教之論述，可謂詳盡而精細；筆者認爲先秦儒家之發展即內蘊「道德宗教」之內涵，此內涵即「攝禮歸仁」、「天人合德」。一則是作爲轉化「形式意義」的「禮」而成爲人文深化、道德內涵之「攝禮歸仁」，一則是作爲「內容意義」之超越向度的「天人合德」。

　　筆者順承前輩先生的研究成果，認爲對宗教〔註84〕的考察可以就其「內

〔註82〕 請參考郭齊勇，〈當代新儒家對儒學宗教性問題的反思〉，頁249。

〔註83〕 請參考郭齊勇，〈當代新儒家對儒學宗教性問題的反思〉，頁249～251。唐君毅以儒學「良知」、「仁心」爲核心，點示由盡性知命而「天人合一」；認爲儒學將宗教價值轉入生命之中，由此說明儒學之宗教性。牟宗三則由儒家「內在而超越」之精神特質，由性與天道、道德與宗教、超越與內在、圓教與圓善等面相，來揭露儒學「道德的宗教」之特質。杜維明駁斥馬克斯·韋伯（Max Weber，1864~1920）關於儒家只是對世界的適應之說法，認爲韋伯的看法「嚴重地貶抑了儒家的心理整合和宗教超越的能力。」並貞定儒學之宗教性爲群體生活之自我終極轉化；請參考杜維明：〈儒家論做人〉，《儒家思想——以創造轉化爲自我認同》，台北：東大圖書，1997年，頁57。劉述先順承牟宗三、方東美等人之理路；強調儒家仁心與精神可作爲現代人之終極歸趨，從而肯定儒家思想之宗教精神內蘊。請參考郭齊勇，〈當代新儒家對儒學宗教性問題的反思〉，頁279。

〔註84〕 中文「宗教」一詞譯自英文的「religion」一字，大約源自 relegere（重新拾起），但也可能來自 religare（重新捆住）。意指一再嚮往、小心翼翼地關切某件事，而所專注的應該是有意義與價值之事；其本質一言以蔽之，是重新與第一根源及最終目的相連繫。請參考布魯格編著，項退結編譯：《西洋哲學辭典》，台北：華香園，1992年增訂第二版，頁455。牛津字典對宗教的定義，認爲：「宗教是人類對一種不可見的超人力量之承諾，這力量控制人類的命運，人類對之服從、敬畏與崇拜，以達天人合一的境地。」牛津字典的解釋尚無法滿足吾人對宗教之理解，當然我們也很難精確定義「宗教」之內涵爲何。「宗教」所意謂之內涵爲何實難獲得一確論，因此有很多爭議。目前有些宗教學者或由定義原則下手，或由宗教組織要素作爲判斷，或是由宗教理念、儀式、行爲、心理機轉等層面，來探究宗教之內涵，然尚無獲得一致之定論。請參考曾仰如：《宗教哲學》，台北：台灣商務，1993年，頁70～100。本文無意在此探究純粹宗教學上的問題，認爲若以「內容意義」與「形式意義」作區別，應可深入理解儒學「道德宗教」所具有之內涵。

容」與「形式」的兩重意義作區別。就宗教的「內容意義」言，實指宗教之基本精神、核心價值與其義理思想而言。由基本精神言，宗教之初衷乃在安頓身心、提昇生命；其核心價值皆爲生命的學問之內涵，故其義理思想或有差異，其宗旨皆在於生命的安頓與提昇。因此，由「內容意義」探究宗教之本質，方能領略宗教內涵之眞正精彩。相對而言，則「形式意義」是指宗教之外在形式；此凡種種教規科儀、崇拜儀式、消災祈福法會等，在形貌上有千差萬別，當視爲接濟衆生之方便施設，此宗教之外在形式意義，乃是根據「內容意義」而得建立；若僅徒具外相之「形式意義」，則宗教亦失去其意義；由此可見，「內容意義」方爲宗教之核心價值與精神。

在本節之論述安排上，先由對當代宗教之反思起始，由此對比指出先秦儒家所具備之生命的學問，較諸更能安頓生命意義，由此反思宗教之所以爲宗教之基本精神所在。進而論析先秦儒家「道德宗教」之體系架構，乃由「禮」之道德內涵，「天人合德」之天道論、工夫境界之諸層面內涵所展現；由此勾勒出先秦儒家「道德宗教」之完整面貌。

壹、儒家思想對當代宗教的反思

生命之在世存有，先天的註定爲一社會性的存在；個體的生命乃與群體生命環環相扣，故人實難離群索居、遺世而孤立；然而，人之有限存在亦必藉現象世界以確定，此現象世界之個體爲吾人理智所能認識者，在此流變不居的現象世界之外，人如何安立其生命意義，此存在意義之探問，即爲人之所以爲人的獨特性所在，人於有限存在的事實認知下，仍有尋求建構意義之內在要求，以滿足實現無限可能之內在渴望；若非此，則僅爲行屍走肉之生命現象，人若淪於此，則是生命的沉淪、人性的喪失。精神性之追求與探問，首先表現爲宗教的追尋，人在文明之初始即有原始宗教之發展，可見人類文明初始即有宗教建構之要求。然而，一般人對宗教的理解不外視其爲精神的寄託，或視之爲迷信。然而隨著現代工商社會快速變遷，人的心靈似乎亦發空虛淺薄，需要一些精神上的安頓或意義的給予；然而某部分傳統或新興宗教，隨俗的淪爲時髦的消費文化產物，在經過資本主義文化洗禮的市場交換機制下，也漸漸變形爲消費商品，並且並走向資本集中與企業化的經營，這種結合資本主義文化邏輯的運作方式，成爲當今某些宗教所以壯大興盛的特殊景況：此即宗教世俗化的結果，由此而來的是傳統宗教紛紛以新興的面貌

出現。宗教的發端本是起于原始宗教的模式，此模式通常是基於一種超自然、神祕的力量的崇拜，或是以神靈之信仰與崇拜爲其核心。然而隨著科技的發展與文明的進步，全球化地球村之世界情勢形成，使得天涯若比鄰，世界的交流日益密切，使得宗教也隨著全球化進程，不再孤立于各個種族與地域之間，並隨著現代化與特殊的社會情勢走入世俗領域，部分新興宗教的興起與現代化不無關係。Bryan Wilson 即認爲「新興宗教發展皆伴隨此大趨勢而生，是現代社會的世俗化結果，這意味傳統宗教對社會的全面控制逐漸崩潰，亦可以視爲宗教價值失去優越性所起之的反應。」〔註85〕

　　所謂「世俗化」實指「非神聖化」，即失去傳統社會裡宗教之神聖性與崇高性，是文明社會在其變遷過程中，由於科學的進步以及社會情境的改變，使得社會各個領域漸漸擺脫宗教的羈絆過程（這是指西方基督教文明而言）。其次，「世俗化」亦是宗教本身在面對外在世界之轉變，所不斷調整自身以適應社會的過程。因此，自宗教「世俗化」與部分奇詭的新興宗教興起後，呈顯種種宗教怪象與奇態，使得這些離經判道之宗教成爲惑亂人心之亂源。然而，無論宗教在當今世界裡以何種樣貌面世，其長久以來已然是人類社會文化中所不可缺者，此在基督宗教成爲西方文化之核心後，更是如此，因此，關於宗教的重要性，涂爾幹（Emile Durkheim,1858～1917）在《宗教生活與基本形式》一書曾提到：

> 宗教是一種神聖事物，與有關信仰與儀式所組成的統一體系。所有同意這些信仰與儀式的人的團結在一個稱作「教會」的社群內…因而說明，宗教概念與社會是不可分的；從而清楚的顯示，宗教因此爲明顯的集體事物的延伸。〔註86〕

涂爾幹將一切事物作「神聖」與「世俗」之區分，並認爲作爲以「神聖」爲特質的宗教，其重要性與現實之社會生活具有同等重要的意義。而文化人類學家葛茲（Clifford Geertz，1926～2006），以宗教作爲一種象徵意義強調其重要性，其在《作爲文化體系的宗教》一文中指出：

> 宗教是一種象徵體系，其目的是確立人類強而有力的，普遍的恆久的、心緒與動機（mood and motivation），其建立方式是系統闡述關

〔註85〕Wilson.B，"contemporary transformations of religion"，London，1976 年，頁 185。

〔註86〕涂爾幹著，芮傳明譯：《宗教生活的基本形式》，台北：桂冠，1992 年，頁 25。

> 於一般存在秩序的關連；給這些觀念鋪上實在性的外衣；同時這些
> 象徵也透過此概念來包裝，而這讓這些情緒與動機彷彿具有獨特的
> 眞實性。〔註87〕

是以，綜上所論，宗教不應僅如馬克斯（Karl Marx, 1818~1883）所視爲「人民之鴉片」，認定宗教的發展不過爲統治階級的權力辯護，是藉由製造虛假意識痲痺人民心靈；由此阻礙了社會的改革與進步，掩蔽了被資本主義所「異化」之事實眞相，最終淪爲被資本家所剝削之境地。〔註 88〕此乃馬克斯對宗教偏頗之論斷，宗教之價值故不能武斷簡單地以一般之消極意涵加以否定，如果排開利益性與實用性的角度，以及當代宗教現象所引起的弊端而言，其在人類的精神領域與意義安頓上，實際上也是起著正面而積極的功用。

因此，如筆者首章所言，現代人喪失生命的意義，不斷的追逐物欲喪失精神價值，宗教在這物欲濁流中如何再現清流，令其信仰成爲人心最後的一塊淨土；而不在世俗的價值洪流中浮沉，乃須要重新建構其內涵與活力，方能擔綱此一重任，進而圓滿理事二界、聖俗二諦。〔註 89〕

中國文化之特質本不以宗教見長，而是以人文特質爲其特性，此不同於西方希臘傳統以哲學思辯見長，亦不同於印度之以宗教爲主要內涵者。因此，傳統中國不曾以宗教爲文化核心者，此是人類文化之早熟表現，而儒家擔綱民族文化與社會之維繫者，其文化邏輯必不同於西方基督宗教，然由其所發揮的文化與社會功能，正是西方宗教所能發揮者，因此，儒家是否可視爲一宗教，歷來學者多有論述，其中任繼愈認同儒家爲一宗教，他說：「宋明理學的建立，也就是中國理教的完成。宗教的教主是孔子，其教義和崇拜的對象爲『天、地、君、親、師』，其經典爲儒家六經，教派及教法世系，即儒學的道統論。」〔註 90〕任繼愈以一般西方宗教之概念加以比附，並無深入探析其間的異同者；至於反對儒家之爲宗教者，首推胡適在 1933 年美國芝加哥大學演講，講到「儒教的使命時」提到：

> 儒教並不是西方人所說的宗教……就整個來看，儒教從來沒有打算
> 做一個有神論的宗教，從來不是一個用傳教士的宗教，儒教從來不

〔註87〕格爾茲 Geertz 著，王銘銘譯：《文化的解釋》，上海人民，1999 年，頁 105。
〔註88〕George Ritzer 著：《社會學理論》，臺北：巨流，1989 年，頁 157。
〔註89〕二諦是爲勝義諦與世俗諦，亦指眞諦與俗諦（諦，謂眞實不虛之理）。眞諦（勝義諦、第一義諦），即出世間之眞理。俗諦（世俗諦、世諦），即世間之眞理。
〔註90〕任繼愈，〈論儒教的形成〉，《中國社會科學》第 1 期，1980 年。

　　做得彷彿相信他本身是完全靠得住的，儒教從來沒有勇氣跑出去對

　　對那些非教徒宣講福音。〔註91〕

胡適僅依儒家在外相不盡與一般宗教團體相同，遽斷儒家不成爲一個宗教是有
欠公允的。其實，儒家是否爲一個宗教，其意義不必然以西方之宗教定義加以
界定，而儒家在傳統中國社會的教化功能，是歷史的事實而無法輕易加以抹煞；
馮友蘭在其英文作品《中國哲學簡史》中認爲儒家並不是宗教，〔註92〕馮友蘭
同樣是從宗教的形式意義，來評估儒家是否爲一宗教之問題，卻忽略宗教之內
容與實質的意義。誠如李申所言：

　　說儒教是教化之教並不能說明儒教就不是宗教。問題要看是否在神
　　的名義下進行教化。至于湯因比的「人生態度」論，蒂利希的「終
　　極關懷」說，也都有世俗的和宗教的兩種。問題也是要看是否在神
　　的名義下進行。當然，這裡的「神」不就是與人同形的神而是作爲
　　一種超現實的或非現實的「存在」。相信這樣一種存在，並把自己的
　　言行置于它的權威之下，由此所進行的活動就是宗教的活動。〔註93〕

因此，關於儒家是否爲一宗教之問題，由於中國文化不純粹走宗教路線，除
了佛教之外，道教雖生於中土，其產生亦是由於佛教東來之刺激，在某些教
義、形式有所借鏡以成形，而禪宗之內涵也適應文化特性而有所調適，並擴
大印度禪的實際應用範圍，發揮「生活與禪定」相配合的特色，實踐「禪就
是生活、生活就是禪」的理想境界。〔註94〕故禪宗的建立即融通了中土文化
的特性，而成爲中國式的佛教。故判斷儒學爲「宗教」，也是超乎一般宗教所
認定之「形式意義」，而以人文、道德內涵爲其主要特性，此是考察中國文化
之基本特性而來，而非僅是以一般宗教之「形式意義」來加以裁定。因此，
儒家作爲「儒教」，其宗教之內涵特質，實以中國文化強調人文向度（人文性）、
現世性格（人間性、此岸性）、平易親切實用性格（平常性、生活性）等文化
基因互爲表裡。

〔註91〕胡適：《胡適文集》下，台北：中華，1991年，頁608。

〔註92〕馮友蘭說：「每種大宗教就是一種哲學加一定的上層建築，包括迷信、教條、
　　　　儀式和組織。這就是我所說的宗教。若照這個含義來理解，就可以看出，不
　　　　能認爲儒家是宗教。人們習慣於說中國有三教：儒教、道教、佛教。我們已
　　　　經看出儒家不是宗教。」請見馮友蘭著，涂又光譯：《中國哲學簡史》，北京：
　　　　北京大學，1985年，頁5。

〔註93〕李申：〈教化之教就是宗教〉，《文史哲》第3期，1998年。

〔註94〕請參考陳榮波：《禪海之筏》，台北：志文，1993年，頁8～9。

貳、「禮」之宗教意義

中文「宗教」一詞乃日人依據《書經‧堯典》：「禋于六宗」的「宗」和《易經‧觀卦》「聖人以神道設教，而天下服矣。」因此，聖人用「神道」所設之「教」就是「禮教」，此為中國思想中最顯著以為宗教定義者，〔註95〕可見「禮」涵攝宗教之內涵，為吾人理解儒家道德宗教之線索。本文試引《禮記》所載諸文，以資考察：

《禮記‧曲禮》云：「祠禱盡祀，供給鬼神，非禮不誠不莊。」

《禮記‧哀公問》云：「禮為大。非禮無以節事天地之神也。」

《禮記‧樂記》云：「禮者，天地之序也。」

《禮記‧祭儀》云：「禮者，履此者也。」《說文解字》：「禮者，履也，所以事神致福也」；又說：「禮之始也以祭。」

《周禮》：「掌天神，人鬼，地示以禮。」

徐鉉《說文解字註箋》：「禮之名起於祀神，引伸為禮儀之禮。」

綜合上述引文可見，禮源於古代先民事神致福之宗教行為；另從字源學來考察，則「禮」這個字包含了兩個部分：「從示，從豊」。「示」表示一切與神祇有關之事物，「豊」則象徵祭祀中玉器之形。〔註96〕《說文解字》也說：「禮者履也，所以事神致福也。」由此可知「禮」起源上乃本是宗教上的祭祀，《左傳‧昭公二十五年》：

禮，上下之紀，天地之經緯也，民所以生也，是以先王尚之。」又

云：「夫禮，天之經，地之義，民之行也。

所以，禮原是以宗教為其內涵的祭祀儀式，其後逐漸涵蓋到宗教的其他範圍。因此，禮除了原本敬天祭祖之外，也是中國人文化之特色，正由於周末禮崩樂壞，禮才失去其宗教性與莊嚴性，孔子本身不僅知禮且好禮，在其《論語》中禮所出現的次數可見一般。〔註97〕然而，孔子面對周文疲弊之「禮崩樂壞」春秋時局，面對此一文化危機，若不以繼承周文為職志，勢必導向解構整個周文傳統，孔子擔負恢復周文之職志，也體認禮之形式化及其僵固化，無法

〔註95〕請參見蘇景星，〈孔子宗教態度初探〉，《東海哲學研究集刊》第一輯，1991年10月，頁90～92。

〔註96〕請參考王國維：《觀堂集林》卷六，頁209。

〔註97〕在《論語》書中，「禮」字出現74次，僅次於仁字，請參考傅佩榮：《儒道天論發微》，頁99。

為新時代建立新文化生命，因此，孔子揭示「仁」為主體道德的成德之學外，亦「攝禮歸仁」，充實「禮」的意義內涵，至此，由仁之道德內涵所充實的禮樂內容，即成為倫理教化之實質內容，而此禮之教化功能即由原先之外在形式，**轉變**為以「仁」為內涵之德教意義。如《論語・為政》篇云：「生，事之以禮；死，葬之以禮，祭之以禮。」即是透過一種感念先人的情懷，此情懷是「孝道」的呈現，由此將祭祀賦予倫理教化的意涵。禮于春秋時代只為一外在形式，至孔子則與「仁」為內外相涵之生命顯發，《論語・八佾》：「人而不仁，如禮何」即表達了以「仁」為主軸的禮之內涵。蔡仁厚在分析禮的四個層面（「理道」、「政治」、「社會」、「生活」），〔註98〕認為從「理道」的層面看，禮不但通於道德亦通於宗教：〔註99〕

> 儒家的禮包括祭禮，這是很特殊的。祭禮本是宗教的活動。儒家不同於一般的宗教，但從儒家的三祭之禮，卻可以證實儒家有宗教性。三祭是祭天地、祭祖先、祭聖賢。天地是宇宙生命之本，祖先是個體生命之本，聖賢是文化生命之本。通過三祭之禮，可以使人的生命與宇宙相通，與祖先相通，與聖賢相通。這種回歸於生命根源的「報本返始」的精神，是儒家極為深遠極為懿美的生命的表現。這也是儒家所提供的最為平正康莊的安身立命之道。〔註100〕

至於鬼神存在與否，孔子雖承認其存在，但其態度仍是一種儒家孝道精神的擴展。〔註101〕孔子所重視的祭祀，即是以此為禮之內涵的形式。〔註102〕禮依於道德意義而成立，因此，也有神道設教之重大意義，《論語・八佾》篇云：

> 或問禘之說。子曰：「不知也。知其說者之于天下也，其如示諸斯乎！」指其掌。

孔子認為此種祭祀的意義深遠，若能知其真義則治天下不難也。而孔子雖承認鬼神的存在，但並不提倡迷信，行為合乎道德善性之要求，則能自求多福，而無須求之於渺茫難測之鬼神。

《論語・述而》篇云：

> 子疾病，子路請禱。子曰：「有諸？」子路對曰：「有之。《誄》曰：

〔註98〕請參見蔡仁厚：《儒家思想的現代意義》，頁145～146。
〔註99〕請參見蔡仁厚：《儒家思想的現代意義》，頁145。
〔註100〕蔡仁厚：《儒家思想的現代意義》，頁145～146。
〔註101〕《論語・泰伯》篇云：「菲飲食而致孝乎鬼神。」
〔註102〕《論語・述而》篇云：「子之所慎：齋、戰、疾。」

> 禱爾于上下神祇。」子曰：「丘之禱久矣。」

《論語・先進》篇亦云：

> 季路問事鬼神。子曰：未能事人，焉能事鬼？曰：敢問死。曰：未
> 知生，焉知死？

因此，孔子認爲無須將精力放在鬼神的事務上，〔註103〕「敬鬼神而遠之」乃是在孔子重祭禮之實質內涵下，排除其成爲希求福祐之迷信活動。

儒家道德哲學的宗教性，在於其並無神話與鬼怪的部分，也不具一般宗教的外在形式。〔註104〕故祭祀時吾人所求者，是主體道德生命的伸展，是對天地、祖宗聖賢的感載，也是孝道的推擴，透過領會天地之間所自存的崇高性與超越性，油然自生道德的信心，而企求價值的超越與生命的圓滿。因此，儒家的祭祀儀式原包涵圓滿天人關係之初始原型，唐君毅認爲三祭「天地、祖先、聖賢」之禮本是宗教性的，〔註105〕是儒家人文型的宗教，因爲三祭並不是低極的原始的宗教文化，而是儒家眞摯的徹通幽明之情感，雖然三祭延續中國文化中之原始宗教的崇拜文化，但已有所轉化，賦與深刻的道德意義，故並不是原始宗教蒙昧的迷信產物。中國傳統三祭之初衷，乃特重報恩而不重祈求，故此祭祀中有一純然之超越要求，如此以達於祖宗、聖賢、天地。所以祭祀中之達於祖先甚或鬼神，皆是由儒家孝道精神所推擴之「致孝乎鬼神」；蔡仁厚認爲儒家倫理實踐是雙向的「向內反求」與「向外推擴」的關聯與通貫。「向外推擴」簡單說是仁心的感通，其中包含「擴充四端」、「下學上達」與「報本返始」，其中「報本返始」是談到儒家「道德與宗教通而爲一」的根本性格，儒家倫理很重視禮，而禮中的「祭禮」是儒家特殊的內涵。儒家把宗教範圍的祭祀統歸到禮之中，儒家有「三祭」即祭天地、祭祖先、祭聖賢，天地是宇宙生命的本原，祖先是個體（族類）生命的本原，聖賢是文化生命的本原。三祭之禮正表示報本返始的精神，使吾人生命能夠返本溯源，匯爲一條源遠流長的生命大流。在祭禮之中，還可以徹通幽明，使人的「明

〔註103〕《論語・雍也》篇云：「樊遲問知。子曰：務民之義，敬鬼神而遠之，可謂知矣。」

〔註104〕儒家與一般宗教相異之處，在儒家立基於普遍人間的人文關懷上，這是中國文化由原始宗教階段轉向人文化的重大意義；故無一般宗教神話與儀式，孔子本人也不語怪力亂神，即可看出儒教之爲教，實乃人文的宗教、道德的宗教。

〔註105〕請參考唐君毅：《中國人文精神之發展》，台北：臺灣學生，1979年五版，頁383。

的世界」與祖先的「幽的世界」交感相通。如此，生命死生有歸、死生相通，是儒家內容義的宗教特性。〔註106〕

　　「報本返始」是儒家人文情懷的展現，可見，儒家的宗教乃是一種道德意義的人文建構，而非一般宗教帶有玄虛與神秘之特質，儒教已然深入中國文化的內蘊裡，而融入一般生活日用裡，故儒家的禮教思想已成為安定個人生命、社會秩序、文化生活的一個重要的穩定支柱。儒教雖脫落宗教的外衣，卻也更深遠的影響著中國文化的性格與走向，甚至後來禪宗〔註107〕的建立，也強調宗教的人間性。禪宗為佛教在中土的發展，也隱然受著固有的文化性格之影響；中國文化雖不走宗教路線，然而，禪宗的建立則融通了中土文化的特性，而成為中國式的佛教。因此，中國的禪宗雖以禪為宗名，但並不專依「禪定」工夫而立教。〔註108〕它是吸收印度禪的精義，並揉和了中國文化的思想（如儒、道思想）所提煉而成的。中國禪的重點是放在「頓悟」方面，使人的心地能夠一超直入如來地，達到「空無一物」，而後順其自然的生起妙有之作用。而印度禪是放在「漸進」的修行工夫，可說是一種漸進修定法門。雖然兩者在層次上是有所不同，但其關係是相輔相成，不可偏廢。因為中國禪是要把印度禪修定三昧實際運用於日常生活（行、住、坐、臥）之中，不只限於「打坐」的時候才用。這說明中國禪是在於擴大印度禪的實際應用範圍，發揮「生活與禪定」相配合的具體生活，實踐「禪就是生活、生活就是禪」的理想境界。〔註109〕又由于這個宗派所標榜的是「以心傳心，不立文字」，

〔註106〕請參考蔡仁厚：《哲學史與儒學論評：世紀之交的回顧與前瞻》，頁85～87。
〔註107〕禪宗乃中國佛學之一派，屬大乘佛學，又名佛心宗。禪相傳起源于「拈花微笑，以心傳心」，這樣一個美麗的付法傳說。《指月錄卷一》：「世尊在靈山會上，拈花示眾。是時眾皆默然，唯迦葉尊者，破顏微笑。世尊曰：『吾有正法眼藏，涅槃妙心，實相無相，微妙法門，不立文字，教外別傳，付囑摩訶迦葉』。」無論此故事的真實性如何，吾人必得從禪宗之起源來作考察，在此，楊曾文在《唐五代禪宗史》書中表示：「戒、定、慧共同構成了佛教的三學，統括了全部的佛法。『定』，梵文 Samadhi，音譯『三昧』、『三摩地』，指心專注一處而不散亂的精神狀態，修習者以特定的方法達到這種狀態，以思悟佛教義理。在中國，『定』往往與『禪』連稱，稱作『禪定』。其實，禪雖屬『定』，但比一般的『定』更進一級，不僅要心注於一處，而且要思惟審慮。」請參見楊曾文：《唐五代禪宗史》，北京：中國社會科學，1999年，頁1。可見在佛教未正式立教之前，禪的意涵比較上是瑜伽性質的修行法門，此修行法門也早已在印度文化的土壤上有所流佈。
〔註108〕請參見王邦雄：《中國哲學史》，台北：空大，1996年，頁481。
〔註109〕請參考陳榮波：《禪海之筏》，台北：志文，1993年，頁8～9。

有別于教內的依經持論，與老莊所主張的「道不可傳授」有異曲同工之妙，頗爲中國學者所接受，終於在歷經南北朝、隋、唐後，形成一宗獨盛的局面。〔註110〕而它所顯現的弔詭性，〔註111〕妙有性，〔註112〕大地性〔註113〕（或此岸性）、自然性〔註114〕、人間性〔註115〕（世間性）、平常性（或日常性）、主體性（或實存性）、當下性（頓時性）、機用性〔註116〕以及審美性，都曾對東方文化在哲理創新、宗教體驗、語言表達、文學藝術甚至日常生活等方面，注入了一股活力。〔註117〕因此，禪可說是印度佛學的根芽，在中國文化的土壤上所開出的宗教奇葩，是佛教中國化的新生命展現。

由上論述可見，禪宗之精神形式實乃人文宗教、人間宗教之精神內涵，也是中國文化之精神特色，故凡大地性（或此岸性）、自然性、人間性（世間性）、平常性（或日常性）、主體性（或實存性）、當下性（頓時性）、機用性這些主要特徵，都是固有文化特質中所蘊涵者；然而禪宗雖作爲中國佛教之大宗，有別於印度佛教之固有模式，畢竟還是由印度文化土壤所移枝轉嫁於中土者，其本質上還是以涅槃寂靜爲依歸之解脫宗教，與以人文、道德內涵爲主要特性的儒教，仍然有實質教義上的差異。

由上述對禪宗之本質分析，可知儒家之禮教爲不著外相之宗教形式，落

〔註110〕請參見周慶華：《佛學新視野》，台北：東大，1997 年，頁 160 下註 2 之說明。

〔註111〕傅偉勳說：「弔詭之語，就表層言，似是而實非；就深層言，似非而實是.不二法門之所以具有弔詭性，乃是由於『不二』並非單純呆板的『同一』或『一致』，而是超越『一』與『多』（或『二』）的死對立，但又含藏容許此類對立產生的無限可能性的本來源頭。」請參見傅偉勳：《生命的學問》，頁 71。

〔註112〕妙有（wondorus beingness）則是眞空或不二法門在日常世界的具象性表現，也反映著涅槃解脫的生命境界。請參見傅偉勳：《生命的學問》，台北：生智，1998 年，頁 74。

〔註113〕禪宗的大地性意即此岸即彼岸，生死即涅槃，大地即法界，禪道就是如此直截了當地肯定大地，安於此岸，於此發現妙有，徹悟眞空。請參見傅偉勳：《生命的學問》，頁 78。

〔註114〕此言禪宗老莊化的特色所在。請參見傅偉勳：《生命的學問》，頁 77。

〔註115〕即言禪敢於宣言出世間道即在世間道，勝義諦即在俗義諦，理想與現實不二，如此「人間佛教」方有可能。請參見傅偉勳：《生命的學問》，頁 80。

〔註116〕禪林用語，玄機妙用之意。大徹大悟之禪林師家，以拄杖、手勢，或棒喝等超越言詮之方法教化學人進入深禪境地，稱爲機用。請參見《佛光大辭典》，頁 6250。

〔註117〕請參考傅偉勳：《從創造的詮釋到大乘佛學》，台北：東大，1990 年，頁 243～463。

實於日用生活中體現意義，與禪宗「禪在行住坐臥」同是人間宗教之形式，也是完全脫落宗教外衣之宗教，蔡仁厚說：

> 禮可以通於道德，也可以通於宗教；而理道層的禮，可以作為人的安身立命之道，這是今天的憲法所無能為力的。孟子離婁上有云：「仁，人之安宅也；義，人之正路也。」而禮，則是入德之門。三者連在一起，「仁是宅，禮是門，義是路」，這就是安身立命之道。〔註118〕

因此，儒家之禮法思想，根基於儒家心性學之內涵，一方面展現為禮法思想理想下，和諧的家國社會秩序之展現；一方面也展現了儒家道德宗教潛移默化的人文教養之功，所以今天在一般的宗教國家中，吾人看到宗教團體往往在法律不足處，擔綱維繫風俗教化的重任；在中國社會裡，儒教的禮教思想已然成為社會的倫理風教，成為內化的道德意識，這種意識一方面是通過人的自覺自律，一方面又是整個社會禮教文化下的價值認同；因此，儒家的禮法精神在此也擔負如同西方宗教團體的社會功能，只是這種社會功能不是由一個有組織的宗教團體來進行，而是以一種禮樂文化的方式深入人心，使人自覺的作道德價值的判斷；此禮樂德教更通過個人修身、齊家乃至於社會秩序的和諧運轉，一個國家的興盛與繁榮，皆在此禮樂文化的德教裡運轉得宜。

　　然而，當代社會由於文化多元與文化交流的影響，每個文化族群無以自外於世界，故必然薰受當前進步之民主社會思想。因此，人存活於現代社會，必然的也是為法治社會下，一個權利義務主體的存在；並且，由於現代人習於追逐物質生活的豐富與方便，使得人由於「物化」、「異化」，更使人退化為一個物（商品化）的存在，嚴重的造成人生意義的喪失，失去人之為人的生命目的。而法治社會所給予的雖為更進步與公義的社會，然對於人生命之深層渴望卻無能為力；儒家在此可以提供的正是不具外在形式的內在道德宗教，可以拯救現代人之生命缺憾，這是由於道德意涵藉由儒家「禮」的表現形式，由外而內、由內而發的契及道德生命的本體，可以安頓人之生命意義者。由此所體現之人文教化，使人不致於在滌清生命病痛之餘，落於另一種玄虛的宗教幻境中，此亦即儒家德教功能的顯現，都是原於由「仁」而發的道德律則，儒家所顯發之宗教精神亦由此開出。

〔註118〕蔡仁厚：《儒家思想的現代意義》，頁147。

參、「天人合德」道德宗教之證成

「宗教」在中國文化中以特殊形態展現，是有別於西方宗教者，其「宗教」特性，如蔡仁厚指出「宗教人文化」、「天命天道下貫而爲性」與「道德與宗教通而爲一」三點特色，分別論述如下：

1. 宗教人文化

「殷尚鬼，周尚文」。商代還是宗教階段，卜筮非常盛行。到西周乃至春秋，卜筮還是流行，但尚書洪範篇記載箕子告訴周武王，說一個治國的人遇到疑難之時，應該「謀及乃心，謀及卿士，謀及庶人，謀及卜筮」，卜筮列在最後，表示人的重要性上升，神的權威性降低。而從文王以下，憂患意識的顯露，「敬德、明德」觀念的出現，都表示人文精神的透顯。到了左傳，就直接說出「民、神之主也」（恒公六年）的話，人的地位更明確地超乎鬼神之上。同時，「禮」這個字，也成爲春秋時代最高的理念。所以春秋時期是「宗教人文化」達於成熟的一個階段。

2. 天命天道下貫而為性

在詩經尚書裏面所說的「天、帝、上帝」這些名詞，都含有意志天、人格神的意味。但慢慢地人格神的天轉化而爲形上實體，這就是天命、天道的觀念。像詩經「維天之命，於穆不已」，表示天命深遠深邃而又流行不已。在這裏，「天」很明顯已經轉化爲能起生生之用的形上實體了。再經過左傳「民受天地之中以生」，而發展到中庸「天命之謂性」，更明確地表示天命天道下貫而爲人之性，由此打通「性」與「天道」的隔閡。這一個意識的趨向，決定了中國文化思想的中心，不落在天道本身，而是落「性命天道相貫通」上，所以不走宗教的路，而發展成儒家天人合德的內聖成德之教。

3. 道德與宗教通而為一

中國文化不走宗教的路，並不表示中國文化排斥宗教，而是說中國文化轉化了宗教的形式，而卻融攝了宗教的眞理，使宗教和道德通而爲一。現在只以儒家的「祭禮」作例證來說明。「祭祀」是宗教的要素之一（雖然各種宗教的祭祀形式及其意指互有異同）。在儒家，「祭祀」是納入到「禮」，既然包含有「祭禮」，就表示儒家的「禮」，不只是倫理的、道德的，同時也是宗教的。要了解儒家「道德與宗教通而爲一」的性格，祭禮是一項具體的佐證。〔註119〕

〔註119〕蔡仁厚：《儒家思想的現代意義》，頁 361～362。

　　第三點所提到宗教與道德通而為一，乃是中國文化最重要之特質，蓋中國亦有原始宗教的階段，此所表現成熟者為殷商占卜之興盛，占卜基本的特性乃是以「上帝」、「帝」等為本位的鬼神信仰，及至周人代殷而立，人性價值抬頭，具位格之主宰性質人格神轉為「天命」信仰，初步脫去一般原始宗教之外衣，而成為人文化的宗教，然而此轉化的關鍵者當推孔子，孔子進一步「攝禮歸仁」，轉化「天命」為個人道德實踐之使命與天命，使儒家之教成為道德宗教者，是以儒家宗教是為道德的宗教。至於第二點，筆者認為此為儒家道德宗教成立之關鍵，蓋本文言儒家之為道德宗教，並非由其形式意義言，而是著眼於「內容意義」而言者；儒家三祭實以道德意義為內涵，是透過超越而普遍的道德精神實體；其真義則進一步落實在日常生活中，成為一種圓滿的人文宗教。〔註120〕

　　因此，孔子的將宗教意涵的「禮」，轉化成道德實踐的人文意涵，而先秦儒家天人合德思想的演進與發展，則是人文宗教與道德宗教之精神所在，此是儒家道德宗教所以成立的根本關鍵，以「天人合德」作為儒家道德宗教之終極理想，則道德宗教當為人類宗教之最圓熟者；因為從世界宗教發展的歷程來考察，宗教的發展可分為三個階段：〔註121〕

1. 第一階段是自然宗教的階段。每個宗教發源地區，都個自普遍經歷了這樣一個宗教的原始時期，此階段以崇拜自然神靈為主，包括崇拜祖先神靈，具有自發性、全民性，多神性和強烈的功利性。

2. 第二階段是神學宗教的階段。各宗教通過自然宗教的階段，進一步進入神學宗教的階段，大部分現存的宗教皆屬于此階段，此階段的特點是至高之神的出現，神的社會屬性占據優勢，有了經典和系統的教規教義，形成嚴格的宗教組織和制度，一批宗教學者創造出豐富的宗教理論和神學哲學，宗教成為個人安身立命之信仰。

3. 第三階段是道德宗教或稱為心理宗教的階段。許多宗教正走上或將要走上這個階段；以儒家為顯明的例子，儒家「敬鬼神而遠之」的態度，

〔註120〕牟宗三將「道德宗教」視為一民族立國之本，一則為日常生活軌道（所謂道揆守法），二則足以提撕精神、啟發靈感。在中國文化傳統中，「宗教」乃是兩詞：依宗起教，以教定宗。與西方傳統所謂之「宗教」有所出入。請參考牟宗三：《生命的學問》，台北：三民，1997 年八版，頁 75～77。

〔註121〕請參考牟鍾鑒，〈儒家宗教觀與新人文精神〉，《宗教哲學》第 2 卷第 4 期，1996 年 10 月，頁 29～31。。

脫落一般宗教對鬼神的探問，亦不問鬼神存在之眞實性，而突出宗教
的道德和心理功能，把神道歸屬於人道，這是一種非常理智的和通達
寬容的態度，既不會流於狂熱，又不會陷於武斷，表現出一種崇高的
人文主義精神，與世界上對待宗教問題的新人文主義思潮相吻合。

至於劉述先則認爲由於現在西方神學有現世化的傾向，加上田立克（Paul
Tillich，1886～1965）將宗教重新界定爲「終極關懷」。如此，西方的基督宗
教的性格與儒家的人間性格就可以比較接近。〔註122〕這則是從西方基督宗教
之第二階段發展言，故其有道德宗教之根苗而尚未是者，因此，唯當宗教進
化而爲第三階段者，當是理想而成熟之圓滿發展，可以眞正安立生命之終極
意義。準此，若我們拋開宗教之形式意義言，知道宗教之形式可以是與時而
變的，即可承認儒家作爲道德宗教、人文宗教所內具之宗教精神，則「天人
合德」所提示的理境，自可成立儒家道德宗教、人文宗教之內在義理規模；
至於外在形式，由中國歷代對孔子的崇敬而加以神化，各地孔廟的建立，每
年必然舉行的祭孔大典等歷史事實，不啻證明儒教亦有其特殊的宗教形式，
吾人實無須以西方對宗教的認知，來評斷界定儒家是否爲一宗教。

即使西方學者費爾巴哈（Ludwig Andreas Feuerdach，1804～1872）在1841
年所發表的《基督教的本質》一書，也對宗教之人本與道德主義作出如下的
分析：

> 宗教是人之最初的，並且間接的自我意識。……人先把自己的本
> 質移到自身之外，然後再在自身之中找到它。最初，他自己的本
> 質是作爲另外的本質而成爲他的對象的。宗教是人類童年時的本
> 質。〔註123〕

又說：

> 在宗教，尤其是在基督教之中，道德完善性勝于上帝之其他一切顯
> 要的理智規定或理性規定。但是，作爲道德的宗本質的上帝，不外
> 乎就是實現了的道德理念，人格化了的道德律。不外乎就是人之被
> 設定爲絕對本質的道德本質。〔註124〕

在費爾巴哈看來，上帝不過是道德完善的展現，是一個道德的理念與人格化

〔註122〕請參見劉述先：《文化危機與展望》下，北京：中國青年，1989年，頁528。
〔註123〕費爾巴哈：《費爾巴哈哲學著作選集》下卷，商務印書館，1984年，頁38。
〔註124〕費爾巴哈：《費爾巴哈哲學著作選集》下卷，頁74。

的道德律，既然宗教本身有其人文與道德的本質。那麼儒家作爲一個以道德創造爲依歸的實踐理想，自然也有宗教精神之實質內涵，並且儒家將道德的理念與道德律，從外在（如上帝）放回人本身的道德主體中，所以儒家的道德是自律的、不是他律的，這又是儒家所長之處。總之，中國文化的走向，由西周發展到春秋時代，很明顯地是「宗教人文化」，此即，中華民族的文化生命沒有走向宗教的道路，而是「攝宗教於人文」。〔註125〕

最後，關於儒家道德宗教之轉化與根源，筆者綜合上文所論總結出以下兩點說明：

1. 第一個面向，則由內在義理的發展脈絡說，儒家的天道觀、天命觀乃是繼承殷周有所演進，此內在脈絡在《禮記》、《詩經》、《商書》等典籍皆得見。

《禮記·表記》：「夏道尊命，殷人尊神」。

《詩經·商頌》：「天命玄鳥，降而生商。」

《商書·湯誓》：「有夏多罪，天命殛之。」

這裡面保有夏殷天道觀的意涵，其中的「天命」都具有人格神的意涵在其中，能作賞罰之舉。而周代的天命觀就較殷商而有所進，出現「以德配天」的意義，孔子繼承周文的文化慧命，對殷周的天命觀有所批判、轉化，點示出「命」的兩層概念；一則是命令義的命、一則是命限義的義，可見，「命」已不是周初以德配命的政權得失的道德考量，已然轉爲個人立身行事的道德根據。由此天道觀與天命觀發展爲儒家「天人合德」的端緒，是最爲純粹與人文化之道德宗教。

2. 第二個面向，則是就外在的禮樂教化而言，儒家的禮樂教化，乃是根基于中國人返本報始之精神，無論在殷周祭祖、祭鬼神的儀典中都可看到此一精神的顯現，《儀禮》、《禮記》、《周禮》爲儒家基本經典，孔子述而不作，將故有典籍賦予人文與道德的意義，因此，禮也由外在敬祖祭天的祭祀中，獲得內容意義的充實，成爲具有人文教化意義的形式，孔子注重祭祀，祭祀本爲禮的重要內容之一，《論語·述而》：「子之所慎：齋、戰、疾。」祭祀作爲神道設教的意義，爲孔子所重視與揭示。《論語·八佾》：「或問禘之說。子曰：不知也。知其說者之于天下也，其如示諸斯乎！」禘是指諸侯宗廟之祭，必須加以深刻了解，如此方能知其眞正用意，而禘也是周五典之一，朱熹《四

〔註125〕請參考蔡仁厚：《儒家思想的現代意義》，頁337～338。

書集註》有云：「先文報本追遠之意莫深於禘，非仁孝誠敬之至，不足以與此。」此外，孔子亦堅決反對祭禮上的僭越，強調祭禮的虔誠。〔註126〕也強調人事的重要，排除鬼神迷信之事，不耗費心力於此，《論語‧雍也》：「樊遲問知。子曰：務民之義，敬鬼神而遠之，可謂知矣。」是指重視祭禮所代表的人文意義，而不是祈求福祐的迷信活動。因此，對於「禮」的態度，孔子則以「攝禮歸仁」爲主旨。《禮記‧曲禮》：

> 道德仁義，非禮不成，教訓正俗，非禮不備，紛爭辯頌，非禮不決，
>
> 君臣上下，父子兄弟，非禮不定。

禮的意涵是以儒家道德哲學的內涵來充實，儒家之禮教精神正是基於由內而外的道德理想，這種禮教思想顯然已內化爲中國文化之生命本質，而充分體現於生活日用之中。因此，「禮」所呈現之人文教特質，其端源所發者，乃是以孔子「仁」爲內在的根據，王邦雄即說：

> 君子立身處世，內在實質是義，外發表現是禮。如是言之，義是禮
> 的內在實質，禮是義的外發表現。義的價值判斷，根源又在仁，如
> 是，仁、義、禮的關係又將如何安立？仁是仁心，心會有所不安，
> 不安就是仁的呈現，不安而求其所安，就成爲道德的動力。此一動
> 力，要求生命的感通，通向社會人群，總是要使人人各得所安，不
> 能爲了求得自己心之所安，反而迫使他人承受不安，所以在人我之
> 間，做一因時因地的權宜判斷，使人人皆安的安排，就是義。這一
> 人人皆安的客觀通路，就是禮。由上言之，道德的根源發動在仁。
> 道德判斷抉擇仔在義，道德的通路實踐在禮，仁在內，禮是外，義
> 是由內通向外所做的調適整合工夫。〔註127〕

王邦雄認爲仁禮義三者本有機之祖合，是道德實踐中不可或缺的要素。

〔註126〕孔子強調祭禮的虔誠，此如《論語‧爲政》：「非其鬼而祭之，諂也。」、《論語‧八佾》：「祭如在，祭神如神在。子曰：『吾不與祭，如不祭。』」雖然孔子亦承認鬼神的存在，但並不鼓勵人去祈求鬼神的庇佑，凡事但求人之行爲的良善與否，《論語‧述而》：「子疾病，子路請禱。子曰：有諸？子路對曰：有之。《誄》曰：禱爾于上下神祇。子曰：丘之禱久矣。」孔子不提倡鬼神迷信，勸人致力於人事之努力，此如《論語‧述而》：「子不語怪、力、亂、神。」、《論語‧先進》：「季路問事鬼神。子曰：未能事人，焉能事鬼？曰：敢問死。曰：未知生，焉之死？」

〔註127〕王邦雄等著：《論語義理疏解》，台中：中華文化復興運動推行委員會，1982年，頁37。

總結而言，孔子把禮的作用加以人文教化的建構，使禮作為道德秩序而成為社會和諧、家國安定的一種主要力量；另一方面，對殷周原始宗教性質的天道觀有所繼承與轉化，使其成為「天人合德」內涵之根源。因此，無論儒家是否為一宗教，儒家亦有宗教之情懷與宗教精神，儒教之精神即表現在道德與宗教的通而為一，此宗教所呈現處也是儒家「天人合德」所提示者；就其實質而言若認為儒家是為一宗教，則不是西方宗教學意義下之宗教，因為儒家並沒有一般宗教的外在形式，因此，儒教雖不具「形式意義」，但由其「內容意義」言，則儒家道德哲學是為宗教，是最成熟不著於外相之人文宗教，所展示者是成熟的人文精神。

小　結

本章談先秦儒家「天人合德」哲學之演進及其意義，在「天人合德」哲學演進的層面上，「演進」一詞所表示的：即《論語》《孟子》《中庸》《易傳》之義理傳承實乃同質的發展，而非異質的發展（若是異質之發展可謂變異），是縱貫系統下的一脈傳承發展（如前文第一節所論），因此，《中庸》《易傳》在這個意義下乃孔門義理的引申與發揮。

因此，由先秦儒家「天人合德」哲學的演進與發展，可以透顯出以下幾個意義：

一、先秦儒家「天人合德」哲學之實質內涵，乃儒家內聖之學的極致與圓滿，其內涵包含先秦儒家道德哲學中，本體宇宙論與工夫境界論兩方面的內涵。

二、再則，「天人合德」哲學演進發展之脈絡與意涵，亦即《論語》《孟子》心性論與《中庸》《易傳》天道論之發展（也是先秦儒家內聖之學在論述進路上的發展與演進）。以「天人合德」哲學演進與發展之主軸來考察，也可證成《論語》《孟子》《中庸》《易傳》之內在傳承理路。

三、《中庸》《易傳》所初步完成之道德的形上學之架構，可視為先秦儒家「天人合德」哲學的進一步完成與圓滿。

四、由先秦儒家「天人合德」哲學的演進與發展，導出另外一層文化意義，即傳統原始宗教中的種種概念，經由儒家哲學的轉化與深化，

致使中國文化脫去宗教形式之外相，而成爲人文性格的樸實特色，「天人合德」哲學的發展即是此道德宗教、人文宗教的表徵；因此，先秦儒家「天人合德」哲學的演進與發展，也影響中國文化不走宗教性格之路向。

第六章　結　論

壹、「天人合德」哲學之價值與意義

　　中國哲學本具「生命的學問」之特質，儒釋道三家皆然，在義理型態上雖有所區別，然而其終極關懷皆是如此。尤以儒家哲學挺立人內在之道德主體，證成「天人合德」之可能，足以代表中國「生命的學問」之特有價值；「天人合德」哲學所顯發之內涵，實即先秦儒家內聖之學之義理內涵，儒家內聖之學以「天人合德」為極致，由孔孟心性工夫來開展其端緒，再由《中庸》、《易傳》道德的形上學進一步圓滿。「天人合德」為「天人合一」之思想型態，乃中國哲學之重要特質，亦是大別於西方哲學天人相分之處，傳統希伯來文化的宗教觀中，並不認為人可以透過自身的努力，來成就生命的終極價值。於是就必須仰賴上帝的恩典與救贖；基本上，即袖力宗教之特質，儒釋道三教則強調個體生命之自覺，進則透過工夫實踐來達致生命的理想。

　　是以「天人合一」特為中國哲學之特質，尤以儒家「天人合德」為其代表；「天人合德」中的「天」泛指儒家哲學中所提到之超越的天道實體，舉凡《論語》中所談之天，《孟子》所言之天、《中庸》所言之天命、誠體，《易傳》之太極、易道、乾坤、神體等，皆是本體宇宙論的範疇，而「天人合德」之「人」，則就人之真心本性與主觀實踐進路而言，如此則包含《論語》《孟子》心性論之體系，也涵蓋《論語》《孟子》《中庸》《易傳》之實踐工夫與境界義內涵。「天人合德」哲學之中心特質，乃中國哲學一貫「以人為本，以生命為中心」義理之特性，是儒家本天道與人道相通、天德與人德相應的內涵。

　　本文藉由對「天人合德」哲學之探究，以此面向來理解先秦儒家內聖之

學之眞義。首先，論證《論語》《孟子》《中庸》《易傳》同屬孔門一脈相承；此一脈相承之理由「天人合德」哲學的演進得以顯見；此演進的意涵也即是先秦儒家由心性論向天道論發展之理路，這兩者是相互證成的；再者說明《論語》《孟子》由人而發之心性論立場，與《中庸》《易傳》天道論之內涵，最後說明道德主體之實踐工夫，工夫實踐爲貫通天人之道。由此揭顯先秦儒家「天人合德」哲學之眞義；此外，先秦儒家「天人合德」所發展建構之內涵，也成爲後來宋明儒學「天道性命相貫通」之共同意識的由來。

因此，「天人合德」哲學所顯發之特殊價值與意義，對照西方哲學、宗教所呈現者，可由兩個層面來顯現：

一、超越客觀面

由「天命之謂性」的天道論進路言，道德的本原基礎是「天道天命」，對照西方基督教講道德的基礎，必定要歸於上帝不同；基督教的道德僅能藉由宗教之意義下成立，那是他律道德意義下的道德；而儒家所倡言的道德完全是本心自明的自律法則，故作爲客觀超越的道德實體，也可由工夫實踐加以證成，本體與工夫兩者絕非分裂隔離的個體，此即「天人合德」有別於西方基督宗教之重要特色與價值。

二、內在主觀面

由「欲仁得仁」的實踐進路言，道德工夫的根本是「仁與心性」，對照西方則認爲「上帝」是倫理道德的基礎，因爲只有教徒方可得救。依儒家之見，超越客觀的天道天理可以通過人的心性工夫加以證成。故道德的呈現完全是人主體的實踐工夫，不經由主體眞實的實踐工夫，無由成就道德價值，亦無由顯現人之爲人的存在價值；此乃人之所以爲人的可貴處，因人所稟賦之先天性體，必要透過道德實踐以呈現價值，朗現天道本體之內涵，進而貞定天地萬物之價值意義。

因此，「天人合德」乃確立生命主體之終極理想，道德是本心自明的自律道德，只須逆覺識取，當下便能肯認之、實踐之；而道德實踐的可能性完全是主動由己而發，由此確立生命主體的尊嚴與可能；故「天人合德」亦即「本天道以立人道，立人德以合天德」。前者是由天而人、由超越而內在，後者是由人而天、由內在而超越。因此，天人合德之眞實意義亦是「本天道以立人道，立人德以合天德」，是「天道與心性通而爲一」的天人貫通之學。

貳、「天人合德」之發展歷程與架構

　　「天人合德」之研究不同于西方之哲學範疇之研究，本文在研究進路與方法，以確認「本體論」、「工夫論」為論述之主軸。首先，在「本體論」範疇的研究方面：包含孔孟心性之學的論析、及其「天論」內涵之解析。心性之學的論析方面，重新釐清傳統研究之成果，考察其在「天人合德」哲學中的意義；在孔孟「天論」解析方面，對「天」、「命」等個別概念作考察，以釐清其間的概念內涵之發展與演變；在《中庸》、《易傳》方面，包含《中庸》之形上概念諸如「中」、「誠」等概念作分析，也對《易傳》之諸多本體宇宙論詞語作考察，此諸如易道、乾元、神體等等；再者，至於「工夫論」部分，則由孔子之「踐仁知天」，孟子「盡心知性知天」、「存心養性事天」，中庸「率性」、「盡性」、「誠之」，《易傳》「窮理盡性以至於命」等工夫來貫串，分別展示先秦儒家「天人合德」之工夫義。

　　作為「天人合德」形上根源的「天」，傳統上即作為一切價值意義之終極根據，在儒家義理中亦代表道德價值的根源，先秦儒家實際上並不排除「天」這一形上價值，還特別予以發揮與意義之擴充，故天道論哲學範疇亦是孔孟所關心者。儒家天人之學的探究應有其價質，不能完全由西方之研究進路加以評估，更重要的是：先秦儒家之義理並不作心性論與天道論之切割，心性論與天道論在儒家學問中是相互辯證與成立，皆是論述進路上的必然發展與方便施設，由此方能展現內聖之學的完整。儒家以「本天道以立人道，立人德以合天德」立教，雖具有人間性格，也並不反對形上天道之概念，僅是在論述上由《中庸》《易傳》一路而趨於完備，是一體完整的發展。由孔子「天生德於予」、「下學而上達」已見其根苗，至孟子言「此天之所與我者」，又說「盡心、知性、知天」、「上下與天地同流」，都是論孟「天人合德」哲學之內涵；其中，孟子所言之「天」，主要以義理之天為主，「天」經過周人「天命」、孔子的意義深化，至孟子成為儒家道德哲學中最本原的形上根據，自然義的「天」已不是孟子天論的重點，命運、命限義的「天」，則由孔子對「天」「命」的創新認識所取代，在孟子哲學裡發展出「立命、正命、俟命」，而「天」就成為「知天、事天」之對象，可見「天」在孟子哲學裡獲得比以往更崇高的「地位」，孟子「天人合德」哲學故由「盡心知性知天」處發端，而「天」論在先秦儒家的「天人」思想發展歷程中，也在孟子的「知天、事天」完成其地位，「天」之地位的完成也象徵先秦儒家「天人合德」發展之里程碑。而《中庸》、《易傳》則發揮儒家道德哲學之形

上面向，而進一步完成「天人合德」的形上體系。另外，「天人合德」也進一步消化了傳統「宗教人文化」的特性，以祭禮的方式保存了宗教的精神，使道德也含具宗教性，此是「內容意義」的宗教，因此，在儒家「天與人」、「天道與心性、道德與宗教」的兩層關係中，實質上都是貫通為一的。

當然儒家天道論之形上體系，在孔孟思想中隱而不顯，蓋孔孟實以心性論為主，孟子心學所揭示者，主要強調道德主體的實踐，儒家成德之教形上體系的建構，在《中庸》天命哲學與誠體哲學裡初步成形，其言「天命之謂性」，首章便點出由天命所流貫予個體生命者，此由超越而內在的本性，是人的眞性、正性，此乃先秦儒家首先對人性賦予形上之根據者，此形上的本源與根據，並非是西方哲學中第一因的性質，故不只是形上的理論論述，在《中庸》、《易傳》本體論意涵是與工夫論相結合，若欠缺道德實踐一環，則無以成立其意義與價值，是故無眞實的實踐工夫，則天人合德的理境不可證成；人作為一有限的生命體，雖必然有各自氣性上的拘限，致使人不能全幅朗現道德生命的理想，由此言之，「天人合德」之道德努力是沒有止盡的，故此純亦不已也展現出人之為人的可貴。

《中庸》進一步完成先秦儒家之形上（本體論）架構，為道德的形上學之初步發展，其中所言之「天命」、誠體完全是天道實體之意涵，是由超越之道體以明性體之論述進路，並以道德主體之工夫實踐來貫通之、證成之。《易傳》則將中國傳統文化之原型符碼，進一步賦予儒家道德意涵之骨肉，進一步完成儒家道德的形上學的建構。此分別，乃在《易傳》特別就先秦儒家宇宙論論述部分有所充實，不僅在《中庸》所確立之天道、天命誠體外，使儒家道德哲學在本體論與宇宙論兩方面更形充實，本體論的天道意涵在《中庸》天命、誠體哲學中已有極致之發揮；《易傳》特就生化妙運之描述有所發展，使得個別眞實的存在物，皆得道德意涵的形上分位（物各付物），則天地萬有皆有其道德價值之意義，如此，宇宙秩序即成為道德秩序者；此是先秦儒家道德的形上學之完成。此外，今人常以當代先進物理學或數學原理來驗證易經哲學，似乎有所啓示而言之成理；由此，指出易經哲學之特殊價值，然而這種研究進路其實是本末倒置；本質上，是運用套套邏輯來導出許多出人意表的種種創見。原來易作為單純的宇宙論原理，本即人類理性思想的原型，可以成為當今種種先進物理學理論之根苗，故與當今許多先進物理學觀念可以相通，本不足為奇。

　　《易傳》借用原本乾坤陰陽六爻的變化體系，體現了陰陽變易不息之宇宙樣態，易由太極而兩儀而八卦重卦之，以至於無窮，此中國文化傳統裡整全周備的宇宙論模式，在《易傳》道德哲學的深化後，成為先秦儒家圓滿的本體宇宙論的體系，因此，在《易傳》之天人合德理境裡，此道德心的充盈遍潤無方即成現實之宇宙，而此宇宙即成道德意義之宇宙，故有陸象山所言「吾心即宇宙，宇宙即吾心」之境。則知《易傳》較西方素樸的宇宙論哲學有其深刻意涵，西方習於理性思辯與分析，以主客二元對立之世界觀，強調「天人之分」，「天」為自然義之天，是為吾人征服、主宰之對象，如此發展了科技理性、工具理性，卻忽略了價質理性。工具理性的過度澎脹造成了人與自然生態之間的緊張，也使得人的精神面貌日益空虛、意義喪失；當西方社會學者對此現象憂心忡忡與束手無策之際，《易傳》天人和諧的世界觀正可以提供一些正面啟示。

　　最後，由《論語》《孟子》《中庸》《易傳》所展示之「天人合德」，無論是論孟之心性論進路或是《中庸》《易傳》之天道論進路，其核心皆強調道德主體的實踐，無主體的工夫實踐，即無以親證客觀之天道本體；因此，關於道德主體之工夫實踐，也是「天人合德」成立之關鍵，可見「天人合德」一詞表面雖顯示出境界義，實質上亦指示著工夫意涵，單就「天」與「人」則個別包含了本體宇宙論與心性論範疇，是故「天人合德」哲學之實質內涵，另一層意涵可說是儒家內聖之學的結穴。再者，「天人合德」所呈現先秦儒家「道德的形上學」的特性，其重要特質在於承認人有「智的直覺」的可能，儒家之學不為戲論空談者也是由此而發；由道德主體之實踐工夫而發，充其極則親證天道本體；因此，不惟上帝有「智的直覺」，人亦有「智的直覺」之可能，此由道德主體的實踐來獲得保證，道德主體所證成者為「天人合德」，是儒家道德的形上學之實質意涵；因此，「天人合德」是儒家道德理想的證成，其工夫入路必然是儒家道德的進路，道德之價值為生命存有之意義所在，是以道德價值為本體論之內涵，則儒家形上學是為道德的形上學；再者，由道德的形上學之成立，也可明白先秦論孟庸易「天人合德」哲學之演進與發展。孔子以「踐仁知天」來證成「天人合德」，乃先秦儒家「天人合德」哲學發展之開端；並以「忠恕」來揭示道德主體的無限可能，「忠」表生命個體之「成己」；「恕」則是擴而充之以「成物」，成己成物是仁者的充其極，孟子以「盡心知性知天」、「存心養性事天」來充分展現原有之規模，進一步肯定道德主

體自我實踐的無限可能，故孟子天人思想所揭示者，是先秦儒家「天人合德」哲學發展的基本架構；《中庸》由性體言慎獨，並以誠體貫通天人，也是相應于孔子「踐仁知天」之義理所發；《易傳》言乾坤並建、尊乾而法坤，此同《孟子》《中庸》皆為孔門義理之一脈發展，並且是圓滿充其極之發展（牟宗三語）。因此，孟子云「萬物皆備於我矣」、《中庸》道「肫肫其仁，淵淵其天，浩浩其天」，乃至《易傳》「與天地合其德，與日月合其明，與四時合其序，與鬼神合其吉凶。」等皆是「天人合德」之境界義體現。

參、「天人合德」之道德宗教意義

宗教是文化發端的根源，每一個文化系統都經過原始宗教的階段，中國脫離原始宗教的階段，乃是替代以人文意識之發展；〔註1〕從西周到春秋，由於人文意識的抬頭，使得中國宗教提早人文化而失去其形式（此亦表示中國文化為文化發展之正途，亦是文化發展之早熟表現），再者，由於孔子的應世與對周文的承繼，也更決定了中國文化一種很鮮明的人文色彩。

儒家「天人合德」哲學所展現為圓熟的道德形式，體現為道德宗教之特殊內涵，此道德意義的宗教，即是由宗教的「內容意義」言。況儒家三祭之禮其內容已為道德意義所深化，非僅為一般宗教之「形式意義」者，較之於今日部分當代宗教發展景況，一則呈現各種眩人耳目之宗教狂熱現象，再則光怪陸離之宗教事件層出不窮，知識文明昌明的今日，人心內在的痛苦與焦慮如昔，生命智慧的提昇，未因物質文明的發展而有所進展，其智慧見解竟不如百世前之古人。儒釋道三家為吾人安身立命之資糧，尤以儒家慧命為文化主軸者，其道德宗教所呈顯之意義，乃特別以道德主體為中心的內在宗教，因此，也就無須在外相上特別有所形塑，此以人之內在道德為主體的成德之教，其實乃百姓日用而不知，實際上，已潛移默化在中國文化心靈裡運轉了千年。至於宣講福音，儒家並不採取「己所欲施於人」的半強迫方式，而是以自我的道德光輝去感召，使人能夠自我覺醒、自我作主宰，進而心悅誠服、樂於景從；因此，也不會因宗教意見的不同而產生戰爭，若因宗教因素而排除異己，則適得與宗教之博愛、慈悲本質精神相違背。

總結上述所論，先秦儒家「天人合德」哲學之探究，可以由天道論的發

〔註1〕相對而言，希臘文化則由宗教發展成以宇宙論為開端的自然哲學，而印度則進一步朝宗教意義深化之發展。

展與工夫論的強調兩個層面來總結：

（一）在天道論的層面

　　本文分別考察「天」、「命」等相關意涵。周人「天命」是首次將人自身行為視為吉凶禍福之樞紐，是擺脫始宗教信仰的第一步關鍵；此是人文精神的昂揚，也是人主體自覺之始，孔子進一步「知天命、畏天命」，則是將「天命」觀原本僅限人王的德治思想，擴大普遍為人人所共同的道德「天命」；此是完全擺脫原始宗教信仰的第二步，完全由人為主體來談論天、命問題；孟子的「盡心知性知天」則進一步確立「天」作為道德價值之地位，《中庸》則進一步貫通天人以言性命，《易傳》的「窮理盡性以至於命」也是這一理路的發展。至荀子則視「天」為自然義之天，失去天的道德意涵，無法成立天人合德的體系；漢儒的天人關係論則由氣化宇宙論去安排，人的主位由陰陽五行所取代，故無法傳承《論語》《孟子》《中庸》《易傳》之血脈，也不是先秦儒家「天人合德」哲學的正路。

　　細論之，則孔子傳承周人「天命」觀，首先將原本人君敬德保命之天命，轉而為人普存的道德「天命」、（理命），更由對「命」的兩層認識化解「天命」觀所隱涵的內在矛盾（此是德福一致的矛盾），承認氣命、命限等客觀限制，由此確立道德意義之「命」的必然性與使命性；而「天」則由此脫落原始宗教的意涵，成為道德價值之本體根源，「踐仁知天」即呈顯「天」之價值意涵，「踐仁知天」亦是先秦儒家「天人合德」哲學的發端。孟子由「盡心知性知天」而發，將「天」安立為儒家道德價值之結穴，則「天」至孟子天人思想中發展至極致地位；孔子的「知命」也進一步發展為「正命、俟命、立命」，「命」也豐富了其道德意義之內涵；再者，「天人合德」哲學於孟子〈盡心〉章中完成基本規模。《中庸》則「天命」合言，「天命之謂性」為孔門義理進一步形上的發展，與〈盡心〉章所言可以相互證成，而孟子言「思誠」也可與《中庸》誠體哲學相互貫通，誠體乃《中庸》天道論之核心義理，包涵本體論與工夫論的兩層意涵，故言「誠者，天之道，誠之者，人之道」。而《易傳》則納原本周易豐富的宇宙論語彙，發展出一套豐富的本體宇宙論的架構，此形上體系仍是以儒家道德哲學為基本內涵，在《易傳》天道論中較少出現的「天」，代由易、乾坤、太極、神等概念來引申發揮，心、性、天、命由「窮理盡性以至於命」，在義理上進一步融通發展，獲得形上實體之道體地位，此亦通《孟子‧盡心》章之「盡心知性知天」、《中庸》之「天命」、誠體之義理

內涵；在《中庸》、《易傳》天道論的發展階段裡，「天」、「命」、「心」、「性」最後皆由義理上來成立其意義分位，故在義理上可以相貫通無礙而相互證成，同樣發展爲道德之極致意義；後來宋明儒學亦由此發展出「天道性命相貫通」之共識，此義蘊透過宋明理學加以發揮，在張載〈正蒙〉篇中說明得最完整清楚。簡言之，「天人合德」哲學至庸易而發展圓滿，此是主觀面心性與客觀面天道的合一，其中《中庸》「自誠明謂之性，自明誠謂之教」，乃誠合內外之道，是論孟心性與道體合一的關鍵，此也是誠體哲學的特殊發展；而《易傳》哲學在天道妙運生化部分進一步加以引申發揮，故乾元、神體哲學亦通《中庸》誠體哲學，先秦儒家「天人合德」哲學由此達致圓滿。

（二）在工夫論的層面

無論是以由人而發的心性論進路，還是以超越而內在的天道論進路來談「天人合德」，皆不離工夫實踐而得成立。孔子首先揭示普遍內存的「仁」，確立爲人內在的主體道德；孔子較少言及性與天道等相關問題，主要還是由道德主體的實踐，由「己立立人」「己達達人」的工夫去推擴，並由「下學上達」來提昇與超越，因此，是由人而發、由內在而超越的實踐進路；「踐仁知天」說明了此一進路。孟子進一步立「心」之大體，由四端之心出發，打開心性論之義理規模，同樣的是由內而外、由人而天的實踐；「盡心知性知天」說明了此一進路。《中庸》則由「天命之謂性」言，直接從道體以說性體，強調率性、盡性之重要；《易傳》亦循此進路由天道本體說下來，也強調窮理盡性的工夫。在工夫進路的層面言，由「踐仁知天」、「盡心知性知天」、「率性、盡性」、「窮理盡性」之工夫實踐，其工夫進路皆是由人而發、而下而上的昇進，也是「天人合德」得以成立的主要關鍵。

總而言之，先秦儒家「天人合德」哲學之演進與發展；一則循著心性論而天道論之軌跡以呈顯，由《中庸》、《易傳》之道德的形上學加以圓成；再則「道德的形上學」之初步完成，也表現爲《中庸》、《易傳》本體宇宙論的進一步周全與完備，並且是先秦儒家「天人合德」思想之極致發展；而「天人合德」所涵蘊道德宗教之意涵，爲儒家人文教化之理想，也在「天人合德」哲學的演進與發展中呈顯其意義，並進一步加以證成，成爲文化之特性與內在基因。

最後，對先秦儒家「天人合德」哲學之考察，乃在指陳先秦儒家內聖之學之眞義，並期釐清先秦儒家《論語》《孟子》《中庸》《易傳》義理傳承之內

在理路，也進一步明白道德的形上學成立之根原，由此體會先秦儒家「天人合德」哲學之義理眞貌。而先秦儒家「天人合德」思想的發展，在相關影響層面上，進一步表現在：文化性格的走向與儒教作爲道德宗教、人文宗教之發展；再則，也在儒家本身之義理傳承中，深深影響宋明儒學的論述與發展。

　　本文研究的反省，感於研究範圍過於龐大，其個別典籍相關研究單篇即可成文，因此，關於文獻資料的安排與取舍粗疏之處多有（尤其近年來大陸學者〔註2〕透過新進出土之儒簡資料，重新考證《中庸》成書之時代與作者問題，並進一步釐清《易傳》文獻等相關問題，則在相關義理傳承發展序列的理解上，可有進一步的轉折與新解，並在詮釋系統的應用上提供借境，不過相關文獻之義理性格與體性，基本上仍爲孔門義理之傳承，相信應是學界目前之共識）；而關於先秦儒家「天人」之學的相關論析，其諸多面向仍有進一步發展與開擴的空間；凡此種種，期待有識者惠予指出與開發。

〔註2〕請參考李學勤、黃壽祺、張善文、廖名春、陳來、郭齊勇、郭沂（依姓氏筆劃排序）等先生之論述與考據。

參引書目

依姓氏筆劃順序排定

壹、引用書目

一、原典典籍

《尚書》

《詩經》

《左傳》

《國語》

《論語》

《孟子》

《荀子》

《中庸》

《易傳》

《老子》

《莊子》

《史記》

《墨子·兼愛》

《禮記·表記》

《春秋繁露》

《淮南子·要略》

《漢書·董仲舒傳》

《易緯乾鑿度》

《周易集解》

《九經古義》

《經典釋文》

《歐陽永叔集》（王雲五主編，國學基本叢書四百種）

《正蒙》

《二程全書》

《二程集》

《金文詁林補》

《指月錄》

《朱子語類》

《四書章句集註》

《詩經集傳》

《周易本義》

《陸九淵集》

《象山全集》

《魯齋集》（《四庫全書》〈集部〉一二五〈別集類〉）

《再與袁隨園書》

《習學記言》（《四庫全書》〈子部〉一五五〈雜家類〉）

《總述講學大旨》（《宋元學案》，〈水心學案〉）

《小倉山房尺牘・與人書》

《考信錄》

《們蝨新話》（《叢書集成初編》，王雲五主編）

《周易王韓注》

《讀通鑑論》

《說文解字》

《說文解字注》

《易餘籥錄》

《中庸注》

《十三經引得》

《大易類聚初集》

《觀堂集林》（卷六）

《文源》（中央研究院「傅斯年圖書館古籍線裝書」典藏 1920 年林氏寫印本）

《三代吉金文存》（民國上虞羅氏百爵齋影印本）

《京都大學人文科學研究所所藏甲骨文字》2363。

《佛光大辭典》

《佛光大藏經 —— 禪藏》

《禪宗全書》

二、當代專著

1. 台灣出版品

1. 方東美，《原始儒家道家哲學》，台北：黎明，1993 年四版。

2. 王志成，《解釋與拯救 —— 宗教多元哲學觀》，台北：學林，1996 年。

3. 王邦雄等著，《中國哲學史》，台北：空大，2001 年。

4. 王邦雄等著，《論語義理疏解》，台中：中華文化復興運動推行委員會，1982 年。

5. 王開府，《四書的智慧》，台北：萬卷樓，1995 年。

6. 王夢鷗，《大小戴記選注》，台北：正中，1971 年。

7. 布魯格編著，項退結編譯，《西洋哲學辭典》，台北：華香園，1992 年增訂第二版。

8. 朱伯崑，《易學哲學史》第一卷，台北：藍燈，1991 年。

9. 朱熹，《四書章句集註》，台北：鵝湖，1996 年。

10. 朱熹，《詩經集傳》，台北：蘭台，1979 年。

11. 牟宗三，《人文講習錄》，台北：臺灣學生，1996 年。

12. 牟宗三，《才性與玄理》，台北：臺灣學生，1993 年八版。

13. 牟宗三，《中國哲學十九講》，台北：臺灣學生，1993 年。

14. 牟宗三，《中國哲學的特質》，台北：臺灣學生，1994 年再版。

15. 牟宗三，《心體與性體》（一），台北：正中，1999 年。

16. 牟宗三，《心體與性體》（二），台北：正中，1999 年。

17. 牟宗三，《心體與性體》（三），台北：正中，1981 年。

18. 牟宗三，《生命的學問》，台北：三民，1997 年八版。

19. 牟宗三，《名家與荀子》，台北：臺灣學生，1979 年。

20. 牟宗三，《從陸象山到劉蕺山》，台北：臺灣學生，1979 年。

21. 牟宗三，《現象與物自身》，台北：臺灣學生，1996 年。

22. 牟宗三，《智的直覺與中國哲學》，台北：臺灣商務，2000 年。

23. 牟宗三，《圓善論》，台北：臺灣學生，1996 年二版。

24. 牟宗三，《歷史哲學》，台北：臺灣學生，2000 年。

25. 牟宗三，唐君毅等著，《寂寞的新儒家》，台北：鵝湖，1992 年。

26. 牟宗三主講，盧雪崑錄音整理，《四因說演講錄》，台北：鵝湖，1997 年再版。

27. 牟宗三主講，盧雪崑錄音整理，《周易哲學演講錄》，台北：聯經，2003 年。

28. 牟宗三主講，林清臣記錄，《中西哲學之會通十四講》，台北：臺灣學生，1996 年。

29. 吳怡，《中庸誠的哲學》，台北：東大，1993 年。

30. 吳怡，《易經繫辭傳解義》，台北：三民，2001 年。

31. 呂紹綱，《周易闡微》，台北：韜略，1996 年。

32. 杜維明，〈儒家論做人〉，《儒家思想——以創造轉化為自我認同》，台北：東大，1997 年。

33. 李杜，《中西哲學思想中的天道與上帝》，台北：藍燈，2000 年。

34. 李澤厚，《中國古代思想史論》，台北：谷風，1987 年。

35. 金春峰，《《周易》經傳梳理與郭店楚簡思想新釋》，台北：台灣古籍，2003 年。

36. 沈清松，《物理學之後》，台北：牛頓，1987 年。

37. 沈清松，《傳統的再生》，台北：業強，1992 年。

38. 沈清松，臺大哲學系主編，〈老子的人性論初探〉，《中國人性論》，台北：東大，1990 年。

39. 沈清松編，《中國人的價值觀——人文學的觀點》，台北：桂冠，1994 年。

40. 周慶華，《佛學新視野》，台北：東大，1997 年。

41. 屈萬里，《先秦漢魏易例評述》，台北：臺灣學生，1969 年。

42. 帕馬（Richard E.Palmer.），嚴平譯，《詮釋學》（Hermeneutics），台北：桂冠，1992 年。

43. 彼得.A.安傑利斯著，段德智等譯，《哲學辭典》，台北：貓頭鷹，1999 年。

44. 金景芳，呂紹綱，《周易全解》，台北：韜略，1999 年。

45. 柳田聖山，吳汝鈞譯，《中國禪思想史》，台北：商務，1995 年。

46. 威耳森（Bryan Wilson），《世俗化的爭論》，1986 年。

47. 戴康生《當代新興宗教》，北京：東方，1999 年。

48. 洪漢鼎，《詮釋學史》，台北：桂冠，2002 年。

49. 胡志奎，《學庸辨證》，台北：聯經，1984 年。

50. 胡厚宣，《甲骨學商史論叢》初集上，台北：大通，1972 年。

51. 胡適，《胡適文集》下，台北：中華，1991 年。

52. 范良光，《易傳道德的形上學》，台北：臺灣商務，1982 年。

53. 容庚，《金文編》正續編合訂本，台北：大通，1971 年。

54. 唐君毅，《中西哲學思想之比較研究集》，上海：正中，1947 年。

55. 唐君毅，《中西哲學思想之比較論文集》，台北：臺灣學生，1988 年。

56. 唐君毅，《中國人文精神之發展》，台北：臺灣學生，1979 年五版。

57. 唐君毅，《中國哲學原論——原性篇》，台北：臺灣學生，1989 年全集校訂版。

58. 唐君毅，《中國哲學原論——原道篇》卷一，台北：臺灣學生，1992 年全集校訂版。

59. 唐君毅，《中國哲學原論——原道篇》卷二，台北：臺灣學生，1984 年。

60. 唐君毅，《中國哲學原論——原道篇》卷三，台北：臺灣學生。

61. 唐君毅，《中國哲學原論——導論篇》，台北：臺灣學生，1993 年二版。

62. 唐君毅，《中華人文與當今世界》下冊，台北：學生，1975 年。

63. 海德格，孫周興選編，《海德格爾選集》，上海：上海三聯，1996 年。

64. 海德格，王慶節、陳嘉映譯，《存有與時間》，台北：桂冠，1998 年。

65. 徐復觀，《中國人性論史——先秦篇》，台北：臺灣商務，1999 年。

66. 徐復觀，《中國思想史論集》，台北：臺灣學生，1974 年。

67. 袁保新，《老子哲學之詮釋與重建》，台北：文津，1997 年。

68. 袁保新，《孟子三辨之學的歷史省查與現代詮釋》，台北：文津，1992 年。

69. 高柏園，《中庸形上思想》，台北：東大，1990 年。

70. 高懷民，《先秦易學史》，台北：中國學術著作獎助委員會，1986 年。

71. 高懷民，《兩漢易學史》，台北：文津，1975 年再版。

72. 涂爾幹著，芮傳明譯，《宗教生活的基本形式》，台北：桂冠，1992 年。

73. 崔述，《考信錄》下，〈餘錄〉卷之三，台北：世界，1989 年。

74. 張立文，《周易與儒道墨》，台北：東大，1991 年。

75. 張立文，《帛書周易淺說》，《周易帛書今注今譯》，台北：臺灣學生，1991 年。

76. 張光直，《早期中國文化》，坎貝理志：哈佛大學，1976 年。

77. 張岱年，《中國倫理思想研究》，台北：貫雅，1991 年。

78. 張善文,《易經初階》,台北:頂淵文化,2000 年。

79. 張善文,《象數與義理》,台北:洪葉,1997 年。

80. 許慎撰,清段玉裁註,《説文解字注》,台北:天工,1987 年。

81. 歐陽禎人,《郭店儒簡論略》,台北:台灣古籍,2003 年。

82. 郭沫若,《青銅時代》,(載於《郭沫若全集、(1) 歷史篇)

83. 郭齊勇,《儒學與儒學史新論》,台北:臺灣學生,2002 年。

84. 陳大齊,《孔子言論貫通集》,台北:臺灣商務,1982 年。

85. 陳來,《古代宗教與倫理——儒家思想的根源》,台北:允晨,2005 年。

86. 陳俊輝,《哲學的基本架構》,台北:水牛,1996 年。

87. 陳榮波,《禪海之筏》,台北:志文,1993 年。

88. 陳榮灼,《現代與後現代之間》,台北:時報文化,1992 年。

89. 陳榮華,《海德格哲學——思考與存有》,台北:輔仁大學,1992 年。

90. 陳榮華,《葛達瑪詮釋學與中國哲學詮釋》,台北:明文,1998 年。

91. 陳滿銘,《中庸思想研究》,台北:文津,1980 年。

92. 陳鼓應,《易傳與道家思想》,台北:臺灣商務,1999 年。

93. 陸象山,《陸九淵集》,台北:里仁,1981 年。

94. 傅斯年,《性命古訓辨證》,台北:中央研究院史語所,1992 年。

95. 傅佩榮,《儒道天論發微》,台北:臺灣學生,1988 年。

96. 傅偉勳,《生命的學問》,台北:生智,1998 年二版。

97. 傅偉勳,《死的尊嚴與生命的尊嚴》,台北:正中,1996 年五版。

98. 傅偉勳,《西洋哲學史》,台北:三民,2000 年。

99. 傅偉勳,《從西方哲學到禪佛教》,台北:東大,1991 年再版。

100. 傅偉勳,《從創造的詮釋到大乘佛學》,台北:東大,1990 年。

101. 傅偉勳,《學問的生命與生命的學問》,台北:正中,1994 年。

102. 勞思光,《新編中國哲學史》(一)～(三),台北:三民,2001 年重印三版。

103. 曾仰如,《宗教哲學》,台北:臺灣商務,1993 年。

104. 湯用彤,《魏晉玄學論稿》,台北:里仁,1984 年。

105. 程石泉,《易學新探》,台北:文景,1999 年。

106. 程顥、程頤撰,《二程集》,台北:漢京文化,1983 年。

107. 費爾巴哈,《費爾巴哈哲學著作選集》下卷,商務印書館,1984 年。

108. 馮友蘭,《中國哲學史》,台北:臺灣商務,1990 年。

109. 馮友蘭,《中國哲學史》上冊,台北:宜文。

110. 黃仁宇，《中國大歷史》，台北：聯經，1993 年。

111. 黃沛榮，《易學乾坤》，台北：大安，1998 年。

112. 黑格爾（G.F.Hegel），王造時、謝詒微譯，《歷史哲學》，台北：九思，1978 年。

113. 楊伯峻，《孟子譯注》，台北：源流文化，1982 年。

114. 楊祖漢，《中庸義理疏解》，台北：鵝湖，1997 年三版。

115. 楊慧傑，《天人關係論》，台北：水牛，1994 年再版。

116. 鄔昆如，《哲學概論》，台北：五南，1990 年四版。

117. 廖名春，《帛書易傳初探》，台北：文史哲，1998 年。

118. 漢斯——格奧爾格.迦達默爾，《詮釋學 I 眞理與方法》（Hermeneutik I Wahrheit und Methode），台北：時報文化，1996 年。

119. 熊十力，《十力語要》，台北：廣文，1962 年。

120. 熊十力，《讀經示要》，台北：明文，1999 年再版。

121. 熊十力，《讀經示要》卷一，台北：洪氏，1976 年。

122. 熊十力，《讀經示要》卷三，台北：廣文，1960 年。

123. 熊十力，《體用論》，台北：臺灣學生，1987 年。

124. 劉述先，《中國哲學與現代化》，台北：時報文化，1970 年。

125. 劉瀚平，《儒家心與天道》，台北：商鼎，1997 年。

126. 蔡仁厚，《中國哲學史大綱》，台北：臺灣學生，1992 年。

127. 蔡仁厚，《中國哲學的反省與新生》，台北：正中，1994 年。

128. 蔡仁厚，《孔子的生命境界——儒學的反思與開展》，台北：臺灣學生，1998 年。

129. 蔡仁厚，《孔孟荀哲學》，台北：臺灣學生，1999 年。

130. 蔡仁厚，《牟宗三先生學思年譜》，台北：臺灣學生，1996 年。

131. 蔡仁厚，《宋明理學——北宋篇》，台北：臺灣學生，1988 年。

132. 蔡仁厚，《宋明理學——南宋篇》，台北：臺灣學生，1999 年增訂版。

133. 蔡仁厚，《哲學史與儒學論評：世紀之交的回顧與前瞻》，台北：臺灣學生，2001 年。

134. 蔡仁厚，《新儒家的精神方向》，台北：臺灣學生，1989 年。

135. 蔡仁厚，《儒家思想的現代意義》，台北：文津，1999 年。

136. 蔡仁厚，《儒學的常與變》，台北：東大，1980 年。

137. 鄭康成注，《易緯乾鑿度》卷上，台北：老古文化，1981 年。

138. 錢穆，《中國哲學思想史》，台北：臺灣學生，1993 年。

139. 錢穆，《中國學術思想史論叢》（二），台北：東大，1976 年。

140. 錢穆，〈論十翼非孔子作〉（載《古史辨》第三冊上編）。

141. 戴君仁，《談易》，台北：臺灣開明，1980 年六版。

142. 戴璉璋，《易傳之形成及其思想》，台北：文津，1989 年。

143. 魏元珪，《孟荀道德哲學》，台北：海天，1980 年。

144. 嚴平，《高達美》，台北：東大，1997 年。

145. 蘇新鋈，《先秦儒學論集》，台北：文津，1992 年。

146. George Ritzer 著：《社會學理論》，台北：巨流，1989 年。

147. Peter K. Mclnerney，林逢祺譯，《哲學概論》，台北：桂冠，1996 年。

2. 英文出版品

1. Martain Heidegger, "being and time", tr.John Macquarrire and Edward Robinson, Hatrper and Row, New York。

2. Wilson.B, "contemporary transformations of religion", London, 1976 年。

3. 大陸出版品

1. 朱伯崑主編，《國際易學研究》1～5 輯，北京：華夏，1995 年～1999 年。

2. 朱哲，《先秦道家哲學研究》，上海：上海人民，2000 年。

3. 李亞農，《李亞農史論集》，上海：上海人民，1978 年。

4. 李學勤，《周易經傳溯源》，長春：長春出版社，1992 年。

5. 杜維明著，段德智譯，《論儒學的宗教性——對《中庸》的現代詮釋》，武漢：武漢大學，1999 年。

6. 余英時，〈古代知識階層的興起與發展〉，《士與中國文化》，上海：上海人民，1987 年。

7. 威耳森（Bryan Wilson），《世俗化的爭論》，1986 年。

8. 施密特（W.Schmidt），《原始宗教與神話》，上海：上海文藝，1987 年。

9. 約瑟夫・弗萊徹（Joseph Fletcher），《境遇倫理學》，中國社會科學出版社，1989 年。

10. 唐明邦，《當代易學與時代精神》，湖北：湖北人民，1999 年。

11. 格爾茲 Geertz 著，王銘銘譯，《文化的解釋》，上海人民，1999 年。

12. 張立文，《周易思想研究》，湖北：湖北人民，1980 年。

13. 張光直，《中國青銅時代》（二集），北京：三聯，1990 年。

14. 張岱年，《中國哲學大綱——中國哲學問題史》，北京：中國社會科學，1982 年。

15. 郭沂，《郭店竹簡與先秦學術思想》，上海：上海教育，2001 年。

16. 郭沂，〈孔子學易考論〉，劉大鈞，《大易集述》，成都：巴蜀書社，1998年。

17. 陳來，《古代宗教與倫理——儒家思想的根源》，北京：三聯，1996年。

18. 陳來，《有無之境》，北京：人民，1991年。

19. 陳夢家，《殷商卜辭綜述》，北京：中華，1988年。

20. 陳寧，《中國古代命運觀的現代詮釋》，瀋陽：遼寧，2000年。

21. 雅斯貝爾斯，《歷史的起源與目標》，北京：華夏，1989年。

22. 馮友蘭，《中國哲學史新編》第二冊，北京：人民，1992年。

23. 馮友蘭，《新原人》，上海：上海書店，1991年。

24. 馮友蘭著，涂又光譯，《中國哲學簡史》，北京：北京大學，1985年。

25. 楊曾文，《唐五代禪宗史》，北京：中國社會科學，1999年。

26. 廖名春，《周易經傳與易學史新論》，山東：齊魯，2001年。

27. 劉大鈞，《大易集述》，成都：巴蜀書社，1998年。

28. 劉述先，《文化危機與展望》下，北京：中國青年，1989年。

29. 戴康生，《宗教社會學》，北京：社會科學文獻，2000年。

30. 戴康生，《當代新興宗教》，北京：東方，1999年。

三、期刊論文

1. 台灣出版品

1. 千炳敦，〈《易傳》道德形上學研究——並省察王弼與朱子之易學〉，東海大學哲學系博士班論文，1993年。

2. 王聰明，〈《中庸》形上思想研究〉，師範大學國文學系博士班論文，1997年。

3. 巨克毅，〈當代天人之學研究的新方向——反省與重建〉，《宗教哲學》第2卷第1期，1996年1月。

4. 牟鍾鑒，〈儒家宗教觀與新人文精神〉，《宗教哲學》第2卷第4期，1996年10月。

5. 吳建明，〈先秦儒學「道德宗教」之內涵探析〉，《宗教哲學》第44期，2008年6月。

6. 吳建明，〈《易傳》命論之研究〉，《東方人文學誌》第6卷第2期，2007年6月。

7. 吳建明，〈論莊子對「命」的思考及其「安命」之可能〉，《鵝湖》第311號，2001年5月。

8. 李正治，〈從中庸易傳看儒學的發展〉，《孔孟月刊》第25卷第8期，1981

年 4 月。

9. 李申，〈教化之教就是宗教〉，《文史哲》第 3 期，1998 年。

10. 李光泰，許宗興，〈中庸天人合德思想探究〉，《東南學報》第 20 期，1997 年 2 月。

11. 李杜，〈「天人合一」論〉，《新亞學術集刊》第 17 期，2001 年 7 月。

12. 李美燕，〈孟子內聖之學中「心」、「性」、「天」、「命」觀念的研究〉，《國立臺灣師範大學國文研究所集刊》第 33 期，1989 年 6 月。

13. 杜保瑞，〈功夫理論與境界哲學〉，《中華易學》，第 20 卷，1999 年 4 月。

14. 杜保瑞，〈易傳中的基本哲學問題〉，《中華易學》第 20 卷 7、8、9 期，1999 年 7 月。

15. 尚·布希亞（Jean Baudrillard）、蔡崇隆譯，〈消費社會與消費欲望〉，《當代》第 65 期，1991 年 1 月。

16. 林義正，〈論《周易》與孔子晚年思想的關係〉，《國立台灣大學哲學論評》第 19 期，1996 年 1 月。

17. 林麗真，〈易傳附經的起源問題〉，《孔孟月刊》第 17 卷第 3 期，1978 年 11 月。

18. 唐經欽，〈儒學是否有神秘主義傾向〉，《鵝湖》第 303 號，2000 年 9 月。

19. 徐復觀，〈孔子的性與天道──人性論的建立者〉，《民主評論》第 11 卷第 22 期，1960 年 12 月。

20. 張永儁，〈命理與義理〉，《哲學雜誌》第 3 期，1993 年 1 月。

21. 陳寧，〈命運可知而不可改變之觀念的產生〉，《文哲論壇》第 6 卷第 2 期，1996 年。

22. 陶國璋，〈王陽明哲學的體系性分析〉，《新亞學報》第 16 卷下期，1993 年 1 月。

23. 傅佩榮，〈《易傳》的定性──儒家或道家〉，《中華易學》第 17 卷第 1 期，1996 年 3 月。

24. 喬清舉，〈天人關係：中國古代人學的本體基礎〉，《文史哲》第 4 期，1999 年。

25. 曾春海，〈《易》、《老》哲學理趣之異同〉，《哲學雜誌》第 16 期，1996 年 4 月。

26. 傅佩榮、林安梧，〈「人性向善論」與「人性善向論」──關於先秦儒家人性論的論辯〉，《哲學雜誌》第五期，1993 年 6 月。

27. 馮禹，〈中國的「天人合一」與印度的「梵我一如」〉，《宗教哲學》第 4 卷第 2 期，1984 年。

28. 廖名春，〈從郭店楚簡論先秦儒家與《周易》的關係〉，《漢學研究》第

18 卷 1 期，2000 年 6 月。

29. 趙雅博，〈孟子思想的再探討〉，《國立編譯管館館刊》，1985 年 12 月。

30. 蔡仁厚，〈中國哲學史的過去現在與未來——對民國以來有關中哲史之種種省察〉，中華民國史專題論文集第四屆討論會，台北，1998 年。

31. 蔡仁厚，〈孟子的修養論〉，《中國文化月刊》第 47 期，1983 年 9 月。

32. 蔡仁厚，〈孔子思想中的「義」「命」觀念〉，《孔孟月刊》第 10 卷第 4 期，1977 年 12 月。

33. 蔡仁厚，〈儒家倫理基軸之省察〉，《東海哲學研究集刊》第 5 輯，1998 年 7 月。

34. 諶中和，〈從殷商天道觀的變遷談周人尚德與殷人尚刑〉，《哲學與文化》第 27 卷第 11 期，2000 年 11 月。

35. 戴璉璋，〈《易傳》關於天人之際的論述〉，《鵝湖月刊》第 15 卷第 8 期，1990 年 2 月。

36. 顏國明，〈「《易傳》是道家《易》學」駁議〉，《中國文哲研究集刊》第 21 期，2002 年 9 月。

37. 蘇景星，〈孔子宗教態度初探〉，《東海哲學研究集刊》第 1 輯，1991 年 10 月。

2. 大陸出版品

1. 任繼愈，〈論儒教的形成〉，《中國社會科學》第 1 期，1980 年。

2. 李學勤，〈帛書《易傳》與《易經》的作者〉；朱伯崑主編，《國際易學研究》第 1 輯，北京：華夏，1995 年。

3. 李學勤，〈馬王堆帛書《周易》的卦序卦位〉，《中國哲學》第 14 期，人民，1984 年。

4. 杜保瑞，〈易學方法論〉；劉大鈞，《大易集述》，成都：巴蜀書社，1998 年。

5. 姜廣輝，〈『文王演《周易》』新說——兼談境遇與意義問題〉；劉大鈞，《大易集述》，成都：巴蜀書社，1998 年。

6. 黃壽祺，〈從《易傳》看孔子的教育思想〉，《周易研究論文集》第 4 輯，北京師範，1990 年 5 月。

貳、參考書目

一、當代專著

1. 台灣出版品

1. 中村元著，徐復觀譯，《中國人之思維方法》，台北：臺灣學生，1995 年。

2. 中華民國孔孟學會四書研究會編纂,《學庸章句引得》,台北:孔孟學會,1960 年。

3. 王士濂、張九成,《四書集註考證》,台北:新文豐,1985 年。

4. 王光漢,《易經的奧妙》,台北:時報文化,1997 年。

5. 王邦雄,《儒道之間》,台北:漢光,1994 年六版。

6. 王居恭,《漫談周易》,台北:文史哲,1992 年。

7. 王新華,《周易繫辭傳研究》,台北:文津,1998 年。

8. 朱維煥,《周易經傳象義闡釋》,台北:臺灣學生,1993 年。

9. 江希張,《新註學庸》,台北:正一,1995 年。

10. 牟宗三,《周易的自然哲學與道德函義》,台北:文津,1998 年。

11. 牟宗三講述,陶國璋整理之,《莊子齊物論義理演析》,台北:書林,1999 年。

12. 何淑靜,《孟荀道德實踐理論之研究》,台北:文津,1988 年。

13. 吳怡,《禪與老莊》,台北:三民,1992 年八版。

14. 吳康,《周易大綱》,台北:臺灣商務,1991 年。

15. 吳康等著,《學庸研究論集》,台北:黎明文化,1982 年再版。

16. 呂紹綱主編,《周易辭典》,台北:漢藝色研,2001 年。

17. 李申,《易學十日談》,台北:建宏,2000 年。

18. 李杜,《中國古代天道思想論》,台北:藍燈文化,1992 年。

19. 李周龍,《易學拾遺》,台北:文津,1992 年。

20. 李明輝主編,《儒家思想的現代詮釋》,台北:中央研究院中國文哲研究所籌備處,1997 年。

21. 李明輝主編,蔡師仁厚等著,《牟宗三先生與中國哲學之重建》,台北:文津,1996 年。

22. 李煥明,《易經的生命哲學》,台北:文史哲,1997 年。

23. 李瑞全,《儒家的生命倫理學》,台北:鵝湖,2000 年再版。

24. 杜而未,《易經陰陽宗教》,台北:臺灣學生,1982 年。

25. 杜維明,《儒教》,台北:麥田,2002 年。

26. 周大利,《周易要義》,台北:文史哲,1981 年。

27. 周甘逢,《周易的人生哲學》,高雄:高雄復文,2001 年。

28. 林安梧,《當代新儒家哲學史論》,台北:明文,1996 年。

29. 林政華,《易學新探》,台北:文津,1987 年。

30. 林漢仕,《否泰輯真》,台北:文史哲,1991 年。

31. 林漢仕,《周易匯眞》,台北:文史哲,1998 年。

32. 林漢仕,《易傳評詁》,台北:文史哲,1983 年。

33. 林漢仕,《易傳綜理》,台北:文史哲,1992 年。

34. 林漢仕,《易傳廣玩》,台北:文史哲,1999 年。

35. 林漢仕,《易傳廣都》,台北:文史哲,2002 年。

36. 林漢仕,《易經傳傳》,台北:文史哲,1994 年。

37. 南懷瑾,《易經雜說》,台北:老古,1991 年五版。

38. 洪業等編纂,《周易引得》,北平:燕京大學,1966 年。

39. 胡自逢,《先秦諸子易說通考》,台北:文史哲,1989 年三版。

40. 胡志奎,《學庸辨證》,台北:聯經,1984 年。

41. 胡道靜,戚文,《周易十講》,台北:書林,1999 年。

42. 胡樸安,《周易古史觀》,台北:仰哲 1987 年。

43. 韋政通,《中國思想史》,台北:水牛,1994 年十二版。

44. 唐君毅,《人生之體驗續編》,台北:臺灣學生,1996 年二版。

45. 唐華,《讀易經的方法學》,台北:玄同文化事業公司,1998 年再版。

46. 容格著,楊儒賓譯,《東洋冥想的心理學——從易經到禪》,台北:商鼎,1995 年。

47. 袁保新,李明輝主編,〈盡心與立命〉,《孟子思想的哲學探討》,台北:中研院文哲所,1995 年。

48. 徐芹庭,《易經研究》,台北:五洲,1997 年。

49. 徐芹庭,《細說易經》,台北:聖環,2001 年修定一版。

50. 徐復觀,《中國藝術精神》,台北:臺灣學生,1992 年。

51. 高柏園,《莊子內七篇思想研究》,台北:文津,1992 年。

52. 郭建勳注釋,黃俊郎校閱,《新譯易經讀本》,台北:三民,1996 年。

53. 陳大齊,《孔子學說》,台北:正中,1992 年。

54. 陳大齊,《孔學論集》,台北:中華文化,1957 年。

55. 陳大齊,《孔子學說論集》,台北:正中,1992 年。

56. 陳鼓應,《易傳與道家思想》,台北:臺灣商務,1999 年。

57. 陳德和,《淮南子的哲學》,嘉義:南華管理學院,1999 年。

58. 曾春海,《易經哲學的宇宙與人生》,台北:文史哲,1997 年。

59. 曾春海,《儒家哲學論集》,台北:文津,1989 年。

60. 程石泉,《易辭新詮》,台北:文景,1995 年。

61. 馮家金重編,明·來知德、清·惠棟,《周易繫辭傳注疏》,台北:頂項

文化，1999 年。

62. 馮滬祥，《易經之生命哲學》，台北：時代，1973 年。

63. 黃沛榮，《周易彖象傳義理探微》，台北：萬卷樓，2001 年。

64. 黃沛榮，《易學論著選集》，台北：長安，1981 年。

65. 黃忠天，《周易程傳註評》，高雄：高雄復文，2001 年二版。

66. 黃俊傑，《孟學思想史論卷一》，台北：東大，1991 年。

67. 黃俊傑，《孟學思想史論卷二》，台北：中央研究院中國文哲研究所籌備處，1997 年。

68. 黃俊傑主編，《孟子思想的歷史發展》，台北：中央研究院中國文哲研究所籌備處，1995 年。

69. 黃慶萱，《周易讀本》，台北：三民，2001 年增訂二版。

70. 楊祖漢，《當代儒學思辨錄》，台北：鵝湖，1998 年。

71. 楊祖漢，《儒家的心學傳統》，台北：文津，1992 年。

72. 楊祖漢，《儒學與康德的道德哲學》，台北：文津，1987 年。

73. 楊國榮，《道德形上學引論》，台北：五南，2002 年。

74. 楊復竣，《易經神話傳說》，板橋：駱駝，1996 年。

75. 楊儒賓，《儒家身體觀》，台北：中央研究院中國文哲研究所籌備處，1996 年。

76. 楊儒賓、黃俊傑編，《中國古代思維方式探索》，台北：正中，1996 年。

77. 楊儒賓主編，《中國古代思想中的氣論與身體觀》，台北：巨流，1997 年。

78. 廖名春，《帛書《易傳》初探》，台北：文史哲，1998 年。

79. 趙建偉，《出土簡帛《周易》疏證》，台北：萬卷樓，2000 年。

80. 劉述先主編，《儒家思想與現代世界》，台北：中央研究院中國文哲研究所籌備處，1997 年。

81. 劉翔平，《尋找生命的意義——弗蘭克的意義治療學說》，台北：貓頭鷹，2001 年。

82. 郭齊勇，《儒學與儒學史新論》，台北：台灣學生，2002 年。

83. 蔣年豐，《文本與實踐（一）——儒家思想的當代詮釋》，台北：桂冠，2000 年。

84. 蔣年豐，《地藏王手記》，嘉義：南華管理學院，1997 年。

85. 蔡仁厚，《孔門弟子志行考述》，台北：臺灣商務，1998 年二版。

86. 蔡仁厚，《王陽明哲學》，台北：三民，1992 年修定三版。

87. 蔡仁厚，《論語人物論》，台北：臺灣商務，2000 年。

88. 蔡仁厚,《儒家心性之學論要》,台北:文津,1980 年。

89. 鄭吉雄,《易圖象與易詮釋》,台北:樂學,2002 年。

90. 鄭萬耕,《易學源流》,台北:大展,2002 年。

91. 鄭燦,《易學啓蒙》,台北:中國孔孟學會,1975 年。

92. 盧瑞鐘,《中國政治思想史分論(一)——人性論、天命論與義利之辨》,台北:商鼎,2002 年。

93. 蕭登福,《易經新譯》,台北:文津,2001 年。

94. 錢基博,《周易解題及其讀法》,台北:臺灣商務,1989 年六版。

95. 錢穆,《先秦諸子繫年》,台北:東大,1990 年再版。

96. 謝仲明,《儒學與現代世界》,台北:臺灣學生,1991 年增修再版。

97. 魏元珪,《老子思想體系探索》,台北:新文豐,1997 年。

98. W.T.Stance 著,楊儒賓譯,《冥契主義與哲學》,台北:正中,1998 年。

2. 大陸出版品

1. 王新春,《神妙的周易智慧》,北京:中國書店,2001 年。

2. 任俊華,《易學與儒學》,北京:中國書店,2001 年。

3. 任寶禎等編,《易學書目》,山東省:齊魯書社,1993 年。

4. 任繼愈,《中國哲學發展史——先秦》,北京:人民,1998 年。

5. 朱伯崑主編,《周易知識通覽》,山東:齊魯書社,1996 年。

6. 朱伯崑主編,《易學基礎教程》,北京:九洲圖書,2000 年。

7. 江國樑,《周易原理與古代科技》,福州:鷺江,1990 年。

8. 何新,《大易通解》,成都:四川人民,2000 年。

9. 李鏡池,《周易探源》,北京:中華書局,1978 年。

10. 杜維明著,錢文忠、盛勤譯,《道學政·論儒家知識分子》,上海:上海人民,2000 年。

11. 邢文,《帛書周易研究》,北京:人民,1997 年。

12. 周止禮,《易經門窺》,北京:學苑,1990 年。

13. 周振甫,《周易譯注》,香港:中華書局,2000 年再版。

14. 尚秉和,《周易尚氏學》,北京:中華書局,1998 年。

15. 烏恩溥,《周易——古代中國的世界圖式》,長春:吉林文史,1988 年。

16. 馬振彪遺著,張善文整理,《周易學說》,廣東:花城,2002 年。

17. 高柏園,《孟子哲學與先秦思想》,台北:文史哲,1996 年。

18. 張永桃主編,《中國典籍精華叢書第一卷——儒學源流》,北京:中國青年,2000 年。

19. 張立文，《中國哲學範疇發展史（人道篇）》，北京：中國人民，1995 年。

20. 張立文，《中國哲學範疇發展史（天道篇）》，北京：中國人民，1988 年。

21. 張吉良，《周易哲學和古代社會思想》，山東：齊魯書社，1998 年。

22. 張其成，《易道主幹》，北京：中國書店，2001 年。

23. 張岱年，《中國古典哲學概念範疇要論》，北京：中國社會科學，2000 年。

24. 張祥龍，《海德格爾思想與中國天道》，北京：三聯，1996 年。

25. 郭揚，《易經求正解》，廣西：廣西人民，1990 年。

26. 陳玉森、陳憲猷，《周易外傳鏡詮》，北京：中華書局，2000 年。

27. 陳望衡，《占筮與哲理》，昆明：雲南人民，1997 年。

28. 勞思光，《大學中庸譯註新編》，香港：中文大學，2000 年。

29. 勞思光，《中國文化要義新編》，香港：中文大學，2000 年。

30. 楊力，《周易中醫學》，北京：北京科學技術，1999 年三版。

31. 楊慶中，《二十世紀中國易學史》，北京：人民，2000 年。

32. 翟廷晉主編，《周易與華夏文明》，上海：上海人民，1998 年。

33. 劉大鈞，《周易概論》，成都：巴蜀書社，1999 年。

34. 劉玉建，《兩漢象數易學研究》，廣西：廣西教育，1997 年。

35. 潘雨庭，《周易表解》，上海：上海社會科學院，1993 年。

36. 蔡尚思，《周易思想要論》，湖南：湖南教育，1991 年。

37. 鄧球伯，《帛書周易校釋》（增訂本），長沙：湖南，1996 年。

38. 鄭思平，《經驗主義的孔子道德思想及其歷史演變》，四川：巴蜀書社，2000 年。

39. 韓永賢，《周易解源》，北京：中國華僑，1991 年。

40. 嚴正，《五經哲學及其文化學的闡釋》，濟南：齊魯書社，2001 年。

41. 釋本光，《周易禪觀頓悟指要》，成都：巴蜀書社，1999 年。

二、期刊論文

1. 台灣出版品

1. 于維傑，〈周易與儒家思想〉，《孔孟月刊》第 35 卷第 3 期，1996 年 11 月。

2. 王仁祿，〈周易的乾坤哲〉，《興大中文學報》第 6 期，1993 年 1 月。

3. 王更生，〈從論語蠡測孔子的天道思想〉，《孔孟月刊》第 19 卷第 1 期，1980 年。

4. 王金凌，〈論《易傳》中乾坤的意義〉，《輔仁國文學報》第 12 期，1996 年。

5. 王俊彥,〈論語孟子中的命與權〉,《中國文化大學中文學報》第 1 期,1993年 2 月。

6. 王健文,〈古代中國的天人關係及其中介角色〉,《大陸雜誌》第 84 卷第6 期,1992 年 6 月。

7. 王寶光,〈春秋時期《周易》向哲理化的轉變及其意義〉(上)(下),《中華易學》第 18 卷第 1、2 期,86 年 3 月～4 月。

8. 史幼屏,〈中庸義理型態之定位問題研究〉,東海哲學系碩士論文,1995年。

9. 朱維煥,〈周易乾坤二卦經傳象義闡釋〉,《文史學報》第 9 期。

10. 朱維煥,〈儒家「人性論」之觀念演進與形而上根源〉,《鵝湖》第 19 卷第 5 期,1993 年 11 月。

11. 江淑君,〈王弼易注玄學思想探述〉,《鵝湖月刊》第 22 卷第 3 期,1996年 9 月。

12. 何保中,〈由天人之際論先秦儒學思想的傳承與演變〉,台灣大學哲學研究所博士論文,1994 年 6 月。

13. 何淑靜,〈論孟子「盡心知性以知天」如何可能〉,《鵝湖學誌》第 7 期,1991 年 12 月。

14. 何澤恆,〈孔子與易傳相關問題覆議〉,《臺大中文學報》第 12 期,2000年 5 月。

15. 吳建明,〈莊子安命哲學之探究〉,南華管理學院哲學研究所碩士論文,1999 年。

16. 吳建明,〈《易傳》「天人合德」思想之研究〉,《高雄師大學報:人文與藝術類》第 22 期,2007 年 6 月。

17. 吳建明,〈《中庸》天人之學探微──以「盡性」義為考察重心〉,《宗教哲學》第 42 期,2007 年 1 月。

18. 吳建明,〈先秦儒家「天人合德」思想之演變歷程探析〉,《玄奘人文學報》第 8 期,2008 年 7 月。

19. 吳疆,〈儒家中的天人合一與神密體驗〉,《宗教哲學》第 3 卷第 4 期,1997年 10 月。

20. 呂大吉,〈宗教是什麼?──宗教的本質、基本要素及其邏輯結論〉,《宗教哲學》第 3 卷第 4 期,1997 年 10 月。

21. 呂宗麟,〈試論先秦儒家的宗教哲學觀──傳統與現代的思考〉,《宗教哲學》第 2 卷第 1 期 1996 年 1 月。

22. 呂宗麟,〈論儒家哲學中的天人合一觀〉,《宗教哲學》,第 3 卷第 4 期,1997 年 10 月。

23. 呂紹綱,〈《周易》的哲學精神〉,《哲學雜誌》第 16 期,1996 年 4 月。

24. 李周龍,〈周易十翼的天人之學〉,《孔孟學報》第 53 期,1987 年 4 月。

25. 李景林,〈孔子性、命、天道思想新論〉,《孔孟學報》第 71 期,1996 年 3 月。

26. 李景林,〈先秦儒學「中庸」說本義〉,《孔孟月刊》第 32 卷第 11 期。

27. 李景林,〈殷周至春秋天人關係觀念之演進初論〉,《孔孟學報》第 70 期,1995 年 9 月。

28. 李瑞全,〈孟子「性命對揚」章釋義〉,《中國文化月刊》第 64 期,1985 年 2 月。

29. 李賢中,〈人在周易思想中的價值〉,《哲學與文化》第 20 卷第 10 期,1993 年 10 月。

30. 杜保瑞,〈孔子的境界哲學〉,《中華易學》第 19 卷 6、7、8 期,1998 年 10 月。

31. 杜保瑞,〈易學進路的形上學思想研究方法〉,《中華易學》第 19 卷第 3、4、5 期,1998 年 7 月。

32. 汪義麗,〈從宇宙論與工夫論看中庸思想的定位問題〉,《國立中正大學學報》第 7 卷第 1 期,1996 年 12 月。

33. 辛明芳,〈《左傳》「災」預言中的天人關係〉,《中文研究學報》第 3 期,2000 年 6 月。

34. 周才會,〈易傳倫理道德的修養工夫〉,《中國文化月刊》第 108 期,1988 年 10 月。

35. 周景勳,〈易傳繫辭中「一陰一陽之謂道」的研究〉,《哲學論集》第 23 期,1989 年 7 月。

36. 周德良,〈論《孟子》天爵與人爵之關係〉,《孔孟月刊》第 33 卷第 3 期,1994 年 11 月。

37. 林文欽,〈《周易》「時」的涵義研究〉,《高雄師大學報》第 9 期,1998 年。

38. 林月惠,〈《易傳·繫辭》之道德的形上學〉,《國立嘉義師範學院》第 8 期,1994 年。

39. 林益勝,〈周易坤卦原始本義試探〉,《空大人文學報》第 4 期,1985 年 1 月。

40. 范良光,〈略評陳鼓應《易傳與道家思想》〉,《鵝湖學誌》第 14 期,1995 年 6 月。

41. 袁長瑞,〈《中庸》一書思想的基本結構及其重要概念的解讀〉,《哲學與文化》,第 24 卷第 5 期,1997 年 5 月。

42. 袁保新，〈天道、心性、與歷史——孟子人性論的再詮釋〉，《哲學與文化》第 22 卷第 11 期，1995 年 11 月。

43. 袁保新，〈『什麼是人？』孟子心性論與海德格存有思維的對比研究兼論當代孟子心性論詮釋的困境及其超克〉，《東海哲學研究集刊》第 7 輯，2000 年 6 月。

44. 高天恩，〈追索西洋文明裡的神秘主義〉，《當代》第 36 期，1989 年 4 月。

45. 高柏園，〈論牟宗三先生「逆覺體證」義之運用〉，《鵝湖》第 22 卷第 7 期第 259 號，1997 年 1 月。

46. 高柏園，〈論孟子思想中「逆覺體證」之二義及其發展〉，《淡江學報》第 35 期，1996 年 2 月。

47. 高柏園，〈論宗教衝突之起源及其消融之可能——以儒學為中心之討論〉，《鵝湖月刊》第 16 卷第 1 期總號 217，1993 年 7 月。

48. 高柏園，〈論勞思光先生之基源問題研究法〉，《鵝湖學誌》第 12 期，1994 年 6 月。

49. 高柏園，〈論勞思光先生對宋明理學的分系態度〉，《淡江人文社會學刊》第 2 期，1998 年 11 月。

50. 高懷民，〈易經哲學的時空觀〉，《華岡文科學報》第 16 期，1988 年 5 月。

51. 崔世倫，〈試探韓康伯《繫辭傳》注的易學思維〉，《哲學與文化》第 28 卷第 12 期，2001 年 12 月。

52. 張永儁，〈范仲淹先生之易學思想及其對宋代理學之影響〉，《東吳哲學學報》第 4 期，1999 年 4 月。

53. 張立文，〈中國傳統文化的精髓——和合學〉，《宗教哲學季刊》創刊號。

54. 張成秋，〈《易經》與群經的會通〉，《國立新竹師範學院語文學報》，第 8 期，2001 年 12 月。

55. 張成秋，〈「生生之謂易」衍論〉，《新竹師範學院——語文學報》第 5 期，1998 年 12 月。

56. 張德文，〈《中庸》論人格設計及其理論基礎〉，《孔孟月刊》第 35 卷第 12 期。

57. 陳來，〈馬王堆帛書易傳及孔門易學〉，《哲學與文化》第 21 卷第 2 期，1994 年 2 月。

58. 陳寧，〈儒家的「知命」內容分析〉，《哲學雜誌》，第 27 期，1999 年 1 月。

59. 陳榮波，〈易經的宇宙規律與人生智慧〉，《中國文化月刊》第 97 期，1987 年 11 月。

60. 陳榮波，〈易經離卦與曹洞禪〉，《華岡佛學學報》第 4 期。

61. 傅佩榮，〈「中庸」中的天人關係〉，《中華易學》第 63 期，1985 年 5 月。

62. 傅佩榮，〈易傳的基本思想〉，《中國文化月刊》第 70 期，1985 年 8 月。

63. 曾春海，〈《易》教的人文精神及時代意義〉，《哲學與文化》第 24 卷第 1 期，1997 年 1 月。

64. 曾春海，〈由易經哲學展望二十一世紀〉，《哲學雜誌》第 32 期，2000 年 5 月。

65. 曾春海，〈伊川《易傳》的哲學〉，《哲學與文化》第 20 卷第 6 期，1993 年 6 月。

66. 曾春海，〈易經的天人觀-從宋明易學的觀點〉，《輔仁學誌》第 13 期，1984 年 6 月。

67. 曾春海，〈易經哲學的時中理念〉，《哲學與文化》第 15 卷第 3 期，1988 年 3 月。

68. 程石泉，〈「洪範」與「易經」〉，《孔孟月刊》第 21 卷第 12 期，1983 年 8 月。

69. 項退結，〈孔子與孟子對天的看法〉，《哲學與文化》第 15 卷第 4 期，1988 年。

70. 黃甲淵，〈心學的道德形上學研究——從心性論開展道形上學之探究〉，東海哲學系博士論文，1996 年。

71. 黃沛榮，〈《易經》形式結構中所蘊涵之義理〉，《漢學研究》第 19 卷第 1 期，1991 年 6 月。

72. 黃沛榮，〈周易屯蒙卦義證〉，《書目季刊》第 15 卷第 1 期，1981 年 6 月。

73. 黃沛榮，〈重論孔子與易經爭關係〉，《孔孟月刊》第 24 卷第 3 期 1985 年 11 月。

74. 黃忠天，〈周易與上古史的關係〉，《高雄師大學報》，第 11 期，2000 年 4 月。

75. 黃清榮，〈孔子以前之宗教形而上觀〉，《哲學與文化》第 17 卷第 3 期，1990 年 3 月。

76. 黃紹祖，〈從易經探討孔子天人一體的思想〉，《逢甲學報》第 20 期，1987 年 11 月。

77. 黃湘陽，〈由易卦以至孔子的天道觀念〉，《輔仁學誌》，第 12 期，1983 年 6 月。

78. 黃琪莉，〈帛書《周易》研究現況概述〉，《中國文哲研究通訊》第 5 卷第 4 期，1995 年 12 月。

79. 黃慶萱，〈《周易》位觀初探〉，《中華易學》第 16 卷第 12 期，1996 年 2 月。

80. 黃慶萱，〈周易泰否釋義〉，《孔孟學報》第 38 期，1979 年 9 月。

81. 黃慶萱，〈周易數象與義理〉，《師大學報》第 37 期，1992 年。

82. 黃慶萱，〈周易噬嗑賁卦釋義〉，《中國國學》第 9 期，1981 年 8 月。

83. 黃慶萱，〈周易謙豫釋義〉，《孔孟學報》第 40 期，1980 年 9 月。

84. 楊秀宮，〈先秦儒家禮法思想的演變與發展〉，東海大學哲學系博士論文，1999 年。

85. 楊海文，〈孟子心性論的邏輯架構〉，《孔孟月刊》第 39 卷第 9 期，2001 年 5 月。

86. 楊祖漢，〈牟宗三先生的圓善論與真善美說〉，《鵝湖》第 23 卷第 3 期第 267 號，1997 年 9 月。

87. 楊祖漢，〈忠恕與中庸〉，《鵝湖》第 21 卷第 12 期第 108 號，1984 年 6 月。

88. 楊祖漢，〈盡心與盡性〉，《鵝湖》第 10 卷第 4 期，1984 年 10 月。

89. 楊澤波，〈孟子天人合一思想辨義〉，《孔孟月刊》第 39 卷第 11 期，2007 年 7 月。

90. 鄔昆如，〈孔孟道德形上學的傳統與當代〉，《哲學年刊》第 6 期，1988 年 10 月。

91. 寧新昌，〈簡論先儒的境界形而上學〉，《鵝湖》第 304 號，2000 年 10 月。

92. 廖名春，〈關於帛書《易傳》整理過程中的一些問題〉，《鵝湖月刊》第 21 卷第 9 期，1996 年 3 月。

93. 蒙培元，〈周易的天人哲學〉，《中國文化月刊》第 116 期，1989 年 6 月。

94. 趙吉惠，〈論儒學既是哲學又是道德宗教〉，《哲學與文化》29 卷第 8 期，2000 年 8 月。

95. 趙書田，〈中庸誠的性命觀與中道思想〉，《中國文化月刊》第 88 期，1987 年 2 月。

96. 趙雅博，〈詩書經中的天人關係之探討〉，《哲學與文化》第 24 卷第 4 期，1977 年 4。

97. 劉君祖，〈浩浩陰陽移——《易經》卦序初探〉，《哲學雜誌》第 16 期，1996 年 4 月。

98. 劉述先，〈論孔子思想中隱涵的「天人合一」一貫之道——一個當代新儒學的闡釋〉，《中國文哲研究集刊》第 10 期，1997 年 3 月。

99. 劉瀚平，〈易學在西方〉，《國文學誌》第 2 期，1998 年 6 月。

100. 蔣年豐，〈從海德格與沙特的器具哲學到《易傳》器具世界的形上結構〉，《清華學報》新 19 卷第 1 期，1989 年 6 月。

101. 蔡忠道，〈先秦儒道的聖人論試析〉，《宗教哲學》第 3 卷第 4 期，1997

年 10 月。

102. 蔡仁厚，〈孟子的修養論〉，《中國文化月刊》第 47 期，1983 年 9 月。

103. 蔡淑閔，〈周易象傳思想研究〉，《孔孟月刊》第 36 卷第 6 期，1998 年 2 月。

104. 蔡璧名，〈感應與道德——從判比儒、道與《易傳》的成德工夫論「道德」開展的另一種模式〉，《國立編譯館館刊》第 26 卷第 2 期，1997 年 12 月。

105. 鄭力爲，〈孟子盡心篇「盡心、知天、立命」之義理的解析〉，《新亞書院學術年刊》第 11 期。

106. 鄭力爲，〈易傳性命天道思想之析論〉，《新亞書院學術年刊》第 12 期，1970 年 9 月。

107. 鄭吉雄，〈從經典詮釋傳統論二十世紀《易》詮釋的分期與類型〉，中央大學文學院，《人文學報》第 20、21 期合刊，88 年 12 月～89 年 6 月。

108. 鄭志明，〈唐君毅的「儒家宗教精神」說〉，《宗教哲學》第 3 卷第 3 期，1997 年 7 月。

109. 鄭炳碩，〈「易經」之人觀〉，《鵝湖月刊》第 14 卷第 10 期，1989 年 4 月。

110. 鄭基良，〈易經生死學研究〉，《空大人文學報》第 7 期，1998 年 6 月。

111. 鄧立光，〈孔子形上思想新探〉，《新亞學報》第 19 卷，1999 年 6 月。

112. 盧瑞鐘，〈孟子的天道觀念〉，《孔孟月刊》第 15 卷第 5 期，1977 年 1。

113. 蕭宏恩，〈孟子的「天」——一個超驗的研究〉，《宗教哲學》第 2 卷第 1 期，1996 年 1 月。

114. 蕭淳鏵，〈釋孟子書中的命〉，《孔孟月刊》第 333 號，1990 年 5 月。

115. 謝仲明，〈道德形上學之構想及其問題——牟宗三先生「現象與物自身」一書之討論〉，《中國文化月刊》第 9 期，1980 年 7 月。

116. 謝仲明講述，林遠澤整理，〈儒家與科學〉，《中國文化月刊》第 98 期，1987 年 12 月。

117. 鍾國發，〈商周之際宗教思想的變革〉，《宗教哲學》第 6 卷第 4 期，2000 年 12 月。

118. 顏國明，〈《易傳》的圓融精神〉，《鵝湖月刊》第 21 卷第 5 期，1995 年 1 月。

119. 顏智英，〈周易乾卦中的憂患意識——兼述論語〉，《孔孟月刊》第 29 卷第 12 期。

120. 魏元珪，〈朱伯崑易學哲學史評介〉，《東海學報》第 37 卷，1996 年 7 月。

121. 魏元珪，〈易學哲理之本源與幅度〉，《中國文化月刊》第 182 期，1994 年 12 月。

122. 魏明政,〈《中庸》天命思想承繼之初探——以勞思光先生爲中心討論〉,《鵝湖學誌》第 22 期,1999 年 6 月。

2. 大陸出版品

1. 方光華,〈試論從《易經》到《易傳》的理論環節〉,《湘潭大學學報(哲學社會科學版)》第 4 期,1995 年。

2. 王新春,〈易學的現代詮釋論要——大陸近年來「周易熱」下的反思〉,《九州學刊》第 7 卷第 1 期,1996 年 1 月。

3. 李景林,〈論《中庸》的方法論與性命思想〉,《史學集刊》第 2 期,1997 年。

4. 秦紅增,〈天人關係:從神話到哲學的文化嬗變〉,《廣西民族學院學報》第 22 卷第 2 期,2000 年 3 月。

5. 張岱年、熊坤新,〈中國古代倫理思想家關于天人關問題之探析〉,《貴州大學學報》第 2 期,1994 年。

6. 曾振宇,〈《易傳》天論的哲學意義——兼論中國哲學有沒有哲學概念〉,《周易研究》第 48 期,2001 年。

7. 傅佩榮,〈解析孔子的「善」概念〉,《哲學雜誌》第 23 期,1998 年 2 月。

8. 黃克劍,〈《周易》「經」、「傳」與儒、道、陰、陽家學緣探要〉,《中國文化》,第 12 期。

9. 趙源一,〈孔子的天人關係探微〉,《船山學刊》第 1 期,2001 年。

10. 劉金明,〈日新之謂盛德,生生之謂易〉,《周易研究》第 37 期,1998 年。

11. 劉長林,〈論《易傳》之德〉,《易學研究》,第 1 期,1999 年。

12. 蔣立文,〈春秋戰國時期「天人關係」之論爭〉,《長白學刊》第 5 期,1996 年。

13. 蕭漢明,〈關于《易傳》的學派屬性問題——兼評陳鼓應《易傳與道家思想》〉,《哲學研究》第 8 期,1995 年。